现代传记研究

第 24 辑

2025 年春季号

No. 24，Spring 2025

JOURNAL

of

MODERN LIFE WRITING STUDIES

上海交通大学传记中心主办
Center for Life Writing, SJTU

中文社会科学引文索引
(CSSCI) 来源集刊

上海交通大学出版社
SHANGHAI JIAO TONG UNIVERSITY PRESS

内容提要

　　本书为《现代传记研究》丛刊之一辑，收录国内外传记学者原创性论文，以专栏形式刊发传记研究各种领域的最新成果，展示国际传记学术潮流。本书可供国内外传记研究者和爱好者参考。

图书在版编目（CIP）数据

现代传记研究. 第24辑 / 杨正润主编. -- 上海：上海交通大学出版社，2025.5. -- ISBN 978-7-313-32668-3

Ⅰ. K810-55

中国国家版本馆CIP数据核字第2025HF7392号

本书出版得到上海交通大学专项经费的资助，谨致谢忱。

The *Journal of Modern Life Writing Studies* gratefully acknowledges the special financial support received from Shanghai Jiao Tong University.

现代传记研究（第24辑）
XIANDAI ZHUANJI YANJIU (DI 24 JI)

主　　编：杨正润
出版发行：上海交通大学出版社　　　　　　　地　　址：上海市番禺路951号
邮政编码：200030　　　　　　　　　　　　　电　　话：021-64071208
印　　制：上海新华印刷有限公司　　　　　　经　　销：全国新华书店
开　　本：710mm×1000mm　1/16　　　　　　印　　张：20
字　　数：302千字
版　　次：2025年5月第1版　　　　　　　　　印　　次：2025年5月第1次印刷
书　　号：ISBN 978-7-313-32668-3
定　　价：98.00元

版权所有　侵权必究
告读者：如发现本书有印装质量问题请与印刷厂质量科联系
联系电话：021-56324200

目　录

Contents

传记文化群的形成与传记学的使命
——《现代传记学》英文版序[①]

杨正润

内容提要："生命写作"一词用以统称传统的文字媒介和后来增加的其他媒介的传记。由于自媒体传记的加入，生命写作成为流动的"传记文化群"，产生巨大的社会影响，应当引起学术界的重视。"变易传记"是后现代对传记中包含的矛盾的揭示和探索，也是对传记文化群的一种描述，这一概念的提出使"传记真实"更具现实意义。真实是传记存在的基础，但对于不同类型的传记作品的真实应当采用不同的标准。

关键词：生命写作　传记文化群　自媒体传记　变易传记　真实的标准

作者简介：杨正润，南京大学文学院教授，上海交通大学传记中心学术委员会主任，《现代传记研究》主编，长期从事传记学、比较文学等研究，出版《现代传记学》等多部学术专著。

Title: The Formation of the Cultural Clusters of Biography and the Mission of the Poetics of Biography: Preface to the English Version of *A Modern Poetics of Biography*

Abstract: "Life writing" is an umbrella term that refers to biographies that originally existed in the traditional textual medium and later expanded to include other media. With the inclusion of we-media biographies, life writing has evolved into fluid "cultural clusters of biography," exerting a significant social influence that warrants academic attention. "Metabiography" is a revelation and exploration of the contradictions inherent in biography in a postmodern context, and it also used to describe the cultural clusters of biography. The introduction of this concept serves to contextualize the concept of "biographical truth" in relation to contemporary realities. While truth forms foundation for biography, different standards should be applied to the truth of different types of biographical works.

Keywords: life writing, cultural cluster of biography, we-media biography, metabiography, standards of truth

Yang Zhengrun is Professor of School of Liberal Arts, Nanjing University, Chairman of the academic committee of Center for Life Writing, SJTU, and Editor-in-chief of *Journal of Modern Life Writing Studies*. He has long conducted research on life writing studies and comparative literature and is the author of a great many academic treatises including *A Modern Poetics of Biography*.

《现代传记学》中文版 2009 年出版，书中所涉及的论题和观点，反映了 21 世纪初期我对传记的认知。十多年过去了，人们的生活和学术思想都发生了变化，传记作为一种文化类型，其形式、功能及理论阐释也有所发展。这个英文版对中文版没有改动，不过我需要对其中的个别内容，作一些简要的补充。

一、从传记到生命写作

学科范围是任何学术研究必须解决的前提，只有确定学科的界限，而且保持这个界限的基本稳定，研究者才能有效地完成自己的任务。本书论述的对象是传记，什么是传记？哪些作品属于传记的范围？这一问题必须首先解决。

英语中最早使用传记一词的是 17 世纪的约翰·德莱顿，他认为传记是同通史（history）和编年史并列的历史学的分支，它是"特定人物的生平"，这里德莱顿概括了传记的两个基本特点，也是关于传记最早的定义。德莱顿的观点曾经长期被人们接受。到 19 世纪末，一些学者开始主张传记属于文学，是文学的分支。上述两种观点至今各有许多学者支持，但我同其他一些学者一样，主张传记是一个独立的文类。不过传记也需要历史的真实，"真实"和"特定人物的生平"是对传记的基本要求，也是这部《现代传记学》论证的基础。传记学科必须发展，但为了有效地发展，也必须维护学科的稳定性。

所以要把传记确定为独立的文类，因为德莱顿以后 300 多年，传记的范围大大扩展了。第一个原因是人们生活范围和视野的扩大：传记从短篇发展到长篇，年谱、悼文等形式也被归入；传记也从叙述他人到叙述自己，自传被看作是传记的分支，其后日记、书信、游记、回忆录、口述史等又被看作是自传的分支，都被包容在传记之中。

第二个原因是科技的进步和媒介的增加：比如制图和印刷技术的进步，带来图像传记，录音机的发明，带来口述史；传记最初的媒介是文字，科技的发展不断带来新媒介进入传记制作：如电影问世，出现传记电影，电视诞生，出现传记电视片，自媒体出现，综合了数码、文字、图像、声音等多种媒介的自媒体传记随之而来。

传记的范围在不断扩大，仍然被统称为传记，它们符合德莱顿所说的传记的两个特点；但是毕竟增加了新的分支和新的媒介，于是 20 世纪末出现了一个新的名称："生命写作（life writing）"，这个词实际上是传记（biography）希腊原文的英文翻译，两者是同义的，这部《现代传记学》对生命写作这一概念有简要的评介，并用它指称传统的和新增加的各种媒介的传记形式。

我赞同扎卡里·里德尔教授在他主编的《牛津生命写作史》中的说法："'生命写作'是一个通用术语，意指那些关于人生或人生片段的作品，或可供写出人生或人生片段的那些材料。"（Leader ix）他还列举了 20 多种以文字或数码为媒介、可以列入"生命写作"的作品类型。

克雷格·豪斯教授扩大了"生命写作"的范围，他主张生命写作不但包括叙述人生的各种文字的和其他媒介的形式，"也包括对其他学科——诸如心理学、人类学、少数族裔和土著研究、政治学、社会学、教育学、医学以及其他任何记录、观察或评估人生的领域——所进行的相关研究"（Howes, "Life Writing"）他主编的《传记》（*Biography*）副标题是"跨学科季刊"，其中也使用"生命写作"的概念，如每年它都发表一个"生命写作书目"，这也就是说在豪斯那里"生命写作"同"传记"含义是基本一致的，都强调其多元的、跨学科性质。

在中国也有作者持类似的观点，出现了关于城市、江河、AI 的传记。对传记和生命写作的关系，这里无需展开讨论，对这两个同义词语，读者可以根据自己的理解选择使用，这部《现代传记学》我选用了前者，2012 年创建上海交通大学传记中心、次年创办的《现代传记研究》我在英文名中都使用了后者。

二、自媒体传记和传记文化群

"生命写作"本质上是一个传记文化群，自媒体传记的加入使这一文化群从萌芽到普遍出现，更加引人注目。

1980 年代，世界进入数码化时代，到了 21 世纪，电脑、互联网、数据库、人工智能进一步发展并扩大了应用领域，在逐步改变人们的生活方式、工作方式和思想观念。这一潮流给传记的制作、流传和接受也带来巨大变化。特别是 2007 年苹果手机问世，此后智能手机迅速普及，自媒体传记更加蓬勃发展。

自媒体作为一种综合媒介，具有强大的影响力。使用电脑或手机在互联网上每天进行一小时以上活动的人通常被称为"网民"，据统计到目前为止，全球网民有 54 亿人，中国网民有 11 亿人，他们每天通过微信、短信、抖音、X、脸书、电报群等等社交媒体，发布海量信息，其中许多是讲述自己或别人的故事，从而具有自传或传记的特点，可以统称为"自媒体传记"。豪斯教授对这一现象进行了长期研究，他认为"到今天，除了天气频道可能例外，所有电视网络都制作微型传记。"他称之为"片传（biobits）"即"所有微小或简略的生平叙述"（Howes，"Biobits" 4，2），除了那些随手而成的"片传"，自媒体传记中也出现了精心制作的中长篇或多集连续作品。

自媒体的出现把传记带入一个生机勃勃的新时代，"传记文化群"正式形成了，这是以传记为中心的文化活动群体，传记专业人士和机构，非专业人士以及广大民众自由参加，他们使用自媒体这种综合媒介，叙述真实的人物，制作各类传记作品，并通过互联网自由阅读和交流，也打破时空自由流动。

自媒体带来了传记革命性的变革。古代传记一般说来由官方撰写，传主和作者都由官方决定，必须符合统治的意识形态和价值观，对传记主体的这种规定直到现代仍有影响。自媒体传记的出现打破了这种传统，任何人，只要有电脑或手机和互联网，就有传记的写作、编辑、出版和发行的权利，传记的制作权从官方转移到民间，从专家转移到普通人手里。

自媒体传记一旦在网上出现，很快可能得到读者的响应，产生互动，人们可以对其中的问题发表意见、进行讨论，作者可以修改、补充或者删除。自媒体传记，也在同传统的和各种形式的传记相互学习和启发，专业的与业余作者相互促进和融合，文字传记作品常在自媒体转发，扩大了影响，自媒体传记也可能以纸本形式正式出版。自媒体传记中不但包含文学和历史因素，也可能包含新闻和社会的内容，还可能涉及法学、医学、艺术等各种学科，扩大了它们的影响；这些学科也可以向自媒体传记学习，从中获得研究的素材和灵感。自媒体传记可以利用色彩、音响和各种技术手段，产生强烈的效果，扩大了传记的审美价值。

青年是自媒体传记最积极的支持者和传记文化群中最活跃的人物。在自媒体上发布自己或别人的各种信息，这是现代青年的一种娱乐或休闲方式，他们依据理想和信念来塑造自我，个性得到充分的发挥，心灵得到满足，逐步形成新的价值观和新的生活方式。旅游是他们重要的生活内容，他们随时用文字、照片和视频记录自己的旅游经历，并配乐解说，这不但创造了游记的新形式，甚至成为一种职业。还有一些青年，即所谓网红，把自媒体传记当作一种谋生和积累财富的手段，他们向观众展现自己的生活，目的是推销商品和吸引流量，这些视频高度个人化和人性化，对消费者颇具吸引力，观众常常达到惊人的规模，这也创造了新的商业模式。

在"传记文化群"中，参加者的热情、全民的参与和对社会问题的广泛介入，是历史上未曾有过的，这同世界民主化的潮流是一致的，也有助于提升国民的素质、促进文化的繁荣和社会的进步。不过传记文化群形成的时间不长，至今处于无序状态。特别是自媒体传记良莠不齐，多数是记录私人琐事的片传，或者粗制滥造、商业气息太重，缺少传记所要求的纪念和教诲的价值。但是大众文化的发展总是淘汰伪劣、保存精华并产生经典。大仲马的小说曾经不入流，但21世纪开始的时候，他的遗体被法国总统迎进先贤堂；武侠小说曾经不入流，但金庸的小说被评为20世纪中国文学的经典，进入大学课堂。在自媒体这样一个自由的天地里，年轻人可以尽情施展才华，其中已经出现一些优秀的、也有广大读者的传记作品，这需要学术界的选择和推广。自媒体和自媒体传记的消极影响是显而易见的，一些国家禁止未成年人使用手机，正是说明这一问题。这就迫切需要传记界与时俱进、扩大视野，展开对自媒体传记和传记文化群的研究。

三、变易传记（metabiography）②与传记真实

随着"生命写作"概念的流行，传记理论在发展，后现代的介入也使之更加丰富和复杂。

与传记理论密切相关的是历史学理论。海登·怀特（Hayden White）1973 年出版的《变易史学：十九世纪欧洲的历史想象》（*Metahistory: The Historical Imagination in Nineteenth-century Europe*）对传记理论产生了很大影响，怀特的核心概念变易史学（metahistory），指历史学家出于自己的信念对历史有多种不同的解释，可以理解为"变化的历史学"或"可变的历史学（alternative history）"，我在《现代传记学》中对这一概念作了专门的辨析（中文本 30 页注释）。怀特的概念提出不久就被传记家所移植，出现了变易传记（metabiography）一词，不同学派、具有不同理论背景和目标指向的学者都在使用这个概念，他们的解释各不相同，如爱德华·桑德斯所说："变易传记一词用于意指在虚构和非虚构语境中关于生命写作的种种不同体例的、或自己设计的方法"（Saunders 325）在变易传记概念的应用中，可以看出解构主义在后现代的回响，一些学者借助"互文性"而用之于传记分析，另一些学者则不赞成"作者死亡"的说法而强调传记家的自主性，也有一些学者用这一概念指称某一类传记作品。这些解释大多有一个共同点：强调传记的多样性和传记家复杂的主体意识，这是后现代对传记中包含的矛盾的揭示和探索，也可以看作是对纷纭变易的传记文化群的一种描述。

里翁·艾德尔指出："传记家同传主的关系正是传记活动的核心"（Edel 14）。"变易传记"也在证明这种关系的复杂性，要研究这种关系，就必须考察文本中的传主同历史上的传主的关系，这就涉及所谓"传记真实"的问题，并使这一问题更具现实意义。"真实"是传记史上一个古老的命题，但它没有、也不可能过时，只是在理论创新的时代，它常常退居幕后，为其他术语所包

装，成为隐含的理论基础。没有真实作为基础，传记同小说或其他什么文类就会混为一谈，传记文类也随之消解、不复存在，不再具有德莱顿所要求的、也是传记必须具备的历史属性，学科必须有自己的基本规范。

历史上几乎所有传记家都强调传记真实，在中国从司马迁、班固到胡适，在西方从普鲁塔克、约翰生博士到莫洛亚，他们的表述可能不同，但是含义是一致的，诸如"真实如岩石般坚硬""真实是传记的灵魂"等。现代理论家，如德斯蒙特·麦卡锡提出"传记家的誓言"，菲力蒲·勒热讷提出"自传契约"，都是对传记和自传作者的一种严肃的提醒，强调了职业的规范和约束，目的就是保证传记和自传的真实。每个时代的传记理论家也都依据这一时代的学术进展和话语体系来解决传记真实和虚假之间，或者说传记在历史学和文学之间的矛盾。

新技术的出现，数据库和人工智能的日益完善，使这个问题变得更为复杂。从积极的方面说，传记作者可以十分方便地寻找、收集、整理和研究资料，为传记真实提供了强大的技术支持，读者也可以很方便地核查资料，形成巨大的压力，要求传记家更严肃地对待自己的工作。从消极的方面看，自媒体传记的作者有着极大的便利，一些虚构的内容通过技术处理，也很容易伪装为真实，而且这也可能是作者的娱乐方式或审美追求，读者和评论家无法判断，甚至没有权利要求真实。

除了自媒体传记这样的大众文化外，精英文化也出现了一些新的传记形式，它们以自设的目标取代了对"真实"的传统规定。如英国的"传记小说"，作者写的是历史人物的故事，但作者加入了自己的经历和思想；法国的"自撰"，主人公用作者的真实姓名，但又在文本中加入明显的虚构或其他人的故事；英美出现的"传记戏剧"，为了舞台演出所需要的情景化和戏剧化，对真实的人物生平进行了大量改造或拼接。

传记或生命写作不能放弃真实标准，但是在这样一个宏大的传记文化群中，也不可能再使用统一的、僵硬的"真实"标准，我在本书中确立了 4 条真实的最低标准（《现代传记学》中文本 27 页），仍然可供一般传记作品参考，此外还应当作一些补充：

对于辞典、年谱、大事记之类的文体，作者必须真实且精确地陈述事实，凡记录必有可靠的根据，对于无法确证的事不予载入。

对于传记小说和传记电影一类体裁，想象和虚构是必不可少的，甚至成为作品中的重要内容，对这类作品的要求是想象和虚构要以事实为基础，而且不能违背已经确证的事实。

有些作品对于确证的事实也进行了改写，如果是出于艺术的目的，也是允许的，但是作者应当作出说明，或者不再自称传记。

对某些传统的传记形式，对真实性的要求也有重新考虑的必要。传记是一种纪念文体，在哀悼死者的各种传记文里，不可能讲述死者的所有经历，作者出于尊重死者的目的，会忽略或隐瞒他认为不适当的内容，这是一种习俗，改变它是不可能的，甚至也是不必要的，不能一概贬抑为"谀墓"。在自传类作品里，作者保护自己的隐私，只要不伤害他人，也无可厚非。

"传记真实"始终是个难题，事实上任何理论对传记家都没有约束力，这始终是个形而上的问题。对自媒体传记来说尤其如此，这与其说是个理论问题，不如说是个伦理问题，它取决于作者的性格和修养，也同社会的道德水平有关，形成不同的"说真话"的压力。

生命写作必须真实，但不同类型的作品应当有不同的真实标准，这可以看作对"变易传记"的一种回答。

四、致读者和译者

中国传记同罗马传记一样，有过辉煌的开端，其后进入长期的停滞时期，到20世纪初期中国传记得到短期的复苏，到1980年代进入一个兴盛期，长篇传记的数量逐步超过了小说，也出现了许多优秀作品。传记有了众多的读者，在大学课堂里传记成为研究的对象，传记史和传记理论著作陆续出现，得到读者的欢迎。

本书就是在这种情况下开始写作的。书中引用的许多是中国作品，这是英语世界的读者可能不熟悉的，给他们的阅读带来困难，我为此感到歉意。当然，本书中也引用了许多西方古代和现代的作品，中国和西方传记在 20 世纪以前各自独立发展，现代中国的一些著名传记家如梁启超和胡适等人开始接触西方传记，并发出向西方传记学习的号召。他们之后的中国传记家，发现西方传记确实有许多值得学习之处，本书中的许多观点就是得到西方传记的启发。

本书的写作是在我的另一部著作《传记文学史纲》的基础上进行的，这部《史纲》写作历时近 10 年，对 2 000 多年来东西方主要国家的传记史进行了简要的评述。如果说，《传记文学史纲》是一部总体的传记史和比较传记史，《现代传记学》则是一部总体的和比较的传记理论著作。全书三个部分，分别从主体、形态和写作三个方面论析传记学的各种问题，这种全面探讨传记的理论著作，在西方学术界我还没有看到，这反映了不同的学术传统。不过我也发现，中国同西方传记虽然各自发展，但也有许多共同之处：创建了许多共同的形式、走过相似的道路，遇到过相似的困难也有相似的经验。这些并不难解释，因为无论西方还是中国，传记都是人和人性的纪念碑，从这个意义上说，我希望英语读者可以从这部著作得到收获，当然也希望得到指正。

我这里要还要特别感谢本书的英译者许勤超教授，本书论析了传记学的多个层面，涉及中国和西方、现代和古代约 500 种著作，有大量的引文，翻译的难度极大。许教授经过 5 年的辛勤劳作，终于以一人之力把这部《现代传记学》全部翻译成英文。我敬佩他的坚韧和毅力、工作中的耐心和细致，以及他对传记和传记理论的深入理解和出色的英语能力，谢谢许教授！

2024 年 12 月

致谢【Acknowledgement】

本文受益于《现代传记研究》编辑部及匿名评审专家提出的修改意见，在此谨致谢忱！

I am grateful to the editors of the *Journal of Modern Life Writing Studies* and the anonymous reviewers for their valuable suggestions.

【Notes】

① *Modern Poetics of Biography*, Springer，2025。此序言初稿完成后，曾在《现代传记研究》编辑部和上海交通大学传记中心进行讨论，作者参考和吸收了讨论中提出的意见。

② "变易"一词取自屈原《离骚》"时缤纷其变易兮"。

引用文献（Works Cited）

Edel, Leon. *Writing Lives: Principia Biogrqphica.* New York: W.W. Norton, 1984.

Howes, Craig W. "Biobits and the Life Writing Environment—From Micro to Macro." *Journal of Modern Life Writing Studies* 14(2020): 1−9.

—. "Life Writing." Oxford Research Encyclopedia of Literature. Web. 27 October 2020.〈https: //doi. org/10.1093/acrefore/9780190201098.013.1146〉

Leader, Zachary. "General Editor's Preface." *The Oxford History of Life-Writing Volume 7: Postwar to Contemporary, 1945−2020.* Ed. Patrick Hayes. Oxford: Oxford University Press, 2022.

Saunders, Edward. "Defining Metabiography in Historical Perspective: Between Biomyths and Documentary." *Biography* 38.3(Summer 2015): 325−342.

Life Writing and its Contemporary Practices: An Interview with Anna Poletti

Shen Chen

Interviewee: Anna Poletti is a researcher affiliated with Gender Studies at Utrecht University, where they previously held the position of Associate Professor of English Language and Culture. Trained in literary studies and philosophy at La Trobe and Newcastle Universities in Australia, Anna's research focuses on contemporary forms of life narrative. Anna's first book, *Intimate Ephemera: Reading Young Lives in Australian Zine Culture* (2008) explores autobiographical writing produced and consumed in a youth subculture. Anna is co-author of *Life Narratives and Youth Culture: Representation, Agency and Participation* (with Kate Douglas, 2016) and co-editor of *Identity Technologies: Constructing the Self Online* (with Julie Rak, 2014), and *Graphic Medicine* (with Erin La Cour, 2022). Anna's book, *Stories of the Self: Life Writing After the Book* (New York University Press, 2020) argues that the very media used for writing our lives intrinsically shapes how we are seen to matter. Anna's work examines how the materiality of media forms — from handmade postcards to the selfie — informs the representation of stories from lived experience. In 2024, she published her first novel, "hello world?" with Semiotext(e).

Interviewer: Shen Chen is Aassistant Professor at the School of Humanities, Shanghai Jiao Tong University. Her research concerns life writing studies. She was a visiting scholar at the Center for Biographical Research at UHM from 2015 to 2016. She is the author of "Diaries in the Lockdown City: The Year in China" (*Biography*, 41: 1 2021).

标题： 生命写作及当代实践：安娜·波莱蒂访谈

受访者： 安娜·波莱蒂，乌得勒支大学性别研究专业研究员，曾任英语语言与文化系副教授。安娜曾就读于澳大利亚拉筹伯大学和纽卡斯尔大学，学习文学和哲学，她的研究方向是当代各种形式的生命叙事。安娜的第一本著作《亲密的瞬间：澳大利亚杂志文化中的年轻人》（2008），研究青年亚文化中自传的生产和消费。安娜是《生命叙事与青年文化：代表、代理和参与》（与凯特·道格拉斯合著，2016 年）的作者之一，也参编论文集《身份技术：构建在线自我》（与朱莉·拉克共同编写，2014 年）以及《图像医学》（与艾琳·拉库尔合编，2022 年）。在《自我的故事：书后的生命写作》（纽约大学出版社，2020 年）中，安娜论证了我们用以书写生平的媒介从本质上塑造了我们在他人眼中的重要性。安娜已出版的专著持续关注着叙事媒介的物质性——从手工明信片到自拍照——如何影响生命故事的呈现。2024 年，她在赛米奥泰克斯出版社出版了自己的第一部小说《你好，世界？》。

采访者：沈忱，上海交通大学人文学院长聘教轨助理教授。主要从事传记研究。曾于 2015 至 2016 年在夏威夷大学的传记研究中心访学。近期发表了"Diaries in the Lockdown City: The Year in China"（*Biography*, 41: 1 2021）等。邮箱：shenchen90@sjtu.edu.cn。

Shen Chen (henceforward as Shen): *Your first book, Intimate Ephemera: Reading Young Lives in Australian Zine Culture (2008), is about Australian zines and youth culture. It opened up a new area in the study of life writing through an analysis of the importance of autobiography in Australian youth culture. How did you notice this topic? You were trained in literature studies, whereas this is an untypical topic for literary studies. How did you convince other literary scholars of the great value of subculture study?*

Anna Poletti (henceforward as Poletti): I became interested in zines as a literary form in 2000 after attending an arts festival in the regional city of Newcastle, in New South Wales (Australia). I was in the final year of my undergraduate degree—I was studying philosophy and literature, and was very interested in feminist philosophy and feminist literary criticism. I had been reading the pioneering works by feminist, African American, and queer scholars who charted alternative literary histories, and found them very inspiring. When I attended the arts festival (called the National Young Writer's Festival), I met many writers who were not interested in the literary establishment: they weren't pursuing book contracts, or agents. Instead, they were self-publishing their works on photocopiers and selling it for $2, or trading it for other peoples' writing. I found this alternative literary economy fascinating. When I discovered that there was very little work on zines from a literary studies perspective, I thought perhaps I could develop a methodology for studying it and exploring its themes and aesthetics. There had been some sociological work on zine culture, but nothing that really attended to the writing as *writing*. However, I soon realized that I couldn't read the writing without reading the objects too, and so I had to develop a methodology for considering the materiality of handmade texts. I think this is what excited me most, and what continues to interest me: how studying subcultural or nontraditional or nonwestern forms of literary production requires us to develop responsive ways of reading and thinking about what literature is. It forces us as researchers to be open to how the object changes our methods, and challenges our theories. It was my hope that by demonstrating the rich material and literary aesthetics of zine culture, I could show other literary studies scholars that writing produced outside the professional publishing industry held literary value. I undertook this research at a time when the internet was beginning to become a vibrant literary space, and many scholars were working at the same time on digital literature and trying to grapple with how writing that is produced outside professional publishing spaces and using new technologies could be studied within literary studies. I was interested in the creation of an entirely independent literary field, that existed in paper form, but that had some similarities with early blog culture and online magazines and their interest in building communities through textual production.

Shen: *Your later research interests has expanded to include online life writing, life writing in multimedia activities, and medical humanities. Your recent work Stories of the Self: Life Writing After the Book (New York University Press, 2020) examines how the materiality of media forms informs the presentation of stories from lived experience. With Erin La Cour, you co-edited the Graphic Medicine, which was awarded an Honorable Mention "Best Special Issue" category of the 2022 Council of Editors of Learned Journals awards. You have focused on life writing actions which closely engaged in our social lives. Is this a trend in contemporary life writing? What is the practical significance of biographical research for these cultural activities?*

Poletti: There is a strong thread in life writing research and theory that recognizes that life writing is as much a social and culturally-embedded practice as it is an aesthetic one. It's my hope that my work makes some contribution to that thread. I work from the assumption that life writing has become central to how many cultural, social and political activities get done in the West, and in this I am very much influenced by the work of Michel Foucault, who demonstrates how European politics, culture and society require individuals to become subjects. Judith Butler expands on this insight in their work *Giving an Account of Oneself*. Postcolonial thinkers (such as Gayatri Spivak, Franz Fanon, Achille Mbembe, Aileen Moreton-Robinson) have elucidated the ramifications of this ideological investment in the self for parts of the world where Europeans imposed their way of thinking. This body of philosophical and historical work demonstrates that narrating a self is never merely a personal freely chosen act, but is fundamental to social and political life in cultures embedded in or impacted by the European point of view. Of course, feminist, queer and critical race scholarship has demonstrated that who can access the self through self-narration is organized along the lines of gender, sexuality, racialization, class and ethnicity, and I am very interested in the legacies of that stratification. As an Australian with European heritage, I grew up in a place where this self-centered way of life violently imposed itself on collectivist and geographically grounded ways of life, and where telling stories about the self is always connected to the social and political, whether we acknowledge it or not.

In my work, I am looking at specific examples of how the subject is made, communicated, listened to and made consequential, and I am really interested in the material element of that—thinking of the self as having tangible, material foundations in the body and in media. My perspective on this is very influenced by the work of British scholars such as Liz Stanley, Margaretta Jolly and Ken Plummer. Stanley and Plummer are sociologists and they both work on sexuality and gender. They have closely considered the importance of narrativizing life experience for social life—it was Plummer who gave life writing scholarship the incredibly useful concept of "coaxing", which refers to the subtle social cues that indicate to us that we need to disclose personal information in narrative form to help a social situation move along (see *Telling Sexual Stories: Power, Change and Social Worlds*). Stanley, in particular, helped me extend the primary insights developed by Michel Foucault and Louis Althusser regarding the social *requirement* (in the West) to have a self one can narrate to a consideration of the specific textual and narrative forms we use to do that (in her essay titled "Audit Selves"). Her work on the letter, along with Margaretta Jolly's, really helped me think about life writing forms that are *reciprocal* and material, and Plummer helped me think about how this material reciprocity is a vital element of the social that personal storytelling facilitates. Literary studies perspectives help us think about the textual features of life writing texts, but it is the sociological and historical work that contends with the social uses of life writing.

In order to think more precisely about the material conditions of the self, I've been very influenced by the cultural studies perspective adopted by Julie Rak, who demonstrates how important life writing is within the publishing market, and pays attention to the work that life writing texts do beyond telling an individual person's story. Julie's book *Boom! Manufacturing Memoir for the Popular Market* and Gillian Whitlock's *Soft Weapons: Autobiography in Transit* demonstrate the important role that life writing plays in making culture and politics concrete. Like the sociologists I mentioned above, Rak and Whitlock demonstrate that life writing is one of the ways in which culture and politics *gets done*. Their work examines how stories about particular lives, told in particular ways, reach a degree of visibility in the culture because life writing makes certain topics (such as the war on terror) available for thought.

All these scholars demonstrate that we're not able to get to the heart of why life writing is so popular or so powerful if we do not pay attention to the broader political, social and cultural contexts in which it occurs.

Shen: *Your book, Stories of the Self: Life Writing After the Book (New York University Press, 2020) argues that media form and media ecology are intrinsically shaping how we regard and present ourselves. Your argument also reshapes our traditional understanding of autobiography. How do you understand the concept of autobiography from this interdisciplinary approach? How could we advance the theory of autobiography study in multimedia era?*

Poletti: In the introduction to *Stories of the Self*, I argue that the term autobiography still has some relevance and utility, and that perhaps it captures something that the more common scholarly terms "life writing" or "life narrative" don't. I suggest that the term autobiography might be useful for referring to public acts of self-representation that utilize inscriptive media: any media that makes use of a material mark. I am following the media theorist N. Katherine Hayles and her focus on inscription here, as well as other media theorists such as Wendy Hui Kyong Chun and Lisa Gitelman who have paid close attention to the discursive formations around "new" and "old" media. Hayles is particularly interesting to me because of the role autobiography plays in her theorizing, and how she writes in the feminist tradition of situated knowledges in a work like *Writing Machines*. I think we can advance the theory of autobiography in the multimedia era by paying close attention to the theorizing about media that is occurring in other disciplines (media and communication studies, sociology) and refining it through the strong conceptualizations of life writing as a personal, interpersonal, social, cultural and political practice that we have in the field. I think, in our field, we could offer useful, flexible theories of the use of different media forms for self-life-writing that could be taken up in other disciplines.

Shen: *In your research on zine culture, you made remarkable methodological innovations. Your studies on life writing online and in various media beyond books, has traversed disciplines such as media, biography, and art, consistently demonstrating a commitment to interdisciplinary research. Indeed, the issue Graphic medicine has fostering dialogue among scholars from different disciplines and provided fresh perspectives for medical humanities. How did you embark on this interdisciplinary research path? What are your suggestions for interdisciplinary research? Would interdisciplinary research be a future trend in humanities?*

Poletti: It's probably already clear from some of my answers to your previous questions, that I take a very broad perspective on the subject of life writing—perhaps this stems from my very early decision to major in two fields of study in my bachelor's degree. I have never really believed that a single disciplinary perspective is adequate. My approach to interdisciplinarity is object-driven—I always start with the object or cultural phenomena that interests me, and then examine how (or if) it has been studied in a range of fields. I then go about trying to build a framework from those perspectives that I believe can respond to the complexity of the objects I am studying. For example, when I was trying to understand the importance of handmade texts in zine culture, I went looking for cultural scholarship on handmade objects and texts—handwritten diaries, quilts, embroidery, and so on—and I read art theory and art history research on what Walter Benjamin described as the auratic power of the handmade object. I also read about mail art, book art, and other conceptual art practices that exist in the grey area between literary objects and handmade objects. I used a similar process to understand the cardboard box as a technology for autobiography when I was studying Andy Warhol's *Time Capsules* as one of the case studies for *Stories of the Self*. In this situation, I read technical articles about the design and manufacture of cardboard boxes to better understand their physical properties, cultural histories of packaging for shipping, and work on the development of brand identities through packaging. Basically, I try to read as much existing scholarship from as many different disciplines on the topic or theme as I can: this will productively challenge my initial readings of the texts I am studying, and push me to really contend with the complexity of the object.

The *Graphic Medicine* collaboration with Erin La Cour worked slightly differently, and it was an opportunity for me to experiment with Erin's way of working, which is to engage directly with the knowledge about comics held by comics artists. In my work on zines, I had treated zine makers as experts on what zines are, but I did not interview zine makers or ask them to produce new zines for me—my method was to read everything zine makers had already said about zines (in their zines and in existing works) and synthesize that knowledge. With the *Graphic Medicine* collection, Erin and I wanted to bring together an interdisciplinary team that was interested in how comics are being discussed in relation to medical care, disability, and illness, and so we selected responses to our call for papers that would offer a wide variety of perspectives on our core research questions. There is a growing body of research and advocacy that suggests that stories about illness, disability and care told in comics form can impact the quality of care people receive, the patients' experiences of medical care, and can positively change social perspectives on disability and illness. What can comic artists with lived experience of disability and illness tell us about that? What do comics scholars think about it? What do medical humanities scholars think? The book was a kind of roundtable discussion, and Erin and I had initially hoped to bring all of our contributors together to discuss their work and the topic, and workshop contributions collectively. Unfortunately, the pandemic intervened in these plans. But we were still able—with the willingness of our contributors—to put people in pairs and ask them to work remotely by reading works-in-progress and discussing the ideas and perspectives they were developing. This kind of collaborative interpersonal work, where people take the time to really understand where another thinker is coming from and the questions they are working through, is very rewarding. We were lucky that the journal we were working with (*Biography: an interdisciplinary quarterly*) has a wonderful tradition of sponsoring that kind of work in its special issues. This kind of collective, interdisciplinary work is definitely the future of all research, not just humanities scholarship, but it requires institutions to invest in it, and in many parts of the world the opposite is happening: scholars have less time and fewer financial resources outside of large project grants to undertake this kind of meaningful exchange.

Shen: *When researching Zines, you have collected 2500 zines as an archive. In Stories of the Self: Life Writing After the Book (New York University Press, 2020), you discuss contemporary art, cardboard boxes, selfies, documentary film, zines, and transmedial crowdsourced autobiographical projects such as Post Secret, The Moth, and Mortified. In digital media, we may encounter databases of massive cases. So how do you select the most representative cases?*

Poletti: The problem of scale is not traditionally a focus of literary studies, or at least it is treated as an exceptional problem with "big books" or famous serial works, or some forms of digital literature. Scale is only a problem, methodologically speaking, if we apply the methodology of close reading in isolation. We can learn from the social sciences about how to deal with large data sets and utilize longstanding techniques such as coding in qualitative and quantitative research, or apply digital humanities methods when the primary materials are in a suitable format for that. My work on zines taught me to apply social science approaches to understanding a field and a large data set, and most of the primary research for *Stories of the Self* followed the same principles. I started by asking very basic questions: what is a selfie? What happens in a documentary film when the camera appears on screen? How do we make sense of a phenomenon like *Post Secret*? Could Warhol's *Time Capsules* be an autobiographical artwork? I didn't realize I was writing a book about inscriptive media and life writing until most of the primary research was done and I could begin to see the patterns. Only then did I start to select case studies that I thought would be representative of the trends I had seen across these different sites of self-life-writing.

Shen: *Life writing research benefits from other disciplines. Does it also have an impact on other disciplines? In "what's next? mediation", you mention that "Contemporary media studies must come to terms with the central role of life narrative in media practices, and this has resulted in increased attention to identity and sociality." Could you elaborate on this point?*

Poletti: Most media studies scholarship that examines social media draws on sociological theories of identity (such as Erving Goffman) with little attention to *narrativity* as a *mediated practice*. This is part of what Julie Rak and I argued in our introduction to our collection, *Identity Technologies: Constructing the Self Online*. While working on this essay collection, I read a lot of media studies work on internet culture and was surprised by how presentist and descriptive it was. Studying digital media is incredibly difficult because of the rapid rate of change, and I think there are challenges to how theory is made, and how research is conducted, when researchers are trying to understand such a dynamic environment. I find it very interesting to discuss this with colleagues who study digital media, and I enjoy the sense that many of us are trying to work out which intellectual tools can help us to respond to and make sense of this historical moment.

Having taught media studies, I understand the history of the field and its focus on institutions and audiences, but I am skeptical that a framework like platform studies, for example, can really come to grips with the centrality of user-generated autobiographical content to the platforms' business model without a more complex perspective on the relationship between the social and the cultural. I'd like to see more genre theory — such as genre as social action (as theorized by Carolyn R. Miller and expanded on by John Frow) — in these intellectual spaces, but most media studies have abandoned the attention to the cultural that was a hallmark of cultural studies, and focused more on the analysis of industry, or on social science studies of users' engagement with social media sites. Media studies has established that an entirely new media economy, underpinned by distinct technologies and business models, has arisen, and that one of the results of this is a radically de-professionalized mode of content production that turns peoples' lives and identities into content to be shared and monetized. I think Jodi Dean's observation that this has also resulted in the enclosure of certain social practices within circuits of "communicative capitalism" is accurate and important. But to my mind, a predominantly social science perspective on this phenomenon misses something vital about how the materiality and the aesthetics of digital forms exploit much older social, cultural and political traditions of personal storytelling in distinctive cultural traditions, and insight into this is what life writing studies can contribute to attempts to understand online life.

Shen: *You are currently collaborating with David Gauthier on the project Voice of Machine Theft which explores the current anxieties about Artificial Intelligence and authenticity by creating a sound-based AI. What impact will AI have on life writing practice?*

Poletti: What I find fascinating about the rise of AI is how it is increasing political and social conversations about authenticity and truth, which have been core considerations of life writing studies, at least as I understand the field. Life writing studies examine how stories about real historical people (autobiographical or biographical) provide audiences with information and perspectives on the world that are taken seriously *because it was lived by someone*. The technical ability to produce artificially generated images and sounds that either replicate historical figures (deep fakes) or are indistinguishable from real people (AI personas or avatars) is the subject of much debate in the popular media. It seems to me that the expertise in life writing studies is much needed in these conversations if they are not going to be derailed by overly simplistic ideas about how people engaged with life writing *before* the rise of AI media (i.e.: audiences already read texts skeptically, playfully or seriously). All life writing makes claims to truth that are complexified by the aesthetic choices of the authors and coaxers, circulated through markets and platforms that inform and shape how these claims are received, and consumed in embodied contexts by diverse audiences who decode them in relation to existing social scripts, personal investments and needs. We will have to study this chain of production, circulation and reception for AI-generated content, rather than making assumptions about it. But the most important thing to remember at this stage is that AI is not autonomous: it is still human-driven, and so the issue at hand is what do *we* do with *it*? We are not yet at the point where we need to seriously consider what *it* will do to *us*. AI is computational—it responds to instructions entered by a human user, but of course we can see a future where, if legislators decide this path is desirable, AI will be given the autonomy to shape the human world without human oversight. If this occurs, it will be an extension of what we are already experiencing with algorithmically determined information spaces (such as social media and search engines) and the social and political impacts that this kind of black-boxed automation of information access has produced.

I have only collaborated on *making* an AI at this point (we haven't distributed it yet) and these are the main insights I gained from a practice-based inquiry of building an AI that is intended to speak in my voice. My collaborator David is the one who could help me really understand the computational side of it, because he has the coding skills, the knowledge of computation and computing, and the curiosity needed to make the actual program. I was very lucky that he was generous enough to discuss the process with me while he was doing it. My job was to sit in a booth and feed the machine: reading sentences for hours and hours so that it could have enough phonemes to combine to "speak" any text we fed it. The next steps in the project will be to get the AI to speak to people *as me*, and I would love to do that and survey the audiences to see what their response is. I can imagine all kinds of wonderful and interesting experiments that could give me some insight into the chain of AI circulation and reception. All I have (for now) is some insight into its production from having made one. It is early days, and I hope someone is doing research to track the creative experiments that artists and everyday people are undertaking in life writing with AI tools at the moment. Playing with the tool, rather than uncritically applying it, is how we will understand its potential, and tracking the production, circulation and reception of AI life writing is an important part of understanding the potential of the technology.

新传记式批评：作为文学研究方法的传记式批评再审视

张慧芳

内容提要： 在后理论时代，传记式批评作为一种文学研究方法历经起伏后焕发出新的生机。国际文学研究界不断出现"新传记式批评"这一概念，但并没有给出明确的定义。有学者主张新的传记式批评是文学传记介入文学批评、两者合力形成新的文学批评模式；有学者认为新的传记式批评应同时启动从作家到作品和从作品到作家两个维度并相互作用；还有学者指出新的传记式批评应避免叙事陷阱而采用非线性叙事。本文通过分析多名学者提出新传记式批评的语境和阐释碎片力图形成较为完整的新传记式批评概念阐述。新传记式批评的内涵实为传记-文学阐释学，其要义在于追究并揭示文学作品生成奥秘以及这奥秘里的真实与虚构融合之美。

关键词： 新传记式批评　文学传记　作家手稿　作品生成

作者简介： 张慧芳，天津财经大学人文学院副教授，硕士生导师，主要从事英美文学、传记文学研究，近期发表：《简论简·奥斯汀传记影视改编的真实与忠实问题》（《中国传记评论》，2023 年第 2 期）等。邮箱：744099735@qq.com。

Title: New Biographical Criticism: A Re-Examination of Biographical Criticism as an Approach to Literature

Abstract: In the post-theoretical era, biographical criticism is now experiencing its revival after undergoing a period of fluctuation. The concept of "New Biographical Criticism" has emerged in literary theory and criticism; however, its precise definition remains elusive to many scholars. Some scholars claim that literary biography should delve into literary criticism and the two should be integrated to create a new form of literary criticism. Others argue that new biographical criticism should examine the agency of biographical facts and literary imaginations at the same time and examine the interactions between the two. Additionally, some scholars suggest that new biographical criticism should adopt a non-linear narrative structure to avoid narrative pitfalls. This paper conducts an investigation of new biographical criticism and the contexts in which the term has been proposed to form a persuasive definition and reveal its essence of biographical-literary interpretation. The essence of new biographical criticism lies in exploring and revealing the creation of literary works and the beauty of fusing truth with fiction.

Keywords: new biographical criticism, literary biography, author manuscripts, literary creation

Zhang Huifang is Associate Professor of Tianjin University of Finance and Economics. Her research efforts focus on English and American literature and literary auto/biography. She is the author of "On Truth and Fidelity of the Film Adaptation of Jane Austen's Biographies." (*China Biography Review*, 2 2023). **E-mail:** 744099735@qq.com.

在文学批评史中，作为一种方法的传记式批评历经盛衰与臧否，尤其自"作者之死"宣言及"意图谬见"盛行以来，虽步履维艰，却从未消散，反而前景光明。穆兰认为，世纪之交时期，人文社会科学中产生了"传记转向"，出现了对传记和传记方法的新兴趣，转向后的传记"融合了人文领域的多个学科，呈现出某种范式性的辩论，既要求对传记进行广义上的新定义，又产生了理论上的需求。"（Moulin 1）传记转向①催生了新的传记式批评，"传记转向在文学批评领域得到了强力支撑"（梁庆标、陈海艳 82）。传统的传记式批评方法主要以作者生平介入作品解读，以作者的心理揣度作品中人物的心理，以作者的意图探析作品的主题，却因过度重视作品周边、忽视作品自身而遭到一时的抵制。二十世纪末至今，以文学家为特定传主的文学传记不仅解析传主的作家身份，更关注传主的人生与生命及其与作品的互动，从而赋予传记式批评新的内涵与功能。"新传记式批评"这一概念逐渐浮现，但其定义和内涵并不明晰。下文在梳理传记式批评发展简史的基础上探究其"新"何在。

一、传记式批评溯源与臧否

在法国文学批评史上，传记式批评作为一种方法由圣伯夫首创。这种批评方法的"显著特点就在于：从作家的生平传记和个性气质来说明他的创作，又通过其作品来研究作家的生平与个性，如此循环往复，彼此印证，而最终目的仍然是为了认识作家的个性内涵。因此，圣勃夫[②]的文学批评大多是所谓'作家评传'，其重心主要放在传记研究方面。"（杨东 152）换言之，从一开始，传记式批评就具备了两个维度：从作家到作品，从作品到作家。然而，在具体的文学批评实践中，往往是单向流动：要么"从作家的生平传记和个性气质"流向作品，却很少深入到作品内部，要么"通过其作品来研究作家的生平与个性"，从作品中提取"准事实（quasi-facts）"，"把文学作品用作重构人生故事的证据。"（Benton 50）这种一个是因、另一个是果的单向逻辑是传统传记式批评方法的根本特征，也是其在 20 世纪上半叶受到批评的主要原因："诗之虚构与心灵真实之间的关系并非单向的因果依赖。"（Erlich 134）

泰纳拓展传记式批评的范围，使其演变为历史-传记式批评。相比于圣伯夫单纯强调作者的生平和个性气质，泰纳主张把作者所属的种族、所处的环境和时代纳入文学作品的理解和阐释。历史-传记式批评方法在具体的批评实践中表现为长篇大论作品生成的时代背景，对作品自身的分析少之又少。古尔灵编著的《文学批评方法手册》（第五版）引述的一个风靡于英美大学校园的故事颇能说明问题：一所美国名校的一位英国文学教授走进教室，宣布本节课讲述英国诗人安德鲁·马维尔的名作《致羞涩的情人》；在接下来的 50 分钟里，这位教授大谈特谈马维尔的政治观、宗教观和事业生涯，又大谈特谈马维尔的性格，无论朋友还是敌人都对马维尔尊敬有加，还推测马维尔是否终生未婚；正在此刻，下课铃响了，这位教授合上讲义，抬起头，笑眯眯地说道，"好诗啊，好诗。"（Guerin 15）这个故事讽喻了历史-传记式批评完美避开作品而集中在作者，"这种方法经常地（毋宁说不可避免地）把文学研究主要当作传记，历史，或者其他学科分支，而不是艺术。"（15）传统传记式批评忽略了文学批评最应该承担的职责——剖析作品的审美意义和文学价值。

朗松颂扬圣伯夫在文学批评中的求真精神，却批评他的传记式批评实践偏离了文学批评轨道："但圣伯夫在他那了不起的伦理学家的直觉和强烈的生活感的推动下，竟把编制传记几乎看成是文学批评的全部内容。……这是因为，他不是用传记来解释文学作品，而是用作品来编制传记。"（522）朗松的这一批评明确了传记式批评所包含的两个维度：用传记解释文学作品，用文学作品构建传记。巴尔萨莫认为，朗松反对从作品到作家这一单向维度并否认通过文学作品编写作家传记的有效性："对朗松而言，基于文学作品中析出的资料撰写传记既笨拙又有失精确，过度阐释作品中不重要的细枝末节，以此重构作家人生，这注定失败。从作家自己的文学作品中重组作家人生，这种企图所产生出来的传记是彻头彻尾的虚构。"（Balsamo 417）

朗松反对圣伯夫从作品到作家单向地编写传记，却推崇泰纳用传记材料来阐释文学作品，"泰纳是用莎士比亚或拉辛的传记材料来解释两位作家的剧作的。他是一直把文学作品当作文学批评的最高的与恒常的对象而放在首位的，他认为应该把文学作品看作艺术作品，固然是作者赐给它们生命，但一旦脱离了作者，它们就以自己个别的一致性、个别的身份，即使不说是独立地生活至少是独立地存在。"（525）朗松认为传记因素只是文学批评中的一个一般组成；文学批评就是要指出文学作品的特性，"在做这项工作的时候，我们应该双眼一直盯住那作品，只有在必要的时候才回到作家其人，但也别长久停留，别在那里迷失方向"。（526-527）在法国文学批评发展史上，罗兰·巴特不但继承了泰纳和朗松主张的把文学作品放在文学批评的首位，而且走到另一个极端：作品诞生，作者死亡，作品独立存在、独立存活。传记式批评方法在文学批评实践中陷入低谷。

发轫于 20 世纪初期的英美新批评对传记式批评的抵制和摈弃表现在另一个维度：运用传记材料阐释文学作品。蓝仁哲指出，"新批评著名的'意图谬见'（the intentional fallacy）强调，一首诗的意义在于它的内部，是由其话语层面的语法、词义和句法等决定的，不决定于诗人在谈话、书信或日记里吐露的意向；抒情诗中的'我'不代表'诗人'自己，而是诗歌中的戏剧化人物。作品的意义与作家的意图不相干，不能把作家在别的场合表现的意图强加到作品。"（683）英美新批评认为，作家谈话、书信或日记等传记材料在文学作品之外，在传记事实中追溯作品的来源是一种谬误。文学传记与文学批评是二元对立还是双向奔赴？在这个问题上，桑德斯借用新批评的立场否认了文学传记应承担文学作品溯源的职责:"正如新批评所主张的那样,文学传记探求作品的源头是一种谬误:之所以谬误,是因为任何与自主性作品相关的东西本质上都包含在自身之中:转向日记、书信、回忆录和他人的闲言碎语只能说是与这一本质并不相关。"(Saunders 151)也就是说,文学作品是自主性的,日记、书信、回忆录和他人的闲言碎语也都各自具有自主性,从后者中寻找前者是一种谬误。更通俗地说,文学作品是文学作品,日记是日记,书信是书信,回忆录是回忆录,各自独立,彼此并不相通。这是新批评对文学传记的反对与拒绝。

然而,传记式批评在遭到英美新批评学派的抵制后只经历了短暂的沉寂,很快又生机焕发,因为"新批评的追随者们都因为一个更为严重的错误而愧疚,这个错误就是忽视作品之外的所有信息,不管这些信息多么有用、多么有必要。"(Guerin 16)英美新批评把传记材料完全从文学批评实践中驱逐出去是一种极端,这种极端很快就被文学批评家们发觉,即使是新批评的追随者也认识到传记式批评方法不应被彻底摈弃。

美国心理学文学批评家费德勒把对传记式批评的抵制和摈弃称之为"反传记主义(antibiographism)",指出反传记主义的信条是"传记信息与理解和评价诗作毫不相关,反过来说,诗作不能被合法地用作传记材料"。(Fiedler 253)梁庆标认为当代西方"反传记"在文学批评家那里表现为对传记的嘲弄与消解,"就其演进而言,从文学批评角度看,19世纪和20世纪盛行的'审美批评'式反传记力量最为强大。"(111)费德勒猛烈抨击"反传记主义"的僵化信条,并绕口令般指出诗人与诗作的不可分割:"不可能在诗人书写的作品和诗人的经历之间、诗人经历的生活和诗人书写的生活之间划出界限。因此,机敏的批评家一定要准备好在生活和诗歌之间来回穿梭,不是毫无意义地转圈,而是有意义地朝着终点螺旋上升。"(Fiedler 260)推进这个螺旋上升,费德勒纳认为需采用作者心理分析。从此,传记式批评演变为心理文学传记和精神分析批评在文学研究中继续发挥效能。传记文学批评在"反传记主义"浪潮中步履维艰却"天生丽质难自弃",一直准备着东山再起、焕发新颜。

俄国文学批评家、俄国形式主义研究者加厄尔里希认为费德勒对反传记主义的批评过于情绪化,毕竟传记式批评有其自身不可抹去的局限。但厄尔里希绕开英美新批评的"反传记主义"而转向俄国形式主义及其后期的布拉格结构主义来探究传记式批评的局限。他认为，生活与作品之间的关系能否建立，需要有确切的传记材料证明：

> 如果没有相关的传记证明，那么关系就不可能建立。如果诗人创造的世界与他的真实生活相反，那么关系很大程度上是否定的，或者按照心理分析家的说法，是补偿性的。如果表面上主宰着诗人生活的欲望或矛盾能够准确无误地在他的语言表达和主题选择中表现出来，那么关系则是密切的、有机的。（Erlich 137）

换言之，能否把作家与作品关联起来，传记式批评是否能有效实施，需要具体分析作家的创作风格。厄尔里希设问，区分诗人生活与诗作之间的关系如此麻烦，我们是否应放弃把两者关联起来？换句话说，我们是否应该放弃传记式批评？厄尔里希的答案是否定的："生活与作品相互关联但各自属于不同层次的真实，这些真实有着质的区分，只有这样，这项艰巨的任务才更有可能成功完成。既然诗是生活经历的折射而不是反射，那么只有先找出美学公式中的折射角度并加以衡量，我们才能贴切地评估作品的本质。"（137）

法国文学批评史上的传记式批评从一开始就是一种方法，在英美文学批评史上传记式批评从一开始表现为文学传记这种体裁而受到文学批评家的嘲弄和摈弃，作为俄国形式主义研究专家的厄尔里希则主张作者传记事实在作品中何时结束及虚构何时开始的"折射角度"探究。

二、新传记式批评之"新"何在

所谓"旧"传记式批评遭遇"作者之死""意图谬误"和"反传记"之后以不同的模式和内涵重新进入文学传记和文学批评领域。只有当其不再被文学批评家垄断、传记家强势介入的时候，传记式批评的性质才发生了根本性转变，孕育出新传记式批评萌芽。伯登借用《康拉德传记》作者罗杰·坦南特（Roger Tennant）之言宣告传记式批评与文学传记融合之必要："传记式批评到了最令人怀疑的时刻，这是因为坦南特（1981年）断言'传记家逐渐感觉到，文学批评太重要了，不能由文学批评家独专'。传记家试图展示传主的'书是怎么写出来的，为什么要这么写'，而不是去阐释这些作品或评估其价值。"（Burden 5）作为文学批评方法的传记式批评在文学传记家那里发生了根本的改变，这种方法不再被用来阐释文学作品并评估其文学价值，而是用来揭示作家创作文学作品的过程及因由。

作家传记在文本分析中的作用既不可完全抛弃，又不可沿袭传统的传记式批评方法那样用真实作者的情感分析文本内所表达的情感。利用作家创作手（草）稿和文学作品的对比，认知作家如何在文学文本中完成和实现虚构之美，是传记式批评方法的革新价值所在。"一旦和原稿加以对比，平面性的描述和立体性的刻画，其高下、其奥妙就一目了然了。"（孙绍振 7）作家创作手稿是极为重要的传记资料组成部分，是最能直观地体现作家的创作过程，通过对比创作手稿展示作家生活中的真实如何转化为艺术的真实，从而揭示文学艺术的美的转化过程。传记式批评在文学传记中发生了质的变化；这种变化了的传记式批评要求，创作手稿不应只是作为附录或插图出现在文学传记中，而是要求传记家需充分利用文学批评家的身份，充分展现文学批评家的技能，通过解读创作手（草）稿、创作过程和文学作品之间的互文完成其文的阐释和其人的形象构建双重任务。这是传记家的职责，是文学传记的根本意义；正如英国著名传记家埃尔米奥娜·李（Hermione Lee）所指出："文学传记作者通常并不试图把那个表演的、公共的、日常的自我从私下里写作的自我中剥离，而是寻找它们之间的联系。那正是文学传记的意义所在，不过有些成功、有些失败就是了。"（112）

在英美文学批评史中，从浪漫主义时期开始，研究作家手稿成为传记式批评的重要组成，其目的是揭示一部作品的创作过程，这一目的的实质还是为作者意图找到依据。作家手稿研究在当代文学批评中依然受到重视，尤其有了激光透视、高光谱图像处理等技术和数字人文研究方法的加持，作家手稿研究在21世纪显得更有科学依据、更为精密，甚至演变为一种新的批评方法——发生学文学批评（genetic criticism）。赫尔指出，发生学文学批评视角下，研究作家手稿"不仅仅是研究写作过程的一种方法，它还可以是一种阅读的方式"，"是一种阅读策略"（Hulle xix），"不是研究作家意图表达什么，而是研究他们做了什么、未做什么或想要做什么。"（127）为了更好地理解一部文学作品为什么会击中读者的神经、触动读者的心弦，通过研究创作手稿来探究作者在写作过程中到底做了什么才最终达到了这样的效果。换句话说，传统传记式批评中的作家手稿研究是为了研究文本中的作者意图，而在 21 世纪新传记式批评中的作家手稿研究是一种阅读策略，是读者视角下对文本生成过程的探究。

　　诺珀在评论同在 2000 年出版的两部美国诗人惠特曼传记时明确使用"新传记式批评（New Biographical Criticism）"这一概念。"传记式批评正走向何处？惠特曼研究恰是问这一问题的绝佳场所。"（Knoper 161）这是因为惠特曼的人生历程及诗人的自我"为我们思考如何把传记用作理解文学、文化和自我本身的桥门提供了绝好的依据。"（161）诺珀认为，《情色惠特曼》（*The Erotic Whitman*）和《惠特曼与爱尔兰人》（*Whitman and the Irish*）之间的"差异能说明现行传记式批评的某些可能性。"（162）传记作者标榜《情色惠特曼》由传记与批评糅合而成，但诺珀认为这一传记很多时候忽视了作品批评："对惠特曼生活的研究过于丰富而掩盖了作品分析，过于注重心理传记因素而忽视了作品本身。"（163）传记过度而忽略作品是传记式批评家们竭力避免、但往往避免不了的陷阱。相比之下，《惠特曼与爱尔兰人》的不足在于：只提供事实，至于这些事实对惠特曼其人有何影响、对惠特曼的种族观以及与他的诗歌创作有何关系，传记作者只字不论，无阐释，不批评。但这种不足恰恰启示了一种"使用惠特曼传记式批评的一种新方式。"（166）也就是说，"把惠特曼生平故事用作理解一种错综复杂的文化问题的聚焦点，"（167）从而为传记式批评提供一种新的出路："对种族观与惠特曼诗歌之间关系的兴趣不妨采用我们从文学文化关系新历史研究那里所学到的东西，并用可能对传记式批评和文学与历史批评都产生影响的新概念将这种关系从传记的棱镜——把传记当作一种历史——中投射出来。如果能这样做，'后续的批评研究和理论研究'很可能激增，并且这种可能会保持下去。"（167-168）虽然诺珀从始至终没有明确定义"新传记式批评",但明确主张把作为文学批评方法的传记式批评纳入文学传记,呼应了伯登、坦南特所主张的传记家介入文学批评,从而让传记在理解作品、理解作品生成时的历史与文化中发挥更为充分的作用。

霍夫曼作为特邀编辑主编了《近代早期法国研究》(*Studies in Early Modern France*)第九卷专辑,专辑的题名为《新传记式批评》(*The New Biographical Criticism*),但霍夫曼如何界定新传记式批评不得而知③。巴尔萨莫评价霍夫曼主编的这一"新传记式批评"专辑"苛刻地复检了传记研究的传统方法论。"(Balsamo 431)巴尔萨莫反对传统传记式批评中从作品到作者这一维度的单向流动,认为"作者的生活在他的书中的反映只是部分的、侧面的。作者的书以文学术语和文学模式讲述他的生活;作者的书用来创造或确认一个虚构的人物和一个社会形象。"(419)但这并不意味着传记式批评的无效与无用,但必须有前提条件:"相反,严肃的传记研究只有通过运用文化和编辑实践将文学作品置于具体的语境中才能发挥作用,如此才能搞清楚蒙田写《散文》这样一本书的非同寻常的目的。"(418)"只有当我们能够通过揭示蒙田的贵族身份渊源与《散文》之间的关系,更好地理解这本书、它的目的和风格时,以传记的方法研究《散文》才有价值。"(420)巴尔萨莫通过对蒙田散文的传记解读树立了传记式批评方法实践的新模式:打破传统传记式批评的单一维度、机械式的单向运作,从作家到作品和从作品到作家两个维度同时启动、相互作用,作品中的自传因素与作者的真实生活相互比对,从而揭示作家创作作品的过程及目的。这是新传记式批评区别于传统传记的又一特征。

拉迈布里认为传记式批评这一旧体裁正在遭遇新的挑战,提出"新传记式批评(de la nueva crítica biográfica y, new biographical criticism)"这一概念。拉迈布里认为,英美传记家及传记理论家遵循的范式为:

> "1)心理学在分析传记对象时的重要性;2)以塞缪尔·约翰生和詹姆斯·博斯韦尔为典范的历史流派;3)对历史真实性和文本虚构化程度进行分类的分类法;4)叙述方式,从浪漫主义的目的论到旨在表达或凸显文本部分真理的客观叙述。"(Lámbarry 83-84)

　　这一范式是传记式批评在英美学界的新发展，而法国传记的模式则是传记家从"浪漫主义时期的冒险家形象"转变为现当代时期的"科学家形象，"化身为科学家的传记家"寻找揭示作者的社会阶层在有限可能性范围内的习性或倾向的模式。"（83）拉迈布里所指出的英美传记和法国传记作为一种体裁在范式上的差异其实是传记式批评"这个自上世纪中叶以来逐渐复兴并增强的新体裁的一些特征"。（86）他从传记家的态度、传记对象及叙事目的和传记式批评作为一种体裁等方面指出新传记式批评的内涵："传记式批评这一体裁融合了历史、小说和传统的文学分析。因此，它必须遵循现实的原则，提供可验证的知识，或提出创新且引人思考的假设，就像任何其他文学分析工作一样。传记式批评位于新历史主义、微观历史、非虚构小说（或文学纪实）和见证文学等多个体裁的交汇点。"（88-89）

　　传记作家伊拉·纳代尔（Ira B. Nadel）在谈论大卫·马梅特传记式批评时指出"传记是可以将个人生活与创造力结合起来的作品。……当你为剧作家作传时，你需要同时讲述三个故事。第一个故事：这人是谁，他的教育背景，他受到了哪些影响；第二个故事：他写了哪些剧作，以及它们先后出场的顺序；第三个故事：剧作的创作过程。"（徐砚峰 166）这说明，文学传记势必离不开作品和作品分析，这种分析是人生故事与文学批评的互相交融，在讲述作家的故事中讲述作品的故事。纳代尔反对一般传记"按照主人公的成长时间顺序排列"的线性叙事，主张"传记应该从一两个事件开始，这些事件代表了主人公生命的主题。"（166）拉迈布里持有同样的观点，他认为新传记式批评为"避免落入叙事目的论陷阱"而"刻意打破了他们叙事的线性时间顺序，描绘出分裂、多样和群体性的人物形象。"（Lámbarry 88）打破文学传记线性叙事，从具体事件中分析作家生命以及具体事件和作家生命主题如何转化为文学虚构是新传记式批评的又一大特征。

　　学者们对"新"传记式批评的认知和界定各有千秋，穆兰的表述可谓是对此的一种总结：传记转向在文学研究中主表现为，"正如在发生学批评中观察到的，研究手稿追踪在作者心灵的熔炉中文本诞生和成长的过程；在新历史主义文论中，重新构建文学作品的上下文；或者在接受理论中以阅读主体为中心的批评，以及从女权主义到后殖民主义研究及其众多变体等各种学派关注无论是独特的还是典型的个体作为特定社区成员的身份。"（Moulin 1）穆兰还特别举例说明，传记方法在文学批评中的应用体现在由罗伯特·迪翁和弗雷德里克·雷加德共同编辑、2013 年出版的文集《新传记写作》（*Les Nouvelles écritures biographiques*）中。这一文集的题目可以称作是新传记式批评的别称。

结　　语

综合诺珀、霍夫曼、拉迈布里和纳代尔等学者在 21 世纪不同时期对传记式批评的新阐释可总结出新传记式批评的主要特征：文学传记介入文学批评，两者合力形成新的文学批评模式；同时启动从作家到作品和从作品到作家两个维度并相互作用；避免叙事陷阱而采用非线性叙事。新传记式批评关注的焦点是传记事实与艺术虚构之间的互动，是作品与作者之间的双向辉映而非传统的单向流动，双向辉映之下产生真实与虚构的环合之美。其实，我国学者赵山奎提出的以"人学、文学和人生"三要素构成的"传记—文学阐释学"是对新传记式批评的最好阐述："既试图展示'传记 / 人生'这一种'只是单纯地令人惊奇的东西'是如何转变为'文学'这种'因为其新而令人感到惊奇的东西'的运动，同时也试图展示与上述运动方向相反的运动，这种双重展示的方法，不妨名之曰：'传记—文学解释学'。"（4）在这种新型传记式批评方法中，传记不再只是介入文学阐释的一种途径，文学不再是终端；在这种新型传记式批评方法中，传记与文学在同一条轴线上彼此相迎，互为阐释，最终达到你中有我、我中有你的融合；融合的结果是人生，是人学。这就是新传记式批评的根本所在：传记与作品的互为阐释所达成的文本间性。

文学传记应是新传记式批评方法实践的最佳载体或平台。一部上乘的文学传记，既不忽略人性的光辉，又不低估人性的黑暗；这光辉，这黑暗，在作家的作品中比在作家的生活中表现得更为淋漓尽致。故而，以传记为桥门，透过作家的生命，发掘作品中的人性，追究并揭示文学作品生成奥秘以及这奥秘里的真实与虚构融合之美。这正是新传记式批评之要义。

致谢【Acknowledgement】

1. 本文受益于《现代传记研究》匿名评审人提出的修改意见，作者谨致谢忱！

I am grateful to the editors of *Journal of Modern Life Writing Studies* and anonymous reviewers for their suggestions and comments.

2. 本文为 2023 年学术研讨会"回顾与展望，让过去照亮未来——《现代传记研究》创刊十周年庆典暨'数字化时代的生命写作'"参会论文，作者谨致谢忱！

This paper was presented at the 2023 Symposium "The 10th Anniversary of the Journal of Modern Life Writing Studies and the 'Life Writing in the Digital Age'". The author would like to thank those who provided helpful comments on the presentation.

注释【Notes】

① 关注传记转向发生的时期，学界有不同声音，详见《"传记转向"在欧美激进 1960 年代的发生》一文。

② 关于法国批评家 Charles Augustin Sainte-Beuve 的名字中译，本文作者所参考的相关文献中，有的译作"圣勃夫"，有的译作"圣伯夫"，本文采用"圣伯夫"这一译法。

③ 遗憾的是，笔者没能获取整部专辑，只找到该专辑中巴尔萨莫对这一专辑的评论。

引用文献【Works Cited】

Balsamo, Jean. "Montaigne's Noble Book: Book History and Biographical Criticism." *Journal of Medieval and Early Modern Studies* 41.2(2011): 417–434.

Benton, Michael. *Toward a Poetics of Literary Biography*. London: Palgrave Macmillan, 2015.

Burden, Robert. *Heart of Darkness — An Introduction to the Variety of Criticism*. London: Palgrave Macmillan, 1991.

Erlich, Victor. "Limits of the Biographical Approach." *Comparative Literature* 6.2(1954): 130–137.

Fiedler, Leslie. "Archetype and Signature: A Study of the Relationship between Biography and Poetry." *The Sewanee Review* 60.2(1952): 253–273.

Guerin, W. L. et al. *A Handbook of Critical Approaches to Literature*. Oxford: Oxford University Press, 2005.

Hoffmann, George. ed. *EMF 9: The New Biographical Criticism (Emf: Studies in Early Modern France)*. Charlottesville: Rookwood Press, 2004.

Hulle, Dirk Van. *Genetic Criticism: Tracing Creativity in Literature*. Oxford: Oxford University Press, 2022.

Knoper, Randall. "Walt Whitman and New Biographical Criticism." *College Literature* 30.1(2003): 161–168.

Lámbarry, Alejandro. "Los nuevos retos del viejo género de la crítica biográfica: el caso de Augusto Monterroso." (New challenges to the old literary genre of biographical criticism: Augusto Monterroso's case). *Valenciana*, 22(2018): 81–100.

蓝仁哲:《新批评》,《西方文论关键词》,赵一凡、张中载、李德恩编。北京：外语教学与研究出版社，2006 年。

[Lan Renzhe. "New Criticism." *Keywords of Western Literary Theory*. Eds. Zhao Yifan, Zhang Zhongzai, and Li Deen. Beijing: Foreign Language Teaching and Research Press, 2006.]

朗松:《方法、批评及文学史——朗松文论选》,徐继曾译。北京：中国社会科学出版社，1992 年。

[Lanson, Gustave *"L'histoire littéraire et la sociologie." Essais de méthode, de critique et d'histoire littéraire*. Ed. Peyre, Henri. Trans. Xu Jizeng. Beijing: China Social Sciences Press, 1992.]

埃尔米奥娜·李:《传记》,马睿译。南京：译林出版社，2023 年。

[Lee, Hermione. *Biography: A Very Short Introduction*. Trans. Ma Rui. Nanjing: Yilin Press, 2023.]

梁庆标：《谁害怕传记？——当代西方"反传记"批评辨析》，《外国文学动态研究》2022 年第 2 期，第 107–120 页。

[Liang, Qingbiao. "Who is Afraid of Biography?" *New Perspectives on World Literature* 2(2022): 107–120.]

梁庆标、陈海艳：《"传记转向"在欧美激进 1960 年代的发生》，《现代传记研究》，2024 年第 22 辑，第 73–86 页。

[Liang Qingbiao & Chen Haiyan. "'Biographical Turn' in the Radical 1960s of the West." *Journal of Modern Life Writing Studies* 1(2024): 73–86.]

Moulin, Joanny. "Introduction: Towards Biography Theory", *Cercles* 35(2015): 1 –11.

Saunders, Max. "Ford, Eliot, Joyce, and the Problems of Literary Biography." *Writing the Lives of Writers*. Ed. Warwick Gould and Thomas R Staley. New York: St. Martin's Press, 1998.

孙绍振：《文本分析的七个层次》，《语文建设》2008 年第 3 期，第 4–8 页。

[Sun Saozhen. "The Seven Levels of Textual Analysis." *Language Planning* 3(2008): 4–8.]

徐砚峰：《大卫·马梅特传记式批评：纳代尔教授访谈录》，《当代外国文学》2021 年第 1 期，第 165–171 页。

[Xu Yanfeng. "Biographical Criticism of David Mamet: An Interview with Professor Ira B. Nadel. *Contemporary Foreign Literature* 42.1(2021): 165–171.]

杨东：《文学理论：从柏拉图到德里达》。北京：北京大学出版社，2009 年。

[Yang Dong. *Literary Theory: From Plato to Derrida*. Beijing: Peking University Press, 2009.]

赵山奎：《传记视野与文学解读》。北京：北京大学出版社，2012 年。

[Zhao Shankui. *Biographical Perspective and Literary Reading*. Beijing: Peking University Press, 2012.]

"信"至上：传记翻译中的书名汉译

唐岫敏

内容提要：本文从传记书名的复杂性和重要性探讨了相关翻译策略。传记书名承载着作者对传主的考量，通过表述性和指示性功能传达深层意义。翻译时须兼顾其历史性和文学性，直译文类以保持原意，灵活处理文学修辞以达神似。汉译《奥兰多传》省略文类"传"字，易致读者误解文类与作者创作意图。书名亦有法律和商业功能，需吸引读者，反映作品卖点。译者当秉持"信"原则，确保译文既忠实于原文又适配目标文化，使读者获得与原文读者近似的阅读体验。

关键词：传记书名 "信" 英汉翻译

作者简介：唐岫敏，文学博士，鲁东大学外国语学院教授。研究方向：西方传记，英美文学。代表作《斯特拉奇与"新传记"：历史与文化的透视》、合著《英国传记发展史》。邮箱：x_tang2@163.com。

Title: "Faithfulness" as Priority: The Chinese Translation of Biography Titles

Abstract: This article delves into the intricate strategies for translating biography titles, underscoring their multifaceted significance. A biography title not only reflects the author's perspective on the subject, but also conveys profound meanings through its enunciative and deictic functions. In translation, the distinction between the historicity and the literariness of a biography must be considered. While the genre should be rendered literally to preserve the original intent, literary rhetoric requires flexible handling to capture the original nuance. The omission of the genre term "biography" in the translation of Virginia Woolf's *Orlando: A Biography* led to genre misunderstanding among Chinese readers and obscured the author's intention. Titles also fulfill legal and commercial roles, necessitating attractiveness to readers and alignment with market demands. Translators must adhere to the principle of "faithfulness", ensuring fidelity to the original text and compatibility with the target culture. This dual task is essential to provide the target readers with a reading experience comparable to that of the original audience.

Keywords: biography titles, "faithfulness", E-C translation

Tang Xiumin, PhD, is Professor of English at School of Foreign Languages, Ludong University, China. Her research interests are biography and English literature. Her major publications include *Lytton Strachey and the "New Biography": a Historical and Cultural Study* and *The Development of English Biography* (co-authored). **E-mail:** x_tang2@163.com

英语文学史学者理查德·阿尔提克在其经典论著《英语普通读者》中，为难以获得底层人民的阅读数据发出慨叹："假如我能读到一本屠夫自传该多好……！"（Altick 244）。《英语普通读者》出版于 1957 年。当时底层人、普通人的自传和回忆录作品极为稀缺。那时社会流行的趋势是，人人心中有一部小说，渴望有朝一日能够写出来。（Pinsker 312, 320）然而，1990 年代之后，凡人回忆录在英语国家迅速流行，成为许多人渴望尝试的非虚构写作形式（320）。尤其在美国市场上，凡人回忆录契合了美国故事的模式，讲述"普通人怎样成长，怎样生活，以及如何通过写回忆录改变自己的命运"（315, 320）。

回溯这股热潮的源头，人们发现它起源于一部荣获普利策传记、自传奖的回忆录——《安吉拉的骨灰》（*Angela's Ashes*）[①]。这部回忆录呈现了爱尔兰裔美国作者苦难的童年，但书名与正文的关系却让人困惑。在书中，作者的母亲安吉拉并未去世，而汉译书名却暗示了某种悲剧性的结局。书名与正文相互作用，"书名塑造正文的基调，正文反过来影响人们对书名的理解"（Symes 18）。显然，汉译书名《安吉拉的骨灰》与全书内容严重脱钩，是一个翻译败笔，让人禁不住关注起传记书名的翻译问题。

单独看这部回忆录的书名原文"Ashes"，字面词义之一是"骨灰"，但直译为"骨灰"实现了形式对等，却未能准确传达出书名本身的深层含义，从而导致汉译书名成为又一个望文生义的误译案例。因此，传记的书名应该怎样翻译？如何在翻译过程中实现"信"这一既忠实于原文，又适切于本族语文化的原则？本文尝试探讨以上两个问题。

一

汉译回忆录《安吉拉的骨灰》之误译在于它违背了"信"这一翻译的根本原则，译文没有忠实于原文的精髓。"信"是汉译传记书名中的要中之要。要探讨传记书名汉译的"信"原则，首先要理解传记书名的意义。结构主义、解构主义者们都论及过书名的意义。罗兰·巴特认为，在商品经济时代，图书就是商品，书名就是品牌，因此"每个书名具有几个同时存在的意义，其中至少包括这两个：（1）书名之所言与随后正文的偶然性相联系；（2）书名本身宣告了一件文学作品（实际上是一种商品）即将呈现；换句话说，书名总是具有表述性和指示性的双重功能"（Barthes 4）。

书名的表述性功能和指示性功能可以分别理解为书名的表层含义和深层含义。具体而言，书名的表述性功能是指书名直接传达的信息，即书名的字面意义。以普利策奖传记《奥本海默传》（*American Prometheus: The Triumph and Tragedy of Richard J. Oppenheimer*）为例，书名的表述性功能明确指出这部传记是关于奥本海默的，讲述他的成功与悲剧。

指示性功能则涉及书名如何指向或关联特定的内容、情境或读者。它不仅仅是书名直接言说的内容，还包括通过隐喻、象征或其他修辞手法所暗示的更深层次的意义。在上述书名案例中，"American Prometheus"具有指示性功能。它不仅指出奥本海默是美国人，还通过将他与普罗米修斯相比较，暗示了他的奉献精神、创造力以及可能的悲剧命运。这种比较提供了对奥本海默人格和经历的深层次解读，揭示了全书中作者对传主的理解及其写作目标。

值得注意的是，书名的表述性功能和指示性功能往往相互交织，共同构成书名的复杂意义。书名的表述性功能提供了直接信息，而指示性功能则通过隐喻、象征等手法扩展了这些信息的内涵，使得书名不仅仅是一个简单的标签，而是一个富有层次和深度的符号。

语言学家克里斯蒂安·诺德（Christiane Nord）通过研究语料库，从另一角度探讨了书名的功能。她认为书名功能至少包括四种：致意功能、吸引功能、信息功能、表达功能。书名的致意功能在作者和读者之间建立起交流。吸引功能通过书名的文采和信息激发读者的阅读欲望。信息功能宣告正文即将展开的主题，如"American Prometheus"宣告了传记将侧重叙述奥本海默一生中的大喜与大悲。表达功能则侧重作者端，书名有助于传递作者对世事的态度与情感（Guérin-Pace 5）。斯泰西·希夫的 *Saint-Exupéry: A Biography* 的汉译书名被增译为《小王子的星辰与玫瑰：圣埃克苏佩里传》，而且图书封面上"圣埃克苏佩里传"被腰封遮住，只露出前半部分的大字。这种处理表明，普通汉语读者可能不知道圣埃克苏佩里，但"小王子"尽人皆知，这种译名更吸引读者。

在技术层面，传记书名往往以极简的词汇捕捉并传达全书的核心主题和精神，提纲挈领地概括全书的内容。有时这是文类的需要。19世纪之前，英语传记书名经历了规范化、制度化的发展，书名上常带有文类标记，如《XXX传》《XXX自传》《XXX回忆录》《XXX日记》等。在当下，传记书名更强调对传记全文的高度概括性，书名往往以简洁有力的语言反映出传主最具代表性的事件、成就或特质。比如，传记书名 *Places of Mind: A Life of Edward Said*。书名的表述性功能直接告诉我们，这是一部关于萨义德的传记，它将探讨萨义德的思想和生活。书名中的"Places of Mind"表明萨义德的思想和理念是他移居多地的结果。从指示性功能看，"Places of Mind"不仅指出了萨义德的思想对他个人生活的重要性，还暗示了他的思想是如何与他的地理位置和文化背景——特别是他作为巴勒斯坦人的身份——紧密相连的。书名通过短语"Places of Mind"，指向萨义德思想的复杂性和多样性，以及这些思想如何在传主的不同"心灵之地"生根发芽。同时，也强调了地理位置对于萨义德思想的重要性，因为他的理论和观点是在特定的地理、政治和文化背景下形成的。

书名具有不凡的影响力。作为作品的名字，书名不仅是理解作品的权威参照物，也是作品的一部分。它指向作品，定义作品，是理解作品的风向标。作家们常将书名视作写作过程中的旗帜，指引着他们创作的路径和方向。

书名具有向内和向外的双重属性。向内，书名定义作品，是理解作品的关键。向外，书名作为作品的招牌，承担着法律、商业以及文化传承的功能。德里达从物理距离和文本意义上严谨地厘定了书名的位置，认为"没有书名（或标题），就没有间隔、没有严格的空间布局规则来定义文本边界"（Derrida, Title 8）。这表明书名甚至通过其位置和功能定义了作品的边界和意义。

书名的特殊能量在于，即使脱离了原始语境，即使人们忘记了书的内容，书名本身仍能保持其影响力，吸收新语境的意义，并与新语境产生共鸣。例如，提到 1984 年，人们很难不联想到乔治·奥威尔的同名小说《1984》（Symes 19）。这种特殊能量使得书名成为广告和营销的有力工具。乔布斯在 1984 年为苹果电脑所做的广告就是一个典型例子，广告题目"1984"产生了巨大的影响力和极佳的营销效果（艾萨克森 第 15 章）。

书名虽然通常以简洁、精炼、醒目、生动为特点，作为一个"微型文本"[2]，它和其他规模的文本一样，具有阐释的多义性，在文化和商业领域中扮演着重要角色。这种多义性使书名在文学领域具有深远的意义，也在商业营销中发挥了重要作用，成为吸引读者和消费者的重要手段。

在现实中，书名与读者、作者和出版商之间存在着隐性的合同关系（Shevlin 44）。在书名与读者方面，书名通常给读者一种预期，暗示了书的内容、风格或主题。读者在选择一本书时，书名是他们最初的参考点之一。因此，书名在无形中承诺了一种阅读体验，读者购买和阅读这本书基于这种预期。而读者对书名的信任基于作者和出版社的声誉。如果书名所暗示的内容与实际提供的不符，读者可能会感到被误导，这会损害作者和出版社的信誉。

在书名与作者的隐形合同关系上，书名是作者传达核心思想或情感的浓缩，是向读者传达书的主旨，因此成为作者与读者沟通的桥梁。作者有责任确保书名与书的内容相匹配，这既是对读者的尊重，也是对自己作品的负责。为此，作者常常为找到合适的书名而冥思苦想。阿多诺说，"寻找一个书名就像拼命回想一个重要的、却怎么也想不起来的词，让人感到无望"（Adorno 284）。他还认为，好书名要像雄辩家一样，一句话就可击溃一部作品（287）；然而好书名又不能太剧透，"好书名非常贴近作品，尊重作品的隐秘性；刻意的书名则侵犯作品的隐秘性"（284）。罗兰·巴特在讨论爱伦坡小说时建议，写作前要想为故事找到真相，必须首先设一个局（enigma），而这个局就藏在书名里。

书名的另一个特点是，它告诉读者了事实，但没有告诉读者具体的问题。而一旦真相大白，叙事便告以结束（Barthes 11）。对于传记作家而言，无论书名是自己精心选定的，还是由出版社最终确定的，它和书的封面、目录页这些副文本一道，都为作家提供了一个明确的视角来书写传主。"它们设定了作家们对某类叙事的各种期待"（Lee 130）。

书名也受到多种限制，或者说多种控制。美国普利策奖获奖传记作家利昂·埃德尔发表小说家亨利·詹姆斯与同性恋朋友的往来书信时，囿于当时的社会环境，哈佛大学出版社只能将书名犹抱琵琶半遮面地定为《致三位密友的信札》（*Letters to Three Friends*），而没有直接使用三位通信者的名字（Anesko 231）。这一决策反映了出版社在面对社会敏感话题时的谨慎态度，以及对潜在争议的规避。一位美国记者的文集《这是我的信仰》（*This I Believe*）在以阿拉伯语出版时，书名改成《生活教给我的智慧》（*Lessons Life Has Taught Me*）（Laugesen 181-182）。这一变更亦是为了适应阿拉伯语读者的文化背景和阅读习惯，使书名更具亲和力和吸引力。这些案例表明，书名同时受到社会文化背景和出版环境的限制。出版社在选择书名时需要综合考虑多种因素，以确保书名既能准确传达作品的核心内容，又能适应目标读者的文化背景和接受度。

书名对出版社具有重要的合同意义。现在，出版社在选择书名时，更多地会考虑市场定位和营销策略。书名需要吸引目标读者群，同时反映出书的独特卖点。出版社负责确保书名不侵犯他人的版权，避免法律纠纷。此外，出版商还负责书名的版权注册和保护。总之，书名不仅仅是一个标识，它承载着作者、读者和出版商之间的隐性协议，涉及预期、信任、责任和诚信等多个层面。这种隐形协议使得书名虽然位于文本的边界，但实际影响的受众却远大于它所标记的作品。书名的位置为它参与文化领域提供了广泛的机会，正如谢弗林所总结的，书名"通过投下如此广泛的合同网，它不仅对每部作品具有启示作用，还深刻影响了读者的阅读过程、作者的写作实践、出版商的营销策略、市场趋势以及文类变化的各个方面"（Shevlin 44）。

二

传记书名具有如此复杂而重要的意义，汉译时应当采取什么翻译策略？粗略而言，传记具有历史性和文学性，传记书名汉译策略因之至少要从两方面考虑：传记以历史性为重的一面，要求传记重赤裸裸的事实，也就是伍尔夫所称的"硬邦邦的事实（hard fact）"。译者在翻译过程中一般不宜有自由发挥的空间，人名、地名、生卒年、术语、文类（genre）等属于这一类。如果说专有名词、人物的生卒年和术语须直译，这一点容易理解，那么为什么传记书名中的文类必须直译，且在一般情况下不可省略不译呢？我们首先要理解什么是文类。

文类是作品的形式和结构特征。詹姆斯·F·斯莱文（James F. Slevin）做了详细的定义："文类是一种公认的形式，是文化代码的一部分，它以可识别的方式综合了话语特征（例如题材、意义、组织、风格以及作者与暗指或实际受众之间的关系）"（qtd. in Beaufort 48）。热奈特说，"每种文类本质上是通过内容的具体化来定义自己的"（qtd. in Derrida, *The Law* 62）。学术界从作者、文类本身、和读者角度对文类有过大量研究。研究表明，在作者一方，文类不只是限制作者的一个写作框架，也是激发作者写作欲望，助推作者的写作行动，和发挥作者主体性的场所（Bawarshi 78）。从文类自身看，文类意味着分类，意味着认知上的分类。文类"关乎着一套规则，这些规则决定了叙事可能的流程……。严格的文类会遵循社会和道德规范，会在它所诞生的社会里、所接受的约定内运作"（Kinsella 57）。然而，理论家们对文类本身保持了警惕。德里达认为，文类固然是一套类别，每种文类有其内部规则，但文类是动态的，它"不承诺任何东西。无论是读者、批评家还是作者，都不需要相信冠以这一名称的文本轻易地符合文类的严格、正常、规范或规范性定义，不要相信符合文类或模式的法则"（Derrida, *The Law* 67）。

相对而言，普通传记读者比其他文类的读者要保守，不会像小说读者那样期待着小说文类中出现新的模式，从而参与文本交流。文类在普通传记读者当中仍然具有相当的影响力。正如自传研究专家勒热讷所论，读者阅读一部自传时，会追求自传叙事的真相。如果这个真相值得怀疑，读者就会认为作者在撒谎。而读者阅读小说文类时不会产生这种感觉（qtd. in Miller 539）。

综上所述，传记书名上的文类是一个重要标识，是一种强有力的信号。它是作者给读者的承诺，不仅帮助读者识别和选择作品，也影响读者对作品的理解和评价。

在汉语语境中，传记书名常在传主名字后加上"传"字，如《XXX 传》《XXX 大传》《XXX 全传》等。传记的亚文类如《XXX 自传》《XXX 回忆录》《XXX 书信》等也常采用类似结构。这种命名方式虽然直观，但传记作家贾英华指出，它显得过于机械、呆板、生硬（45）。尽管如此，英译汉策略仍应遵循汉语规则，以直译为上。原文是传记，应译为《XXX 传》；原文是自传，应译为《XXX 自传》，其他依此类推。否则，就容易导致误译。

英国作家伍尔夫写过两部著名的仿传（mock biography）：*Orlando: A Biography*（1928）和 *Flush: A Biography*（1933）。前者有多个汉译本，基本都译为《奥兰多》[3]，学术论文中多译为《奥兰多：一部传记》[4]；后者的一个近期汉译本是《阿弗小传》[5]。正如前文学者所论，文类是作者表达主体性的场所，小说家伍尔夫将两部小说披上传记的外衣，是有多重意图。《奥兰多传》情节多为虚构，但有真实的人物原型，并且伍尔夫要通过这部小说表达她的传记观（*Diary III*, Oct. 22, 1927）。然而，汉译书名中省略了"传"字，只凸显了小说的文类，抹煞了传记文类，违背了作者的创作初衷，将作者创作意图的一半从读者理解中一笔勾掉。同样，*Flush: A Biography* 的传主是英国19 世纪著名诗人勃朗宁夫人的爱犬，这是一部狗儿的传记。作者意在挑战传记的形式与传记真实性之间关系，即当某个文本中保障真实性的副文本一应俱全，全部的传材属实，这个文本就堪称一部真正意义上的传记？《阿弗小传》将狗狗（Flush）译作"阿弗"，译出狗儿的萌态，是为神译。但是将文类译作"小传"则可商榷。英语术语"biography"在篇幅上可长可短，汉语的"传记"概念则有"大传""小传""全传"等多种细致的分类。然而，"小传"的分类边界并不明确。通常是几十字、几百字的小短文，有时也有百多页的作品被命名为自谦性的"小传"。根据大传、小传的篇幅，传记文本展开的内容也不相同。小传因为篇幅所限，多以记事为主，经常是"见事不见人"的模态；大传则动用多种技巧，用事实塑造人物肖像。从伍尔夫的创作初衷看，从狗狗传记的内容看，该传记虽然是写狗，但全书是一部传主从生到死，事实有根有据的完整传记。因此，在大多数普通汉语读者这里，译为"小传"，没有完全遵循"信"原则，译作《阿弗传》可能才忠实于原文，使汉语读者有与原文读者近似的阅读体验和理解。传记书名的文类往往不易掌握，书名上有时没有标注文类。人工智能前沿科学家李飞飞的回忆录 *The Worlds I See: Curiosity, Exploration, and Discovery at the Dawn of AI* 原版书名上没有文类标注，汉语版将书名译作《我看见的世界：李飞飞自传》。翻译的增词法虽然将文类提到书名上，却是混淆了自传与回忆录的区别。在汉语语境中，这貌似无伤大雅，但书名具有法律功能，原作出版方与原作作者可以因此诉诸法律。另外，文类也表示一种承诺，读者在阅读过程中会自动默认这种承诺。作品是小说，读者的阅读方向会聚焦在其艺术性上，而不是苛求细节的真实性；作品是回忆录，读者的阅读期待默认作者将带领我们走进真实的历史瞬间，承诺书中所述皆为真实发生的事实。这种承诺构成了回忆录的核心价值。虽然自传作者也须履行保持真实性的契约，但回忆录与自传因为文类的不同，而在对作者自我的探索上深浅不同，两者不能混为一谈。"将回忆录视作自传是错误的"（Foster）。

回忆录"memoir"一词源于法语的记忆（memory）和回忆（reminiscence），记述的是对作者印象最深刻的记忆之事。当代英美自传则延续了其忏悔和自辩功能的传统。回忆录是作者碎片化的人生，自传是作者相对完整的人生。读者不能期待回忆录的作者在其回忆录中对自我有多么深刻而系统的剖析。读者企图在回忆录中找寻作者对自我成长的深入挖掘、探索其各种经历对其自我的磨砺，以及作者自我在不同时期的转变等方面的系统描述，这将是徒劳的，这些不是回忆录的写作方向。相比而言，回忆录更注重作为个人的、历史的、时代的等各种经历的见证人。在作者的成长过程中，那些对其发生了刻骨铭心的经历和记忆可能才是他/她的写作目标。杨正润先生论道，回忆录因为是作者

"回忆和叙述自己的经历，所以必然包含自传的成分"，但是"回忆录的自传特征低于正式自传"，至多可归为"亚自传"（428）。也许正因为如此，若传记书名上没有专门的文类标记，普通读者容易将回忆录与自传相提并论。有读者认为汉语版《我看见的世界：李飞飞自传》的作者年纪轻轻很肤浅，在书中对自我的探讨不够深入，这显然是受了书名上"自传"二字的误导。直译为《我看见的世界：人工智能前夜的好奇、探索与发现》才信守了翻译的"信"原则，防止译本被误读。

传记书名上的文类翻译需要根据具体情况进行灵活处理。原文注明了文类的，译文有时也能在省略文类的情况下保持与原文的神似，恪守"信"的标准。回忆录 *Educated: A Memoir* 讲述了一个女孩在 17 岁之前从未接受过正规教育，却最终冲破宗教、父权制以及狭隘保守风俗的束缚，最终成为大学教授的故事。其中文版译名为《你当像鸟飞往你的山》。这个译名借鉴并改编了《圣经》一句话，既针对作者塔拉·韦斯特弗的摩门教背景，又保留了全书原文的意境，还增加了一层文化和象征意义，是为一个优秀译名。译名虽略去了文类"回忆录"，是一个小遗憾，但直抵人心的标题使得该书广受中国读者欢迎。

综上，在多数情况下传记书名上的文类在翻译过程中最好不要省略。

传记的文学性一面使得传记书名常使用象征、隐喻、提喻等修辞手法。翻译时可依情况直译、意译、或混译，以"信"为本，神似为要，形式对等可次之。英国"新传记"的经典之作 *Eminent Victorians* 具有强烈的象征或隐喻意义。书中虽仅写四位维多利亚时代人物，但作者利顿·斯特拉奇（Lytton Strachey）借此从宗教（纽曼主教）、教育（托马斯·阿诺德校长）、军事（戈登将军）、殖民主义（南丁格尔护士）四个方面批判维多利亚时代的虚伪。这些人物代表时代精神，而非单纯四人，故而刻意译出"四"是误译。误译书名阻碍了读者深入理解正文，译成《维多利亚时代名人传》更契合作者本意。

文学性强的传记书名汉译时对译者笔力要求更高。*Places of Mind: A Life of Edward Said* 仅译为《萨义德传》未尝不可，但丢失了原文书名的精髓。梁永安的译名《心灵的栖地：爱德华·萨义德传》将 "Places of Mind" 巧妙译为"心灵的栖地"，若去掉"爱德华"，译文将更贴合汉语文化，简洁且传神，简洁就是力量。

再看回忆录《走出荒野》(*Wild: From Lost to Found on the Pacific Crest Trail*),译名简洁明了,准确地传达了回忆录的核心:从外在荒野到内在荒野,作者经过艰苦徒步,实现了精神重生。此时,徒步路线是太平洋山脊,还是大西洋深谷已无关紧要,可省略不译。

误译案例《安吉拉的骨灰》的英文书名 *Angela's Ashes: A Memoir* 运用头韵,富含诗意,意蕴丰富。表面上,"Ashes"指安吉拉抽烟后的"烟灰"、家里炉火燃尽后的"灰烬""圣灰星期三"抹在额头上的圣灰。深层含义上,在基督教文化中,"ashes"象征毁灭、损失、忏悔、重生等。作者的母亲安吉拉因草率婚姻陷入贫困,一生都在与生存抗争,她的希望和梦想化为"烟灰",变成"炉灰",象征着她的牺牲与苦难。尽管如此,她仍心怀希望,期待全家重返美国,"总有一天我们全家人都会回到美国"(McCourt 110)。书末,青年作者告别苦难童年,从爱尔兰登上回美国的轮船,开启新生活。因此,书名译为《回忆录:安吉拉的烟灰》虽涵盖不了书中还提到的"炉灰""圣灰"之意,但保留了象征意义,更加贴近原文本意。

结　　语

传记书名承载着传记作者对传主的考量。《没有号角,就没有鼓:彼得·斯内尔传》(*No Bugles No Drums: Peter Snell's Biography*,1994)准确地捕捉了传主新西兰中跑世界冠军的性格特质。传记书名本身会讲不同的故事(Lee 130)。传主同为莎士比亚,《莎士比亚传》、《俗世威尔》(*Will in the World: How Shakespeare Became Shakespeare*)、《1599:莎士比亚的一年》三部传记各有不同的侧重点,不同的阐释,不同的艺术肖像。因此,译者应秉持"信"原则,严肃对待传记书名,如同作者创作时那般用心。

致谢【Acknowledgement】

本文受益于《现代传记研究》编辑部及匿名评审专家提出的修改意见,在此谨致谢忱!

I am grateful to the editors of the *Journal of Modern Life Writing Studies* and the anonymous reviewers for their valuable suggestions.

注释【Notes】

① 此中译本由林春译（昆仑出版社，1998 年），另一译本《安琪拉的灰烬》（路文彬译，南海出版公司，2010 年），意思也不得要领。

② Simone Vauthier 专门从微型文本（microtext）角度对书名做过研究。

③ 2000 年以来几家出版社先后出版了 *Orlando* 的不同译本，全都将"传"字省略，只译成了《奥兰多》。值得注意的是 1970 年代以来，国外某些出版社再版 *Orlando* 时，省略了副标题 *A Biography*，导致现在市面上有的版本带有副标题，有的没有副标题。显然省略副标题的做法违反了作者的创作意图。

④ 国内许多伍尔夫研究论文忽视汉语语言文化适应性，将 *Orlando: A Biography* 译作《奥兰多：一部传记》。

⑤ 另一译本是唐嘉慧译:《弗勒希：一条狗的传记》。上海：上海译文出版社，2009 年。

引用文献【Works Cited】

Adorno, Theodor W.. "Titles: Paraphrasing on Lessing." *Notes to Literature*. Trans. Rolf Tiedemann. Intro. Paul A. Kottman. New York: Columbia University Press, 2019. 283–90.

Altick, Richard D.. *The English Common Reader*. Chicago: University of Chicago Press, 1957.

Anesko, Michael. "Monopolizing the Master: Henry James, 'Publishing Scoundrels,' and the Politics of Modern Literary Scholarship." *The New England Quarterly* 82.2(2009): 205–34.

Barthes, Roland. "Textual Analysis of a Tale by Edgar Poe." Trans. Donald G. Marshall. *Poe Studies* (1971–1985). 10.1(1977): 1–12.

Bawarshi, Anis S.. "Constructing Desire: Genre and the Invention of Writing Subjects." *Genre And The Invention Of The Writer: Reconsidering the Place of Invention in Composition*. Louisville, Colorado: University Press of Colorado; Utah State University Press, 2003.

Beaufort, Anne, and John A. Williams. "Writing History: Informed or Not by Genre Theory?" *Genre Across the Curriculum*. Eds. Anne Herrington and Charles Moran. Louisville, Colorado: University Press of Colorado; Utah State University Press, 2005.

提摩西·布伦南:《心灵的棲地：爱德华·萨依德传》，梁永安译。新北：立绪出版社，2022 年。

[Brennan, Timothy. Places of Minds: A Life of Edward Said. Trans. Liang Yongan. New Taipei: Lixu Publishing, 2022.]

Derrida, Jacques. "The Law of Genre." Trans. Avital Ronell. *Critical Inquiry*. 7.1(1980); *On Narrative* (1980): 55–81.

—. "Title (To Be Specified)." Trans. Tom Conley. *SubStance*. 10.2(1981): 4–22. *The Thing USA: Views of American Objects* 31 (1981).

Foster, Thomas C. *How to Read Nonfiction Like a Professor*. Digital ed. New York: Harper Perpennial, 2020.

Gilmour, Garth. *No Bugles No Drums: Peter Snell's Biography*. Auckland, New Zealand: Minerva Press, 1966.

Guérin-Pace, France and etc. "The Words of *L'Espace Géographique*: A Lexical Analysis of the Titles and Keywords from 1972 to 2010." *L'Espace géographique* (English Edition). 41.1(2012): 4–31.

沃尔特·艾萨克森:《史蒂夫·乔布斯传》，管延圻等译。北京：中信出版社，2014 年。

[Isaacson, Walter. Steve Jobs. Trans. Guan Yanqi. Beijing: CITIC Press, 2014.]

贾英华：《怎样写好人物传记》。北京：中国宇航出版社，2014 年。

[Jia Yinghua. *How to Write a Biography*. Beijing: China Astronautic Publishing House, 2014.]

Kinsella, John. "On Genre: a Reader's Guide to the Writing and Reading of ..." *Antipodes*. 17.1(2003): 57–59.

Laugesen, Amanda. "The Franklin Book Programs, Translation, and the Creation of a Modern Global Publishing Culture, 1952–1968." *The Princeton University Library Chronicle*. 71.2(2010): 168–86.

Lee, Hermione. *Biography: An Introduction*. Oxford: Oxford University Press, 2018.

李飞飞：《我看见的世界：李飞飞自传》，赵灿译。北京：中信出版社，2024 年。

[Li Fei-fei. *The Worlds I See: Curiosity, Exploration and Discovery at the Dawn of AI*. Trans. Zhao Can. Beijing: CITIC Press, 2024.]

McCourt, Frank. *Angela's Ashes*. New York: Scribner, 1996.

Miller, Nancy K.. "The Entangled Self: Genre Bondage in the Age of the Memoir." *PMLA*. 122.2(2007): 537–548.

Pinsker, Sanford. "The Landscape of Contemporary American Memoir." *The Sewanee Review* 111.2(2003): 311–320.

Shevlin, Eleanor F.. "'To Reconcile Book and Title, and Make 'em kin to One Another': The Evolution of the Title's Contractual Functions." *Book History* 2(1999): 42–77.

Strachey, Lytton. *Eminent Victorians*. 1918. Ed. John Sutherland, Oxford University Press, 2003.

谢丽尔·斯特雷德：《走出荒野》。靳婷婷、张怀强译。北京：北京联合出版公司，2018 年。

[Strayed, Cheryl. *Wild: From Lost to Found on the Pacific Crest Trail*. Trans. Jin Tingting and Zhang Huaiqiang. Beijing: Beijing United Publishing Co., Ltd., 2018.]

Symes, Colin. "You Can't Judge a Book by Its Cover: The Aesthetics of Titles and Other Epitextual Devices." *The Journal of Aesthetic Education*. 26.3(1992): 17–26.

Vauthier, Simone. "Title as Microtext: The Example of *The Moviegoer*." *The Journal of Narrative Technique*. 5.3(1975): 219–29.

塔拉·韦斯特弗：《你当像鸟飞往你的山》，任爱红译。海口：南海出版公司，2019 年。

[Westover, Tara. *Educated: A Memoir*. Trans. Ren Aihong. Haikou, China: Nanhai Publishing Company, 2019.]

Woolf, Virginia. *The Diary of Virginia Woolf (1925–1930)*. Eds. Anne Olivier Bell and Andrew McNeillie. Vol. 3. San Diego: Harcourt Brace Jovanovich, 1980.

弗吉尼亚·伍尔芙：《阿弗小传》，周丽华译。南京：南京大学出版社，2011 年。

[Woolf, Virginia. *Flush: A Biography*. Trans. Zhou Lihua. Nanjing: Nanjing University Press, 2011.]

—. *Orlando: A Biography*. New York: Harcourt, 1928.

溯源、辨体与反思："以物为传"及其对当代传记研究的启示

孙文起

内容提要： 以物为传的现象自中唐兴起，衍生出假传、寓传、托传、谱录等多种文学样式，在东亚汉文化圈产生深远影响。唐代以来有关以物为传的讨论，反映了古人对于传记功能的认识：支持者认为以物为传有寄托之心；反对者则视其为游戏之文。以物为传是古文运动背景下的文体创新，然而，这种新体传记有其不足，在文人的滑稽取乐中失去了载道功能。以物为传对于当代的传记研究多有启示：纪实的原则以及传主的人格形象塑造是传记的基本要义；"成一家之言"是传记有别于"载记"的内在特点；知识传承与文化交流是传记的重要价值。

关键词： 传记　以物为传　假传　东亚汉文学

作者简介： 孙文起，文学博士，江苏师范大学文学院副教授。从事中国古代传记文学研究，发表过《〈南渡十将传〉考论》（《古籍研究》，2021 年第 2 期）。邮箱：sunwq@jsnu.edu.cn。

Title: Retrospect, Style and Reflection: The Biography of Objects and Its Implications for Contemporary Biographical Studies

Abstract: The biography of objects emerged in the Mid-Tang Dynasty, giving rise to many forms such as pseudo-biography, allegorical biography, sarcastic biography and natural biography. The pseudo-biography had profound impacts on the East Asian Sinosphere. The discussion in the biographies of objects reflected the understanding of biographical functions in the Tang Dynasty: supporters believed that these biographies had a focus on the real society, while opponents regarded them as a game of writing. The biographies of objects were an attempt at stylistic innovation against the background of the Classical Prose Movement in the Mid-Tang Dynasty. However, this new form of biography had its shortcomings, and eventually lost its edifying function. The biography of objects offers some insights for contemporary biography studies: the principle of authenticity and the portrayal of the the biographical figure, are fundamental to biography; philosophic thinking is the intrinsic characteristic that distinguishes biography from mere "chronicles"; and the transmission of knowledge and cultural exchange are the important values of biography.

Keywords: biography, biography of objects, pseudo-biography, East Asian Sinosphere

Sun Wenqi, PhD of Literature, is Associate Professor at the School of Chinese Language and Literature, Jiangsu Normal University, China. His research interests include ancient Chinese biography. He is the author of "The Study of *Biographies of Ten Generals of Southern Song Dynasty*" (*Study of Ancient Books*, 2 2021). **E-mail:** sunwq@ jsnu.edu.cn

以物为传是指为器物、动植物以及非实体之物立传①。传记之体以记人为先，南宋王应麟云："叙一时之事，编年为善；叙一人之事，纪传为优。"（557）清代四库馆臣称："叙一人之始末者为传之属。"（永瑢 58: 531）虽然如此，在古代中国乃至东亚汉文化圈，仍然广泛存在着以物为传的现象。明代徐常吉《谐史》"采录唐宋以来'以物为传'者七十余篇"（144: 1235）。徐氏所采多为假传，假传"托物作史，以文为戏，自韩昌黎传'毛颖'始"（王柏219）。20 世纪初，陈寅恪从小说与古文运动的角度，揭示了假传的"跨界"属性。②当下学界也从文人旨趣、虚实叙事、知识迁移、文体属性等角度，重新审视假传的文学与文化意义③。前辈时贤各有所是，然而，"以物为传"并不限于假传，其衍生与发展与中唐古文运动有关，应置于"四部"之学的视域中去考察，对于其理论意义也值得再作讨论。

一、"以物为传"的源与流

传以记物，史书早有先例。《史记·货殖列传》记述天下财货贡物，《汉书·货殖传》稍有不同，或可见商贾行事。后世的纪传体史书大多以列传记人物。唐代之后，文人别集多见单篇传记，如韩愈《圬者王承福传》、柳宗元《梓人传》《宋清传》以小人物寄托感怀，投射讽谕；《毛颖传》《革华传》则以物为传，后人名之曰"假传"。

通常认为，明代徐师曾《文体明辨》最先提出假传之名，其实，北宋姚铉编纂的《唐文粹》在"传录叙事"设"假物读传"。"假物"有韩愈《毛颖传》、司空图《容城侯传》以及题名韩愈的《下邳侯革华传》；"读传"有柳宗元《读韩愈所作〈毛颖传〉》。姚铉意识到以物为传的特殊性，称之曰"假物"，假传之名也应昉自"假物"。

中唐之后，《毛颖》《革华》自成一体，经两宋而入明清，成为古代传记的一类。假传的艺术特征，是用拟人的手法戏仿史传，追溯其源，先秦的"谐隐"文辞导之在先，南朝袁淑《驴九锡文》《鸡九锡文》承之于后。唐前俗文学，如东海县出土的《神乌赋》以及敦煌文献《燕子赋》《百鸟名》，也可见拟人叙事之迹。假传的文体创新，是将诸子"隐语"与俳谐文章的娱情功能植入传记，其中或存寄托，或流于游戏。

假传只是以物为传的一种形式。在韩愈之前，司马承祯的《素琴传》追溯琴瑟的衍变，虽无戏仿之趣，却已在集部文章开启以物为传的先河。北宋初期，丁谓《天香传》记述了沉香的渊源及质地品类。丁谓，字谓之，真宗后期出任宰相，曾督办地方贸易，对香料渊源、质地较为了解。南宋曹勋《荔子传》《棋局传》，题名即所写之物，但篇中的荔枝、棋局均已人格化。

《素琴传》《天香传》属于名物学范畴。名物著述在唐前一直游走于史、子二部，定位较为模糊。《隋书·经籍志》将其与家族谱牒置于史部"谱系"，北宋《崇文总目》又将其与志怪、传奇归入子部小说家。南宋尤袤《遂初堂书目》首设"谱录"，隶属子部，所收文献类目众多，如《竹谱》（佚名）、《钱谱》（顾烜）、《茶经》（陆羽）、《文房四谱》（苏易简）、《天香传》（丁谓）、《洛阳牡丹记》（欧阳修）。到了清代《四库全书总目》，子部中的谱录文献已蔚为大观。

《素琴》《天香》专记一物，客观详实而无戏拟，与传记相似。此类文章在南宋之后销声匿迹。究其缘由，谱录所涉之体非止一端，即如《遂初堂书目》胪列，则有谱、传、经、记、录、志、辨。名物著述虽不排斥传记，如晚唐文嵩的《管城侯传》《即墨侯传》等作品便见于北宋苏易简的《文房四谱》，然而，一种文体创作愈久，体类愈严，谱、录、志、记更适合名物专书。此外，唐宋时期假传兴起，为示区别，谱录文献也转向谱、录、志、记，很少以传命名。

假传、谱录之外，"寓传"也在以物为传的范畴。明代贺复徵《文章辨体汇选》将传记分成七种：史传、私传、家传、自传、托传、寓传、假传。前四种自不必赘述，托传收录的是韩愈《圬者王承福传》、柳宗元《梓人传》等小人物传记，寓传、假传均是以物为传。《汇选》中的寓传有柳宗元《蝜蝂传》、陶九成《鵩傳》、杨慎《仓庚传》。三篇文章皆似寓言：如《蝜蝂传》讽刺小人贪婪；《鵩传》揭露世间暴恶；《仓庚传》稍有不同，仓庚开喙能言，对君王陈说道义。寓传的叙事虽属虚构，但相比假传多了几分严肃与深刻。

动物题材的传记远不止《汇选》所辑。宋代司马光《猫虪传》记述家中黑猫（虪为黑虎之意）的仁义之行，如谦让食物，为它猫哺育幼崽，以此反思世间的种种丑恶大多系由人性的贪婪与自私；南宋岳珂《义骝传》以战马的忠诚讽刺现实中投敌卖国的行为。动物题材的传记在后世多有继承，如元代的《义犬传》（刘壎）、《德骥传》（乌斯道）、《三害传》（舒頔），明代的《二猫传》（方凤）、《义马传》（梁潜），清代的《义猴传》（郭金台）、《猫娘传》（李慈铭）。上述作品皆以寄托为主，与韩、柳《王承福》《种树郭橐驼》相似，也可归于"托传"。

假传、寓传、托传以及谱录之传，构成了以物为传的四种类型，其中以假传一脉最为发达，在古代东亚影响最大。汉文假传在朝鲜高丽朝时期便已出现，见于文人别集的，如林椿《曲醇传》《孔方传》、李奎报《曲先生传》《清江使者玄夫传》、李谷《竹夫人传》，这些作品被李朝时期的徐居正收入《东文选》。日本的汉文学在"五山"时期较为萧条，假传的兴起也要晚于朝鲜。江户时期，文人别集大量出现假传，如林罗山《铜仙传》、三宅观澜《文房四贤传》、筱本竹堂《温石君传》、赤田元义《阴德叟传》、三宅橘园《汞灵公传》。江户中期出现过假传合集《器械拟仙传》，其中作品将日常用品拟化为仙人，如"印真人""灯台丈人"，故事情节趋向小说。

假传在东亚汉文化圈落地生根，得益于诗文大家的率先垂范。韩愈对于假传有首倡之功，苏轼文集中收录了《叶嘉》《温陶》《江瑶柱》等假传之作。韩、苏的诗文在东亚影响极大，吸引众多歆慕者仿效。朝鲜和日本对于汉文学的接受，依赖文集文献的传播，相对中国本土有一定滞后。朝鲜假传的兴起是在高丽朝中后期，对应于中国的南宋，此时汉文集在东亚地区播散开来，尤其是《文苑英华》《唐文粹》《古文真宝》等类书或文章选集，收录《毛颖传》、《荣成侯传》（司空图）、《下邳侯革华传》（题名韩愈），这些作品迅速在朝鲜半岛开枝散叶。假传在日本的接受较为复杂。江户早期对应于中国的明末清初，此时唐宋名家文集与晚明假传类小品集一并涌入，在叠加影响下，我们既可以看到《铜仙传》这样的政治讽谕之作，也可以看到故事情节演绎较多的《文房四贤传》，甚至还有以假传作品中的事物（如毛颖）编排而成的小说，如赤田元义的《樵翁传》。

假传传播海外后又有新发展，具体表现为故事内容的取舍融合以及传主形象的析出独立。譬如，北宋秦观的《清和先生传》流传到朝鲜后，先后出现林椿《曲醇传》、李奎报《曲先生传》。《曲先生传》前半部分叙述酒的起源，糅合了林椿《曲醇传》与秦观《清和先生传》，后半部分是鸱夷子与曲圣在朝堂中的明争暗斗，又有"毛颖"客串中书令，显然是将韩愈之作融入其中。日本江户大儒林春胜有一篇《雨夜问答》，文章以林叟（林春胜）与毛进（笔）、墨卿（墨）、藤生（纸）、陶老（砚）以及枕儿、灯婢的问对，发覆人生无常之感怀，文中的"四友"已从假传母体跳脱而出，成为新的文学形象。

总之，以物为传兴起于中唐，在两宋发展壮大，先后衍生出三条支脉：假传戏仿史传而兴于集部；寓传、托传重在论说，体近寓言；谱录传记则融入名物学著述。假传的谐谑兴趣与拟人叙事具有较强的文艺潜力，流播海外后，成为众多拟创的武库与土壤。

二、"以物为传"的文体性质

以物为传是传记文体之变，回归历史语境，可见其变化之端，主要不在虚构，而在于文体功能。新兴事物的出现总伴随着质疑，历史上围绕着以物为传的现象，支持与反对的声音始终不绝。比较两种声音，可见古人对传记新变的认识。

韩愈《毛颖传》讲述传主（毛笔）历世升降，年老而被始皇弃用。核其文意，似在讽刺君王寡恩，又似排遣内心不平。《毛颖》在当时不被认可，有关其研究，通常会列举裴度《寄李翱书》、张籍《遗韩公书》。然而，裴度批评韩愈"不以文立制，而以文为戏"（董诰5462），张籍称韩愈"多尚驳杂无实之说"（108），皆未明指《毛颖》。《唐摭言》云："韩文公著《毛颖传》，好博塞之戏。张水部（张籍）以书劝之。"（王定保55）事实上，张籍的《遗韩公书》要早于《毛颖》而作。④相比之下，柳宗元《读〈毛颖传〉后题》更为可信："时言韩愈为《毛颖传》，不能举其辞，而独大笑以为怪。"（366）《旧唐书·韩愈传》批评《毛颖》"讥戏不近人情"（刘昫4204），也反映了时人之见。柳宗元回应称：韩愈"弛焉而不为虐"，《毛颖》"发其郁积""有益于世"（367）。前者肯定了文学的解颐功能；后者指明《毛颖》的寄托之志。柳宗元为《毛颖传》申辩，缘于韩、柳相近的文学趣好。韩愈好戏谑，曾作《嘲鼾睡》调笑朋友打鼾，《试大理评事王君墓志铭》写王适骗婚；柳宗元对"善戏不虐"的理念也深以为然，如《贺进士王参元失火书》幽默而不失深刻。韩文求新求变，如《石鼎联句诗序》可见传奇之体；柳宗元"永州八记"开启了山水游记的新典范。

在韩、柳文集可以看到不少短篇杂文，如《伯夷颂》《马说》《三戒》，内容、形式不同于旧体。此类文章在当时颇受非议，如裴度批评韩愈不以文为制，主要针对其短篇杂文；张籍直言短篇杂文"陈之于前以为欢"（108），高文大册才有益于世。韩愈没有反驳这些批评，也没有接受。明道之文不在形式而在内容，《毛颖》《蝜蝂》等短篇杂文有寄托，也应有益于世。

钱穆先生曾对韩、柳的古文总结道："二公者，实乃站于纯文学之立场，求取融化后起诗赋纯文学之情趣风神以纳入于短篇散文之中，而使短篇散文亦得侵入纯文学之阃域，而确占一席地。"（1025）钱穆之说可简而概括为"以诗为文"。诗与文是士大夫文学两大系统，诗赋言志，可以缘情而绮靡；章、表、书、记等实用之文，是经国大业，也是士大夫安身立命之所在。魏晋以来，文笔分途，文之一脉，逐渐偏重辞采。中唐的古文运动旨在回归质文并重的文学传统，论其路径，或以"载道"纠正辞采泛滥之弊，或将诗赋的比兴寄托引入古文改革。诗与文本有相通之理，章学诚云"通六义比兴之旨，而后可以讲春王正月之书"（221）。韩、柳古文，以论说、赠序、传叙、碑志的变化最为显著。就传记而言，《王承福》《郭橐驼》《梓人》《宋清》继承太史公，以小人物之事发乎一家之言；《毛颖》《蝂蝂》则以滑稽的格调与新奇的内容寄托感怀，都是具有现实意义的比兴之文。

传记源于史家，《昭明文选》并无传体。唐人以修史为荣，中唐的传记之变是在私家杂传重倡"一家之言"的精神。章学诚云"史学不专家，而文集有传记"（61），反映了传记之体由史部向集部文章的延伸。在宋代编纂的《唐文粹》《宋文鉴》，集部传记已经自成一体。相比史部的纪传和杂传，集部传记增加了议论，书写对象更为广泛，既有当代名人，也有亲朋要好、四民僧道，文集自传也不同于书籍后的传叙。因此，以物为传是集部传记创新的尝试，其将俳谐文的娱情功能与诗赋的比兴寄托引入私家杂传，这也是柳宗元为《毛颖》正名的主要依据。

中唐的传记之变，在北宋的诗文革新中得以继承。顾炎武云"自宋以后，乃有为人立传者，侵史官之职"（1106），在一定程度上反映了宋代集部传记的繁荣，其中，王禹偁《乌先生传》、吕南公《平凉夫人传》、丁谓《天香传》、司马光《猫虪传》，可见以物为传的承续不断。元祐（1086—1094 年）之后，假传的热度攀升，新的焦点是苏轼文集中的《江瑶柱传》《杜处士传》等六篇作品。秦观（《清和先生传》）、刘跂（《玉友传》）、张耒（《竹夫人传》）也有类似之作。秦观等人与苏轼在师友之间，尽管叶梦得（1077—1148 年）曾怀疑苏轼文集中几篇假传是好事者伪作，但北宋后期的"假传热"无疑与苏轼有密切关联，假传在南宋的繁荣也与苏轼的名人效应有关。

假传的复兴让《毛颖传》再成热议。北宋释契嵩批评"韩子为《毛颖传》，而史非之""玩物丧志"（336）。叶梦得则认为"韩退之作《毛颖传》，此本南朝俳谐文《驴九锡》《鸡九锡》之类而小变之耳。俳谐文虽出于戏，实以讥切当世封爵之滥，而退之所致意……不徒作也。"（170）。言下之意，《毛颖传》意存寄托，不失嘉善。

宋元之后，假传开始结集。南宋林希逸《文房四友除授集》以笔、墨、纸、砚戏作翰林公文（《毛颖进封管城侯制》《代毛颖谢表》），元代《文章善戏》模仿了这种样式。明代出现了《十处士传》《古今文房登庸录》《古今寓言》《香奁四友传》《谐史集》《广谐史》《豆区八友传》等寓言、假传选集。明人为假传正名，如贾三近戏称滑稽之文源出于史迁："太史公马迁父窃其名以自高。谈与妻墨氏同寓于褚先生家而生文。文始生，眉宇空旷，摇鼓唇舌，若隐然将有言者……及长，果慕滑介叔之为人，好为微词隐语，指事类情，令人眩心骇耳。众遂以滑稽目之。"（353）究其用心，是以史乘为滑稽之文张本。

然而，明人的各种辩解并没有改变正统学者的认识。清代的四库馆臣将以物为传归于子部小说之"琐语"。琐语，亦作璅语，是无关紧要之言。馆臣似乎对明代的假传尤为不满，认为游戏之作无寄托，又专事模仿而无创新。如其评价《谐史集》："凡明以前游戏之文，悉见采录，而所录明人诸作，尤为猥杂。据其体例，当入总集，然非文章正轨，今退之小说类中，俾无溷大雅。"（永瑢 144: 1235）《居学余情》："其余诸篇，亦皆踵《毛颖》《革华》之窠臼，无非以游戏为文。"（144: 1234）《四库总目提要》的批评似乎无关虚实，因为在小说"杂事"类评议中，馆臣以"事实"指摘臧否，而对于假传，仅仅视其为无关紧要的琐语。馆臣之见体现了文有尊卑的意识。

以物为传经历了由史入集，再由集返子的过程。考其衍变之迹，史传是其源头，无论假传还是谱录之传，皆脱胎于史传，作品的史传笔法是显而易见的。假传、寓传、托传在文集立足，推归于柳宗元所说的"弛焉不虐""有益于世"，即是对娱情以及比兴寄托的认同。然而，这种新体传记也存在先天不足，如艺术手法较为单一，承载的思想寄托有限，虽说善戏不虐，却又容易滑稽无度，泯于巧辞。当其文体之弊大于创新之功，便失去了载道功能，而被弃入子部小说之一隅。

三、"以物为传"对当代传记研究的启示

晚近以来，在通俗文学兴起的背景下，经济较为发达的东南地区出现了刊

载假传的文化出版物，如《游戏世界》（寅半生）、《游戏杂志》（王纯银、陈蝶仙），这些报刊标举闲适，掀起小品文的热潮。然而，在新文化运动的冲击下，旧体传记逐渐式微。梳理以物为传的发展历史，对于当下传记创作与批评有如下启示：

首先，历史上以物为传的现象，在题材领域超出了我们对于传记的界定。杨正润先生曾指出当前城市题材的传记以及相关研究存在的争议性（《传记变革》143）。近年来国内还出版了朱汝兰《长江传》、张中海《黄河传》等纪实文学。传记的基本界定是对人物生平的叙述，然而，古往今来不乏人物题材之外的传记，其中包括徘徊于古文与小说之间的假传、寓传，以及当下的传记体纪实文学。创作的新变意味着研究应有所拓展，但是对于研究的宽容不代表理论可以随意迁就。传记自有边界，不是所有描述事物发展皆可成为传记，譬如，谱录传记虽有名物文化之内蕴，但由于所写之物缺乏人格化的特征，反不如假传具有吸引力。反观拟人戏仿的假传却在质疑声中始终不绝。不可否认，戏仿带来了虚构的问题，但是谱录传记的后继无人，恰恰说明"传以记人"的规律在起作用，这也启示当下事物题材的传记体纪实文学要注重书写对象的人文内涵，塑造具有人格影姿的事物形象。

其次，以物为传存在纪实与纪虚的两面性，其中以假传、寓传最为明显。在古人的批评语境中，假传、寓传的纪实性主要表现在思想寄托，纪虚表现为滑稽不近人情。杨正润先生曾提出有关传记的四个真实，简而言之，是传主的真实、背景的真实、传主思想人格的真实以及与传主关涉人物之真实（《现代传记学》27）。据此而论，假传、寓传有所依，又有所违。因此，当20世纪小说学兴起时，韩愈、柳宗元的新体传记受到关注，当前研究也有指出此类传记"亦虚亦实"的二元性⑤。当然，对于历史应予以辩证地看待，正如我们不能以当下文学观念去框定古小说。古人为假传辩护往往标举寄托，批评主要针对以文为戏，两者都涉及为文的态度。鲁迅《中国小说史略》云："幻设为文，晋世固已盛，如阮籍之《大人先生传》，刘伶之《酒德颂》，陶潜之《桃花源记》《五柳先生传》皆是矣，然咸以寓言为本，文词为末，故其流可衍为王绩《醉乡记》，韩愈《圬者王承福传》，柳宗元《种树郭橐驼传》等，而无涉于传奇。"（44）"幻设为文"可理解为虚构，按照鲁迅的理解，传记与小说皆存幻设，"寓言为本，文词为末"才是传记不同于小说之处。此说无意否定传记的真实原则，而是要从中获得启示：传记除了要恪守文本层面的纪实，还要讲求创作态度的真诚与真挚，反对各种形式的为文而文和有意无意地戏说。

再次，以物为传要有寄托之心，寄托是基于事实的言外之意。元代马端临称传记"名为一人之事，而实关系一代一时之事"（1647）。赵白生先生认为自传是"身份的寓言"（83）。以物为传也是一种寓言，除去以文为戏的心态，事物的人格化蕴含了作者对历史的态度和对现实人生的关怀。譬如，苏轼《江瑶柱传》云："席上之珍，风味蔼然，虽龙肝凤髓，有不及者。一旦出非其时，而丧其真，众人且掩鼻而过之。士大夫有识者，亦为品藻而置之下。士之出处，不可不慎也。"（苏轼，《苏轼文集》1394）此段议论在苏轼其他文章中也可以找到相似观点，如《东坡易传·泰卦》云"世之小人不可胜尽，必欲迫而逐之，使之穷而无归，其势必至于争，争则胜负之势未有决焉"（苏轼，《东坡易传》49）；《大臣论》主张小人当政不可与争，必先争取君王的支持。因此，《江瑶柱传》是一篇具有现实指向的传记，联想当时的变法党争及苏轼处境，皆不难体察其中之意。梁启超认为"《史记》盖窃比《春秋》""乃在发表司马氏'一家之言'"（20-21）。诸子之学贵在"立言"，传记也要通过传主人格形象的塑造，传递积极的价值取向，成就属于时代的一家之言。

最后，假传是在戏谑的外表下讲述物的历史，反映在创作上是驰骋才学，在传播与接受的过程中，承担着知识与文化的载体功能。假传在东亚广泛传播，除了自身的文艺特性，也得益于其所蕴含的中华历史与文化。譬如，在朝鲜高丽朝，林椿《曲醇传》写酒，勾连中国历史上与酒有关的徐邈、刘伶、阮籍、陶渊明，将历史典故融入叙事。日本江户政治家新井白石，邀请好友三宅观澜为近卫基熙撰写《文房四贤传》，"四贤"是近卫基熙书房中的书刀、法糊、温器、牙光石。这篇文章模仿了中国古代的文房器物传，作者将文中的中华历史典故与汉文专有名词一一注释，既方便了作品的理解，也为获得汉文化知识提供了便捷途径。假传的知识价值源于其写作素材的真实性，传记的历时性叙事有助于展示物质文化的发展过程。南宋林洪《文房图赞》称述十八种文房器物，如毛中书（毛笔）、楮待制（纸张）、燕正言（墨）、石端明（砚台）、石架阁（笔架）、胡都统（糨糊）等物品，各以小传配图，显示了物质文化的发展。文房器物传在海外传播，吸引众多拟创者参与其中，增强了中华物质文化的域外影响。假传的知识与文化价值提示我们：传记是不同民族走进彼此，实现文化交流的重要窗口。

综上所述，中国古代的以物为传是传记创新的一次尝试，体现了史部传记进入集部文章的变容，相关作品具有劝诫寄托之义、谐谑滑稽之趣、知识文化之赡。当下以事物为题材的传记，应坚持纪实的原则和严谨的创作态度，讲求作品的思想意义以及知识、文化价值。我们的传记批评也需要多维度展开，除了关注传主生平始终，还应体察作家的"诗人之志"与"一家之言"，推扬传记在跨文化交流中的作用。

致谢【Acknowledgment】

本文为国家社科基金项目"唐宋传体文研究"（20FZW076）阶段成果，得到国家社科基金委的资助，作者谨致谢忱。

My acknowledgement and gratitude go to the research project "The Study of Biography in Tang and Song Dynasties" sponsored by the National Social Science Fund.

注释【Notes】

① 非实体之物，如南宋李衍《陈子衿传》以《诗经》篇名为传。

② 陈寅恪《韩愈与唐代小说》云："愈于小说，先有深嗜。后来《毛颖传》之撰作，实基于早日之偏好。此盖'古文'为小说之一种尝试。"此文发表于《哈佛亚细亚细亚学报》第 1 卷第 2 期，程千帆先生译为中文，收入《闲堂文薮》，齐鲁书社，1984 年，第 20—23 页。

③ 黄小菊、赵维国《论假传的文人旨趣及其"以文为戏"的理论反思》（《文艺理论研究》，2018 年第 6 期）称假传是古代文人"排兴遣闷"（125）。高惠《韩愈〈毛颖传〉与明代假传文新论》（《南京师范大学文学院学报》，2023 年第 1 期）认为假传隐含着"知识系统的构建"（153）。陈芳《由〈毛颖传〉的文体归属看古典"传记"的特质》（《现代传记研究》，2023 春季号，第 20 辑）认为古典传记概念的宽松使得假传成为传记的一类。

④ 钱穆《杂论唐代古文运动》认为张籍《遗韩公书》写于韩、张交往之初，《毛颖传》作于柳宗元被贬之后，晚于韩、张相识（1004）。

⑤ 赵维国、黄小菊《论假传虚实二元性及其对文体发展的影响》（《江西社会科学》，2019 第 5 期）称假传创作方式是"实则虚之，虚则实之"（113、114）。

引用文献【Works Cited】

董诰：《全唐文》。北京：中华书局，1983 年。

[Dong Gao. *The Complete Works of the Tang Dynasty.* Beijing: Zhonghua Book Company,1983.]

顾炎武：《日知录集释》，黄汝成注。上海：上海古籍出版社，2013 年。

[Gu Yanwu. *Notes on the Daily Accumulation of Knowledge.* Annotated by Huang Rucheng. Shanghai: Shanghai Classics Publishing House, 2013.]

贾三近：《滑耀编》。济南：齐鲁书社，1997 年。

[Jia Sanjin. *Comic Collection.* Jinan: Qilu Press, 1997.]

柳宗元：《柳河东集》。上海：上海古籍出版社，2008 年。

[Liu Zongyuan. *Collected Works of Liu Zongyuan.* Shanghai: Shanghai Classics Publishing House, 2008.]

刘昫：《旧唐书》。北京：中华书局，1975 年。

[Liu Xu. *The Old History of Tang.* Beijing: Zhonghua Book Company, 1975.]

梁启超：《要籍解题及其读法》。长沙：岳麓书社，2010 年。

[Liang Qichao. *Methods of Reading Ancient Books.* Changsha: Yuelu Publishing House, 2010.]

鲁迅：《中国小说史略》。上海：上海古籍出版社，1998 年。

[Lu Xun. *History of Chinese Novels.* Shanghai: Shanghai Classics Publishing House, 1998.]

韩愈：《韩昌黎文集校注》，马其昶校注。上海：上海古籍出版社，1986 年。

[Han Yu. *Collected Works of Han Yu.* Annonated by Ma Qichang. Shanghai: Shanghai Classics Publishing House, 1986.]

马端临：《文献通考》。北京：中华书局，1986 年。

[Ma Duanlin. *General Literature Examination.* Beijing: Zhonghua Book Company, 1986.]

钱穆：《杂论唐代古文运动》，《中国文学史论文选集》，罗联添编。台北：学生书局，1985 年。

[Qian Mu. "The Study of Classical Prose Movement During the Tang Dynasty." *An Anthology of Chinese Literature.* Ed. Luo Liantian. Taipei: Student Bookstore,1985.]

释契嵩：《镡津文集》。上海：上海古籍出版社，2016 年。

[Shi Qisong. *Collected Works of Tan Jin.* Shanghai: Shanghai Classics Publishing House, 2016.]

苏轼：《东坡易传》。长春：吉林文史出版社，2002 年。

[Su Shi. *Su Dongpo's Commentary on the "Book of Changes".* Changchun: Jilin Literature and History Publishing House, 2002.]

——：《苏轼文集校注》，张志烈、马德富、周裕锴校注。石家庄：河北人民出版社，2010 年。

[—. *Collected Works of Su Shi.* Annotated by Zhang Zhilie, Ma Defu, Zhou Yukai. Shijiazhuang: Hebei People's Publishing House, 2010.]

王应麟：《玉海艺文校证》。南京：凤凰出版社，2013 年。

[Wang Yinglin. *Proofreading and Verification of Yuhai's Literary Works.* Nanjing: Phoenix Press, 2013.]

王定保：《唐摭言》。北京：中华书局，1959 年。

[Wang Dingbao. *Historical Legends of the Tang Dynasty.* Beijing: Zhong Hua Book Company, 1959.]

王柏：《鲁斋集》，文渊阁《四库全书》1186 册。台北：商务印书馆，1987 年。

[Wang Bo. *Collected Works of Lu Zhai. The Complete Library of Four Treasuries, vol. 1186.* Taipei: Commercial Press, 1987.]

叶梦得：《避暑录话》，田松青、徐时仪点校。上海：上海古籍出版社，2012 年。

[Ye Mengde. *Records of Conversations in Summer Vacation.* Shanghai: Shanghai Classics Publishing House , 2012.]

永瑢：《四库全书总目》。北京：中华书局，1965 年。

[Yong Rong. *The General Catalogue of the Complete Library of Four Treasuries.* Beijing: Zhonghua Book Company, 1968.]

杨正润：《传记的变革与传记研究的任务》，《传记文学》，2023 年第 8 期，第 137–144 页。

[Yang Zhengrun. *The Transformation of Biography and the Tasks of Biographical Research. Biographical*

Literature* 8(2023): 137−144.]

——:《现代传记学》。南京：南京大学出版社，2009 年。

[—. *A Modern Poetics of Biography.* Nanjing: Nanjing University Press, 2009.]

张籍:《张籍诗集》。北京：中华书局，1959 年。

[Zhang Ji. *Collected Works of Zhang Ji.* Beijing: Zhonghua Book Company, 1959.]

章学诚:《文史通义校注》，叶瑛校注。北京：中华书局，1985 年。

[Zhang Xuecheng. *Annotations on a "General Theory of Literature and History".* Annotated by Ye Ying. Beijing: Zhonghua Book Company, 1985.]

赵白生:《传记文学理论》。北京：北京大学出版社，2003 年。

[Zhao Baisheng. *A Theory of Auto/Biography.* Beijing: Peking University Press, 2003.]

中古郡书中的先贤书写探究
——以"先贤传"为考察中心

佟 杨 李 贺

内容提要： 作为郡书之一种的"先贤传"，相对集中涌现在中古时期，虽体例不尽相同，然选录的人物都以良吏、孝子、节士为主，或有兼及列女、神童、神仙方士者。"先贤传"除了以典型事件刻画人物外，还擅长以固定书写模式来塑造形象。如用"飞蝗出境"来塑造良吏，用"割肉疗亲"来塑造孝子，用"噀酒灭火"来塑造神仙方士等。这些固定书写模式的运用，背后有一定的情感导向和理论依据。"先贤传"不以记录人物事迹为目的，而是在积极地建构人物、推广义理。

关键词： 郡书　先贤传　先贤书写　文化认同

作者简介： 佟杨，南京大学中国新文学研究中心博士生，主要从事传记史料研究，邮箱：13228123752@163.com。

李贺，山东理工大学文学与新闻传播学院讲师，文学博士，硕士生导师，主要从事传记文学与文化研究。

Title: An Exploration of the Writing on the Sages in Medieval Prefectural Chronicles: With a Focus on the Ancient "Biographies of Sages"

Abstract: The "Biographies of Sages", a specific type of prefectural chronicle, emerged in a relatively concentrated manner during the medieval ancient China. Although their styles varied, the selected subjects are mainly upright officials, filial sons, and men of virtue, or some also include virtuous women, prodigies, immortals, and alchemists. In addition to portraying characters through typical events, "Biographies of the Sages" is also notable for its use of fixed writing patterns to create images. For example, the situation of "swarming locusts" was used to shape upright officials, "cutting flesh to heal a parent for filial sons", and "spraying wine to extinguish fires" for immortals or alchemists. The application of these fixed writing patterns was underpinned by certain emotional orientations and theoretical foundations. The purpose of "Biographies of the Sages" was not to record the deeds of the characters, but to actively construct the characters and promote moral values.

Keywords: Prefectural Chronicles, Biographies of Sages, writing on sages, cultural identification

Tong Yang is a PhD candidate at the Center for Modern Chinese Literature of Nanjing University. Her research interests are focused on biographical historical materials. **E-mail:** 13228123752@163.com.

Li He, PhD, is Lecturer in the school of literature and Journalism of Shandong University of Technology, China. His research interests are focused in the areas of biographical literature and culture.

郡书即郡国之书,《隋书·经籍志》杂传类最后的小序记载:"后汉光武,始诏南阳,撰作风俗,故沛、三辅有耆旧节士之序,鲁、庐江有明德先贤之赞。郡国之书,由是而作。"(魏征 982)或许是《隋书·经籍志》中提到了"风俗"二字,或有将专记某一地风俗地貌的书也称作郡书。刘知几《史通·杂述》又云:"汝、颍奇士,江、汉英灵,人物所生,载光郡国。故乡人学者,编而纪之,若圈称《陈留耆旧》、周斐《汝南先贤》、陈寿《益部耆旧》、虞预《会稽典录》。此谓之郡书者也。"(254)今之学者李祥年认为:"后汉之后,开始出现了一种以集中记载某一地区人物为主的传记创作,这便是被称作'郡国之书'的地方人物传记。"(160)地方人物传记当属于郡国之书,但郡国之书与地方人物传记能否画上等号,还有待于商榷。本文认为,郡书应该是以记载某一地人物事迹为主的书籍,或专记人物,或兼记风俗地貌,但是不以人物为主的地理书不能够看作郡书。正如余嘉锡先生所言:"传先贤耆旧者,谓之郡国书;叙风俗地域者,谓之地理书……盖郡国书可不记地理,而地理书往往兼及人物。"(396-397)

"郡书"之"郡"只是一个地域代称,实际并不仅限于郡国一级的范围,亦包括州、县等,撰者也不一定非得是本地人。郡书也不能等同于地方志,应该与地方志中的人物志相类。作为记载某一地先贤事迹的古代"先贤传",即属于郡书之一种。本文对中古郡书中先贤书写的探讨，主要就围绕地方"先贤传"展开，即是以"先贤"命名的地方人物传记，比如《青州先贤传》《鲁国先贤传》《汝南先贤传》《济北先贤传》《广州先贤传》等。这种狭义上的古代"先贤传"约有四五十种，多集中在以汉魏六朝为主的中古时期。诸书多将其归属于史部杂传类，然书名中的"先贤"二字，已然突出了它与其他杂传不同的政治文化色彩。"先贤传"虽受正史传记影响，然作为郡书之一种，写人叙事亦有自身的特点，本文将围绕其人物选录及其书写刻画作一综合探究。

一、先贤的选录与分类

古代尤其是隋唐以前的"先贤传"多散佚，观诸现存内容，其选录的"先贤"大致有"良吏""谋士""文苑""孝子""处士""列女""神童""神仙方术"等几类人物。每一类中的人物又不完全相同，如诸书所选"良吏"，《海内先贤传》记载的尚书陈蕃的主要品行为"忠正"，弘农令公沙穆的主要品行为"仁爱"；《鲁国先贤传》记载的洛阳令孔翊的主要品行为"清廉"；《荆州先贤传》记载的尚书令吕乂的主要品行为"节俭"；《武陵先贤传》记载的郡主簿潘京，其突出特点为"机辨"。以上诸人皆可归为"良吏"一类，然突出的品性特征各不相同。其他人物，如"处士""孝子""列女"等，品行特点亦有不同。例如同为"孝子"，但行孝的方式不尽相同，有替父兄赴死者，有割肉疗亲者，有为父母守孝者等等。对于"谋士"这类人物，与"良吏"有所重合，毕竟谋士多会担任一定的官职，但选录以"谋士"身份突出者的书目不多。三国时期谋士众多，故大致成书于曹魏时期的《海内先贤行状》记载了一些；此外就是地域为荆州和零陵的《荆州先贤传》和《零陵先贤传》记载了一些谋士。

对于"列女""神童""神仙方术"三类人物，诸书或有不选录者。原因可能有二：第一，当地能算得上"列女""神童""神仙方术"的人物中，并没有显名者；第二，有些撰者没有把这三类人物纳入"先贤"的范畴。第二种可能性应该较大一些。尤其是"列女"一类，中古"先贤传"所见甚少，可能和文献散佚严重有关。然后世"先贤传"就有明确表示不收录此类人物的，如刘风在《续吴先贤赞》中解释道："至于妇人之节，抑或有女教焉，然无得而纪者，以贞一自其恒范，自非有姜嫄太任之德，庆流无穷，则虽梁高鲁寡，亦所不列。"（1）其实选录"列女"的"先贤传"还是有的，或许是古代女性地位的低下，选录女性先贤的书籍，无论是分类还是不分类，也不管这些女性人物生活年代的早晚，几乎都将她们放在最后记载叙述。

虽然选录的人物基本不出以上几类，但并不是每种"先贤传"都对选录的人物进行分类。由于中古"先贤传"多散佚，我们只能根据少数现存以及后世续写之书窥其体例。现存完善者如《钱塘先贤传赞》《百越先贤志》《于越先贤像传赞》等就未进行分类编排，而是直接根据人物的时代顺序依次记载。史浩的《会稽先贤祠传赞》稍微有些例外，其虽将所有人物分为"高尚之士"和"列仙之儒"两类，但并非对人物身份、品行特征的分类，只是表明作者对人物德行的高下之判，"列仙之儒"的地位是低于"高尚之士"的。有些"先贤传"对选录的人物不进行统一编排，而是部分人物不分类，部分人物又进行分类。如刘凤《续吴先贤赞》十五卷，前六卷不分门类，依次记录高启、卢熊等人事迹，后九卷开始分节义、死事、孝友、儒林、文学等十个门类分别记述。还有冯复京的《明常熟先贤事略》，今见为十六卷，除最后一卷为《自序》外，前十一卷不分门类，第十二至十五卷依次分"孝义""文苑""方伎""列女"四类。对于此种体例，刘凤自己解释为："自节义以上不为题目者，所以效于用，亦各因时或未可以概之也。"（1）《明常熟先贤事略》亦当是同种缘由，皆是因为有些人物无法直接概括为某一类。比如某些"先贤"，既为"良吏"，又是"孝子"，更有甚者文学创作又比较突出，实难将这些人物明确地划归到某一类。还有一些人物，他们在全国范围内没有什么地位和影响，只是在当地小有名气，或者仅有一些事迹流传，"先贤传"的选录者秉着"矜乡贤、显郡望"的目的，也会把他们选录其中。此类人物多没有突出的品行特征，故而也无法分门别类。

二、先贤的刻画和塑造

"先贤传"都是以"先贤"为品类而汇集成书，相当于人物故事合集，围于篇幅、体例，它们基本都是粗陈人物梗概，而不会面面俱到。又因为事先确立了"贤"的主题，所以对人物的刻画都是围绕这一主题，有固定的格局，而无人格进化的历史。然而，"先贤传"中的人物形象虽不是那么立体和饱满，但却非常鲜明，编撰者们特别擅长用典型的事件来凸显人物的性格。如《鲁国先贤传》中的"孔翊"："为洛阳令，置器水于前庭，得私书，皆投其中，一无所发。弹治贵戚，无所回避。"（欧阳询 1040）孔翊生平事迹不详，身为京都洛阳县令，把收到的私人信件看都不看直接投入水中，此一"绝书"行为即把其清廉公正的形象展现得淋漓尽致，"孔翊绝书"的典故也流传深远。又如《汝南先贤传》中的"李鸿"：

> 李鸿，字太孙，上蔡人，闺门孝友。弟仲为从父非报仇，系狱，鸿便割发，诣县通记，乞代弟，即自杀，仲得减死。子先，亦以孝称。父丧，尝于床间得父乱发，投而狂走，号叫躃踊。先后坐事当刑，诏以鸿、先义孝，一切减死。（李昉 1909）

文中"躃踊"同"辟踊"，《礼记·檀弓下》："辟踊，哀之至也。"孔颖达疏："抚心为辟，跳跃为踊。孝子丧亲，哀慕至懑，男踊女辟，是哀痛之至极。"（孙希旦 256）按照古代礼仪，死者遗留的乱发趾甲等也要埋掉，否则视作不孝之行为。上文对李鸿、李先父子二人并没有过多的介绍，只是记叙了李鸿代弟赴死、李先得父乱发而辟踊各一事，然二人孝悌之形象已跃然纸上。再如《零陵先贤传》之"郑产"：

> 郑产，字景载，泉陵人也，为白土啬夫。汉末多事，国用不足，产子一岁，辄出口钱。民多不举子。产乃敕民勿得杀子，口钱当自代出。产言其郡县，为表上言，钱得除，更名白土为更生乡也。（郦道元 716）

郑产作为听诉讼、收赋税的乡官，自愿为民出口钱、表上言之举足以表现其高尚的品德。其实这些良吏、孝子的懿行善举肯定不止一处，"先贤传"的编撰者们只要抓住最典型和重要的事件来记叙，人物的性格和形象即可充分展现。

"先贤传"在以典型事件刻画人物的过程中，固定书写模式的运用较为突出。观诸"先贤传"现存内容，其对先贤的选录无固定标准，选录的人物类型多相似，对固定书写模式的依赖较为强烈，最突出的表现就是对人物故事的移植套用。比如"先贤传"中选录较多的良吏，他们或忠诚，或廉洁，或仁政爱民，或造福一方……或多种品质兼具。作为郡书之一种的"先贤传"，其中的良吏以地方官员为主。对于这些人物，"先贤传"的编撰者们多以"飞蝗出境"（或"蝗不入境"）和"自焚求雨"的故事模式来构建他们作为良吏的形象。比如《济北先贤传》中的"戴封"：

> 戴封为西华令，天旱，积薪自焚，火起而雨。
> 戴封为西华令，蝗飞尽去。（熊明 1932）

此处对戴封"祈雨"和"驱蝗"之事记载简略，可参照《后汉书·戴封传》的记载。此外，《海内先贤传》中的弘农令公沙穆、《广州先贤传》中的外黄令黄豪、《桂阳先贤画赞》中的平舆令张熹等，都有类似事迹。作为地方县令，他们或使"飞蝗出境"（"蝗不入境"），或积薪自焚求雨，公沙穆和戴封两者又兼具。

除良吏外，孝子应该是所有"先贤传"中都会选录的一类人物，一般指男性人物。当然，在选录"女性先贤"的传记中，孝悌者也有女性，有时会归为"列女"一类。本文论述的孝子为统称，不含性别色彩。"先贤传"中对孝子的书写类型化、程式化更为突出，最为典型的模式就是"割肉疗亲"，即父母或其他亲属生病后，孝子割己肉以为之疗养。在父母离世之后孝子都会在冢侧守孝，守孝期间多会出现祥瑞鸟兽。如《海内先贤传》中的申屠蟠："蟠在冢侧，致甘露、白雉，以孝称。"（范晔 1751）《汝南先贤传》中的蔡君仲："蔡君仲至孝，母丧，居墓侧，天且下神鱼四头，置墓前以祭。"（李昉 4156）还有《广州先贤传》中顿琦、丁茂、唐颂等孝子，父母去世后在墓侧守丧，皆出现感物通灵现象，白鸠、白鹿等伴其左右。此外，伴随子女们的孝行，往往会出现一些"灵异"现象。如《楚国先贤传》中的孝子孟宗，其母嗜好竹笋，其在冬日为之找寻，竹笋竟也非时节而出。在没有反季节种植技术的古代，这种现象不可不谓之神奇。又如孝子蔡顺，《汝南先贤传》记载其三则神奇故事：第一则故事，蔡顺外出，其母噬指而蔡顺即能心动而归；第二则故事，蔡顺因不敢修理使用年数与母亲年龄一般大的桔槔而犯愁，然很快就长出了使桔槔变坚固的藤条；第三则故事更为传奇，西舍失火竟然越过中间的蔡顺家向东烧去。（吕友仁 107-109）这三则奇闻异事中的任何一件在普通人身上也是很难发生的，就因为蔡顺是"至孝"之人，纵然几件事都发生在他身上，人们在心理上也是能接受的。

相较于其他人物类型，"先贤传"中选录的方士不能算多，然特色突出。在这类人物的书写中，"噀酒（水）灭火"的模式被多次使用。如《汝南先贤传》记载："郭宪从驾南郊，宪含酒东北三噀，执法奏不敬。诏问何故，宪对曰：'齐国失火，噀酒厌之。'后知齐国果失火，烧数千家。"（94）《楚国先贤传》中的樊英变酒为水，（舒焚 51）虽与郭宪是一酒一水，但书写模式雷同。此外，还有一个著名方士成武丁，《桂阳先贤画赞》将其选录其中，因是书散佚严重，现存内容并没有关于成武丁"噀酒灭火"的记载，然葛洪《神仙传》却有其详细记载。（72-73）《神仙传》成书时间晚于《桂阳先贤画赞》，且《桂阳先贤画赞》残存之成武丁事迹均见于《神仙传》，由此推测，《桂阳先贤画赞》原书当亦有成武丁"噀酒灭火"之事。在"先贤传"之外的史书、杂传、小说中，"噀酒（水）灭火"的故事也有很多，后世最有名者当属栾巴，其"噀酒灭火"的细节和模式与上述几人如出一辙。

此外，"先贤传"中的诸多人物还有一个共同的经历——不应征举，较著名的有徐稺、黄宪、姜肱、申屠蟠、董正等人。有些人刚开始可能就是"沽名钓誉"，后来也做了官；而真正想远离朝堂的人则会屡征不就，甚至想办法躲避征召。不应征举的产生有一定的社会背景，尤其是在"东汉时期，由于统治者竭力倡导崇尚名节，在这种风气的影响下，不少人竞相以不应征为荣。"（陈茂同 58）在某种程度上来讲，不应征举和入朝为官是相反相成的，统治者常常会征召一些志行高洁的人入朝为官，而不应征举就是这些人物志行高洁的表现之一。除不应征举外，高洁之士往往不接受外来之衣食。如《广州先贤传》中的丁密："字靖公，苍梧人。少以清介为节，非家织布物不衣，非己种耕菜果不食，毫厘之馈，不受于人。"（李昉 1693）《海内先贤传》中的徐穉："字孺子，豫章南昌人。家贫，常自耕稼，非其力不食，恭俭义让，所居人服其德。"（何良俊 15）《武昌先贤传》中的郭翻"非己耕不食，非妻自织不衣。"（李昉 1693）《汝南先贤传》中的周燮"非身所耕渔，则不食。"（1693）在此类文化熏陶中，不应征举、不受外来之衣食成了当时高洁人士的一种基本操守。

三、先贤书写的生成依据和文化内涵

当传记的人物书写陷入某种程式化、类型化的模式时，传主异于他人的个性就很难展现出来。虽说移植套用他人故事也是一种"虚构"，但比起小说的作意好奇，文学性相差甚远，且亦会受人质疑。如裴松之在为《三国志》作注时，曾引《列异传》记载的华歆以前寄宿之事，并云："《晋阳秋》说魏舒少时寄宿事，亦如之。以为理无二人俱有此事，将由传者不同。"（陈寿 405）同一事件发生在二人身上，裴松之已认为不可能，如果发生在多人身上，岂非天方夜谭？然而"先贤传"的编撰者却乐此不疲，背后当有一定的情感导向和理论依据。

"先贤传"作为郡书之一种，一般被归属于杂传行列，不甚受正史写作中"实录"原则的束缚，在编撰者眼中，人物形象的塑造要比人物经历的真实性重要，所以"好像在讲述事实，然而实际他在阐述意义"。（塞尔托 25）而且，中国古代的史学家和文学家在写人叙事方面有模拟前人的传统，且多喜好运用典故。如刘知几在《史通·摸拟》中所言："夫述者相效，自古而然……况史臣注记，其言浩博，若不仰范前哲，何以贻厥后来？"（203）刘知几所言主要针对遣词造句方面后人对前人的模仿。对同一典故如"飞蝗出境""噀酒灭火"的反复使用，也是师法前人的一种表现，只不过将典故的主角改了姓名而已。

在中国古代特定的历史文化背景中，固定的人物书写模式有其生成的依据和动力。拿"飞蝗出境"来说，在古代天灾和人事紧密相连，尤其是在天人感应和谶纬思想浓厚的时期，蝗灾就是暴政的一种重要表现。如《后汉书·五行志三·蝗》所载：

> 光和元年诏策问曰："连年蝗虫至冬踊，其咎焉在？"蔡邕对曰："臣闻《易传》曰：'大作不时，天降灾，厥咎蝗虫来。'《河图祕征篇》曰：'帝贪则政暴而吏酷，酷则诛深必杀，主蝗虫。'蝗虫，贪苛之所致也。"（范晔 3319-3320）

又《艺文类聚·灾异部·蝗》引《洪范五行传》云："春秋之螽者，虫灾也。以刑罚暴虐，贪叨无厌，兴师动众，虫为害矣。雨螽于宋，是时宋公暴虐刑重，赋敛无已，故应是而雨螽。"（欧阳询 1729）"螽"即蝗类的总称。既然蝗灾是由于暴政"引发"，那么飞蝗出境不为害就是德政感化的结果了。所以突出一个官吏之"德"，最好的证明就是在其治下发生"飞蝗出境"的类似事情。久而久之，"飞蝗出境"就成了良吏的一个标签。上文所讲公沙穆、黄豪、张熹、戴封、徐栩等人全为地方县令，他们或使"飞蝗出境"，或积薪自焚求雨，公沙穆和戴封两者又兼具。据史书记载，在汉魏六朝治下出现"飞蝗出境"的良吏众多，如范晔《后汉书》中的密令卓茂、中牟令鲁恭；谢承《后汉书》中的驺令郑弘、寿张令谢夷吾、湖令许计长等；《东观汉记》中的广陵太守马稜、平原太守赵熹、九江太守宋均等；《北齐书》中阳平太守阳烈等等，兹不一一列举。这些人物或为县令，或为太守，总之都属于地方行政长官之列。由此可见，"飞蝗出境"或者说"蝗不入境"已经成为修饰、美化地方官员的一种重要政治修辞。

古代国家统治的基础是儒家的德治秩序，在这一秩序中地方官员是至关重要的一环。余英时先生在《士与中国文化》中讲到循吏具有政治和文化两重功能，扮演着"吏"和"师"的双重角色（158）。循吏的概念稍宽泛一些，在某些情况下是可以和良吏画上等号的。本文认为"吏"的角色主要是对上的，而"师"的角色主要是对下的，地方行政长官能直接面对上层政府和下层民众。仅仅做好"吏"的角色是不能成为循吏的，而要成为循吏、良吏，那么在"师"的角色上更要有所作为。良吏为民之表率，他们作为"师"的身份要做的事情其实已经超越了"吏"的职责范围，如公沙穆、张熹自焚祷雨，黄豪所得俸秩悉赐贫民。"飞蝗出境"是德化的结果，是官吏在"师"的角色上的光辉表现。故"先贤传"的编撰者已不用费太多笔墨来记叙人物如何实施德政，其治下如有"飞蝗出境"或"蝗不入境"之事，而良吏之"贤"已深以为然。

对于孝子，在人们的文化心理认同中，似乎只有做到刲己肝肉疗养父母，或者在守孝期间出现祥瑞鸟兽，才能称得上"至孝"。其实这些人物书写模式已具备了一定的符号性，像"先贤传"这种类传，同类型人物众多，肯定避免不了对标志性故事模式的移植和套用。而且百善孝为先，孝亦是国家思想统治的道德基础，历朝历代对孝道思想和行为都予以重视和揄扬。"先贤传"作为厉风化俗的文献之一，"剔肉疗母"的书写将近乎"血淋淋"的孝行展示在读者面前，"灵异"现象和祥瑞鸟兽的出现则侧面烘托了孝道行为的神圣。对"先贤传"的编撰者们来说，人物事迹的真实性或许已无足轻重，能最大限度地凸显人物形象的光辉，使之影响和感化民众才是他们最重要的目标。

在以建构人物形象的目的下，"先贤传"诸多撰者虚构或者说套用"喷酒（水）灭火"之故事模式，都是为了突出这些方士、道士的术艺高超。如在樊英漱水起雨灭成都市火后，"于是天下称其术艺"（范晔 2722）；成武丁喷酒起雨灭临武县火后，众人"乃知先生盖非凡人也"（葛洪 73）。《后汉书》《汝南先贤传》《楚国先贤传》《神仙传》等书中的"神仙方士"多有"喷酒（水）灭火"的经历，这种经历作为他们"法力"高深的重要表现之一，在汉末魏晋时期似乎已被人们广泛接受。稍后的《高僧传》中也出现了此类故事的变体，慧皎对佛图澄的记载与上文方士的几则故事并无明显差异，都是远程灭火，唯一小不同的是佛图澄用以灭火的酒水不是含在口中喷出，而是直接"取酒洒之"（释慧皎 354）。由此来看，在汉魏六朝，"喷酒（水）灭火"最初应是方术之人的一种本领，葛洪将此本领附加给了栾巴和成武丁，尤其是栾巴"喷酒灭火"之事流传甚广，以致此本领一度成为"道士专美"。在此期间，《汝南先贤传》《楚国先贤传》《桂阳先贤画赞》《邵氏家传》等郡书、家传，又对"噀酒（水）灭火"故事进行揄扬，促进了此类故事流传的深度和广度。佛教初入中土，弘扬佛法要有所凭藉，于是"噀酒灭火"一变而为"洒酒灭火"，佛教高僧也有了让民众神服的本领。总之，"先贤传"的编撰者们和葛洪、慧皎等人一样，采传说逸闻、套用改编"噀酒（水）灭火"的故事，都是为了抬高这些高人异士的术艺，提升其知名度和影响力，且灭火救灾亦是佑护一方民众的功德之举，否则这些方士何德何能进入"先贤"的行列中来。

四、余　　论

中国古代文化传统中特别重视"圣贤名士"，因为这类人物往往能够代表他们所处时代的思想道德精神。"先贤传"是唯一一种直接注明专为"先贤"立传的杂传，故除正史传记外，其最能体现某时代或某地人的道德精神之所在。比如东汉时人特别重视名节，以不应朝廷征举为荣。反映在"先贤传"中就是众多人物，尤其是东汉人，多有不应征举的经历。比如《荆州先贤传》和《广州先贤传》皆选录的"先贤"董正，为了躲避征辟，甚至逃入深山之中。古人不受嗟来之食，东汉的高洁之士亦是自食其力，如《海内先贤传》中的徐穉"家贫，尝自耕稼，非其力不食"（何良俊 15）；《汝南先贤传》中的周燮"非身所耕渔，则不食"（李昉 1963）；《武昌先贤传》中的郭翻"为人非己耕不食，非妻自织不衣"（李昉 1963）；《广州先贤传》中的丁密"非家织布物不衣，非己种耕菜果不食，毫厘之馈，不受于人"（李昉 1963）。先贤们的言行，就是当时人们道德标准和价值判断的主要体现。

作为郡书之一种的"先贤传"，其编撰者中很多就是地方官员，或是在地方政府的鼓励支持下编撰的。"先贤传"编撰的动机和目的不尽相同，然统治者亲自或鼓励支持当地士人编撰，其敦风化俗、维护统治的目的尤为明显。其实在古代，教化民众一直是郡守等地方长官的重任，东汉桂阳太守许荆就曾说到："吾荷国重任，而教化不行，咎在太守。"（欧大任 53）又如陆胤主政的交州地区"习俗贪浊，强宗聚奸，长吏肆虐，侵渔万民"（黎崱 168）。陆胤主政期间就很注重"喻以恩信，务崇招纳"（陈寿 1409）。其编撰《广州先贤传》当是教化民众、安定统治的手段之一，交州一带确实也被治理得"惠风横被、化感人神"（1410）。"先贤传"选录的良吏、高士、孝子、节妇等，虽具有一定的时代局限性，但也体现了中华民族自古以来的优秀道德品质。如陈蕃、审配等人的忠正不阿，姜肱、程坚等人的孝悌仁义，刘伯、孔翊等人的清廉公正，黄豪、戴封等人的仁政爱民等。古往今来先贤之所以一直受到人民的崇奉，就是因为他们在一定程度上代表了中华民族精神的传承。

致谢【Acknowledgment】

本文为国家社科基金项目"古代郡书中的人物书写与文化内涵研究"（24BZW030）阶段性研究成果，得到国家哲学社会科学规划办公室的经费支持，作者谨致谢忱！

My acknowledgement and gratitude go to the research project "Research on Character Writing and Cultural Connotation in Ancient County Books" sponsored by the National Planning Office of Philosophy and Social Science.

引用文献【Works Cited】

陈茂同：《中国历代选官制度》。北京：昆仑出版社，2013 年。

[Chen Maotong. *The System of Selecting Officials throughout Chinese History*. Beijing: Kunlun Publishing House, 2013.]

陈寿：《三国志》。北京：中华书局，2013 年。

[Chen Shou. *History of Three Kingdoms Dynasty*. Beijing: Zhonghua Book Company, 2013.]

米歇尔·德·塞尔托：《历史书写》，倪复生译。北京：中国人民大学出版社，2012 年。

[De Celto, Michel. *Historical Writing*. Trans. Ni Fusheng. Beijing: China Renmin University Press, 2012.]

范晔：《后汉书》。北京：中华书局，1965 年。

[Fan Ye. *History of the Later Han Dynasty*. Beijing: Zhonghua Book Company, 1965.]

郭棐：《粤大记》，黄国声、邓贵忠点校。广州：中山大学出版社，1998 年。

[Guo Fei. *Records of Guangdong*. Annotated by Huang Guosheng and Deng Guizhong. Guangzhou: Sun Yat-sen University Press, 1998.]

葛洪：《神仙传》。北京：中华书局，1991 年。

[Ge Hong. *Biographies of Immortals*. Beijing: Zhonghua Book Company, 1991.]

何良俊：《语林》。上海：上海古籍出版社，1983 年。

[He Liangjun. *Yu Lin*. Shanghai: Shanghai Classics Publishing House, 1983.

郦道元：《水经注》，陈桥驿点校。上海：上海古籍出版社，1990 年。

[Li Daoyuan. *Annotations on Waterways*. Annotated by Chen Qiaoyi. Shanghai: Shanghai Classics Publishing House, 1990.]

刘凤：《续吴先贤赞》。北京：中华书局，1985 年。

[Liu Feng. *Continuation of Biographies of the Ancestors in the Wu Region*. Beijing: Zhonghua Book Company, 1985.]

李昉（等）编：《太平御览》。北京：中华书局，1960 年。

[Li Fang, et al., eds. *Imperial Readings of the Taiping Era*. Beijing: Zhonghua Book Company, 1960.]

李祥年：《汉魏六朝传记文学史稿》。上海：复旦大学出版社，1995 年。

[Li Xiangnian. *Biographical Literature and Historical Manuscripts of Han, Wei, and Six Dynasties*. Shanghai: Fudan University Press, 1995.]

吕友仁：《汝南先贤传辑本注译》。郑州：中州古籍出版社，2015 年。

[Lv Youren. *Annotation and Translation of the Edition of the Biography of the Sages in Runan*. Zhengzhou: Zhongzhou Ancient Books Press, 2015.]

黎崱：《安南志略》，武尚清点校。北京：中华书局，1995 年。

[Li Ze. *Records of Anan*. Annotated by Wu Shangqing. Beijing: Zhonghua Book Company, 1995.]

刘知几：《史通通释》，浦起龙通释。上海：上海古籍出版社，2009 年。

[Liu Zhiji. *A Comprehensive Interpretation of the Historiography*. Annotated by Pu Qilong. Shanghai: Shanghai Classics Publishing House, 2009.]

欧大任：《百越先贤志校注》，刘汉东校注。南宁：广西人民出版社，1992 年。

[Ou Daren. *Notes on the Chronicles of the Patriarch of Baiyue*. Annotated by Liu Handong. Nanning: Guangxi People's Publishing House, 1992.]

欧阳询：《艺文类聚》，汪绍楹校。上海：上海古籍出版社，2007 年。

[Ouyang Xun. *Classified Excerpts from Ancient Writers*. Notes by Wang Shaoying. Shanghai: Shanghai Classics Publishing House, 2007.]

舒焚：《楚国先贤传校注》。武汉：湖北人民出版社，1986 年。

[Shu Fen. *Notes on the Biography of the Sages of the State of Chu*. Wuhan: Hubei People's Press, 1986.]

释慧皎：《高僧传》，汤用彤校注。北京：中华书局，1992 年。

[Shi Huijiao. *Biographies of Eminent Monks*. Annotated by Tang Yongtong. Beijing: Zhonghua Book Company, 1992.]

孙希旦：《礼记集解》。北京：中华书局，1989 年。

[Sun Xidan. *Explanation of the Book of Rites*. Beijing: Zhonghua Book Company, 1989.]

魏征：《隋书》。北京：中华书局，1973 年。

[Wei Zheng. *History of the Sui Dynasty*. Beijing: Zhonghua Book Company, 1973.]

熊明：《汉魏六朝杂传集》。北京：中华书局，2017 年。

[Xiong Ming. *Collection of Miscellaneous Biographies from the Han, Wei, and Six Dynasties*. Beijing: Zhonghua Book Company, 2017.]

余嘉锡：《四库提要辨证》，北京：中华书局，2007 年。

[Yu Jiaxi. *A Critical Examination of the Summaries of the Complete Library in Four Divisions*. Beijing: Zhonghua Book Company, 2007.]

余英时：《士与中国文化》。上海：上海人民出版社，1987 年。

[Yu Yingshi. *Scholars and Chinese Culture*. Shanghai: Shanghai People's Press, 1987.]

21世纪第二个十年的外国传记文学研究

全 展

内容提要：21世纪第二个十年，中国的外国传记文学研究不断走向深化，取得令人欣喜的成就。其研究态势具体体现在如下几个方面：一是当代西方自传理论研究与批评的繁荣，二是其他传记理论与形态研究的兴盛，三是文学史撰写的进展，四是作家作品研究的创获。

关键词：传记文学研究　21世纪　第二个十年　研究态势

作者简介：全展，荆楚理工学院文学传播研究所教授，中国传记文学学会副会长。主要研究兴趣为传记文学，近期发表了《21世纪第一个十年的外国传记文学研究》(《现代传记研究》第23辑)等。邮箱：qz_1956@sohu.com。

Title: A Research on Foreign Biographical Literature in the Second Decade of the 21st Century

Abstract: In the second decade of the 21st century, research on foreign biographical literature in China has deepened and achieved encouraging accomplishments. The research trends are specifically embodied in the following aspects: first, the prosperous research and criticism on contemporary Western autobiographical theories; second, the flourishing of other biographical theories and forms; third, the progress in literary history writing; and fourth, the innovative achievements of research on writers and works.

Keywords: biographical literature studies, 21st century, second decade, research trends

Quan Zhan, Professor of the Institute of Literature Communication in Jingchu University of Technology, is Vice President of the Chinese Society of Biographical Literature. His research focus is on biographical literature, and he is the author of *a Study of Foreign Biographical Literature in the First Decade of the 21st Century* (*Journal of Modern Life Writing Studies* 23(2024)). **E-mail:** qz_1956@sohu.com.

21世纪第二个十年，中国的外国传记文学研究不断深化，取得令人欣喜的成就。2013年，中国第一个传记专业学术刊物《现代传记研究》出版，为国内外学者提供了专门的发表与交流的园地。它始终注重传记学科体系、学术体系、话语体系的建设，坚持立足中国、面向世界的办刊宗旨，以全球化视野、前沿性话题、多元化理念，吸引和培养传记研究的学术新秀而独树一帜，至2020年共出版14辑、发表中英文论文272篇，极大地促进了当代中国的外国传记文学研究步伐。与此同时，其他一些学术期刊也在慢慢接受外国传记类研究的成果，其研究态势具体体现在如下几个方面：一是当代西方自传理论研究与批评的繁荣，二是其他传记理论与形态研究的兴盛，三是文学史撰写的进展，四是作家作品研究的创获。

一、当代西方自传理论研究与批评的繁荣

这是21世纪第二个十年外国传记文学研究最为鲜亮的一道风景线。

（一）研究专著

先后出现4部论著。

曹蕾的《自传忏悔：从奥古斯丁到卢梭》（中国社会科学出版社2012年），紧扣"忏悔"这一关键词，论述了奥古斯丁和卢梭分别建立的西方自传两大忏悔传统，一为宗教，一为世俗，在比较阐释中显现承传和发展、差异和影响。

梁庆标的《自我的现代觅求——卢梭〈忏悔录〉与中国现代自传（1919—1937）》（中国社会科学出版社2014年），立意高远，眼界开阔，认为中国现代自传的发生、发展与卢梭《忏悔录》有着密切的关系。著者力图从影响研究、接受研究的角度切入，在译介和接受梳理的基础上，细致而深入考察《忏悔录》及其影响下的现代自传之关系。

刘江的《自传叙事与身份隐喻——以富兰克林自传为例》（对外经济贸易大学出版社2017年），另辟蹊径。著者尝试从形式主义叙事学和后经典叙事学的角度，探讨富兰克林的叙事技巧及其身份建构之间的某种联系，显示出青

年学人的才智与潜力。

焦小婷的《非裔美国作家自传研究》（科学出版社 2017 年），探究非裔美国作家自传作品的发展历史，其中既有社会学、历史学、文化学的分析思考，又有接受美学之具体的艺术分析和艺术规律的探寻。其精心选取的 12 部具有代表性的自传作品的个案阐释，凝聚着著者多年来潜心研究美国黑人文学的心血汗水。

（二）代表性论文

1. 自传理论研究

自传理论研究涉及"微观政治"式解读、"晚期叙述风格"、自传批评辨析、话语模式研究、研究范式转向、不可靠叙述等方面。

梁庆标承担的国家社科基金项目"当代西方自传理论与批评研究"，发表了系列研究成果。他的《自传的"微观政治"式解读》（《现代传记研究》第 1 辑，商务印书馆 2013 年），别出心裁地将自传称为一种"微观政治"写作。文章从自传文类的政治性、自传修辞的政治性、自传批评的政治性三个维度进行梳理和解释。他的《反讽——自传的"晚期叙述风格"》（《现代传记研究》第 7 辑，商务印书馆 2016 年），认为理解自传中的反讽，是探索人性深渊的必要视角之一。他的《"原罪"抑或"合法性偏见"——当代西方自传批评辨析》（《国外文学》2017 年第 2 期，《新华文摘》2017 年第 21 期），考察了自传自 20 世纪以来所引发的诸种争论，通过综合梳理，对当代西方各种"反自传批评"进行归纳，并相应地进行辨析与应答，努力从正面回应种种挑战。作者创造性提出多种观点为自传辩护（16-24），通过辨清自传的性质和当代处境，对当代传记诗学的建构不无裨益。

王成军的《论"新自传契约"自传理论话语模式的文体学价值》，通过阐释论证、对比分析，指出菲力普·勒热纳的"自传契约"理论话语模式已无法阐释自传的诸多美学问题，而罗伯-格里耶的"新自传契约"理论话语模式则更能展示自传的文类本质属性，是对自传本体的形而上的文体思辨诗学，其对中国当下的自传诗学构建和写作实践更有学术引领价值（89-95）。他的《论保罗·德曼"解构"自传话语模式的诗学价值及其伦理缺失》（《江苏师范大学学报》2020年第5期），认为保罗·德曼所代表的解构主义自传话语，尽管指出了自传叙事中存在的种种问题，但其论证逻辑背后不无缺失了叙事伦理的道德思考。这些也是他承担的国家社科基金项目"20世纪西方自传理论的话语模式研究"的阶段性成果。

郑春光的《自传研究范式的转向》（《学术探索》2018年第12期），指出自传的定义层出不穷，其内涵和外延屡有变迁，大致经历了三次研究范式的转向：从固定的文类到变动的语言行为，从自我写作到生命写作，从西方中心论到世界视角。他的《"必需的文学"——论非裔奴隶自传叙事的功用》（《现代传记研究》第12辑，商务印书馆2019年），认为非裔奴隶自传的创作意图明显，具有很强的功利性，它是非裔黑人的人权宣言，构成了非裔离散文学的源头活水。

刘江的《自传不可靠叙述：类别模式与文本标识》（《外国文学》2012年第1期），一方面揭示了叙事学界忽略自传的文类偏见，另一方面，在对自传不可靠叙述既有研究成果进行缜密爬梳的基础上，重点从类型学的角度修正和重构了自传不可靠叙述的类别模式。

邹广胜、刘云飞合作的《真实自我的追寻——谈自传与自画像中的真实观》（《社会科学家》2018年第2期），从真实自我的建构、理想自我的塑造、自我风格的追寻三个思考维度，探讨了自传与自画像中的真实观。

2. 自传文学批评

自传文学批评涉及身份建构、积极心理学解读、自我形塑、伦理再现、艺术阐释、身份策略等关键词。

梁庆标的《对话中的身份建构——君特·格拉斯〈剥洋葱〉的自传叙事》（《国外文学》2011年第1期），认为《剥洋葱》作为一部典型的自传，体现了现代自传的基本要素与特征：身份认定、自我意识与对话。

薛玉凤的《创伤 忙碌 心态——〈富兰克林自传〉的积极心理学解读》（《外文研究》2013年第2期），借助积极心理学，从"创伤""忙碌""心态"三个维度阐释了《富兰克林自传》。认为在积极乐观的人生态度指引下，传主用忙碌充实的生活化解了创伤，从而成就了自己的辉煌人生。

吴康茹的《论萨特自传和访谈录中的自我形塑》（《首都师范大学学报》2015 年第 2 期），立足于对萨特自传《词语》和访谈录《七十岁自画像》两个文本的细致解读，从现代自传理论研究视角，探讨萨特自我形塑之意义。

唐伟胜的《论美国当代自传文学叙事中"真实"的再现伦理》（《江西社会科学》2015 年第 9 期），认为与传统自传相比，美国当代自传文学屡屡突破真实 / 虚构、主观 / 客观之间的界限，以传达更加复杂的人生体验，这使当代自传文学的伦理问题更加微妙。

胡蔚的《流亡者的记忆诗学——以斯蒂芬·茨威格自传为例》（《同济大学学报》2018 年第 2 期），分析了纳粹时期形成的德奥流亡作家自传写作热的成因，重点以茨威格的《昨日世界》为例，探讨纳粹当政时期德奥流亡作家怀想故国所采取的不同的记忆策略及其诗学形式。与之相映成趣的是高晓倩的《上海犹太难民自传中的文化记忆与身份策略》（《人文杂志》2018 年第 4 期）。文章从文化记忆理论出发，从他者和自我两方面考察上海犹太难民自传开启的记忆空间，解读犹太难民在上海特殊环境下所面临的身份问题及应对策略。

二、其他传记理论与形态研究的兴盛

赵山奎的《传记视野与文学解读》（北京大学出版社 2012 年），致力于寻求"传记"与"文学"互文的新话语，构建一种"传记-文学解释学"的新范畴。全书涉及"传记诗学与西方传统""自我意识与近代中国自传""卡夫卡与他的书""文学里的人生故事"等生命写作，呈现出诗性与思辨相交融的色彩。

梁庆标选编的《传记家的报复：新近西方传记研究译文集》（广西师范大学出版社 2015 年），充分体现了新一代传记研究家敏锐的学术眼光。源自英法德俄 4 语种的 17 篇译文，涉及传记理论、文学史、作品批评等诸多方面，代表着目前西方最新的传记研究前沿成果。译者多为我国传记研究界翻译界的青年学人。可以预见，西方的异质传记文化必将开阔中国人的视界，丰富其心灵，使他们确立一种更加开放开阔、多元立体的传记诗学观，在与中国史传传统文化的碰撞融合中形成一种新的研究特质效应。

袁祺编的《岩石与彩虹：杨正润传记论文选》（广西师范大学出版社 2016 年），系学生为老师编选的一部传记论文集，收入杨正润教授传记论文 51 篇。除收录学术自传外，该著涉及中外传记理论与方法，作家、文本与问题，鉴赏与评论，人物研究，书序与后记等。视野开阔，材料翔实，论证严密，文笔朴实而流畅，富有理论深度与思想洞见。阅读这些凝聚着著者视传记研究为终身事业的学术生涯之写照，人们在赞美著者取得"彩虹般的光彩"成就之时，亦可充分领略"彩虹"背后所折射出的"岩石般的坚硬"品格。

传记小说研究出现两部较有影响的著作。

蔡志全的《作者的回归：戴维·洛奇传记小说研究》（云南大学出版社 2019 年），从主题学和"作者问题"理论出发，较深入解析了英国戴维·洛奇的传记小说诗学，在一定程度上拓展了传记小说研究的艺术空间。

贾彦艳、陈后亮合著的《英国传统罪犯传记小说研究》（武汉大学出版社 2020 年），采用了哲学与人类文化研究和文本细读相结合的方法，既注重罪犯传记与犯罪小说的内部研究，又注重罪犯传记与犯罪小说的外部研究，并试图揭示有关英国传统罪犯传记对 19 世纪现实主义小说发展的影响。

传记现状的思考、比较传记的历史与模式受到关注。

杨正润的《危机与出路：关于传记现状的思考》（《荆楚理工学院学报》2011 年第 1 期），认为目前传记的写作实践和理论阐释中存在一种潮流，在消解着传记的历史基础，其真实性不断引起读者质疑、损害了传记的声誉。文章科学理性地分析了造成这一危机的三方面原因，进而指出，当代传记在这种严峻的挑战中面临着巨大的危机，急需传记家坚守自己的立场，坚定对传记的信念（5-10）。他的《比较传记：历史与模式》（《现代传记研究》第 2 辑，商务印书馆 2014 年），指出比较传记是比较文化的一个分支。认为比较传记是在比较中写作传记，或是在比较中进行传记研究，写作和研究构成了比较传记的两个领域。作者谈论比较传记在西方诞生和发展历程的基础上，着重总结并阐释了比较传记的四种模式：比较写作、平行研究、影响研究、传主比较。

佛传研究被纳入学者的视野。

王丽娜的《佛传文学考论》(《安徽师范大学学报》2016 年第 5 期），在整理分析经藏、律藏佛传，考察佛传在佛典中的分布和文体使用情况的基础上，作者提出了自己的观点，涉及佛传的文体、内容、传主形象等，认为印度佛传对中国僧传写作产生了积极的影响。

邹广胜的《黑暗中闪亮的一簇灯火——谈不同文化语境下的"佛传"》(《现代传记研究》第 6 辑，商务印书馆 2016 年），认为对佛陀传记的追寻在某种程度上就是对"圆满"的叙述，不同文化语境下的佛陀是如此相似，佛陀的教诲正如一簇闪亮的灯火穿越不同文化的篱墙，照耀着世人的心灵。

侯传文的《佛传与僧传——中印佛教传记文学比较研究》(《东方论坛》2017 年第 6 期），对比研究印度佛传与中国僧传。作为中印文化交流的产物，它们既有不同的民族特征，又有相同的文类特点，从中可看出佛传对僧传的影响因素，中国史传文化对印度佛传的反馈作用，两者形成互动关系。

其他论文，涉及传记写作的逻辑起点与价值取向、传记隐喻、文论关键词、传记电影等。

刘建军的《西方传记文学写作的逻辑起点与价值取向》(《现代传记研究》第 8 辑，商务印书馆 2017 年），富有哲学的意味。文章在区分"传记"与"传记文学"的异同基础上，重点探讨了传记文学写作的逻辑起点和价值取向的问题。

毛旭的《米娅·法罗诉伍迪·艾伦：关于传记的一种隐喻》(《现代传记研究》第 10 辑，商务印书馆 2018 年），以传记家对传主的两种态度——同情和敌意为切入点，对伍迪·艾伦的相关传记和回忆录进行评析，借此指出传记的多版本可能形成相互对峙、与法庭相类的局面。

车琳的《自我虚构》(《外国文学》2019 年第 1 期），涉及西方文论关键词。认为自我虚构是一种介于自传和小说之间的自我书写，它是 20 世纪后半叶法国哲学思想、社会环境和文学创作实践自然发展的产物，是对既定文学体裁界限的突破和超越，体现了后现代叙事特征。

曲德煊的《论传记电影的完整镜像》(《江西师范大学学报》2013 年第 5 期），通过电影镜像理论的探讨，提出西方优秀传记电影是更加完整的镜的观点。作者认为，西方优秀传记电影的真实性、多层次精神性和解放性，成为其更完整的镜的三个维度。

三、传记文学史研究的拓展

文学史撰写涉及传记文学的历史与现状，包括创作与批评两方面。

（一）总论

梁庆标的《自传研究的萌生与发展：早期西方自传批评史述》(《现代传记研究》第 8 辑，商务印书馆 2017 年)，属于传记学术批评史的探讨。在对西方早期自传研究史简要爬梳的基础上，作者将着重点集中于 20 世纪，根据其发展历程及自传研究者的具体研究思路和范式，分别加以细致梳理、精心概括和科学评析，无疑对自传写作及研究的深入发展颇有助益。他的《狂欢化与西方传记文学》(《浙江师范大学学报》2011 年第 2 期)，指出巴赫金的"狂欢化"理论对传记写作具有一定的借鉴意义。

李凯平的《英国 17 世纪社会转型与圣徒传记的流变》(《现代传记研究》第 5 辑，商务印书馆 2015 年)，认为英国 17 世纪的社会转型对圣徒传记的写作范式产生了深远影响，传者对原有的规范进行了变革，但其功用性仍然是立传的核心。

蔡志全的《传记小说：当代英语小说创作的新潮流》(《外国文学动态研究》2017 年第 5 期)，指出当代英语传记小说经历了萌芽、诞生发展及走向繁荣三个主要阶段，从"传记小说"到"传记虚构"的演变，呈现出多样化的类型特征，展现出蓬勃的生命力。

尹德翔的《晚清至民初英国传教士所撰华人基督徒传记论略》(《现代传记研究》第 9 辑，商务印书馆 2017 年)，探究英国传教士撰写、出版华人基督徒传记的多种意图，并客观指出这些传记的思想偏狭之处，以及具有的历史、文化、社会、艺术多方面的价值。

胡燕的《清末民初（1903—1919）商务印书馆汉译传记出版研究》(《现

代传记研究》第 11 辑，商务印书馆 2018 年），属于近代翻译传记史话。文章论述了商务印书馆 1903 年至 1919 年出版的 23 部译传的内容及其特色，由此可窥见商务印书馆所出译传具有引领时代风气的先导意义。

（二）国别史

与 21 世纪第一个十年相比，第二个十年的外国文学史的撰写范围更加扩大，涉及英国、美国、法国、俄罗斯、阿拉伯、日本、朝鲜等多个国家。

唐岫敏等著《英国传记发展史》（上海外语教育出版社 2012 年），十分注重专史研究的学术性和理论性。该书全面梳理英国传记文学的发展轨迹，揭示了各个历史时期传记文学的思想内涵和艺术特质，并探讨了传记文学与其他文学样式之间的关系，以充分凸显其文学价值和历史作用。"本书对传记作家和作品的论述、分析和评价，也超越了以往文学史作中均衡编排、平分史料、逐一介绍的撰写方式，体现了较强的学术意识和包括哲学、美学、政治、文化和道德视野在内的多元解读。此外，本书还对自传、亚自传和新传记等体裁的性质与特征以及折射出的生存状态和世道人心作了深入探讨。"（李维屏 3）

薛玉凤的《"普利策传记奖"中的美国世界》（《荆楚理工学院学报》2012 年第 5 期），认为普利策传记奖获奖作品蕴藏着一个五彩斑斓的美国文化大观园，一个丰富多彩的美国世界。

宋晓英的《北美华人自传体写作中的家国情怀》，指出北美华人的自传体写作是一种历久弥新的文化现象，虽主题形态多元，其一以贯之的精神脉络却很清晰，堪称一部越挫越勇、顽强奋进、一往无穷的"命运交响曲"。其"个人史"中掺和着"民族志"，传承中华优秀传统、坚守家国情怀的意识感人至深。

唐玉清的《法国学者的中国人群体传记研究（1949—1979）》（《南京大学学报》2017 年第 5 期），细致梳理了中华人民共和国成立以后的 30 年间、造访的法国学者在特殊的参观环境中留下的一些对那个时代的珍贵记录。作者认为，法国学者笔下的中国人群像，带有现代传记的特征，同时又刻上了各自研究领域的印记。

马轶伦的《20 世纪以来的俄罗斯自传书写》（《现代传记研究》第 9 辑，

商务印书馆 2017 年)，从俄罗斯的自传书写传统出发，梳理自传在俄罗斯的
发展状貌，进而考察俄罗斯在自传研究领域的研究特点，以及解体后本土与域
外的俄罗斯自传研究学者发出的新声音。

邹兰芳的《阿拉伯传记文学研究》，一方面悉心梳理阿拉伯传记文学的发
展脉络，阐释中世纪阿拉伯史传形态，如数家珍；另一方面深入探究阿拉伯自
传中的"自我"及其文化特征，探究现代阿拉伯自传与民族身份与地域与流亡
与性别与小说等方方面面的关系。这种多视角、全方位的考察与跨文化研究，
折射出阿拉伯民族个性特征和伊斯兰文化特色，丰富了传记文学在国内的研究
维度和视野。

陈玲玲的《日本的儿童传记——从明治维新到二战结束》(《现代传记研
究》第 7 辑，商务印书馆 2016 年)，考察并总结日本从明治维新到二战结束
这一阶段的儿童传记，呈现出鲜明的时代特征。

李岩、李杉婵合著《朝鲜寓言拟人传记文学研究》(北京大学出版社 2017
年)，以历史朝代为轴线，对朝鲜半岛三国时期、统一新罗时期、高丽时期、
朝鲜时期的有关文学体裁进行了系统而较深入的研究。著者着力挖掘朝鲜寓言
拟人传记体的民族特色、思想意蕴、文化内涵、人物形象及其艺术特征，特别
注重将朝鲜寓言拟人传记文学与中国同时期同类作品的特色予以比较，具有较
高的学术价值。

四、作家作品研究的创获

国外重要传记家及其作品的研究成果较为突出。主要包括东方作家传记、
卢梭《忏悔录》、莎士比亚传记、伍尔夫传记、莫洛亚传记、约翰生《诗人
传》、纳博科夫自传、狄金森传记等。

刘曙雄、赵白生、魏丽明等著《东方作家传记文学研究》(北京大学出版
社 2012 年)，意在拓荒。该书打破了西方传记文学研究一统天下的尴尬局面，
填补了目前东方文学研究的一处空白。全书分为"作家篇""作品篇""文献
篇"，披沙拣金，尽力搜求东方传记文学之菁华，论析、鉴赏一炉以熔。这部

团队协作攻关成果，不但丰富了传记文学的研究，为传记文学理论的发展提供了更多的借鉴和参考，也充分展现出现当代东方作家传记所独具的思想文化价值与艺术魅力。

杨国政的《卢梭〈忏悔录〉中的直接引语分析》（《外国文学评论》2013年第 2 期），指出卢梭在《忏悔录》中再现让-雅克过去的话语时，直接的话语的出现不仅数量少，而且篇幅短。认为卢梭在自传中再现让-雅克及其话语时是以自然人为原型的。

袁祺的《传记的创新还是解构——评〈俗世威尔——莎士比亚新传〉》（《现代传记研究》第 4 辑，商务印书馆 2015 年），认为格林布拉特的这部莎传虽体现了他写传的新思路，但在很大程度上模糊了传记与其他文类的界限，瓦解了传记真实性的写作基础，带来的是对传记的解构。

杨正润的《莎士比亚传记：传统话语的颠覆》（《现代传记研究》第 10 辑，商务印书馆 2018 年），则指出格林布拉特的《俗世威尔》开创了莎士比亚传记的新模式，提供了新话语。这部传记的畅销，推动了莎学的普及，深化了对莎士比亚戏剧的认知，但也在颠覆传记"非虚构"的特征，传记"纪实传真"的原则面临着严峻的挑战。

许勤超、王浩然的《安东尼·伯吉斯〈莎士比亚传〉中作者的主体性》（《青岛科技大学学报》2020 年第 1 期）指出，在众多 20 世纪莎士比亚传记中，伯吉斯的《莎士比亚传》在传材选择、移情和艺术个性方面都明显地体现了作者的主体性。

任一鸣的《颠覆英国传记传统的书写策略——剖析伍尔夫〈奥兰多：一部传记〉》（《社会科学》2016 年第 6 期），指出《奥兰多》不仅是一部"传记"，还是一部"反传记"实验之作，它在某种程度上颠覆了英国的传统传记观。

郑佰青的《"一部早期的〈奥兰多〉"——论伍尔夫的新传〈友谊长廊〉》（《国外文学》2013 年第 1 期），指出《友谊长廊》在文类上模糊了传记与小说的界限，为传记书写带来了耳目一新的变革。

徐岱、叶健合作的《作为一种方法的文学叙事——论莫洛亚传记作品中的批评意识》（《浙江社会科学》2017 年第 8 期），深入探究了莫洛亚传记作品中的批评意识，认为莫洛亚传记作品中的批评实践不仅凸显了文学传记的艺术魅力，也为文学传记提供了新的研究视角。他俩的《纪实与想象的张力——论安德烈·莫洛亚与欧文·斯通的传记写作》(《河北学刊》2018 年第 3 期)，从比较阐释的角度研究法、美两位著名作家的传记写作，分析其不同的写作特点。

刘意青的《略谈学养型评传——以约翰生〈诗人传〉为例》(《现代传记研究》第 8 辑，商务印书馆 2017 年)，在学养型批评概念的阐述基础上，着重强调了约翰生代表的学养型批评在批评史上的重要地位，并通过分析《英国诗人评传》中的《萨维奇传》和《考利传》，对比讨论了各自的特点及约翰生批评的优缺点。

孙勇彬的《论约翰生〈诗人传〉的道德教育功能》(《现代传记研究》第 9 辑，商务印书馆 2017 年)，指出约翰生十分重视传记的道德教育功能，其《诗人传》既为读者提供人生榜样，同时也为读者提供人生的教训。

侯万玲的《艺术化的自我书写——论纳博科夫自传〈说吧，记忆〉》(《现代传记研究》第 7 辑，商务印书馆 2016 年)，认为《说吧，记忆》是现代自传里具有实验性和先锋性的文本，文章以艺术性为切入点，分析纳博科夫记忆书写的特点。

卢婕的《发轫期传记：亲友眼中的艾米莉·狄金森》(《现代传记研究》第 11 辑，商务印书馆 2018 年)，指出早期的狄金森传记作家以亲友为主，他们共同塑造出一个神秘的、传奇的、天才的女诗人形象。

结　　语

21 世纪第二个十年的外国传记文学研究取得很大成绩，特别是欧美传记作家、学者的英文成果在中国的传播与借鉴，使得我国的传记文学研究视野更加开阔，成果不断深化创新。但与此同时，我们也要正视一个不容忽视的问题，那就是成果的学术质量还存在着较为突出的不平衡的情况。比如"夹生饭"现象。所谓"夹生饭"现象是指成果达到一定的学术水平，有新的见解、新的视角、新的论述方法，但又是不完美的，总留下某种缺陷，或者少数地方前后说法不一，有自相矛盾处，显得不够严谨；或者仓促成篇，有歧义，缺少精心修改；或者旁征博引大量西方理论家的观点，文风晦涩难懂，让人难以消化。再比如对外国传记史上的经典作品和当代重要作品关注不足，对重大理论问题关注不够等（杨正润，《编后记》267）。总之，未来外国传记文学研究任重道远，还有大量工作要做。

致谢【Acknowledgement】

本文为国家社科基金社科学术社团主题学术活动资助项目"当代中国传记文学研究史（1949—2020）"的阶段性研究成果（项目批准号：22STA015），得到全国哲学社会科学工作办公室的经费支持，受益于《现代传记研究》编辑部及匿名评审专家所提出的修改意见，作者谨致谢忱！

This paper is the periodic research achievement of the project "History of Contemporary Chinese Biographical Literature Research (1949–2020)" funded by the Social Science Academic Association of the National Social Science Foundation (project approval number: 22STA015). I am grateful to the National Office of Philosophy and Social Sciences for the financial support and to the editors of *Journal of Modern Life Writing Studies* and anonymous reviewers for their suggestions and comments.

引用文献【Works Cited】

梁庆标：《"原罪"抑或"合法性偏见"——当代西方自传批评辨析》，《国外文学》2017 年第 2 期，第 16–24 页。

[Liang Qingbiao. "Original Sin or Legitimacy Bias: Contemporary Western Autobiography Criticism Discussion." *Foreign Literature* 2(2017): 16–24.]

——：《传记家的报复：新近西方传记研究译文集》，桂林：广西师范大学出版社，2015 年。

[—, ed. *The Biographer's Revenge: A Collection of Translated Essays on New and Recent Western Biographical Studies.* Guilin: Guangxi Normal University Press, 2015.]

李维屏：《前言》，《英国传记发展史》，唐岫敏等。上海：上海外语教育出版社，2012 年，第 3 页。

[Li Weiping. Preface. *A History of the Development of British Biography.* By Tang Xiumin et al. Shanghai: Shanghai Foreign Language Education Press, 2012. 3.]

刘曙雄、赵白生、魏丽明等：《东方作家传记文学研究》，北京：北京大学出版社，2012 年。

[Liu Shuxiong, et al. *Research on Biographical Literature of Oriental Writers.* Beijing: Peking University Press, 2012.]

宋晓英：《北美华人自传体写作中的家国情怀》，《光明日报》2018 年 4 月 4 日。

[Song Xiaoying. "Family and National Sentiment in North American Chinese Autobiographical Writing." *Guangming Daily* 4 Apr. 2018.]

王成军：《论"新自传契约"自传理论话语模式的文体学价值》，《首都师范大学学报》2015 年第 2 期，第 89–95 页。

[Wang Chengjun. "On the Stylistic Value of the Discourse Mode of the New Autobiography Contract Autobiography Theory." *Journal of Capital Normal University* 2(2015): 89–95.]

袁祺编：《岩石与彩虹：杨正润传记论文选》，桂林：广西师范大学出版社，2016 年。

[Yuan Qi, ed. *The Rock and the Rainbow: Selected Biographical Essays of Yang Zhengrun.* Guilin: Guangxi

Normal University Press, 2016.]

杨正润：《危机与出路：关于传记现状的思考》，《荆楚理工学院学报》2011 年第 1 期，第 5–10 页。

[Yang Zhengrun. "Crisis and Way Out: Reflections on the Current Situation of Biography." *Journal of Jingchu University of Technology* 1(2011): 5–10.]

——：《莎士比亚传记：传统话语的颠覆》，《现代传记研究》第 10 辑，北京：商务印书馆，2018 年。

[—. "Shakespeare's Biography: The Subversion of Traditional Discourse." *Modern Biographical Studies* e 10(2018): 6–20.]

——：《编后记》，《现代传记研究》第 23 辑，上海：上海交通大学出版社，2024 年，第 267 页。

[—. "From the Editor." *Modern Biographical Studies* 23(2024): 267.]

邹兰芳：《阿拉伯传记文学研究》，北京：中国社会科学出版社，2016 年。

[Zou Lanfang. *Research on Arab Biographical Literature.* Beijing: China Social Science Press, 2016.]

林语堂《武则天正传》文体分析
——兼与雷家骥《武则天传》比较

刘　萍

内容提要： 在众多武则天传记中，林语堂《武则天正传》的人称及视角、修辞与戏剧性、语言的选择等均独具一格，由此呈现出简洁明快、新鲜生动、酣畅淋漓的文体特色。因为文采斐然且通俗易懂，该书可读性极强，与详实严谨、以学理性著称的雷家骥《武则天传》迥然不同。两部武则天传均未能从根本上摆脱男权传统的偏见，只不过林书的主观倾向性以及随之而来的诸多情绪化的表达更为显著，这使得该书不可避免饱受争议，却也为中国唯一的女皇帝武则天提供了一种文体独具特色的历史书写。

关键词： 林语堂《武则天正传》　雷家骥《武则天传》　文体　比较

作者简介： 刘萍，安徽师范大学教授，研究方向是西方文学与文论、比较文学，近期发表论文有《纠缠于俗务中的诗心与真情——徐志摩与朱湘情书之比较》（2021）、《"杀子"悲剧的伦理探析——细侯与美狄亚形象比较》（2022）、《〈瞧，大师的小样儿〉：一部剑走偏锋的大师小传》（2023）等。邮箱：liupinguu@126.com。

Title: A Stylistic Analysis of Lin Yutang's *Lady Wu*: A Comparison with Lei Jiaji's *Biography of Wu Zetian*

Abstract: Among the biographies of Empress Wu Zetian, Lin Yutang's *Lady Wu* is unique in terms of point of view and perspective, rhetoric and drama, and choice of diction, etc. These elements thus contribute to a concise, vivid, exhilarating and unequivocal literary style. With its eloquent and accessible prose, this book is highly readable and contrasts sharply with Lei Jiaji's *Biography of Wu Zetian,* which is noted for its meticulousness, rigor, and academic focus. Neither biography has completely shaken off the biases of the patriarchal tradition, but Lin's work is characterized by more pronounced subjective tendencies and accompanying emotional expression, which has inevitably exposed the book to controversy. Nevertheless, it provides a historical account of Wu Zetian, China's only female emperor, with a distinctive literary style.

Keywords: Lin Yutang's *Lady Wu*, Lei Jiaji's *Biography of Wu Zetian*, style, comparison

Liu Ping is Professor at Anhui Normal University. Her research interests include western literature and literary theory, and comparative literature. She is the author of "Poetic Heart and Sincere Love Entangled in the Secularities: Comparison of the Love Letters Written by Xu Zhimo and Zhu Xiang"(2021), "An Ethical Analysis of the Tragedy of 'Killing Sons': A Comparative Study between Xihou and Medea" (2022) and "*Look, the Masers' Minor Performance*: A Distinctive Biography of the Masters"(2023), etc. **E-mail:** liupinguu@126.com.

作为中国历史上唯一的女皇帝，一生波澜壮阔、精彩纷呈的武则天备受传记家青睐，武则天传记之层出不穷即为明证，林语堂的《武则天正传》便是其中独具特色的一部。该书最初用英语写成，在伦敦出版，可能因为要顾及"老外"读者的阅读习惯和接受能力，林语堂的这部武则天传在史料方面进行了巧妙取舍，略去了不少相对较为枯燥且烦琐的材料，比如武则天的家世背景只是简略提及，武则天当政期间的文治武功也大多语焉不详。跟严肃的史传著作——比如雷家骥的《武则天传》——相比，林语堂的《武则天正传》在文体上表现出鲜明的特色，这使得该书在保有极强可读性的同时，也不可避免备受争议。

一

林语堂《武则天正传》的叙述视角独具一格。所谓"他传"，顾名思义，记录的是"他人的生平"，因此通常采用第三人称进行叙述，便于全方位书写传主的经历。林语堂的《武则天正传》则另辟蹊径，开篇第一章便清楚地交代全书将以"我"——武则天的孙子、邠王李守礼——即第一人称展开叙述。因为叙述者"我"与传主武则天之间关系密切，"我"对往事的回顾不可避免带有自己的主观情绪，这一定程度上干扰了传记的真实性，同时也产生独特的感染力。

林语堂《武则天正传》假托古人之口娓娓道来，仿佛邠王李守礼的"回忆录"，这无疑与历史事实相去甚远，因为邠王并没有可能留下这样一部回忆录。然而尽管如此，林语堂还是通过叙述者"我"反复强调自己所写完全属实，声称："我若不把祖母武后她个人生活或政治上的非常奇特的行为措施，和她惊世骇俗的勋功伟业，坦白忠实地写出来，这种回忆录就根本不值一写了。"（3）传主武则天与叙述者李守礼系祖孙关系，因此选择后者作为叙述的主体当有其便利之处——两者非同寻常的亲密关系似乎一定程度上保证了传材的可信性。与此同时，又因为李守礼的父亲李贤与武则天之间亲子关系恶化，被降为庶人，惨遭贬谪并幽禁至死，祖母武则天俨然便是李守礼的杀父仇人，李守礼本人也因之被牵连，身心饱受摧残；不仅如此，坊间还传言李贤并非武则天亲生，而是武则天的姐姐韩国夫人与高宗李治所生，武则天嫉妒姐姐与圣上之间的私情，不顾姐妹亲情，将韩国夫人毒杀。由此可见，叙述者"我"与传主之间虽为至亲，却有宿仇，并且"我"显然不认同自己与武则天之间嫡亲的祖孙关系，直言"颇为相信先父是武后之姊韩国夫人所生"（林语堂 2），由此，"我"在叙述过程中对武则天无可掩饰的嘲讽和批判便不难理解了。总之，林语堂借叙述者邠王李守礼之口，明确表达了对传主武则天的否定和厌恶，这当然只是一种叙述策略，毕竟李守礼对武则天的评价固然有一些历史的依据，但很大程度上还是基于林语堂的想象，换言之，林语堂是以叙述者为"幌子"，既巧妙制造出与传主之间的"距离"，也毫无疑问表明了自己的历史观——即对武则天这个历史人物的看法。

与之不同，雷家骥《武则天传》采用了他传较为常见的第三人称进行叙述，遇到历史存疑问题，则小心翼翼各方求证，多商榷口吻，不轻易下结论。比如小公主猝死事件，林语堂直言武则天"掐死亲生女儿"（19），说她为了嫁祸于王皇后，先残忍地杀害小公主，再诬陷此前刚来逗弄小公主的王皇后出于嫉妒之心杀死自己的孩子，从而达到扳倒皇后、自己取而代之的目的。关于小公主的夭折，史书中确有记载，但前后所述并不一致。比如《旧唐书》就只是简略记录小公主的猝死，并未明确凶手就是武则天；《唐会要》也仅有"昭仪所生女暴卒，又奏王皇后杀之"（王溥 24）的简要记述，隐约暗示武则天有杀女的嫌疑；至《新唐书》和《资治通鉴》，则详细描述该事件，且明确表示武则天亲手杀死女儿，然后嫁祸于王皇后。比如《新唐书》写道：

> 昭仪生女，后就顾弄，去，昭仪潜毙儿衾下，伺帝至，阳为欢言，发衾视儿，死矣。又惊问左右，皆曰："后适来。"昭仪即悲涕，帝不能察，怒曰："后杀吾女，往与妃相谮媚，今又尔邪！"由是昭仪得入其訾，后无以自解，而帝愈信爱，始有废后意。（欧阳修、宋祁 2848）

雷家骥仔细梳理、辨析各方史料，再审慎质疑，指出婴儿猝死现象从古到今都有，其真正原因很难确定，因此，武则天"杀女"说并非必然事实。两相比较可见，林语堂出于"武则天就是那样心狠手辣"之类的先入之见，对武则天杀女毫不怀疑；雷家骥则出于"证据不足"的顾虑，宁愿保持"存疑"态度，只是肯定"武则天有女暴卒"这一事实，并且认同这一事实被武则天利用来打击对手王皇后——这同样经得起历史的推敲，至于小公主究竟死于武则天、王皇后还是其他原因，则认为终究是一个历史的谜案（91-93）。又比如太子李弘之死，林语堂在《武则天正传》中同样是归罪于武则天，认为是武则天毒死了自己的长子，故意闪烁其词地说他"吃错了什么东西"（82），紧接着看似轻描淡写、实则令人心惊肉跳地断言："武后不喜爱的人都会吃错东西的。"（82）由此，武则天"杀子"便俨然铁板钉钉了。至于雷家骥的《武则天传》，虽然也写到想要独立自主的太子李弘与强势的母后武则天之间时有冲突，母子关系紧张，但还是援引相关史料，力证李弘从小就体弱多病，并且感染上肺病——在雷家骥看来，这才是李弘英年早逝的根本原因。说到这里，雷家骥《武则天传》一书频繁引用史料的情况值得一提，《旧唐书》《唐会要》《新唐书》《资治通鉴》等便反复出现在该书的注释当中。传记这一文类与历史关系密切，这里的传主武则天作为一个重要历史人物，自然被不少历史著作提及，因此，传记家援用相关史料十分自然且必要，但以两部武则天传看，林语堂和雷家骥处理史料的方式有显著不同，如果说雷书的引用是显见的，林书的引用便是隐含的。应当看到，林语堂终究并非仅凭一己之好恶去杜撰武则天形象，而有其历史的依据，乃至有论者评价他的武则天传"完全以《旧唐书》与《新唐书》为依据。书中的人物、事件、对白乃至许多具体资料，都来源于这两部历史著作。也就是说，尽力做到了符合历史的真实"（刘炎生 182）。不过，在《武则天正传》中，林语堂很少直接引用史料，不妨仍以小公主猝死事件为例，林书这段描写极为生动，将皇后的慌乱和窘迫、皇帝的痛心和愤怒、武则天的狡诈和狠毒等表现得淋漓尽致，相对照可见，林书中有关这一事件的描写便源自《新唐书》，只不过作为文学大师，林语堂难免添"油"加"醋"，即采用小说笔法，林书由此呈现出鲜明的文学色彩。

总之，与雷家骥《武则天传》多直接引用史料不同，林语堂《武则天正传》虽有史可依，但很少直接援引史料而"化"用之①。这一点表现在人物语言方面更为明显，简言之，林书基本上采用现代人容易理解的语言加以表述，拉近了与读者的距离，雷书则大多摘录史料原文，给人以古朴、庄重之感，客观上也增加了阅读的难度。比如武则天最后被推翻之际，看到曾经被自己提拔、重用的亲信大臣率众造反，忍不住厉声斥责。对此，林书这样写道："怎么，李湛，还有你！你和你父亲（李义府）曾受我厚恩。还有你，崔玄暐，我亲自提拔的你。我真想不到！你们一群叛徒！一群猪狗！"（199）雷书则直接援引《资治通鉴》："我于汝父子（指李义府和李湛）不薄，乃有今日！……他人皆因人以进，惟卿（指崔玄暐）朕所自擢，亦在此耶？！"（579）相比较可见，两部传记所述内容大体相同，其史料来源当属一致，但两者差异明显——林书更加通俗易懂、形象生动，雷书则因直接引自史料而更为真实可靠，同时也给现代读者带来一定的不适应感。

需要说明的是，在林语堂的《武则天正传》中，由于叙述者"我"虽然可算是历史的参与者，但终究不过处于事件的"边缘"位置，且由于当时年龄尚幼，影响力有限，很多事情或不曾亲历，或即便亲历，也难以了解全貌，有鉴于此，作者固然开篇即选定"我"为叙述者，似乎要完全站在"我"的立场进行叙述，但其实在叙述过程中时常超越"我"的视角，形成所谓"视角越界现象"（申丹 250-270）。具体言之，即采用第三人称进行叙述，弥补了第一人称视角的局限，同时又与"我"的基本叙述立场——即否定和批判——保持一致，因此并不给人以突兀之感，反倒第一、三人称相辅相成，行文简洁流畅，可读性极强。反观雷家骥的《武则天传》，虽偶尔也会出现"笔者以为""读者应该注意到"之类带有第一、二人称意味的表述，可见"视角转换"的特点，但总体而言还是以第三人称全知视角为主，给人以理性、客观的感受。

二

朱湘曾经形象地将传记比喻成"一个两面的监诺斯（Janus）；历史与文学都可以据为己有"（233），林语堂《武则天正传》是一部文学性极强的传记，带有历史小说的色彩。之所以有这样的效果，与其修辞手法的巧妙运用密不可分；不仅如此，原本就擅长写小说的林语堂赋予该书诸多戏剧性因素，由此，这部武则天传记读来妙趣横生，给人以极大的艺术享受。

先看比喻。《武则天正传》一书有大量比喻手法的运用。比如在对付长孙无忌和魏国夫人的过程中，武则天不是仓促出手，而表现出极大的耐心，甚至故意去笼络抑或示好，等时机成熟，便突然发难，一举摧毁对方，"就如同一个杰出的剑客，绝不虚耗自己的精力。而是要闪躲，细心战斗，没有机会，绝不使出毒手"（71）。这里用到明喻，武则天被比作一个"杰出的剑客"，具有灵活善变、心狠手辣之特点。关于武则天的暴政，书中写道："现在人间成了地狱，大唐的子孙的日子里是暗无天日。"（137）这里用到暗喻，把"人间"比作"地狱"，突显武则天统治的黑暗、残酷。至于说王皇后原本想要利用武则天来对付萧淑妃，没想到前者给自己带来的威胁远远大过后者，林书评论道："这时她才明白赶走了一只蝎子，换来了一条致命的毒蛇。"（21）这里用到借喻，以"蝎子"喻萧淑妃，以"毒蛇"喻武则天。此外，书中还有多种比喻共用的情况，比如写到武则天的儿子、新登基不久的中宗李哲出言不慎，表现出"我是皇帝，我可以想怎样就怎样"的任性，没有顾及母亲武则天的威严，被武则天毫不客气地废黜，林语堂在书中感慨："年轻的皇帝还不知道自己身处险境，如同草原上吃草的小鹿，信步走近了藏有母狮子的丛莽。武后这个母狮子闪电一般，一跳而起，扑在自己亲生儿子身上，凶恶得令人魂惊魄丧。"（94-95）这里综合运用明喻和借喻，且巧妙形成对比。"比喻性的概念是系统化的。"（Lakoff & Johnson 11）林书中大量有关传主武则天的比喻即说明了这一点，比如上述"剑客""毒蛇""母狮子"之类的比喻，虽喻体各有不同，却保持密切关联，它们构成一个系统化的整体，彼此映衬、渲染，林书正是通过反复运用此类比喻，使得武则天狡诈而凶险的特性跃然纸上。

再看反语和反问。如前所述，在《武则天正传》中，林语堂对于传主武则天的基本态度十分明朗——即否定和批判。如果说书中大量的比喻形象化地展现了武则天的心狠手辣，时不时出现的反语便可谓极尽讽刺之能事，武则天的功绩随之几乎被否认殆尽。比如林书描写武则天登上皇后宝座的场景："无处不正派，无处不威严，真是一个一等一的皇后。"（31-32）明明是要强调武则天跻身皇后之位的"不合法性"，却接连用"正派""威严""一等一"这样表示赞赏的形容词，其讽刺效果不言而喻；又比如叙述武则天为了抬高自家身价，生拉硬扯与古代贤君周武王之间的关系，"她居然把武王的灵牌供在武家的宗庙里，作为她的第四十代祖先，就这样供养起来！"（130）不仅如此，林语堂继续写道："若能办得到，她还要认孔夫子做祖先呢。"（130）诚然，周武王、孔夫子均备受世人敬仰，但强行将他们与武则天沾亲带故起来，显然非但不能为武则天"长脸"，反倒使之沦为天下人的笑柄。还比如书中描述武则天利用酷吏来俊臣等实施恐怖统治以威慑世人，等到群情激奋、怨声载道之际，武则天又下令处死来俊臣，并且将之全家灭门、以息民愤，"结果，来俊臣是凶手，武后是执法如山的皇帝。"（173）这里所谓"执法如山"很显然是反语，考虑到当时酷吏横行的惨状，真是莫大的讽刺。此外，反问手法在林书中也时有运用，比如描述高宗虽然按照惯例拥有众多后宫佳丽，"但是在武氏那样阴狠嫉妒之下，有这些女人又有什么用处？只要是记得以前王皇后和萧淑妃的命运的，谁肯冒生命之险与皇帝同榻呢？"（48）一句反问道尽了一国之君李治的尴尬。谈到武则天对唐室王公臣子实施大屠杀政策，自上而下逐一剿灭，林语堂在书中哀叹："现在唐朝皇室已经完全空虚，消灭唐朝这个朝代还费什么事呢？"（138）叙述者站在唐室的立场，表达出无限的悲悯和伤痛。总之，林书中大量运用反语和反问手法，旨在加强语气，表达对传主武则天的讥讽和厌恶。

与之不同，雷家骥《武则天传》固然也会用到一些修辞技巧，比如描写王皇后为对付萧淑妃、积极促成武则天从尼姑庵迁入后宫："此举无异是前门拒狼，后门进虎。不知虎比狼还要凶猛毒辣，不但将狼吃了，连带也将开门迎纳者一并给吞了。"（77）这里以"狼"喻萧淑妃，以"虎"喻武则天，同上述林书中有关"蝎子"与"毒蛇"的比喻有异曲同工之妙。不过总体而言，与林书广泛运用比喻、反语、反问、夸张、排比等修辞手法不同，雷书叙述平实、谨严，且多引证史料、详加辨析，很少林书的文学色彩，而具浓厚的学术气息。除修辞手法的巧妙运用外，强化戏剧性因素也是林语堂《武则天正传》文学色彩浓厚的一个重要原因。"传记所具有的艺术因素中，戏剧性是最突出的"（杨正润 48），对此，林书提供了一个绝佳范本。作为传主，武则天的一生漫长而曲折，原本就极具传奇意味，可记述的内容十分丰富，林书取材的一大特色便是突显冲突性。如前所述，全书开篇先交代写作缘起，再简要勾勒时代背景，等到传主武则天正式登场，很快便完成了身份的逆转：从受冷落的才人、到因太宗驾崩而被迫出家的尼姑、再到高宗的新宠。换言之，传主出场伊始，欲望和人伦、规范等之间的冲突便惊心动魄地演绎起来，其中尼姑庵偷情、母子乱伦诸如此类的事件均足够博人眼球，武则天刚一出场，便被置于各种矛盾冲突的漩涡当中，可谓戏剧性十足，完全印证了下述论断："传记的戏剧性主要表现为传记家常常从传主的生平中发现矛盾冲突，进行集中化处理，使叙事紧凑生动、起伏跌宕、富有悬念，从而引起读者的阅读兴趣。"（杨正润 49）雷书则不然，开篇第一章是详细梳理武则天祖上，尤其是父辈的情况，第二章则先辨析武则天的生卒和名讳问题，然后追溯其早年乃至初入内宫时的情形。这部分虽也不乏冲突，但大体不过是客观陈述历史事实，无意于制造特别的戏剧效果。关于武则天的"二度入宫"，雷书也不似林书那样一味突显武则天与李治之间疯狂的乱伦关系或者刀光剑影的"宫斗"。其实，武则天出家为尼并东山再起的经历，史书中不乏记载，比如《旧唐书》写道："及太宗崩，遂为尼，居感业寺。大帝于寺见之，复召入宫，拜昭仪。"（115）这里的叙述十分简略，且只是隐约暗示武则天与李治之间有私情，未提两人在寺中的偷情行为；至《唐会要》《新唐书》《资治通鉴》等，虽相关描述更加具体、生动，但同样不曾直接提及削发为尼的武则天与李治在寺中通奸。如此一来，重视史料依据的雷书便没有林书中绘声绘色描述的"武则天和李治在尼姑庵偷情"这样的极富戏剧性的场景，而通过冷静、客观的分析，得出武则天二度入宫之前与李治"当未发生性关系"的结论（80），随之而来，强烈的戏剧性冲突自然也就被弱化了许多。

两部武则天传篇幅差距不小——雷书明显长于林书，如果说雷书引经据典、较为详实地记述了武则天的生平轨迹，同时仔细考证诸多有争议性问题，林书则删繁就简，多聚焦于其中充满戏剧性的事件，加之巧妙运用多种修辞手法，自然高潮迭起、引人入胜。

三

在语言的选择上，林语堂《武则天正传》与雷家骥《武则天传》表现出很大的差异。有论者指出："文体即存在于从语言系统中做出的选择"（Leech & Short 31），是"特定文本的语言特征"（11）。两部武则天传在表达形式、句子结构、称谓等方面均选择了不同的语言类型，由此产生迥异的文体效果。

如前所述，林语堂《武则天正传》最初为英文版，面向的是西方读者，为此，从内容——即传材的选择看，该书有强烈的戏剧性色彩，能在很大程度上提升读者的阅读兴趣，这对于那些对中国历史并不十分了解抑或关心、也缺乏明确价值判断的普通西方读者而言无疑更具吸引力。同样道理，从表达形式看，林书基本采用的是现代通俗语言，其所述内容虽大多有史料来源，但很少直接援用史料，而化用为通俗易懂、新鲜生动的语言表达。与之不同，雷家骥《武则天传》直接引述史料的情况很常见，为此，作者不得不添加诸多注释，标明引文出处或者再稍加解释；此外，或许自觉不自觉地要保持这种古朴、雅肃的文风，不仅引文，雷书其他部分表述也多文白夹杂，设若读者缺乏一定的古汉语修养，理解起来恐怕难免有一些障碍。以著名的"请君入瓮"典故为例。雷书描述如下：

> 俊臣与周兴方推事后对食，遂问周兴："囚犯多不承，当为何法？""此甚耳，"周兴回答说："取大瓮，以炭四周炙之，令囚犯入其中，何事不承！"俊臣乃索取大瓮，依照周兴所教之法用火炙热，然后徐起告诉周兴："有内状推兄，请兄入此瓮！"周兴惶恐叩头伏罪，翌月配流岭南，途中为仇家所杀……（352）

这段话的引文部分取自《资治通鉴》，值得注意的是，这里不仅引文为文言形式，"方推事后对食""徐起""翌月"等表达显然也不是那么通俗化、大众化，这对于普通读者而言难免会有一些隔膜。再看林书，一开始便用通俗且风趣的语言直接点明："'请君入瓮'这个典故就是由周兴之死流传下来的。这也算毒攻毒，黑吃黑。"（149）紧接着，林书绘声绘色描述该典故由来，虽有史料依据，但并不拘泥于史料，而有自己的想象和发挥，且无论人物之间的对话还是其他叙述性语言，均浅近而生动，来俊臣的阴险狡诈、周兴的狂妄狠毒，以及冲突达到高潮时的突然反转，无不描写得张弛有致，令人欲罢不能。总之，雷书文白交杂的语体在一定程度上传达了历史的旧貌，显得更为真实、严谨；林书现代而通俗的语言表达则无疑方便普通读者的接受——对于外国读者而言更是如此。

与此相应，在句子结构上，林书也以简单句为主，其最直观的表现便是"短"："这些官位现在都空了，人都消灭了。唐室的元老重臣都不在了。"（138）"来俊臣伏诛后，朝廷平静无事。"（174）"大臣已忍无可忍。张氏兄弟必须铲除，不论什么方法，有效就好。张柬之要动手了。"（196）……类似这样简短的句子在书中随处可见——这当然不意味着林语堂语言的贫乏，恰恰相反，这些短句简而不陋，虽用字不多，却自有一种干脆利落、不容置疑的气度，与叙事者贯穿始终的嘲弄、悲愤情绪相吻合，表达出对传主武则天的厌恶，同时也在有限的篇幅中涵纳十分丰富且抓人眼球的内容，为读者接受带来极大的便利。此外，还值得一提的是，林书中有不少句子因其表达简洁有力，产生格言警句般的效果，比如："并不是犯罪的人都处死，而是'处死的人都犯罪'。"（71）"只要是专制独裁，无不需要恐怖屠杀。"（112）"小人向来以利而聚，以利而分。"（172）相比之下，雷家骥《武则天传》的句子结构要繁复得多。因注重学理性，雷书时常要进行缜密的引证、辨析，很少轻易下结论，这对于专业性、学术性要求较高的读者或者研究者而言，不失为一大优点，但普通读者未必有耐心或者能力领略其中的完备和严谨，加之文白交杂的语言表达，更为全书增添了沉稳、厚重之感。

耐人寻味的是，在称谓方面，两部武则天传也做出了明显不同的选择，最直接的体现便是对传主武则天的称呼。除"武媚娘""武则天"这样直呼其名外，林书中对传主使用最多且贯穿始终的称谓即书名所示——"Lady Wu"，对此，中译本主要采取了两种说法，即"武氏"和"武后"——以后者居多，自武则天荣登皇后宝座起直至去世，始终以"武后"称之。站在林书的立场，武则天的身份能够被认可的不过就是"后"——"皇后"抑或"太后"，其他只是她的异想天开，不具有合法性，所以可以忽略不计；参照原文，应当承认，译为"武后"完全符合传记作者林语堂对武则天的评价。相比较来看，雷家骥《武则天传》在处理武则天的称谓方面则复杂得多。该书第二章即专门就武则天的名讳问题进行详细考证，最终得出其名"约"、字"明空"的结论（26-32）。大体言之，除同样采用"武氏"这一较为笼统的称呼外，雷书中有关武则天的称谓一变再变，如"明空""武媚""武才人""武昭仪""武后""天后""太后""神皇""女皇""则天皇后"等，其变更的依据并不复杂，不过是按照武则天身份的变化给予其不同的称谓。由此可见，雷书有关武则天称谓的选择符合历史事实，与该书理性、严谨的文风相一致，也便于人们把握武则天人生轨迹的转变。其实，关于从正统观念出发对武则天身份的认定，雷书有明确交代："自明皇以后，皇家正式确认武曌仅是李家媳妇，不是什么'大圣''圣帝'的，以至于大周开国与亡国之君。"（588）更耐人寻味的是，根据林书所记，武则天本人在临终之际留下遗言，亦认同自己的"皇后"身份，表示"不要把她看作'皇帝'，看作她亲爱的丈夫高宗的贤妻"

（201）。无独有偶，雷书同样记述武则天"最终还是自我承认是一个李家媳妇，可以并接受永远做李家媳妇"（583）。总之，两部武则天传对于武则天复归"后"位的描述大同小异，只不过林书采用"反语"手法，保持了其贯穿始终的嘲讽语调。翻检历史可见，历代史书对武则天去"帝"称"后"之举基本上持肯定态度，算是迷途知返、回归正道，比如《旧唐书》称之"初虽牝鸡司晨，终能复子明辟"（133），此后的《唐会要》《新唐书》《资治通鉴》等也都对武则天此举间接表示了认同。若从女权主义的立场看，武则天主动要求复归"后"位的临终遗言算是一种"倒退"。不过，综观武则天的一生，虽然她在一定程度上改写了"男主外、女主内"的历史，但与现代社会的女权运动终究相距甚远，如雷书所评价的那样："纵使她有令儿子从母姓，大力提高母权，改善一些妇女地位等措施，但是却决非女性主义或女权主义者。因为她只是要为她个人争取和享受权力，此外即使连亲生女儿太平公主也不能轻易分享……她毕竟仍深受男性中心的宗法意识观念所影响，认同母子之情是天伦，儿子是继承香火者，是使她死后有血食的人，非姑侄关系可比。"（537）由此可见，认同"后"位，这在武则天时代乃至她本人那里，其实都已经被确认下来。

总之，语言的选择导致文体的差异，就两部武则天传记看，林书无论是语言表达、句法结构还是称谓的运用都比雷书简化不少，这使得该书不仅总体上表现出简明、流畅的风格，而且与其确定无疑的批判立场相一致，易于读者理解——尽管读者认同与否另当别论。

综上所述，林语堂《武则天正传》在人称及视角、修辞与戏剧性、语言的选择等方面均独具一格，这些与其鲜明的批判立场相适应，使得该书呈现出简洁明快、新鲜生动、酣畅淋漓的文体特色，同时也因为明显的主观倾向性，该书对传主武则天的评价一定程度上失之偏颇。值得深思的是，此类偏颇较为普遍，哪怕是相对远较严谨、周全、理性的雷家骥《武则天传》，其实偶尔也透露出此类偏见。比如谈到武则天生前的政绩，雷书声称"若据此社会财经方面而论，应是'贞观之治'的秕政；而'开元之治'则正是建在明皇对此秕政进行改革及改革所得的成果之上"（491），这就近乎全盘否认了武则天的政绩。

紧接着，谈到为什么仍有人对这位女皇的统治颇为赞赏，雷书的解释是"应该多谢她栽培出来的这两个孝顺懦弱之子，尤其是另加昏庸无能的中宗孝和皇帝，因为没有他们也就不能彰显出她的政治权智尚可；……他们不敢否定母皇，又抢走了她被批判的风头，不谢他们还能谢谁？"（491-492）如此似褒实贬的反讽简直与林书如出一辙，对照《资治通鉴》评价武则天"政由己出，明察善断，故当时英贤亦竞为之用"（司马光 6478），两部武则天传所流露出来的对传主武则天近乎一棍子打死的论断未免有失公允，难怪有论者直言："武则天在历史上受到的不公待遇是主流，这种不公是男尊女卑社会中的时代必然。"（王丹 50）总之，身为传记作者，林语堂和雷家骥对传主武则天的基本态度其实并无二致，只不过相比较而言，雷家骥《武则天传》更具学理气息，多数情况下并不轻易做出否定性的判断，林语堂《武则天正传》则主观批判的倾向十分明显，有很强的可读性、趣味性，其明显情绪化的表达也在一定程度上有损于传记的真实性。不管怎样，林语堂《武则天正传》为女皇武则天提供了一种独具特色的历史书写，考虑到传主本人即是一位众说纷纭的历史人物，林书所引发的争议也算情理之中，其引人入胜的文学效果更是有目共睹。

致谢【Acknowledgement】

本文为安徽省社会科学创新发展研究课题"现代皖籍文人朱湘的比较文学思想"（2024CX099）阶段性成果，得到安徽省社会科学界联合会的资助，作者谨致谢忱。

My acknowledgement and gratitude to Anhui Federation of Social Sciences, for the sponsorship of the project, "A Study on the Comparative Literature Thoughts of Zhu Xiang, a Modern Anhui Literatus" (2024CX099).

注释【Notes】

① 通观林语堂《武则天正传》一书，可见较为详细引用的史料不过有三处：一是武则天为自己争取参加泰山封禅大典写给高宗的奏折，二是骆宾王为反叛武则天的义军撰写的《讨武曌檄》，三是陈子昂写给武则天的奏折《陈拾遗上武后表》。三篇文献各有所重，但共同特点都是文采斐然，似乎可见林语堂作为文学家在选材时的一种偏好。

引用文献【Works Cited】

Lakoff, George & Mark Johnson. *Metaphors We Live by*. Chicago: The University of Chicago Press, 2003.

Leech, Geoffrey & Mick Short. *Style in Fiction: A Linguistic Introduction to English Fictional Prose*. Harlow:

Pearson Education Limited, 2007.

雷家骥:《武则天传》。北京：人民文学出版社，2001 年。

[Lei Jiaji. *Biography of Wu Zetian*. Beijing: People's Literature Publishing House, 2001.]

林语堂:《武则天正传》，张振玉译。长沙：湖南文艺出版社，2021 年。

[Lin Yutang. *Lady Wu.* Trans. Zhang Zhenyu. Changsha: Hunan Literature and Art Publishing House, 2021.]

刘炎生:《林语堂评传》。南昌：百花洲文艺出版社，2015 年。

[Liu Yansheng. *A Critical Biography of Lin Yutang*. Nanchang: Baihuazhou Literature and Art Publishing House, 2015.]

刘昫等:《旧唐书·高宗本纪》。北京：中华书局，1975 年。

[Liu Xu, et al. *The Old Book of Tang: Annals of Emperor Gaozong*. Beijing: Zhonghua Book Company, 1975.]

欧阳修、宋祁:《新唐书·后妃传》。北京：中华书局，2000 年。

[Ouyang Xiu and Song Qi. *The New Book of Tang: Accounts of Royal Consorts.* Beijing: Zhonghua Book Company, 2000.]

申丹:《叙述学与小说文体学研究》。北京：北京大学出版社，2001 年。

[Shen Dan. *A Study of Narratology and Stylistics of Fiction*. Beijing: Peking University Press, 2001.]

司马光:《资治通鉴》(第 14 册)，北京：中华书局，1956 年。

[Sima Guang. *Comprehensive Mirror to Aid in Government*. Vol. 14. Beijing: Zhonghua Book Company, 1956.]

王丹:《武则天传记之传统版》，《中国图书评论》2008 年第 12 期，第 48-50 页。

[Wang Dan. "The Traditional Version of Wu Zetian's Biography". *China Book Review* 12(2008): 48-50.]

王溥:《唐会要》(卷 3)。北京：中华书局，1955 年。

[Wang Pu. *Institutional History of Tang*. Vol. 3. Beijing: Zhonghua Book Company, 1955.]

杨正润:《现代传记学》。南京：南京大学出版社，2009 年。

[Yang Zhengrun. *A Modern Poetics of Biography.* Nanjing: Nanjing University Press, 2009.]

朱湘:《朱湘全集·散文卷》，方铭主编. 合肥：安徽文艺出版社，2017 年。

[Zhu Xiang. The Complete Works of Zhu Xiang. Prose Volume Ed. Fang Ming. Herfei: Anhui Literature and art publishing House, 2017.]

《英雄之死》体裁问题背后的
帝国文化记忆书写

李天鑫

内容提要：奥尔丁顿的《英雄之死》具有自传、小说与诗歌三重体裁的影子，其体裁的杂糅性一直受到学界诟病。但本文认为，作者通过操纵各体裁的形式特点，把主人公的传记式历程转换为对英国帝国文化记忆的表征。该书以一战后传记常用的线性叙事讽刺了帝国文化记忆的时空延续性，以现代小说惯用的叙述干预手段批判了帝国文化记忆统摄下的社会弊病。最后该书以诗歌作结，引导读者重审书中再现的文化记忆，并对之进行人文主义式的改良。《英雄之死》揭示了英国维多利亚时期以来逐渐衰败的时代特征，具有深刻的文化反思意义。

关键词：体裁 记忆表征 帝国文化记忆 人文主义

作者简介：李天鑫，四川大学外国语学院博士研究生，主要研究领域为英美文学与叙事学。

Title: The Writing of Imperial Cultural Memory under the Genre Issue of *Death of a Hero*

Abstract: Aldington's *Death of a Hero* blends elements of autobiography, fiction, and poetry, presenting a genre hybrid that has long been criticized by scholars. However, this paper argues that the author manipulates the formal characteristics of each genre to transform the protagonist's biographical journey into a representation of British imperial cultural memory. The book employs a linear narrative, common in post-World War I biographies, to satirize the spatio-temporal continuity of imperial cultural memory and uses narrative intrusion, typical of modern fiction, to criticize the social problems under the dominance of imperial cultural memory. Finally, the ending poem encourages readers to reconsider and ameliorate the cultural memory represented therein in a humanistic way. *Death of a Hero* highlights the gradual decline of British society since the Victorian era, offering a profound cultural reflection.

Keywords: genre, representation of memory, imperial cultural memory, humanism

Li Tianxin is a PhD candidate at the College of Foreign Languages and Cultures in Sichuan University, China. His research focuses on British and American literature and Narratology. **E-mail:** marcus_fulter@163.com.

伊芙琳·科卜丽认为 20 世纪初的战争文学虽然反对 19 世纪普遍存在的经验主义，但力求比现实主义更为现实，它们要么"采用一种非文学的纪实规范（自传体模式），要么仅关注事实性描述而诉诸对现实的象征性超越（现代主义模式）"（Cobley 10）。但理查德·奥尔丁顿（Richard Aldington, 1892–1962）的《英雄之死》（*Death of a Hero,* 1929）却无法完全归入此种体裁分野的任何一边。一方面，这部战争文学作品具有极强的现实主义自传性质，主人公乔治·温特伯恩的参战经历几乎与奥尔丁顿自身的经历吻合；另一方面，这部类自传作品却又像现代主义小说一样，委托了一位第一人称无名氏来讲述主人公的人生，他经常在叙事进程中突兀地别置一喙。虽然小说在当时的图书市场名震一时，但彼时很多学者对其体裁形式表示鄙夷[1]。奥尼恩斯直言小说在形式和叙事方面都有不小争议，与文学传统"背道而驰"（Onions 70）。即使在小说出版的几十年后，也有学者对其体裁问题进行相当严厉的批评[2]。《英雄之死》的体裁复杂性让人们无奈将其归入现代派小说，转而讨论作品的英雄主义主题（Einhaus）、田园主题（Bolchi）、反法西斯主题（Ayers）和语用学特点（Kobuta）。

在谈及小说的体裁问题时，奥尔丁顿曾坦言，《英雄之死》"甚至算不上小说"（Aldington 7）。但他强调了这部小说的记忆性，指出该书是他对"满怀希望、真诚奋斗、饱尝苦难的一代人的一种无效纪念（memorial）"（8）。由此可见，《英雄之死》的体裁复杂性与记忆主题相关联。就体裁问题而言，巴赫金曾指出体裁是充满涵义的形式。他认为"诗学恰恰应从体裁出发"，作品只有在具有一定体裁形式时才实际存在，"体裁是艺术表达的一个典型整体"，作品每个成分的结构意义只有和体裁联系起来才能理解（283-284）。而正是通过直面小说的体裁问题，我们可以管窥奥尔丁顿如何以随体裁变化的形式技巧，实现巴塞勒与比尔克所说的记忆叙述（mnestic narration），即文学文本通过各种文本策略产生类似记忆的效果，达成记忆表征（representation of memory）。具体而言，《英雄之死》以传记维度的线性叙事策略与小说维度的叙述干预手段讽刺并批判了英国帝国文化记忆约束下的时代风貌，并最终以诗歌转换读者的阅读范式，尝试改良书中表征的帝国文化记忆，进而赋予其人文主义内涵。

一、传记维度对帝国文化记忆的讽刺

阿莱达·阿斯曼曾定义道，"文化记忆是指由价值观、人工制品、制度和实践组成的系统（system）"，它将保留的过去融入现在与未来，传承知识，并为不同身份的形成与阐释提供支撑（A. Assmann 26）。这表明文化记忆与民族认同息息相关，在时间维度具有连续性。而《英雄之死》第一章甫一便隐晦地嘲讽了帝国文化记忆的延续与其规约的民族认同：

> 1890 年的英格兰，是如此不同，又如此一样……英格兰是如此富庶，海上力量是如此强大，它高涨的乐观主义比罗伯特·路易斯·斯蒂文森书中溢于言表的情愫更糟糕。它那正义的伪善！维多利亚！她那牢牢的统治建立在人民的意志之上！（Aldington 39）

这段文字将大海、财富、斯蒂文斯与维多利亚等关键词相勾连，进而把维多利亚时期的民族自信向 17 世纪溯源，暗讽英国承袭的"海盗式"民族精神。英国于伊丽莎白时期与海盗勾结，靠西非贸易与海盗船攫取的财富完成资本积累，并在 18 世纪中叶确立了自己海上霸主的地位。这样的历史背景使得英国社会对海盗的想象与其民族身份产生联系。到了 19 世纪，"海盗甚至作为民族英雄被重新发掘出来"（管南异 117）。斯蒂文斯以海盗传奇为故事原型的《金银岛》(*Treasure Island*, 1881)便是很好的例证。他传颂伊丽莎白时期的海盗,希冀让 19 世纪的英国找回日渐式微的"男子气概"(Chesterton 110–111)。对此,管南异的评价一针见血,斯蒂文斯这么做是为了"进一步强化读者对英格兰民族与海盗联系的印象,目的都是让自由、强悍的海盗精神进入民族文化"(118)。虽然海盗在部分英国的文学作品中曾被当作贪婪暴力的象征,但斯蒂文斯却表示他对海盗与财富的刻画源自善良。有学者认为这种对良心的辩解与斯蒂文斯自己的基督教信仰相关(Sergeant 911)。如此看来,这段牵涉斯蒂文斯的文字其实在暗讽帝国文化记忆"伪善"的内涵,它用"男子气概"夸耀暴力,用"基督教义"宣扬所谓的善心。在它的裹挟下,一种"海盗式"民族认同从 17 世纪横跨至 19 世纪,表现出时间上的连续性。其几个世纪以来"牢牢的统治"让 1890 年的英国也"如此一样"。

不过文化记忆的延续"需要人们一代一代反复了解和熟练掌握它们。"(转引自韦尔策 4),而《英雄之死》以线性叙事模式再现了帝国文化记忆的代际重复。一般来说,西方虚构叙事都会出现一定程度的"时间倒错(anachrony)"(Genette 36)。但《英雄之死》的叙述者却坚持一种战后自传作品常常采用的线性时间观,他认为一战把"成年人的生活分为战前、战中和战后三个阶段"(Aldington 199),这在很大程度上又与小说的三分架构耦合。小说以奥尔丁顿的自传经历为蓝本,按照时序分别讲述了温特伯恩的家庭史、成长史、军旅史,详细描摹了他长大、参军,最后在德军的枪炮前自杀的故事。这种传记式线性叙事关涉的帝国文化记忆表征在时间范畴上横跨温特伯恩一家三代,每一代人都重复着有关"男子气概"与"基督教义"的文化记忆实践。

在家庭史的部分,小说从温特伯恩的祖父母那一代开始讲述。其祖父崇尚武力,在年轻的时候会经常参观各种战场遗址。此外,祖父母一直想把温特伯恩的爸爸奥古斯都培养成"敬畏上帝的基督教徒"(Aldington 42),甚至会每月殴打他一次,只因为圣经上写着"不打不成器"(40)。温特伯恩的外祖父早年常常征战沙场,带着自己的家庭在"帝国的领土上奔波"(43)。他们的女儿伊莎贝尔最终嫁给了奥古斯都。两家的缔结,暗示了帝国文化记忆中"男子气概"与"基督教义"的密切关联。而在这种家庭下出生的温特伯恩,自然要接受文化记忆传承。伊莎贝尔和奥古斯一家延续了宗教信仰，每周会去"最好的教堂"两次（71）；另外，为了让温特伯恩成为"男子汉"，伊莎贝尔急不可耐地把他送去考"枪械执照"，希望他"学会杀戮"（78）。温特伯恩在学校也受着同样的帝国文化记忆规约。他需要参加军官训练团（O.T.C.），其中的每个英国男孩都要经历为期六个月的培训，以成为"彻彻底底的男人"（79），他们会为"基督战士"高呼（84）。于是，从祖父那一代到奥古斯都那一代再到温特伯恩这一代，以"男子气概"与"基督教义"为内核的帝国文化记忆被不断重复与实践，从维多利亚中后期延伸到爱德华时期再到一战，使17世纪以来的帝国主义民族文化得到延续。

这种代际连续的文化记忆在线性时间上的表征与空间的线性变化交织在一起，进一步讽刺了帝国文化记忆的强势统治。小说第二部分把时间线推向一战前几年，主人公的所处空间从家庭与学校转向社会。在温特伯恩的社交圈里，帝国文化记忆带来的好战情绪与民族自信依然强烈。他的朋友声称英国迟早会加入战争，"因为世界太小，容不下一个正在扩张的德国和永远都不会变弱的大英帝国"（217）。小说中的男人们甚至围着英国国王不断高呼"我们要战争"（220）。面对这种高涨狂热的民族情绪，温特伯恩往往不予附和，因为他自孩提时就对各种帝国文化记忆的实践感到抵触。他讨厌学校、讨厌家庭的规约，他一直在佯装顺从而过着双重生活：一种在校园与家中，另一种在他心底（74）。甚至他最后参战的主要原因就是想逃离他的家庭与社会圈子。小说衔接第三部分的剧情把时间线推到战争时期，人物所处的空间也因此转换到战场，但即使这样，帝国文化记忆的约束依旧如影随形。在那，温特伯恩的副官常常把帝国挂在嘴边，认同帝国所做的一切（285-286）。如此来看，从第一部分到第三部分的线性叙事里，温特伯恩从家庭和学校进入社会，再步入战场，无论身在何处他都无法摆脱文化记忆的束缚，而社会与战场则成了家庭与学校的延伸。

龙迪勇认为记忆具有某种空间性的特征，既然作者创作时以某种记忆方式来组织撰写叙事作品，也就必然会在内容或者主题层面产生某种空间性（56）。如此，《英雄之死》传记式的线性记忆叙事便产生了线性的空间关系，进而映射了帝国文化记忆的持续统治力。在小说中，海盗式的帝国文化记忆以"男子气概"与"基督教义"粉饰自己。在时间层面，它从维多利亚中后期辐射到爱德华时代再到第一次世界大战，空间上从家庭延伸到社会再到战场。它存在于每一位英国人的时间线里，在每个场域之中，显露其蛮横的操控之姿。

二、小说维度对帝国文化记忆的批判

英国帝国文化记忆的延续使得爱德华时代的英国公民普遍保持着维多利亚时期以来的民族自信，彼时英国也在工业化程度、海洋力量、经济水平等诸多方面位居国际统领地位。然而就是在这种"维多利亚—爱德华"繁荣的背后，诸多问题暗流涌动。《英雄之死》在讽刺帝国文化记忆的连续性与统治力的同时，也借由现代小说常用的叙述干预手段揭露了帝国文化记忆约束下英国社会罹患的病症。

所谓叙述干预是指叙述者对叙述的议论（赵毅衡 33），这种技巧经常出现在现代小说当中。干预类型一般有两种，其一是对叙述形式的干预，它只与叙述方法有关；其二是对叙述内容的干预，即评论干预（33）。在《英雄之死》中，两种干预行为均频繁出现。从形式特征来看，无论是哪一种干预，叙述者其实都是在一则连贯的叙事中"插话"。而叙述者时不时"插话"的行为则会导致叙事出现细微的断裂与阻隔。于是，《英雄之死》在小说维度表现的干预行为隐喻性地表明帝国文化记忆并没有那么连续，而文化记忆所带来的民族自信背后或许存在着一道道"裂隙"。透过叙述者的叙述干预并结合文本细节，读者能管窥帝国文化记忆统治之下的英国存在的社会问题。

首先，英国的经济状况并没有如此乐观。叙述者在第二章开篇做出如下干预：

> 银行存折和私人账簿都是揭露真相的文件，奇怪的是传记作者们却忽视了它们。了解任何一个人物最有用的途径之一就是了解他的收

入水平……我曾想用乔治的私人账户和存折作一个准确的明喻来开始本节。（Aldington 109）

叙述者在这段文字中批评传记叙事在人物塑造时往往忽略对其经济情况的考察，这种指点式干预会引导读者更加注意主人公的经济情况。小说第二章主要讲述温特伯恩的成长史，其主要的生活空间是社会。因此小说中有关主人公经济情况的描写在一定程度上也反映了英国社会的经济局势。在故事中，温特伯恩来自白手起家的中产阶级家庭。在他 17 岁那一年，他的父亲深陷资本投机，最后甚至开始抵押房产，这使得温特伯恩一家顿时一贫如洗，温特伯恩也在此后较长的一段时间没有任何存款。结合故事细节与奥尔丁顿本人的经历③，可知温特伯恩一家在这时期的经济窘境可能是对 1907—1908 年世界金融危机的影射。该时期在历史上又被称为"大恐慌（the great panic）"，导致其产生的重要原因之一便是普遍的公众投机行为。受大恐慌影响，英国中央银行很快采用了紧缩的货币政策，其 10 年来稳定在 5% 左右的利率，首次提高到 7%，国债的价格也下降到 83 英镑（Johnson 457）。银行的一系列举措暗示此前公民投机行为的严重性，或许很多像温特伯恩父亲那样的投机者因为投机而血本无归。第二部分另一处叙事似乎也揭露了这一点：战前的某一天，温特伯恩与女友一起漫步于大本钟旁的河畔。在那里，他们"第一次注意到"沿河的"每条长凳上都蹲着或蜷缩着一个或多个衣衫褴褛的可怜人"（Aldington 185）。叙述者指出，这些穷苦的乞丐曾是帝国的公民，他们以帝国为骄傲。但现在落魄的他们与大本钟这样的帝国地标形成了鲜明的对比。他们群聚的地段成了帝国风景线的断带，这种情形隐喻了帝国文化记忆与现实经济情况的错位。帝国文化记忆蒙蔽了英国公民的双眼，让他们盲目自信，久久不能发现社会经济的颓势，也因此陷入窘况。

其次，帝国文化记忆使英国国内艺术停滞不前。在《英雄之死》中，叙述者曾做出如下干预：

伟大的英国中产阶级是这个国家矮墩墩的砥柱，但他们糟糕

透顶，只能容忍那些过时五十年，被掏空内脏、无情阉割的艺术
和文学。人们被歪曲，欺骗，糟蹋，任由他们英国化的耶和华摆
布。（60）

该段评论批评了作为文化记忆外部存储器的英国"正典"。现代意义的正典是
指"具有典范意义的作者所创作的值得效仿的杰作"（J. Assmann 94），它能
促进并巩固"年份认同"（108）。如前所述，在帝国文化记忆约束下的海盗式
民族精神由"男子气概"与"基督教义"粉饰。在这种文化记忆的管辖下，只
有"高尚的"作家才能"经受住时间的考验"（Aldington 72），而只有像斯蒂
文斯那样，为帝国讴歌，承袭经典的作家才算高尚；也只有颂扬"男子气概"
与"基督教义"的作品才受资产阶级欢迎。温特伯恩的父亲热爱艺术，坚持写
作，但在帝国文化记忆的影响下，他的爱好被他的父母抹杀，其品位最终也转
向充满教化意味的"英国经典"（72）。温特伯恩同样喜欢艺术，穷极潦倒之
时他甚至想过用自己的绘画作品谋生。但他最后也只能无奈地向现实妥协，正
如他自己所说："英国的中产阶级只喜欢一遍又一遍地饱尝带有蜜糖的老古董"
（133）。如此看来，在那个时期只有迎合帝国文化记忆的艺术才算艺术。此
外，艺术开始为代表"男子气概"的战争服务。在《英雄之死》中，艺术成为
国家意识形态与文化记忆的传播媒介，在战争时期，连某些音乐厅里也只播放
爱国的英伦音乐（349）。1914 年 9 月，英国国内的老一辈作家就写作旨归甚
至专门组织了一场"大师会议（Masterman's Meeting）"，目的就是为政府的
战争原因和决心背书（Hynes 27）。由此可见，英国艺术因文化记忆的约束而
关注"正典"，拥护战争，却也因此停滞不前。

　　叙述者揭露的社会弊病还有很多，其中不乏盛行的享乐主义，频发的社
会、阶级、政治矛盾等。从这一层面看，《英雄之死》以现代小说常用的叙述
干预手段深刻批判了帝国文化记忆，揭露了其连贯统治之下的社会"裂隙"。
但奥尔丁顿并不止步于批评社会问题，细心的读者会发现小说的叙事进程中总
会时不时地蹦出有关温特伯恩死讯的干预。那么这一部分叙述干预该如何理
解？本文接下来将结合小说结尾部分的诗歌对其进行分析。

三、诗歌维度对帝国文化记忆的再思考

小说结尾，温特伯恩主动跳向德军的枪雨，故事以他的自杀戛然而止。而文末突然换了位叙述者，以一首抒情诗作结。诗歌讲述了特洛伊战争后不同人的反应：老兵会缅怀过去，年轻人却遗忘战争。作为士兵之一的叙述者，他好似怀旧，却并未加入老兵们的阔谈。面对年轻人的冷漠，他也只缄默不语（Aldington 375-376）。后记抒情诗的记忆主题很明显，它涉及"记忆或遗忘"的伦理讨论，然而叙述者模糊的态度似乎并没有告诉我们该记住什么。要理解诗歌叙述者乃至作者对记忆的思考，需再次从体裁入手。

实际上，后记部分的抒情诗具有古希腊的文化内涵，并能引导读者转换阅读模式，重新以古希腊的视阈审视小说正文部分关于温特伯恩之死的叙述干预。按照诗歌叙述者提供的信息，该诗的时代背景设置在特洛伊战争的 11 年后，这个时差与一战结束 11 年后出版的《英雄之死》对应。由此得知，作者在有意类比一战和特洛伊战争。此外，诗歌中一个男青年劝女孩不要回忆战争时说道："那些有关特洛伊和阿喀琉斯的故事你还没听够吗？"（375）这一行诗似乎又暗示阿喀琉斯与温特伯恩的相关性。基于这两条暗示细节，如果我们重审《英雄之死》线性叙事中的有关死亡的"插话"形式，会发现它很像古希腊悲剧中突然蹦出来吟诵抒情诗的歌队。这些吻合显然在有意引导读者注意小说的叙述干预，并将温特伯恩最后的死放在古希腊的死亡观中进行讨论。

通过回顾荷马史诗中阿喀琉斯的死亡，可以发现温特伯恩的死与之互文。小说在第一部分曾对温特伯恩的命运做出如下干预：

> Ananke 是凌驾于诸神之上的天命，但欧里庇德斯的歌队没有对无可避免、不可抗拒的 Ananke 进行寓意性思考。没有光明之神警告他（温特伯恩），没有神谕对其说话。［……］但无论我们或静或动，无论我们向左还是向右［……］纺着的线都不可停止。Ananke，Ananke。（120）

Ananke（ἀνάγκη）是一个古希腊语词汇，意味必然性（necessity），它支配着一切命运与环境，甚至众神也必须对其表示顺从④。在《伊利亚特》中，阿喀琉斯的死是其母亲忒提斯女神的神谕，是无法阻挡的 Ananke。虽然温特伯恩没有神谕的告知，但小说叙述者在叙事进程中多次提及温特伯恩的死亡，使读者从故事开始便反复预设既定的结局。于是，有关主角死亡的叙述干预可以当作对古希腊神谕的戏仿。它传递着这样的信息：温特伯恩与阿喀琉斯的死亡模式相同，它们都命中注定，是无法逃避的 Ananke。

面对相同的命运，温特伯恩却有着与阿喀琉斯截然不同的选择，小说借此对强势的帝国文化记忆进行抵抗。帕赫曾分析道，阿喀琉斯在面对死亡时只有两种选择，要么留在特洛伊战死，虽然英年早逝却能留下永世荣耀；要么解甲归田，慢慢死去（Pache 93）。阿喀琉斯选择前者，如果将他的死放到英国社会的语境，会发现它符合帝国文化记忆的规约，因为帝国歌颂的恰恰是阿喀琉斯这样具有"男子气概"的英雄主义牺牲。小说中一则军内通告就曾夸耀战死的战士，赞扬他们"为世界赢得和平"，他们将"永垂不朽"（Aldington 373）。但温特伯恩不同，他的死亡选择是一种非英雄式的自我泯灭。在古希腊，自杀是最遭人唾弃的一种非自然死亡方式。柏拉图在《理想国》中指明，自杀者不应葬在墓地，而应"葬在无名之地……没有墓碑或铭文来标记坟墓"；根据亚里士多德的说法，虽然雅典法律没有明确谴责自杀，但事实上将其视为非法行为，因为它是一种对社会不负责的表现。在《荷马史诗》中，英雄自杀也很少被提及（qtd. in Garland 98）。从这些层面看，自杀是古希腊社会文化贱斥的对象。所以温特伯恩主动选择自杀的反英雄行为反而象征着对社会的拮抗。如若我们进一步把这种阐释放回英国的社会语境，会发现这种自杀正是对正统帝国文化记忆的拒斥：它并不具有帝国文化记忆中规定的男子气概，且在英国社会有违宗教圣意。基督教对自杀者的惩治可追溯至公元五世纪，英国有条法案规定要用木桩刺穿自杀者的身体并埋葬在十字路口，而这条法案直到 1823 年才被废除（Garland 96）。于是温特伯恩命中注定的自杀可以被理解为奥尔丁顿抗争帝国文化记忆的决心，是对其中男子气概、宗教主义话语的反对。

最后，如果进一步剖析温特伯恩自杀的原因，会发现它带有一种人文主义的浪漫。在小说中，温特伯恩本可以换个轻松的文职，不必在战争前线冲锋从而避免死亡，但他却一而再再而三地留下。他的坚持当然不是阿喀琉斯式的英雄主义牺牲，而只因为一种战士间的男子气概（manhood）与人性（humanity）让他着迷（Aldington 258）。在温特伯恩看来，真正的男子气概并不是帝国文化记忆所宣扬的"男子汉"式的暴力与厮杀，而"那些从偌大的废墟中拯救出来的男子气概与战友情谊才是最重要的，是这些品质构成了完整的人，是他们重要的兄弟情谊构成了人"（258）。温特伯恩就是抱着这种执念在战场上坚持，战死不惜。而他不仅对自己的战友有这种情感，甚至对德国敌军士兵也是如此。所以他的死是一种对人之为人的认可，而这种对人性与人间情谊的人文主义关怀正是传统帝国文化记忆一直忽略的部分。恰如叙述者所讽刺的，英国公民在英国一直是"帝国的仆人"，帝国从不关心人民是贫穷还是富有，它只要求人民臣服于它（168）。

传统帝国记忆忽略人文关怀，但奥尔丁顿想把主人公的这种人文精神嵌入英国文化记忆的链条中，并让其流传。阿莱德·阿斯曼曾以古希腊诗人西蒙尼德斯的传奇故事说明，诗人是声望的执行官，是文化记忆的传承者。他们把英雄的名字写入后世的记忆，使死者之名不朽，进而超越身体的死亡（33）。由此观之，后记诗歌委派的诗人叙述者与小说正文对温特伯恩死亡的塑造，其实是对帝国文化记忆的协力改良，希冀超越主角物理层面的湮灭，让以人文主义为内核的文化记忆得到传承。

扬·阿斯曼指出，人类哀悼死者，不仅出于情感的联系，还出于文化的塑造以及有意识地对过去的指涉（J. Assmann 20）。这表明对死者的悼念不是对传统全然传承，而是涉及意识形态、遗忘机制，甚至感情作用等因素的重构与筛选。也因此，叙述者只能采取一种默然的态度，毕竟他不能完全左右帝国文化记忆的延续：其他老兵会筛选那些有帝国男子气概的记忆，年轻人因远离战争而无法共情。由此可见，奥尔丁顿对文化记忆的重建工作是微小而渺茫的，他以个人力量反抗国家文化记忆，是一种自下而上的构建，是他所说的一种"无效纪念"。不过在一定程度上，这种建构属于刘亚秋所说的"记忆的微光"⑤，它逃离了文化记忆的集体约束，却积极补充了一个时代文化记忆的面貌与个人对时代的思考。通过后记的诗人，奥尔丁顿反抗了帝国文化记忆，试图积极重建一种充满人文主义关怀的文化记忆，而这正是他希冀铭刻的记忆。

结　　语

当一战的硝烟散去，欧洲大陆上"一种新的犬儒主义应运而生，对人类价值的信仰也荡然无存"（Stromberg 191）。作为消极欧洲的缩影，英国方才走出爱德华时代的畛域，其维多利亚时期以来的帝国自信也日益下行。或许正是这样的时代背景让《英雄之死》能以战后消极的集体眼光批判"维多利亚—爱德华"时期盲目积极的帝国文化记忆。它以独特的体裁风格与叙述形式讽刺了帝国文化记忆在时空层面的连续性，批判了英国的社会问题。更重要的是，它以"人文主义"为内涵，自下而上地对帝国文化记忆进行再思考。《英雄之死》的创作时期恰逢具有人文主义精神的"新传记（new biography）"的兴起。有学者指出，这种新体裁破坏了维多利亚时代的传统立传秩序，打击了该时期以福音派基督教义为基础的伪善价值观，还原被神话的英雄以凡人的形象，以不拘一格的形式关注真相、真理，重视人的复杂个性与内心情感（唐岫敏 247-248）。从这一角度看，具有体裁杂糅性的《英雄之死》是那个时代人文转向的产物。它是部新自传，既反照奥尔丁顿，又观照时代精神。

致谢【Acknowledgement】

本文受益于《现代传记研究》编辑部及匿名评审专家提出的修改意见，在此谨致谢忱！

I am grateful to the editors of the *Journal of Modern Life Writing Studies* and the anonymous reviewers for their valuable suggestions.

注释【Notes】

① 小说前言部分披露了这一点。

② 参见：Bernard Bergonzi. *Heroes' Twilight: A Study of the Literature of the Great War*. London: Macmillan, 1980, 183.

③ 由于小说以奥尔丁顿的经历为蓝本，那么可以假设主人公参军的年纪与作者相仿。奥尔丁顿参军时24岁，《英雄之死》中温特伯恩参军的时间是1914年底。于是可以推断温特伯恩应该在1907年时有17岁。

④ 参见：https://en.wiktionary.org/wiki/ananke。
⑤ 参见：刘亚秋，《被束缚的过去》（北京：商务印书馆，2021 年），第二章。

引用文献【Works Cited】

Assmann, Aleida. "Cultural Memory." *Social trauma-An Interdisciplinary Textbook*. Ed. Andreas Hamburger et al. Cham: Springer, 2021. 25−36.

阿莱达·阿斯曼：《回忆空间：文化记忆的形式和变迁》，潘璐译。北京：北京大学出版社，2016 年。

[Assmann, Aleida. *Erinnerungsräume: Formen und Wandlungen des kulturellen Gedächtnisses*. Tans. Pan Lu. Beijing: Peking University Press. 2016.]

Assmann, Jan. *Cultural Memory and Early Civilization: Writing, Remembrance, and Political Imagination*. Cambridge: Cambridge University Press, 2011.

Aldington, Richard. *Death of a Hero*. Bath: Cedric Chivers Ltd., 1968.

Ayers, David S. "Richard Aldington's Death of a Hero: A Proto-Fascist Novel." *English* 188(1998): 89−98.

米哈伊尔·巴赫金：《巴赫金全集》，白春仁等译。石家庄：河北教育出版社，1998 年。

[Bakhtin, Michael. *Complete Works of Bakhtin*. Tans. Bai Chunren et al. Shijiazhuang: Hebei Education Press, 1998.]

Bolchi, Elisa. "Darkened Lands. A Post-Pastoral Reading of Richard Aldington's *Death of a Hero*." *Green Letters* 1(2017): 14−27.

Basseler, Michael, and Dorothee Birke. "Mimesis of Remembering." *Journal of Literary Theory* 2(2022): 213−238.

Chesterton, Gilbert Keith. *The Victorian Age in Literature*. Oxford: Oxford University Press, 1966.

Cobley, Evelyn. *Representing War: Form and Ideology in First World War Narratives*. Toronto: University of Toronto Press, 1993.

Einhaus, Ann-Marie. "Death of the Hero? Heroism in British Fiction of the First World War." *Heroes and Heroism in British Fiction Since 1800: Case Studies*. Eds. Barbara Korte and Stefanie Lethbridge. Cham: Springer, 2017, 85−100.

Genette, Gérard. *Narrative Discourse: An Essay in Method*. New York: Cornell University Press, 1980.

Garland, Robert. *The Greek Way of Death*. New York: Cornell University Press, 1995.

管南异：《〈金银岛〉：新式海盗传奇中的自由与秩序》，《外国文学研究》2019 年第 5 期，第 112−122 页。

[Guan Nanyi. "*Treasure Island*: Freedom and Order in a New Romance of Piracy." *Foreign Literature Studies* 5(2019): 112−122.]

Hynes, Samuel. *A War Imagined: The First World War and English Culture*. New York: Maxwell Macmillan International, 1992.

Johnson, Joseph French. "The Crisis and Panic of 1907." *Political Science Quarterly* 3(1908): 454−467.

Kobuta, Svitlana. "Pragmatic Functions of the Stylistic Devices in the Author's Characteristics of the Supporting Characters in *Death of a Hero* by Richard Aldington." *Journal of Vasyl Stefanyk Precarpathian National University* 2(2022): 53−61.

龙迪勇：《记忆的空间性及其对虚构叙事的影响》，《江西社会科学》2009 年第 9 期，第 49−62 页。

[Long Diyong. "The Spatiality of Memory and Its Influence on Fictional Narrative." *Jiangxi Social Sciences* 9(2009): 49−62.]

Onions, John. *English Fiction and Drama of the Great War, 1918−39*. London: Palgrave Macmillan, 1990.

Pache, Corinne Ondine. "The Hero Beyond Himself: Heroic Death in Ancient Greek Poetry and Art." *Heroes: Mortals and Myths in Ancient Greece*. Ed. Sabine Albersmeier. Baltimore: Walters Art Museum, 2009.

88−107.

Sergeant, David. "'The Worst Dreams That Ever I Have': Capitalism and the Romance in R. L. Stevenson's *Treasure Island.*" *Victorian Literature and Culture* 4(2016): 907−923.

Stromberg, Roland N. *European Intellectual History Since 1789*. Des Moines: Meredith Corporation, 1968.

唐岫敏:《名词解释:"新传记"》,《英国传记发展史》, 唐岫敏等著。上海: 上海外语教育出版社, 2012 年, 第 243−253 页。

[Tang Xiumin. "Terminology: 'New Biography'." *A History of British Biography*. Eds. Tang Xiumin, et al. Shanghai: Shanghai Foreign Language Education Press, 2012. 243−253.]

哈拉尔德·韦尔策:《社会记忆:历史、回忆、传承》, 季斌等译。北京: 北京大学出版社, 2007 年。

[Welzer, Harald. *Das Soziale Gedächtnis: Geschichte, Erinnerung, Tradierung*. Trans. Ji Bin et al. Beijing: Peking University Press, 2007.]

赵毅衡:《当说者被说的时候》。成都: 四川文艺出版社, 2013 年。

[Zhao Yiheng. *When the Teller is Told about*. Chengdu: Sichuan Literature and Art Publishing House, 2013.]

井上厦评传剧的 "反传记" 特征研究

崔雪婷

内容提要： 评传剧是传记文学与戏剧形式的跨媒介融合，其概念生成伴随着日本戏剧巨匠井上厦的创作实践，目前已经成为日本现代戏剧中的重要种类。井上厦的评传剧在挖掘历史事实的前提下，重视虚构内容的功能性，具有"反传记"特征。其中呈现出的"虚构性""群像化""反权威"等特点，让传主的相关资源与精神力量在现代得以新生，并在社会批评功能层面发挥作用，通过重构历史话语让现代人对当下社会与思想环境保持警惕与反思，具有重要的现实意义。

关键词： 井上厦　评传剧　反传记　戏仿　虚构

作者简介： 崔雪婷，文学博士，南开大学外国语学院博士后，主要从事日本文学、中日比较文学、日本现当代戏剧研究。近期代表性成果有《小林多喜二评传剧中左翼思想的传承——井上厦〈组曲虐杀〉生成考论》(《社会科学战线》2025 年第 1 期）等。邮箱：cuixueting@163.com。

Title: A Study on the Anti-Biography Characteristics of the Critical Biodrama by Hisashi Inoue

Abstract: The critical biodrama is a cross-media fusion of biographical literature and theatrical forms, with its concept emerging from the creative practice of the Japanese theatrical master Hisashi Inoue, and has now become an important genre in modern Japanese drama. Inoue's critical biodrama, while excavating historical facts, emphasizes the functionality of fictional elements, exhibiting "anti-biography" characteristics. These characteristics reveal "fictionality", "ensemble portrayal" and "anti-authoritarianism", which enable the relevant resources and spiritual forces of the biographees to be reborn in modern times and play a role at the level of social criticism. By reconstructing historical discourse, they make modern people vigilant and reflective towards contemporary society and ideological environment, which has significant practical implications.

Keywords: Hisashi Inoue, critical biodrama, anti-biography, parody, fiction

Cui Xueting is PhD in Literature and postdoctoral researcher at the School of Foreign Studies, Nankai University. Her research interests include Japanese literature, Sino-Japanese comparative literature, and modern Japanese drama. Her recent representative publication includes "The Inheritance of Left-wing Ideology in Takiji Kobayashi's Critical Biodrama: A Study of *Kumikyoku Gyakusatsu* Written by Hisashi Inoue" (published in *Social Science Front*, Issue 1, 2025). **E-mail:** cuixueting@163.com.

井上厦（1934—2010 年）是日本当代著名剧作家、小说家、社会活动家，被誉为"日本现代戏剧的重要种类——评传剧的创始人"（张立波，《"国家"与"国民"》15）。他一生中创作了 70 余部戏剧，其中近三分之一是以真实人物为主人公的评传剧。通过考证可知，最先提出"评传剧（日文原文：評伝劇）"一词的人并非井上厦本人，而是为《井上厦戏剧全集》（共 7 册）撰写解说的戏剧评论家扇田昭彦（1940—2015 年）。最初，井上厦创作的此类作品都被日本戏剧界粗略地归类为"一代记"或"传记剧"（井上理惠 37）。直至 1980 年代，井上厦的戏剧创作迎来评传剧高产期，扇田昭彦（「解説」593）正是在此时的解说中明确使用了"评传剧"这一术语。

评传剧是传记文学与戏剧形式的跨媒介融合，作为超越传统传记剧的崭新剧种，其主人公是实际存在的历史人物，提升了戏剧的文学性，通过虚实交错的手法描绘主人公与时代的状态，由于剧中创造的虚像凌驾于实像之上容易不断受到质疑等特点被提出①，并且有评论家认为在井上厦之前就有宫本研等剧作家创作了评传剧②。与此同时，伴随着评传剧与传记剧在事实与虚构关系这一角度得到明确区分，评传剧的概念逐渐生成。综合既有观点，笔者将其定义为"以实际存在的人物为主人公的、兼具传记性与评论性的戏剧作品"③。这一术语的出现虽然至今只有四十年时间，但在日本已经被广泛接受。中国学者也早在十几年前就对"评传剧"一词进行了直接使用④。

　　井上厦的评传剧作为最具代表性的作品群，创作过程中既有对历史事实的深入挖掘，又有跳脱于"理想传记"书写的虚构内容。既有研究停留在探讨其创作手法的特殊之处，却忽略了评传剧之所以超越传记剧在当代社会流行的重要原因实则在于其鲜明的"反传记"特征。"反传记"（杨正润，《现代传记学》455）一方面指向反对传统的传记观念和方法，另一方面则带有消解传记的倾向，本文的研究对象符合前者的特征。井上厦将"传记的空白"（小森阳一 46）视为评传剧发生的土壤，终其一生创作实践，不断向传统传记观念发起挑战，这正是后现代传记中颠覆"理想传记"形态的"反传记"观念。本文以井上厦评传剧系列作品为研究对象，分析其创作策略中反对传统传记观念与方法的特征，考察受众对"反传记"戏剧呈现的接受程度，揭示历史话语重构与当代社会的互文关系，并对评传剧在文学、艺术、历史、社会等层面的多元价值进行定位。

一、"反传记"的实践：井上厦评传剧创作的五个书写策略

　　井上厦以日本江户时代博物学者平贺源内为传主创作的《表里源内青蛙交战》（1970 年）是"井上评传剧"的开端，以日本无产阶级文学旗手小林多喜二为传主创作的音乐剧《组曲虐杀》（2009 年）是其评传剧系列的收尾，也是其生前完成的最后一部戏剧作品。井上厦评传剧的传主以松尾芭蕉、小林一茶、宫泽贤治、夏目漱石、樋口一叶、石川啄木、太宰治、林芙美子等日本知名文学家为主，也包括中国文豪鲁迅与俄国文学巨匠契诃夫，以及河上肇、吉野作造等思想家。评传剧创作贯穿了井上厦的一生，时间跨度近 40 年，其历时之长久、数量之庞大，在一个剧作家的创作中实属罕见。

　　笔者认为，在井上厦的评传剧书写策略中，"反传记"主要体现在以下 5 个方面：

　　第一，传主的"去中心化"。

　　在传统的传记书写中，"除了传主以外，其他人物都是次要的，不需要写出他们完整的经历和全部性格，他们随时可以出现，也会随时消失。任何伟大

的人物在传主面前都是一个配角，任何伟大的历史事件都只能充当传主活动的背景。传主永远是传记的唯一的主角，永远占据舞台的中心"（杨正润，《传记文学史纲》8）。然而，井上厦在评传剧创作中，并未着重凸显传主个人的卓越，反而着重书写传主与其他登场人物通过互帮互助共同生活的桥段，如《上海月亮》中的鲁迅在周围人的照料下解开心结；或是包括传主在内的所有登场人物都将角色的人生完整地以"小传"的形式展现出来，如《头痛肩疼的樋口一叶》中的女性群像；或是让传主如旁观者般冷眼观察时代风潮，如《人间合格》中的津岛修治；或是让传主以受难者的形象出现，甚至"不出现"，如《小林一茶》中被怀疑盗窃黄金于是被关起来的小林一茶、《贫乏物语》中因积极参与共产主义运动而被日本政府逮捕的河上肇。井上厦有意识地在评传剧中对传主进行"去中心化"处理，以传主为原点诞生的评传剧在文本生成的过程中由此形成一种类似群像剧的戏剧结构。

正如后现代主义创作本身具有"中心之外"（哈琴，《后现代》83）的特征，井上厦的"去中心化"并非将边缘推向中心，而是让中心与边缘均等共存，即井上厦评传剧的力学动力中心不在主人公那里，而是被分散到了整个舞台。但是，传主作为评传剧文本生成的原点，无论是作为身心饱受折磨的病人、受到社会规则压制的边缘人、手无缚鸡之力的旁观者，还是由于低微的出身、不符合主流的信仰而受到批判的受难者，评传剧的情节内容依然围绕传主展开。只是这种"围绕"并非众星捧月式的一枝独秀，而是让传主在"去中心化"的书写中实现"凡人化"的形象重塑。这种"凡人化"的切入点并非有意贬低传主的人格，由低处着眼的视角实则体现了井上厦反权威、去神话化的创作意图。传主真实人生的既定结局最终会对传主的形象进行"补全"，完成"欲扬先抑"的最后一步。

井上厦"去中心化"的创作策略无疑打破了传统传记的书写规则，让评传剧中的任何一个配角都能在传主面前"大谈特谈"自己的人生，每个登场人物都拥有完整的人生故事并展现出独有的魅力，登场人物之间的交谈成为评传剧情节推进的催化剂，而不是将传主在后世所获得的高度评价直接带入他／她所生活的时代当中，在舞台上时刻彰显传主的与众不同。

第二，时空结构的"焦点化"与"乱序化"。

在确立传主是谁及其主导身份后，传记作家需要以此身份为中心去发现、组织和使用传材，进行传记的主题提炼。传统传记观念注重传记节点的确定，但是，井上厦在确定评传剧的时空结构时，在大多数情况下会避免选择传主生命中的重要节点，也不描绘传主完整的成长历程或思想形成过程，而是聚焦某一事件、某些时刻来建构评传剧"世界"的时间和空间，甚至让戏剧时空在"乱序化"中展开。例如，《小林一茶》中仅以传主《七番日记》中记述的"四百八十两黄金消失事件"作为唯一的"传记节点"展开戏中戏；《贫乏物语》的时空设定仅限于被捕入狱后的河上家；《道元的冒险》中道元通过"梦"的形式在古代与现代之间来回穿越；《我是漱石》中展现的几乎全部是夏目漱石吐血昏迷后濒死状态下的"梦中世界"。

虽然这些是在传主生命书写中被记录的时刻，但是大多在传记创作中没有被留意或者重点书写过。笔者通过调查井上厦的现存创作手稿证实了剧作家并非对传材调查不彻底或是没有注意到传主人生的全貌，而是有意识地在几易其稿的过程中，逐步从梳理年谱式的时空设定，转变为对传记节点选择的凝练与创新⑤。井上厦选择的这些时刻，都是对于传主完整人生来说，促成其成长、人格形成、思想发展的重要时刻，是传主人生的"进行时"而非"完成态"，在传记书写手法上则体现为戏剧时空设定的"焦点化"与"乱序化"。

此外，井上厦的评传剧作为诞生即上演的作品，其文本势必带有舞台戏剧的特征。戏剧表演中随着幕场的转换，时空可以随意切换，相对于需要读者通过阅读来获取文字中全部信息的传记文本而言，戏剧表演形式在一定程度上对时空结构确立所产生的影响不容忽视。因此，评传剧所具有的结构形态和美学效果，也直接决定了既是传记家、又是戏剧家的作者的书写策略。

第三，固有观念的"前景化"。

前两个特征分别对应评传剧的传主和时空结构，共同涉及了传材的使用问题。而井上厦在创作过程中，对传材中形成的所谓主流的固有观念进行的"前景化"处理，展现了井上厦作为传记家具有强烈超越意识的一面，同时，他具有颠覆性的创作意图也决定了评传剧中传主形象及主题确立的方向。传记性事实在评传剧中被直接引用，传记性事实关联文本中的人物形象、情节、环境，或者文本风格，甚至是文本群所体现出的共同特征均成为井上厦戏仿的对象，在评传剧中被变形性使用（见图1）。这种变形性使用既依托于传记性事实，又以传记性事实为批评对象。在相似又隔膜的状态下，戏仿起到连接作用，让解构与建构同时存在，而非单一的拼贴或不断消解，并以此弥合"传记性事实"与"纯粹的虚构"之间的明显割裂，让评传剧作品本身既不脱离历史事实，又与现代人的价值观产生共振。

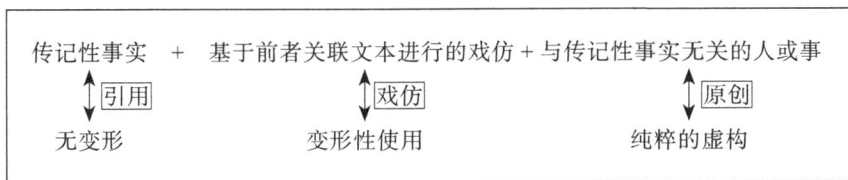

传记性事实 ＋ 基于前者关联文本进行的戏仿 ＋ 与传记性事实无关的人或事
↕ 引用　　　　　　　　↕ 戏仿　　　　　　　　↕ 原创
无变形　　　　　　　　变形性使用　　　　　　　纯粹的虚构

图1　井上厦评传剧中传记性事实、戏仿与虚构内容的关系

关于这一特征，别役实曾经举例针对井上厦的评传剧进行如下论述。

> 他曾经以《道元》《乃木希典》《小林一茶》等等可以说是"历史上的人物"为素材进行创作，由此我认为对于其手法可见一斑。他对待这些人物的基本姿态是一以贯之的。他不是去弄清楚这些人物在历史上的原有形象，而是去弄清我们通过共同幻想培养出的"用那个名字去称呼的形象"。也就是说，他并非去弄清楚"道元""乃木希典""小林一茶"，而是去弄清楚我们所培养出的"用那个名字去称呼的形象"这种共同幻想的真实面目。
>
> 从这个意义上看，这些作品并非所谓的"历史剧"，而是可以称之为"投影于现代的历史"剧。当然，理论上所有的历史剧都可以被如此描述，但是"投影于现代"这一手法，迄今尚未出现如此厉害的方法论。（别役实 94）

井上厦将固有观念"前景化"的书写策略，不仅揭示了别役实指出的人们用"共同幻想培养出的'用那个名字去称呼的形象'",而且在评传剧创作中一直意欲超越和颠覆,这是传统传记书写中并不多见的。

第四,重视评传中的虚构内容。

在传记创作与传记研究中,事实与虚构的关系是长久以来的争论焦点。传统传记观念认为,传记中由于想象而产生的虚构内容大体分为三类,即根据现有材料加以合理推测和补充、不违背史实的前提下使人物性格更加丰满和生动,以及在符合人物性格的前提下进行想象,但由于没有历史根据,传记家特别交代以避免误解,并且"超出以上三种形式的想象一般说来就是传记不能允许的了"(杨正润,《传记文学史纲》13)。由此可见,传统的传记观念对于虚构内容进行了多方面限制,试图将虚构内容对传记书写产生的影响降到最低。

井上厦在评传剧中加入与传主真实人生并不相关的人物或情节,大胆书写剧作家本人所关心的议题和内容,例如幽灵的登场。《开往桃源乡的戏剧列车》的序幕和尾声中登场表演宫泽贤治评传剧的农民们的幽灵,《头痛肩疼的樋口一叶》中只有一叶才能看到的失忆的幽灵花萤,《圆生和志生》中出现在圆生和志生面前的战争遗孤的四位日本人母亲的幽灵,这些评传剧中超现实场景与超现实人物的登场,分别传达了井上厦对于日本农民问题、女性生存方式、战争问题的看法。通过在评传剧中插入纯粹的虚构内容,井上厦让观众和读者接收到与传主无关,却与戏剧主题息息相关的信息,然后由此导向有关当下现实的启示。

从某种意义上说,传记性事实成为评传剧中"借古讽今"反映当下社会现实主题的佐证材料。高桥敏夫指出井上厦文学具有"与同时代共振,比同时代更进一步"(高桥敏夫25)的特点,同时肯定其评传剧的社会影响力。在评传中加入纯粹的虚构,以虚构驱动情节发展,是井上厦评传剧及其他历史题材作品创作方法的力学原理。评传剧的当代性主要由纯粹的虚构得以表现,并随之实现对当下社会的有益作用。

第五,"评""传"交织的情节走向。

评传因其材料严谨又被称为"学术传记",评传创作对于虚构和杜撰的容忍程度极低,即便是推论也需严格注明,以便与已被认定的史实进行区分。非戏剧形式下的评传，落到文字上可以在叙述中插入评论，但是以戏剧舞台为最终呈现的评传剧，究竟通过怎样的手法建构起这样的艺术形式，也是在"反传记"视阈下亟待探讨的关键问题。

笔者认为井上厦评传剧中实现"评"的功能的典型方式有两种：其一是戏中戏的戏剧结构；其二是通过登场人物之间的对话对传主进行多元化的解读与评价。前者主要出现在前期评传剧作品中，例如，《小林一茶》中为了证明小林一茶有偷盗行为而上演的戏中戏、《芭蕉守灵舟》中剧作家通过演员表演进行的随时插话、《开往桃源乡的戏剧列车》中农民们的幽灵上演宫泽贤治的一生。后者主要出现在中后期评传剧作品中，例如，《头痛肩疼的樋口一叶》中在母亲的责骂中头痛欲裂却沉默寡言的夏子、《上海月亮》中身心状况不佳甚至患上失语症的鲁迅、《贫乏物语》中始终是登场人物对话中心的"不在场"的河上肇。

由此可见，除传主以外的其他登场人物都可能成为代替剧作家与传主对话的媒介，以便传达井上厦别具一格的评传视角与对传主的独特理解。这种"评""传"交织的情节走向，并非传统评传书写中分段式的"一传一评"。交代传主生平的信息在舞台表演中时刻被传达，来自其他登场人物的独白、对话，甚至唱段都有可能成为剧作家对传主的批评，而这种或直白或委婉的表达可以随着戏剧情节的推进随时出现。以传主以外的登场人物为媒介，是井上厦评传剧中"评"与"传"双声道共存的重要方式，其书写策略也鲜明地体现了"反传记"的特征。

二、"反传记"的挑战：评传剧接受过程中的褒奖与奚落

在评传剧逐渐取代传记剧的进化过程中，"反传记"的实践面临创新与挑战并存的状况。特别是在受众的接受层面，传统的传记观念与书写方法都要求无限接近事实，这一原则与"反传记"观念对虚构的接纳成为争论的焦点。正所谓"企图融合事实与想象中的个体的努力导致了冲突，它展示了传记的双重困境。在解构的同时重构传主的任务加剧了它的事实性与文学性本质之难题"

（Nadel 60）。尽管虚构的人物、人物对话或情节早在 20 世纪西方"新传记"观念出现时就已经开始被应用于生命书写当中，但是在即将进入 21 世纪之际，即便虚构内容给传记作品带来了质变，明显增加了可读性，却依然不可避免地在受众接受的过程中遭受有关传记真实性的诟病。

在井上厦的第一部评传剧《表里源内青蛙交战》的首演剧评中，户板康二就指出这部作品"用编年体描写从源内出生的最下级武士大杂院，到牢狱中孤独而亡的一生，但是作者对于历史剧和传记剧的惯用手法毫无兴趣"（95）。尽管评论家从一开始就意识到了井上厦评传剧创作手法的特别之处，在其后针对作品群进行的评价依然陷入了毁誉参半的境地。例如，在《开往桃源乡的戏剧列车》（1980 年）首演后，很快就出现了不同的声音——"读卖的剧评几乎没提好的点。读卖的剧评人将这部剧置于井上厦戏剧的系列之中进行评价，似乎认为缺乏感染力。第二天朝日也刊载了剧评，这次几乎是绝赞。朝日评价这部剧是贤治与井上厦的化合、燃烧。（中略）从我们贤治研究者的角度来看，我在'读过'之后认为这是战后出现的综合的贤治评论中达到最高水准的一部作品。"（须田浅一郎 43）"戏剧形式的宫泽贤治论，起到了吹散低垂乌云的效果。（中略）通过这部作品，意外地会有许多人从贤治情结中被解放出来吧。"（富田博之 73）

再比如，以鲁迅为主人公的评传剧《上海月亮》（1991 年），在中国学界受到较高评价⑥，却因为作品中的虚构内容在日本的戏剧评论界引起诸多负面评价，甚至有评论家宣称这是同期舞台剧公演中最差的一部，原因是"这部戏剧最令人讨厌的地方是滑稽地描写患有失语症的鲁迅。那都是些让人绷着脸笑不出来的质量低劣的段子，完全没有传达出病人的孤独感和悲伤感"（林あまり 61）。日本的中国文学研究者们也大都表达了遗憾之情。濑户宏直言对这部作品"感到失望"（24），因为他认为井上厦塑造的崭新的鲁迅形象不具有说服力，特别是历史事实中朱安与鲁迅最终并未和解的关系在戏剧中被颠覆性地改编令他感到难以接受。"我在观看这部戏剧的时候强烈地感到，即便是可能会成为鲁迅研究的大问题的观点与艺术性虚构也无法成立的设定，被作家随随便便地就提出来了。"（25）藤井省三也指出，《上海月亮》中对时代背景与人物形象的描写与实际情况有较大出入（253）。《上海月亮》在首演同年获得谷崎润一郎奖，但是选考委员中的著名日本学研究者唐纳德·基恩在公布获奖作品后，公开表示自己没有给《上海月亮》投票，"因为这与我脑海中的鲁迅形象相当不同，所以没投这一票"（「平成三年度谷崎潤一郎賞発表」391）。综合上述批评性观点，我们可以清晰地感受到"反传记"观念在接受过程中遭受的巨大挑战。《上海月亮》的独特之处还包括不同国家、不同文化背景的观众与读者，面对"反传记"实践的不同态度。

此外，以日本无赖派代表作家太宰治为主人公的评传剧《人间合格》（1989 年）公演后，太宰治粉丝的不满情绪连井上厦本人都有所耳闻，其原因主要在于太宰治在评传剧中并未呈现出"中心人物"的感觉（井上ひさし 東郷克美 12）。但是笔者在采访井上厦的夫人由里女士的过程中得知，太宰治的女儿津岛佑子曾与母亲美知子一同前来观看《人间合格》，在这部作品中井上厦并未像从前的传记作品那样聚焦太宰治的药物中毒以及复杂的女性关系，美知子对这部作品的独特性表示满意。由此可见，传主家属的视角与传主粉丝或其他人员的视角存在差异，这也是井上厦评传剧"反传记"观念在接受过程中面临的挑战。

特意避开固有观念中的传主形象，从不常用的传材入手寻找传主崭新侧面的方法，也曾被学者与评论家指出这样注重虚构的"反传记"书写失之偏颇。例如，渡边保通过对比《默阿弥歌剧》中的人物形象、情节与历史事实的不同，将这种与事实不符的情况归结为剧作家的戏剧制作手法，并在文章的最后委婉地表达了不赞同的观点——"默阿弥确实有代表旧时代的保守一面，这是不能否定的。但是我觉得另一方面，默阿弥对于新鲜事物有着异常的好奇心。由于明治维新而产生的近代化浪潮，比谁都早地深刻接受了的正是默阿弥这个人。（中略）《默阿弥歌剧》中由于强调他的保守性，他的形象被描写成过于慎重并且胆怯的保守主义者，即便一方面是真实的，但我觉得对于默阿弥来说是遗憾的"（280）。

由此可知，有普通观众、戏剧评论家、研究者认为评传剧中的变形或虚构处理，成功地挖掘了传主的更多侧面、塑造了崭新的人物形象，或通过推理与想象为某段在考证层面尚处于空白的历史研究提供了新思路，抑或是让戏剧情节更具趣味性与观赏性；与之相对的则是无论是何身份的受众群体中，均有人对评传剧的"反传记"处理产生强烈的违和感。这种无法用历史事实去印证的创新行为引起观众和读者的不满，使得作品与剧作家本人均受到抨击。

在商业化的艺术创作中，受众对于作品的文本生成会产生一定的影响，井上厦也并非完全无视观众的存在。早在20世纪70年代，井上厦就曾明确表示，"不管怎么说，戏剧是指望着观众来看演出的，所以观众是否蜂拥而至就成了切实的问题。因此必须提供符合观众口味的东西，戏剧的可疑之处实际上就在这里"（井上ひさし 19）。井上厦也将这一点视为戏剧创作的"旨趣"之一。但是在评传剧的创作当中，井上厦显然没有把重复传记性事实来迎合大众接受作为主要目标，反而以各种方式尝试导入虚构内容。进入21世纪，关于井上厦评传剧中虚构人物或虚构情节的批判逐渐减少，学者与评论家看待这一问题的视角有所转变——相比此前不留情面的抨击与质疑，更多人开始思考为何这样虚构。在遵循传记真实性原则与坚持"反传记"创作的交锋中，井上厦的艺术理念在当代社会逐渐收获了广泛认同。

三、"反传记"的意义：历史话语重构与评传剧的当代性

井上厦认为，"日本明显偏重小说。如果说有一个叫文学的物体的话，躯干是诗。然后一侧翅膀是小说，一侧翅膀是戏剧，尾巴是文艺评论"（井上ひさし 今村忠純 41）。作为井上文学的一翼，评传剧是井上厦面向创作当下社会结构与现代人的精神危机，坚持与历史人物对话，解释并批判历史话语的无可替代的表现形式，同时也是将井上厦区别于其他作家文学成就的代表性作品群，具有特殊地位与重要价值。

评传剧超越传统传记之处在于重视虚构的"反传记"特征，这是作家通过阅读进入历史话语，再通过评传剧创作摆脱传统观念的过程。相比井上厦的其他虚构作品，这恰恰决定了评传剧作品群的独特定位。评传剧作品群的主题变化与发展规律是符合不同时代井上厦文学的阶段性特征的，其中带有强烈反

叛意识的创作行为，不仅与井上厦文学一贯的反权威主题思想相辅相成，艺术手法的创新更是带动了日本戏剧文学的发展，实现了"评传剧"的概念生成与创作普及。日本戏剧界尚未留意到，井上厦通过评传剧创作进行"反传记"实践，实则是日本现当代戏剧中相当具有先锋性的艺术实践。

不过，评传剧的出现并非偶然，20世纪本身就是传记学发展的重要转折点。相比此前对于传记真实性的严格要求，转为追求传记的文学性与艺术性，并在世界各国传记家不断挑战传统传记观念与书写方法的过程中，"反传记"观念应运而生。不仅如此，传记在形式上也有了多样的变化。反观井上厦的评传剧，由于上演时长的要求，传记的戏剧形式相比停留在文字版的传记作品更加凝练⑦，也更加符合当下社会快节奏的生活，以及现代人文学通俗化、娱乐图像化、文化多元化的审美追求。

传记这一文类本身具有非常实际的社会功能，井上厦的评传剧同样具有凸显道德意义的作用。相比偏重历史事实叙述的传统传记书写，"反传记"观念下诞生的评传剧作品通过对传记性事实的戏仿引入现代人的视角，甚至通过虚构内容与创作当下的现实社会进行联结，以此支撑起更为广泛的社会批评。正如琳达·哈琴等人指出改编这一行为在过程中都有与之相对应的语境，包括时间、地点、社会与文化，并且"能够而且的确在不同时代、不同的文化中发挥了不同的作用"（8）。事实上，明治维新前后，西方戏剧传入日本，日本的知识阶层就开始强调戏剧在开启民智、传播知识、教育民众方面的作用。因此，戏剧形式本身也利于思想传播，具有教育功能。此外，评传剧中的群像人生还具有加深受众对自身人生认知的功能。无论是戏剧主题还是登场人物的设定，井上厦都秉承让戏剧作品成为现代社会一部分的艺术理念，评传剧的创作与演出具有重要的现实意义。

尽管评传剧这一类别尚未在西方戏剧界得到广泛认识，但是在同属汉字文化圈的中国和日本，这一概念已经逐渐被接受。相比传统的传记剧，井上厦评传剧的主题在反映历史的前提下，具有呼吁社会平等、强化反战思想等影射现代社会的丰富性和多样性，总体上体现了努力消除阶级斗争、消除歧视的共同体思想。警惕日本再次走上战争道路，不仅是井上厦通过戏剧创作对日本国内社会的警告，他在评传剧《上海月亮》等作品中表现出的共同体思想，本身也是符合时代需求与世界发展规律的。

今村忠纯曾将井上文学置于世界之中进行评价，尤其肯定了井上厦在戏剧领域的成就。他认为，尽管井上厦文学作品的喜剧性尤为突出，几乎成为评论家的焦点，但是相比戏剧最初的"悲剧""喜剧"二分法，井上戏剧在世界戏剧中的突出特点便是井上戏剧作品的"世界"不应以传统观念被"二分"看待⑧。笔者在此观点的基础上，还要指出包括评传剧在内的井上戏剧其实大部分属于悲喜剧。在评传剧的前身传记剧中，悲剧与严肃风格的正剧占了绝大多数，而井上厦在评传剧中坚持不懈地寻找并加入"笑料"，本身就是对传记类戏剧风格的一种创新，尽管这种风格是极具个人审美偏好与艺术特色的。哪怕历史事实最终会导向传主的悲剧结局——如樋口一叶在贫困中早亡，又如小林多喜二因坚持共产主义理想而被虐杀，但是作为社会讽刺的"悲"中永远带有予人希望的"笑"，这种悲喜剧的风格也奠定了"反传记"作品不同以往的独特质感。井上厦评传剧作为悲喜剧的呈现与"反传记"的打开方式或许会逐渐改变世界戏剧中评传剧的样貌与风格，至少现在已经给传记类戏剧创作提供了一条特色鲜明的崭新路径。井上厦对日本当代戏剧的多元探索，扩展了戏剧创作的深度与广度，这也是探讨现代日本戏剧观念转型的重要切入点之一。

结　　语

评传剧不仅在戏剧领域是崭新的剧种，对于传记文类来说也是创新性的存在。评传剧诞生至今，已然走过了概念生成过程中毁誉参半的阶段。井上厦评传剧系列作品作为至今仍在连年复排的作品群，其"反传记"属性也逐渐被受众接纳。井上厦的评传剧呈现出"虚构性""群像化""反权威"等"反传记"特征，让传主的相关资源与精神力量在现代重获新生，让已经过去的历史时刻在当下的舞台上持续上演。评传剧在社会批评功能层面展现出的特殊意义，让现代人通过传记所具有的认知功能来矫正甚至拓展自己的人生，并对当下社会与思想环境保持警惕与反思。"反传记"通过不断重构历史话语，给予评传剧创作更加长足的生命力，让人类历史检验过后的有益思想在当代社会得以不断返场。

致谢【Acknowledgement】

本文是天津市哲学社会科学规划青年项目"日本当代反战题材戏剧研究"（TJWWQN24-002）的阶段性成果，得到天津市哲学社会科学规划专项基金支持，作者谨致谢忱！

My acknowledgement and gratitude go to the research project "Contemporary Japanese Anti-war Drama" (TJWWQN24-002) sponsored by Tianjin Philosophy and Social Science Fund.

注释【Notes】

① 参见七字英辅论文「死と贖罪のアンビバレンツ——井上ひさしの「評伝劇」から」（『テアトロ』1991 年 6 月）、今村忠纯论文「評伝劇は井上ひさしが発明した」（『悲劇喜劇』2001 年 7 月）、定村忠士论文「時代の音について」（『悲劇喜劇』2001 年 7 月）、村井健「評伝劇への挑戦者——劇団民藝」（『テアトロ』2005 年 11 月）。

② 参见七字英辅论文「「伝記劇」は如何にして「評伝劇」となるか」（『テアトロ』2005 年 11 月）、岩波刚论文「反抗的人間の紙碑——田中正造、ジャック．白井、石垣綾子」（『テアトロ』2005 年 11 月）。

③ 本文中的定义与扇田昭彦提及的"评传剧是评传的戏剧版本"观点一致，参见扇田昭彦著『舞台は語る——現代演劇とミュージカルの見方』（東京：集英社、2002 年），第 96 页。

④ 张立波指出，"关于评传剧，被普遍接受的定义似乎没有。笔者在这里把评传剧简单定义为对历史上真实存在的人物予以刻画的人物传记剧。这次为了翻译《上海月亮》，笔者通读了井上的所有评传剧本，读完后感到井上的评传剧有以下特点：即采用虚实交错的手法，描写出主人公与他所处的境遇，环境，时代作斗争的形象，并且通过对历史人物的描写发掘或者引申出适用于今天人类生活的积极的含义"。参见张立波论文《浅谈井上厦的以鲁迅为主人公的传记剧〈上海月亮〉——以该剧的创作特点及创作意图为中心》（《上海鲁迅研究》2010 年第 1 期），第 237 页。

⑤ 参见崔雪婷论文「井上ひさしの一葉像に関する生成学的考察：『頭痛肩こり樋口一葉』の「前テクスト」を中心に」（『東アジア文化研究』2020 年 2 月）、《小林多喜二评传剧中左翼思想的传承——井上厦〈组曲虐杀〉生成考论》（《社会科学战线》2025 年第 1 期）等。

⑥ 例如，董炳月指出井上厦给传主鲁迅设定的"疾病"实为创造性运用，"完成了语言的异常化进而制造了丰富的喜剧效果"，参见董炳月论文《井上厦的"反鲁迅"——〈上海月亮〉的喜剧艺术与意义结构》（《鲁迅研究月刊》2014 年第 7 期），第 36 页。

⑦ 杨正润指出，"戏剧不同于文学文本，它要面对观众在舞台上演出，要求有比较集中的矛盾冲突和生动的故事情节，所以戏剧要记述作者的生平一般会比较困难"，参见杨正润著《现代传记学》（南京：南京大学出版社，2009 年），第 298 页。

⑧ 参见今村忠纯论文《井上厦，世界的作家》（李艳丽译，《戏剧艺术》2011 年第 2 期）。

引用文献【Works Cited】

「平成三年度谷崎潤一郎賞発表」、『中央公論』1991 年 11 月、390–399 頁。

["Announcement of the Junichiro TANIZAKI Award in the 3rd Year of Heisei." *Chūōkōron* 106 (1991): 390–399.]

別役実：「劇、素材とその方法」、『國文學 解釈と教材の研究』1982 年 3 月号、93–97 頁。

[Betsuyaku, Minoru. "Drama, Material and the Methods." Japanese Literature: Research on Interpretation and Textbooks 27(1982): 93–97.]

藤井省三：「上海三〇年代の魯迅——井上ひさし『シャンハイムーン』を観て」、『ユリイカ』1991 年 5 月、252–253 頁。

[Fujii, Shōzō. "Lu Xun in the 1930s Shanghai: My Thoughts on Hisashi Inoue's *Shanghai Moon*." *Eureka* 5(1991): 252–253.]

林あまり：「「クレヨンの島」と「シャンハイムーン」」、『テアトロ』1992 年 2 月、60–61 頁。

[Hayashi, Amari. "*Island of Crayons* and *Shanghai Moon*." *Teatro* 588(1991): 60–61.]

琳达・哈琴：《后现代主义诗学：历史・理论・小说》，李杨，李锋译。南京：南京大学出版社，2009 年。

[Hutcheon, Linda. *A Poetics of Postmodernism: History, Theory, Fiction*. Trans. Li Yang and Li Feng. Nanjing: Nanjing University Press, 2009.]

琳达・哈琴，西沃恩・奥弗林：《改编理论》，任传霞译。北京：清华大学出版社，2019 年。

[Hutcheon, Linda and O's Flynn, Siobhan. *A Theory of Adaptation*. Trans. Ren Chuanxia. Beijing: Tsinghua University Press, 2019.]

井上ひさし：「趣向を追う」、『波』1974 年 1 月、19–21 頁。

[Inoue, Hisashi. "Pursuit of Purpose and Interest." *Nami* 1(1974): 19–21.]

井上ひさし、東郷克美：「＜人間失格＞と＜人間合格＞のあいだ」、『國文學 解釈と教材の研究』1991 年 4 月、6–25 頁。

[Inoue, Hisashi and Tōgō, Katsumi. "Between *No Longer Human* and *Human Being Qualified*." Japanese Literature: Research on Interpretation and Textbooks 36(1991): 6–25.]

井上ひさし、今村忠純：「ひろがる世界、さまざまな言葉」、『国文学解釈と鑑賞別冊 井上ひさしの宇宙』1999 年 12 月、8–63 頁。

[Inoue, Hisashi and Imamura, Tadazumi. "Open the World, Various Languages." Interpretation and Appreciation of Japanese Literature: The World of Hisashi Inoue Special Issue (1999): 8–63.]

井上理恵：「井上ひさしの＜演劇＞」、『井上ひさしの演劇』、日本近代演劇史研究会編。東京：翰林書房、2012 年、8–37 頁。

[Inoue, Yoshie. "Hisashi Inoue's 'Drama'." *Hisashi Inoue's Drama*. Ed. Research Society of Modern Japanese Drama History. Tyoko: Kanrinshobō, 2012. 8–37.]

小森陽一：「評伝劇：探し当てた"空白"と想像力で再構築された作家の肖像」、『東京人』2020 年 11 月、46–51 頁。

[Komori, Yōiti. "Critical Biodrama: The Writer's Image Reshaped through the Discovered 'Blank Spaces' and Imagination." *Tokyo Jin* 431(2020): 46–51.]

艾拉・布鲁斯・奈德尔：《传记与理论：通向诗学之路》，王军译，《传记家的报复：新近西方传记研究译文集》，梁庆标 选编。桂林：广西师范大学出版社，2015 年，23–61 页。

[Nadel, Ira Bruce. "Biography and Theory: Steps towards a Poetics." Trans. Wang Jun. The Biographer's Revenge: Essays of Modern Western Research on Life Writing. Ed. Liang Qingbiao. Guilin: Guangxi Normal University Press, 2015: 23–61.]

扇田昭彦：「解説」、『井上ひさし全芝居 その三』、井上ひさし。東京：新潮社、1984 年、593–610 頁。

[Senda, Akihiko. "Interpretation." *The Complete Collection of Hisashi Inoue's Plays Volume Three*. By Hisashi InoueTokyo: Shinchōsha, 1984: 593–610.].

瀬戸宏：「裏返しの公式化——こまつ座＝シャンハイムーン」、『テアトロ』1991 年 5 月、24–25 頁。

[Seto, Hiroshi. "Formulaic Expressions with Contrasting Appearances: Komatsu Troupe, Shanghai Moon."

Teatro 5(1991): 24–25.]

須田浅一郎:「「イーハトーボの劇列車」に乗って」、『賢治研究』1981 年 6 月、1034–1036 頁。

[Suda, Senitirō. "Ride the 'Drama Train to the Ihatōbo'." *Research on Kenji* 27(1981): 1034–1036.]

高橋敏夫:『井上ひさし 希望としての笑い』。東京：角川 SSC 新書、2010 年。

[Takahashi, Toshio. *Hisashi Inoue: Laughter as Hope*. Tokyo: Kadokawa SSC Shinsho, 2010.]

戸板康二:「うれしい芝居」、『朝日ジャーナル』1970 年 8 月 23 日：第 95 頁。

[Toita, Yasuji. "A Delightful Drama." *Asahi Journal* 23 Aug. 1970: 95.]

富田博之:「「イーハトーボの劇列車」の衝撃―ドラマによる宮沢賢治論―」、『教育』1980 年 11 月、第 73 頁。

[Tomita, Hiroyuki. "The Impact of 'Drama Train to the Ihatōbo': A Discussion of Kenji Miyazawa Based on Drama." *Education* 11(1980): 73.]

渡辺保:「黙阿弥はオペラか」、『国文学解釈と鑑賞別冊 井上ひさしの宇宙』1999 年 12 月、274–280 頁。

[Watanabe, Tamotsu. "Is Mokuami an Opera Writer?" *Interpretation and Appreciation of Japanese Literature: The World of Hisashi Inoue* Special Issue (1999): 274–280.]

杨正润:《传记文学史纲》。南京：江苏教育出版社，1994 年。

[Yang Zhengrun. *A Concise History of Literary Biography*. Nanjing: Jiangsu Education Publishing House, 1994.]

——:《现代传记学》。南京：南京大学出版社，2009 年。

[—. *A Modern Poetics of Biography*. Nanjing: Nanjing University Press, 2009.]

张立波:《"国家"与"国民"——井上厦的文学世界》。上海：上海社会科学院出版社，2014 年。

[Zhang Libo. *"Country" and "Citizens": The Literary World of Hisashi Inoue*. Shanghai: Shanghai Academy of Social Sciences Press, 2014.]

《信仰的飞跃》中阿拉伯女性流动性与跨文化身份建构

王　洋　邹兰芳

内容提要：《信仰的飞跃》作为约旦王后努尔个人生活与政治轨迹的纪实性回忆录，生动描绘了她从一名美国公民到约旦王后的非凡历程，以及她在促进东西方文化交流中扮演的角色与做出的贡献。努尔王后作为新时代阿拉伯知识女性的代表，在新场域内展现的个人努力与政治担当，不仅跨越了国界限制，还体现了女性跨越文化鸿沟、化解分歧、拥抱多样性的同时保持独立个性的能力。经由对回忆录中努尔王后姓名更迭背后所承载的跨文化流动身份建构的深入剖析，我们得以窥见支撑这一转变背后错综复杂的权力网络，以及回忆录所采用的叙事策略如何巧妙地将流动性特质与话语权威融为一体。

关键词：努尔·侯赛因　信仰的飞跃　流动性　身份

作者简介：王洋，对外经济贸易大学 2021 级博士研究生，石河子大学东方语言文学系讲师。主要从事阿拉伯现代文学研究。

邹兰芳，对外经济贸易大学外语学院教授，海湾研究中心主任。主要从事阿拉伯现代文学、阿拉伯传记文学研究。

Title: Mobility and Cross-Cultural Identity Construction of Arab Women in *Leap of Faith*

Abstract: As a documentary memoir of Queen Noor's personal and political trajectory, *Leap of Faith* vividly depicts her remarkable journey from an American citizen to the Queen of Jordan, as well as her role and contribution to the cultural exchange between the East and the West. As a representative of Arab intellectual women in the new era, Queen Noor demonstrates personal endeavors and political commitments in this new arena that not only transcends national boundaries, but also exemplifies a woman's ability to cross cultural divides, resolve differences, and embrace diversity while maintaining her individuality. By scrutinizing the cross-cultural fluid identity construction behind Queen Noor's name change in the memoir, it is possible to glimpse the intricate power networks that underpin this transformation, and how the narrative strategy employed in the memoir skillfully blends fluidity with discursive authority.

Keywords: Hussein Noor, *Leap of Faith*, mobility, identity

Wang Yang, a PhD candidate in the class of 2021 at the University of International Business and Economics and a lecturer at the Department of Oriental Languages and Literatures of Shihezi University, is mainly engaged in the research of modern Arabic literature.

Zou Lanfang, Professor at the School of Foreign Languages, University of International Business and Economics, and director of the Gulf Research Center, is mainly engaged in the research of modern Arabic literature and Arabic biography.

努尔·侯赛因本名丽莎·哈拉比，出生于一个优渥的阿拉伯裔美国家庭，是普林斯顿大学毕业的首批女大学生之一，于 1978 年与约旦国王侯赛因·本·塔拉勒结婚后定居约旦，成了当时世界上最年轻且唯一一位美国出生的约旦王后。她的个人回忆录《信仰的飞跃》（2003 年）不仅是约旦第一部女性政治回忆录，也是《纽约时报》的畅销书之一，曾被翻译成 17 种语言。该回忆录以时间为脉络，纵向铺陈了努尔王后成长、与侯赛因国王成婚，以及包括其职业生涯在内的多个关键人生阶段；以空间流转为向度，细腻描绘了她的流动实践，展现了这位具有国际视野和多元文化身份背景的王后对一个新场域的个人付出和政治奉献。

"世界是向量的移动"（阿迪 16）。约翰·厄里（John Urry）和米米·谢勒（Mimi Sheller）于 2006 年提出的流动性转向概念不仅在社会科学领域引发了深刻变革，同时也吸引了人文学科的广泛关注。他们试图将社会从一种静态和固定的形式重构为由维持政治、经济和文化所需的复杂流动性组成的社会。随着全球化、技术进步、交通工具和互联网的发展，人际、物品、资本、信息和技术的流动变得更加频繁和复杂，流动性在全球社会中的作用愈发显著。进入 21 世纪，流动性已深深渗透至社会肌理之中，成为现代社会的核心特征之一，研究范式历经了从理论建构到实证分析，再到跨学科对流动性本身深度审视的三个递进阶段，并成为文学空间研究的新趋势。文学流动性研究着重于流动性的表征、流动性实践的影响，以及"流动性政治——包括性别、阶级和种族的差异，强调流动空间的关系性和动态性"（刘英 29）。

《信仰的飞跃》作为约旦努尔王后个人与政治生活的回忆录，不仅契合了女性自我叙述的传统，更被看成"一种提供空间流动的方式，女性可以在其中谈论自我的复杂性和多元性"（Golley 69）。为此，本文借助流动性及文化身份相关理论，聚焦于努尔王后在回忆录中展现的跨文化流动性实践，结合文本中流动性产生的社会语境，分析努尔王后姓名更迭过程中跨文化流动身份的体现与构建，并揭示其背后错综复杂的权力网络。进一步地，本文结合作者通过回忆录这一叙述手法赋予个人叙述权威的努力，阐释《信仰的飞跃》中叙事策略如何精妙地凸显流动性特征与话语权威性。

一、跨文化流动身份在姓名更迭中的体现与构建

流动性作为推动并塑造我们当代跨国界、跨文化特性的关键因素，其影响力较以往任何时候都更为显著。经济迁移、难民流离失所及其他各类流动现象，不仅影响了边界的稳定性，打破了文化障碍，还对传统上用于构建或界定国家与民族认同的方式构成了严峻挑战。与此同时，快速变化的社会文化和意识形态环境也深刻影响着个体的自我感知和自我表达。流动性本体论观点认为"流动性深刻地塑造了人们的日常身份"（Anthony, Urry 3）。个体姓名的赋予作为身份最直观的外在表现形式，不仅能映射出个体的文化归属、种族特性及宗教信仰，还深刻反映了其家族历史与文化遗产的连续性和多样性。《信仰的飞跃》中记录了努尔王后从早期承载美国家庭文化期许的"丽莎"之名，到因嫁入约旦皇室而更名为"努尔·侯赛因"的姓名更迭过程，展现了她在跨文化背景下进行自我探索与身份建构的复杂历程。但为了深刻理解这一姓名变化背后所蕴含的身份流动性本质，我们有必要回溯到她所处的社会历史背景及其变迁之中。

众所周知，美国独特的移民文化赋予了其流动性的特质，这一特质进而

催生了文化身份的混杂性与流动性现象，使得多元文化在移民家庭内部得以共存，并呈现出代际间身份建构的显著差异。以"丽莎"为例，她出身于一个家庭种族成分高度混杂的美国移民家庭。在她出生时，"母亲原本想给她起名为'卡蜜儿'，但叔公卡米尔却坚决反对。和其他许多美国移民一样，叔公卡米尔感受到了一种无形的压力，这种压力驱使他尽可能地淡化自己的阿拉伯血统，力求更加融入美国本土文化"（侯赛因 21）。最终，父母选择了"丽莎"这一更为贴近美国主流文化的姓名，体现了他们在不同文化间寻求妥协与平衡所做出的努力，也反映了跨文化背景下身份建构的复杂性。

传统身份观强调通过限制话语领域内主观性的多样性，为个人提供明确且单一的自我认知，包括身份归属与价值观内化，从而促进自我认同的形成。然而，"丽莎"的成长经历却描绘了一幅截然不同的身份认同图景：尽管她身处美国精英阶层，深受美国主流文化影响，但她对阿拉伯文化根源的深厚情感与好奇依然强烈。这种情感不仅源自家族代际的记忆传承，还通过广泛阅读与跨文化旅行得以加强，尤其当她了解自己名字背后的文化故事后，对"卡蜜儿"这一名字产生了无限遐想，甚至"觉得自己就该叫卡蜜儿（22）"。随着年岁的增长，"丽莎"对阿拉伯文化的亲近感逐渐转化为积极的探索动力，驱使她通过旅行、工作等多种途径踏上阿拉伯寻根之旅。这一现象彰显了个体身份认同的流动性与多元性，表明身份认同不再局限于单一、固定的范畴，而是随着个体经历、文化交流与融合而不断演变。

同约旦国王侯赛因结婚后，"丽莎"选择定居约旦，主动皈依伊斯兰教并更名为"努尔·侯赛因"。该转变过程让她"生命中第一次感到了一种归属感，觉得自己属于个更大的家庭"（86），标志着她对新穆斯林身份的明确接纳，并象征性地将她与约旦王室及整个阿拉伯民族紧密相连。不过努尔王后的跨文化身份转变过程并非一帆风顺，而是充满了动态变化与多维度的协商，需要付出巨大的努力和牺牲。当她以"丽莎"的身份嫁入约旦—这个女性在传统宗教文化影响下往往被限制在私人领域内的阿拉伯社会时，尽管她获得了王后的尊贵地位，却也难以瞬间挣脱传统性别角色所设下的框架。东西文化差异障碍一度让她成为约旦的"他者"，其言行举止曾招致阿拉伯民众的不满。而且身为约旦国王侯赛因的配偶以及象征性的"第一夫人",她在生活中时刻面临着个人生活与公共生活界限模糊的问题,其一举一动都被放大在公众视野之下,承受着媒体无孔不入的关注与骚扰,这些无形的压力让她在情感上经常陷入孤立无援的境地。在政治与个人情感的天平上,政治的重要性无疑占据了上风。作为一国之母,政治责任大于一切,这是她不得不接受并忍受至生命终点的现实。

霍米·巴巴(Homi K. Bhabha)在探讨文化错位和身份认同时强调个体在寻找文化归属感、完成文化身份认同的过程中,扮演着主导性的角色。人们通过选择、协商、适应和创造等方式,积极参与到自己身份认同的建构过程中。努尔王后在面对跨文化身份转变带来的一系列不适与挑战时,并未选择逃避或轻易妥协,而是采取了一种渐进式的应对策略。她深知,跨文化适应并非一蹴而就,而是需要时间和努力的过程。为此她"从观察入手,尝试理解,温和行事,不扰乱日常生活,也不质疑既有习俗"(113),以这种谨慎而尊重的态度,逐步融入新的文化环境中。随着时间的推移,她逐渐过渡到勇于表达自我的阶段,不再拘泥于沉默与观望。她通过主动强化并实践个人的流动性,对家庭空间与封闭的文化环境进行"解域",逐步跨越家庭与社会的界限,最终实现了自我认知的深化、家庭伦理纽带的加强,以及对多元文化环境的有效平衡。尤为值得一提的是,努尔王后在构建个人文化身份的过程中勇于挑战阿拉伯社会传统的性别规范,打破女性不宜过于活跃于公共领域的无形壁垒,在从私人空间向公共空间流动的意义层面上,她改写了阿拉伯主流文化对女性流动性的负面表征,参与了阿拉伯流动性文化意义的生产与再生产。

二、努尔王后流动性跨文化身份背后的政治权力机制

上文提及努尔王后儿时的起名经历时,我们了解到,她的叔公因曾承受无形的文化压力,期望侄孙女的名字能更加美国化,因此极力反对为她取名为"卡蜜儿"。根据努尔王后个人记述,其祖父兄弟几人在移民美国后均取得了不错的事业发展,特别是这个叔公卡米尔"他和他的家庭在美德林声名显赫"

（9）。这不禁引发我们的思考：这种改名背后的无形压力究竟源自何处？为何宁愿让"丽莎"选择一个美国名字，也不愿让她拥有一个具有鲜明阿拉伯民族特色的名字？为了探寻这一问题的答案，通过努尔王后的回忆录追溯其祖辈的移民历程，我们或许能更深入地揭示更名背后的深层政治动因。

　　努尔王后的祖父家族是在 20 世纪初相继踏上美国这片土地的移民。尽管美国被誉为移民的天堂，流动性被视为其社会生活的核心特征，然而"美国的流动性实则具有两面性：它一面标榜为最具流动性的自由国度，另一面却将非裔美国人等少数族裔边缘化，剥夺了他们的流动性机会"（刘英，《流动性研究》31）。因此对于新移民而言，"由于同化的压力及摆脱歧视、剥削和排挤的困境等原因，将名字改为对美国人来说容易发音的名字或不太明显的'外国'名字被视为良好公民身份的标志，是对新社会规范和价值观的爱国服从"（Scassa 180）。据美国 IPUMS 数据显示，1900 年至 1930 年间，高达五分之四的移民选择改名。"在二代移民中，大约 86% 的移民所生男孩和 93% 的女孩都有美国名字"（Pedro et al）。叔公卡米尔对侄孙女取名为"卡蜜儿"的反对，正是这种追求同化、融入美国主流社会心理的体现。他深知名字作为身份标识的重要性，希望侄孙女拥有一个更美国化的名字，以便她能更好地融入美国社会，减少因名字所带来的身份认同障碍，从而在这个新国度中找到属于自己的位置。

　　然而，历史的车轮总是滚滚向前。随着二战的爆发、美国民权运动等一系列社会运动的兴起，美国社会的格局发生了深刻的变化。这些历史事件不仅动摇了以种族属性定义美国国民特性的旧有观念，还为少数族裔和边缘群体创造了更加宽松与多元的社会环境。在这样的背景下，"丽莎"幸运地成长起来，接受了优质的精英教育，发展成为一名具备抵抗精神与政治洞察力的现代知识女性。更为重要的是，这一系列的社会变革为她打开了广阔的空间，提供了前所未有的流动性机会。她不必受限于身份和角色定位，而是可以自由地探索自己的兴趣、追求自己的梦想，并在公共领域中发挥自己的影响力。这样的成长环境，无疑为"丽莎"后来成为努尔王后，并在阿拉伯社会中发挥重要作用奠定了坚实的基础。不过从"丽莎"变为"努尔·侯赛因"，从美国社会的精英分子一跃成为约旦王后，努尔的个体流动性并非简单的身份转换，也蕴含了资源掌控、机遇创造能力及国别、阶层、权力结构等多维度社会关系的宏大叙事。侯赛因国王和"丽莎"的结合不仅是个人情感的交融，同样蕴含了深刻的政治与文化意义。

因"丽莎"父亲受邀参加约旦购入首架波音747的庆典，她以约旦航空公司国际咨询委员会主席之女的身份兼工作人员角色随行。汽车、飞机等现代交通工具的飞速发展，打破了物理空间的限制，为女性提供了前所未有的行动自由，使得"丽莎"与侯赛因的相遇成为可能。在约旦工作生活的日子里，"丽莎"的美国背景与职业女性的身份如同双翼，极大地拓宽了她在当地的生活空间，使她得以深入约旦社会的各个层面，充分体验到了流动赋予的现代自由感。而彼时侯赛因国王本人深受英国教育影响，他执政时期约旦正大刀阔斧展开现代化进程。国际层面上致力于为哈希姆家族塑造一个民主、开放且自由的现代君主典范，所以他能迎娶美国姑娘"丽莎"完美体现了他将西化和本土化相结合、将传统和现代化交融的政治立场。国内层面上，约旦处于民族国家构建的核心阶段，意识形态领域面临构建约旦的民族认同和维系王朝统治的合法性问题。为此，侯赛因国王曾巧妙地重新诠释了哈希姆认同，其中一条就是"强调约旦的阿拉伯属性以及约旦在阿拉伯和伊斯兰文明的中心地位"（闫伟、田鸿涛 143）。

接受新阿拉伯语名字"努尔·侯赛因"是"丽莎"适应跨文化身份蜕变和支持侯赛因国内改革工作的核心表现之一。"在阿拉伯文化遗产中，名字被视为社会价值观、信仰体系及真实个性的直接体现"（Felecan 261）。通过命名，阿拉伯人不仅赋予了生命以具体的称谓，更在名字中寄托了对个体美好品质的期许以及对社会规范的遵循。所以"努尔·侯赛因"这一名字从表面上讲寓意为侯赛因国王本人的个人的情感与政治生活带来新生，彰显了新王后积极正面的形象，但从更广泛的文化与民族认同角度来看，名字作为个体与社群最直接的纽带，往往成为民族主义语言政策关注的焦点。鉴于侯赛因国王在阿拉伯世界圣裔的崇高地位，"努尔·侯赛因"这个极具影响力的阿拉伯名字不仅与约旦国家身份紧密相连，更进一步成了阿拉伯民族身份的一种象征，是强化阿拉伯国家成员身份认同的显著标志，有助于深化王后在该地区的文化认同与影响力。所以说努尔王后主动接受更名的行为，是利用了民族姓氏作为桥梁，在语言、个人和民族身份以及个人与民族国家认同之间，构建了一条紧密而有力的联系纽带。

瓦伦丁·M·莫加达姆在阐述现代女性角色时提到"女性并非仅仅是社会变革影响的被动接受者，她们也是推动者。"（Moghadam 1）婚后的努尔王后敏锐地审视并顺应了周围的文化环境，借助现代女性对伊斯兰教的解释为论据，在捍卫妇女权益、挑战父权制及保守宗教观念的立场上，巧妙地运用宗教与世俗主义的双重策略，积极对抗双重压制：一是本土父权制度及保守宗教话语的桎梏，二是外部世界，尤其是西方视角下将穆斯林女性刻板化为单一、被动角色的偏见。在国内，她引领风潮。作为约旦国王的伴侣和国家第一夫人，聪明地借助与国王的恩爱形象，将国王的权威转化为自己个人权力的坚实后盾，从而在大众视野中进一步巩固了自己作为王后的权威地位。她与约旦精英阶层，特别是女性精英深度联结，成了阿拉伯现代女性的理想化身，以及约旦现代化进程中女性自由与解放程度的关键参照。在国际舞台上，她为约旦塑造积极、进步的形象。她以约旦现代知识女性的身份频繁出访西方，亲自参与演讲，担任国王侯赛因的国际代言人，利用个人独特的西方背景搭建起跨越文化界限的桥梁，促进阿拉伯国家与西方世界之间的理解和交流，努力消除西方对穆斯林妇女消极和无能为力的刻板印象，挑战伊斯兰教在所有地方都以同样的方式塑造妇女状况的观念。凭借跨国流动性实践，努尔王后在私人和公共空间中自由流动，逐渐地从外来的他者身份蜕变至约旦权力舞台的中心者。她不仅创造了新的空间形态，还实现了自我赋权，重新定义了约旦女性在传统空间领域内的既定权力符号与社会角色认知，有力推动了女性在新场域中权力秩序的构建与角色重塑。

三、叙事的流动性与话语权威性的构建

"生命书写不仅与流动性和记忆具有天然联系，而且特别擅长捕捉和记录

人类个体在不同历史时刻不同生命阶段的深刻体验，吸引读者去体会'身体—主体'的具身感受"（刘英，《流动、情感与人际关系》180）。20世纪以降，阿拉伯世界深受（后）殖民历史、东方主义、殖民主义、（新）帝国主义的影响，并伴随着持续的革命抵抗运动。这些历史力量共同作用于阿拉伯世界的政治、经济及文化领域，引发了全面而深刻的变革并重塑了社会结构。在这一复杂多变的历史背景下，个体的命运与国家的兴衰紧密相连，相互交织。女性群体在这一历史变迁中，获得了更多进入公共领域的机会，逐渐对自身在话语、文化乃至意识形态等领域中的位置有了更加清晰的认知。她们不再甘于做社会的被动接受者，而是以"读者""写作者"以及"社会活动参与者"等多重身份，积极投身于社会变革的洪流之中，成为推动阿拉伯社会发展的关键力量。《信仰的飞跃》作为一种以自我为参照的写作实践方式，通过对努尔王后个人经历的深刻挖掘，将"流动""变化"纳入"自我"的不断重建之中并搭建起一个政治主题的宏大叙事架构，是对这一复杂现实和社会文化动态变迁的真实反映和深刻诠释，彰显了阿拉伯女性声音在历史洪流中的坚韧与力量。

斯图亚特·霍尔在《文化身份与离散》中指出"我们的言辞总是植根于特定的时空背景与文化脉络之中，带有鲜明的语境性和立场性"（Hall 222）。"回忆录不仅对作家和读者，而且对社会语境和制度都有着潜在的巨大现实影响力"（曾艳钰 44）。努尔王后在本回忆录致谢部分明确表达了创作此书的双重愿景：一是促进世界人民对现代中东的了解，二是增进各文明间的对话。所以为了实现这一愿景，努尔王后在撰写回忆录时，虽然严格基于客观事实以确保话语的权威性，但在材料的筛选、整合以及情节结构的布局上，展现出了高度的策略灵活性。

与总是试图将灵魂从人格面具中解放出来，强调个人独特世界观、人生观、价值观的西方回忆录不同，阿拉伯创作者们更多地聚焦于集体身份，强调集体价值置于个人价值之上。拉希德·哈立迪（Rashid Khalidi）的《巴勒斯坦身份：现代民族意识的构建》（1997年）、哈利姆·巴拉卡特（Halim Barakat）的《阿拉伯世界：社会、文化和国家》（1993年），以及亚西尔·苏莱曼（Yasser Sulaiman）的《阿拉伯语和民族身份：意识形态研究》（2003

年）和《阿拉伯语、自我和身份：冲突和流离失所研究》（2011 年）等研究著作，均从不同的视角强调了阿拉伯人自我的本质复杂性及其与西方主体性配置的复杂关系。阿拉伯文化语境中个体对自我的认知深深植根于对多重归属感的探索之中，这些归属感涵盖了家庭、部落、宗教社群乃至整个社会结构的多个层面。尤为显著的是，阿拉伯社会独特的紧密家庭结构，作为一股不可小觑的力量，持续强化并深化了家庭成员间的紧密联系。哈利姆·巴拉卡特指出，"正是这样的家庭结构，构成了阿拉伯人传统自我观念的核心所在，并且作为一个非常有凝聚力的社会制度，对个体的从属关系产生持久的影响"（Barakat 38-39）。因此在本回忆录中，努尔并未通过放大个体独特性来铺陈情节，而是巧妙地将个人成长历程与国家政治变迁、家庭生活紧密相连，通过描绘"国王"与"我"之间深刻的情感共鸣以及政治局势的起伏跌宕，构建起一个多线索交织、复调并进的叙事结构。这些并行不悖的叙事线索共同丰富了回忆录的内涵，既涵盖了民族历史的厚重，也展现了个人命运与国家历史的紧密相连，以及在这种交织中个体自我认知的深化与信仰的飞跃。比如开篇章"第一印象"，努尔王后并未直接从个人的起点或成长轨迹切入，而是聚焦于即将成为她生命中重要篇章的约旦，展现出一种超越个体经验的宏大视角。如果从写作"自我"的角度来看，努尔王后的回忆录印证了关于阿拉伯女性自传式自我表达的批判性讨论——即这种自我呈现方式不仅挑战了自传文学的传统定义，还使得"独特的个人自我"这一概念在特定的社会文化背景下展现出更为丰富与复杂的面向。

在约旦多年的生活经历使得努尔王后深谙阿拉伯历史文化精髓，并精通阿拉伯语，然而她却选择以英语作为这部回忆录的创作语言。即使王后没有在致谢中谈及她写回忆录的目的，我们也可以从其叙述语言和内容察觉其目标读者是西方及非阿拉伯群体。斯蒂芬·邓科姆在《文化抵抗读本》中谈到："'艺术创作'能够作为一种'政治实践'，通过（重新）诠释或挑战既存权力话语，成为对抗主流政治、经济及社会架构的阵地"（Duncombe 5）。回忆录撰写之时正值侯赛因国王逝世后不久，且"9·11"事件余波尚存的敏感时期，媒体的推波助澜使得西方反穆斯林情绪高涨。作为兼具前美国公民与约旦王后双重身份的努尔，深感自己肩负着澄清误解、促进理解的特殊使命。考虑到美国其帝国主义形象给阿拉伯人带来的普遍绝望与不满情绪，努尔王后这位前美国公民最终完全融入阿拉伯穆斯林文化的独特经历，无疑为世界读者提供了一种极具吸引力的叙事视角。她凭借个人亲身经历精心打造的回忆录极具话语权威，犹如一座内容详实的文化资料宝库，同时也是一个强有力的信息传播媒介，揭示了阿拉伯历史进程中那些被忽视或误读的细节与视角。尤为重要的是，她的故事有力驳斥了阿拉伯女性仅是政治舞台边缘人的偏见，展现了她们作为权力驾驭者、积极行动者及历史书写者的真实面貌，呼吁读者以更加开放和多维的视角审视阿拉伯世界，避免被单一或偏颇的西方媒体报道所误导。

本回忆录虽以努尔王后的声音为主线，却也巧妙地穿插了来自她朋友与顾问的"影子声音"，这种多声部"复调"叙事策略进一步增强了叙事流动性与话语权威性。通过"影子们"的多元视角，将私人叙事与公共议题无缝融合，使得回忆录结构中的多种声音在保持各自独立性的同时，又能和谐地融入一个更为高级的统一体中，一同为阿拉伯世界发出鲜明而有力的声音。然而仍需指出的是，尽管影子声音的融入为回忆录增添了多维视角，丰富了叙事层次和话语权威，但这一艺术手法也在一定程度上挑战了叙事的稳定性。此外努尔王后在回忆录中展现的偏阿拉伯立场，不可避免地影响了她对过往经历的叙述视角，相较于对美国成长历程的正面描绘，她更多地流露出对美国原生家庭及美国本土政治文化的疏离感，这种选择在一定程度上限制了回忆录在个人成长与文化影响探讨上的视角广度。不过瑕不掩瑜，回忆录的艺术成就却并未因此减损。该作品通过个人视角切入真实政治事件叙述的行为，展示了政治运动与文学表达作为艺术形式之间深刻的内在联系。这种在政治叙事深度与文学价值追求之间取得的巧妙平衡，丰富了回忆录的内容层次，使其超越了传统个人回忆性叙事的范畴，成为一部融合个人经历、历史洞察与文化交流的多维度作品。而且其中丰富的细节刻画与真挚的情感流露，极大地提升了文本的可读性与感染力，使读者能够跨越时空界限与作者产生深刻共鸣。正如《早安美国》节目主持人黛安·索耶（Diane Sawyer）评价的那样，"这本回忆录极其雄辩，既充满了深刻的个人化表达，又展现了极高的坦率与真诚"（Hussein 516）。

结　语

约旦王后努尔·侯赛因的回忆录《信仰的飞跃》揭示了全球化浪潮中阿拉伯女性个体如何在多元文化交织的背景下实现身份的动态流动与转换，并进一步探讨了这种身份流动性如何重塑女性在社会结构中的位置及其所发挥的作用。书写个人叙事是一种自我解放的体现，努尔王后的个人经历为阿拉伯女性树立了自我表达与创新的典范，激励了广大阿拉伯女性跨越社会阶层界限，勇于拓宽社会参与的领域，积极在公共舞台上争取话语权和影响力。对于女性而言，阅读《信仰的飞跃》亦是一种自我赋权行为。此外，本回忆录在叙事艺术上超越传统自传体文本的框架束缚，通过巧妙地运用了复调叙事手法，穿插来自朋友、顾问等多重视角的"影子声音"，增强了叙事话语的权威性与流动性，构建了一个横亘童年至成年时间长河、跨越美国至约旦地域界限、融合个人情感与政治生活的宏大叙事画卷，实现了私人叙事与公共议题无缝融合。文本对阿拉伯历史中被边缘化或误解元素的揭示，为读者提供了一扇窥见阿拉伯世界真实面貌的窗口，激励人们以更加开放、包容和多元的视角审视该地区，增进对跨文化的深入理解和相互尊重，为构建更加和谐共融的世界文化交流体系增添新的活力。

致谢【Acknowledgement】

本文为教育部高校国别和区域研究 2023 年课题 "沙伊和解背景下海湾地区安全局势"（2023–N18）的阶段性研究成果，得到教育部高校国别和区域研究的经费支持，作者谨致谢忱！

My acknowledgement and gratitude go to the research project "Security Situation in the Gulf Region in the Context of Saudi-Iraqi Reconciliation" (2023–N18), sponsored by the Ministry of Education's Higher Educational Institutions' National and Regional Studies.

引用文献【Works cited】

彼得·阿迪:《移动性》，戴特奇译。北京：北京师范大学出版社，2020 年。

[Adey, Peter. *Mobility*. Trans. Dai Teqi. Beijing: Beijing Normal University Publishing Group, 2020.]

Barakat, Halim. *The Arab World: Society, Culture, and State*. Berkeley: University of California Press, 1993.

Elliott, Anthony and John Urry, eds. *Mobile Lives*. London: Routledge, 2010.

Duncombe, Stephen, ed. *Cultural Resistance Reader*. New York: W. W. Norton & Co Inc, 2002.

Felecan, Oliviu and Alina Bugheşiu, eds. *Names and Naming Multicultural Aspects*. London: Palgrave Macmillan, 2021.

Hall, Stuart, and Jonathan Rutherford, eds. *Cultural Identity and Diaspora in Identity: Community, Culture, Difference*. London: Lawrence and Wishart, 1990.

Hussein, Noor. *Leap of Faith: Memoirs of an Unexpected Life*. New York: Barnes & Noble, 2003.

努尔·侯赛因：《信仰的飞跃–约旦王后的传奇生活》，刘冰、张培芳和刘娟译。北京：东方出版社，2006 年。

[Hussein, Noor. *Leap of Faith: Memoirs of an Unexpected Life*. Trans. Liu Bing, et al. Beijing: Oriental Publishing House, 2006.]

刘英：《流动性研究：文学空间研究的新方向》，《外国文学研究》2020 年第 2 期，第 26–38 页。

[Liu Ying. "Mobility Studies: A New Direction in Literary Spatial Research." *Foreign Literature Studies* 2(2020): 26–38.]

——《流动、情感与人际关系——〈20 世纪文学与文化中的流动性、记忆和生命历程〉评述》，《外国文学》，2021 年第 4 期，第 175–184 页。

[一. "Mobility, Emotion, and Interpersonal Relationships: A Review of *Mobility, Memory, and the Life Course in Twentieth-Century Literature and Culture*." *Foreign Literature* 04(2021): 175–184.]

Moghadam, Valentine M. "Women, Structure, and Agency in the Middle East: Introduction and Overview to Feminist Formations' Special Issue on Women in the Middle East." *Feminist Formations* 22.3(2010): 1–9.

Nawar, Golley. *Reading Arab Women's Autobiographies: Shahrazad Tells Her Story*. Austin: University of Texas Press, 2003.

Pedro, Carneiro, Sokbae Lee, and Hugo Reis, eds. "Please call me John: Name choice and the assimilation of immigrants in the United States 1900–1930." *Labour Economics* 62(2020), article no. 101778. ScienceDirect, https: //doi.org/10.1016/j.labeco.2019.101778.

Scassa, Teresa. "National Identity, Ethnic Surnames and the State." *Canadian Journal of Law and Society* 11.2(1996): 167–191.

闫伟、田鸿涛：《"哈希姆认同"：约旦政治文化的意涵与建构路径》，《西亚非洲》，2021 年，第 5 期，第 130–155+159–160 页。

[Yan Wei, and Tian Hongtao. "'Hashemite Identity': Connotations and Paths of Constructing Political Culture in Jordan." *West Asia and Africa* 05(2021): 130–155, 159–160.]

余玉萍：《阿拉伯当代文学的转型与嬗变》。北京：社会科学文献出版社，2020 年。

[Yu Yuping. *Transformation and Transmutation of Contemporary Arab Literature*. Beijing: Social Science Academic Press, 2020.]

曾艳钰：《生命权力与生命政治："9·11"后的美国回忆录文学》，《外国文学动态研究》，2021 年第 5 期，第 41–49 页。

[Zeng Yanyu. "Life Power and Life Politics: American Memoir Literature after 9/11." *Studies in the Dynamics of Foreign Literature* 05(2021): 41–49.]

邹兰芳：《阿拉伯传记文学研究》。北京：中国社会科学出版社，2016 年。

[Zou Lanfang. *Research on Arab Biographical Literature*. Beijing: China Social Science Press, 2016.]

多丽丝·莱辛自传《刻骨铭心》的内聚焦叙述与情感表达

李琼璐

内容提要：传统自传采用线性叙事，外聚焦视角是其特点，表现为叙述自我情感凌驾于体验自我情感之上。20世纪女性自传出于情感表达需求一定程度上突破了外聚焦视角。本文以叙事学与情感理论切入多丽丝·莱辛自传《刻骨铭心》的两大情感，分别是童年时的不愉快和成年后对南罗得西亚的厌倦及对外界的憧憬，以管窥她表达体验自我情感时频繁使用的内聚焦视角。本文发现，她以拉长的时距表达前者，以直接引语、自由间接引语与单一叙事呈现后者。女性主义倡导女性激活与自身情感的联系，这一思想基础合理化了莱辛的创新策略。

关键词：多丽丝·莱辛 《刻骨铭心》 内聚焦 体验自我 情感

作者简介：李琼璐，首都经济贸易大学外国语学院讲师，北京大学文学博士，主要研究方向为女性自传与疾病传记。近期发表《霍金自传〈我的简史〉的身份主题研究》(《现代传记研究》第17辑)。

Title: Internal Focalization and Feeling Representation in Doris Lessing's *Under My Skin*

Abstract: Traditional autobiographies are characterized by a focus on the narrating self, where emotions of the narrating self often overshadow those of the experiencing self. Women's autobiographies of the 20th century, however, driven by the need to express feelings, have to some extent broken away from external focalization. By analyzing Doris Lessing's *Under My Skin* through theories of narratology and affect, this paper finds that she frequently employs an internal focalization to describe experiencing-I's emotions, exemplified by her use of extended duration to express her childhood unpleasantness; techniques of direct speech, free indirect speech and singular narrative to present adult Lessing's weariness of life in Southern Rhodesia and her longing for a new life. Lessing's narrative innovation is rationalized through feminism's advocacy of reactivating connection with one's own feelings.

Keywords: Doris Lessing, *Under My Skin*, internal focalization, experiencing-I, feelings

Li Qionglu, PhD, is Lecturer at School of Foreign Studies, Capital University of Economics and Business. She specializes in studies of women's autobiographies and illness auto/biographies, and is the author of "A Thematic Study of Identities in Stephen William Hawking's Autobiography *My Brief History.*"*Journal of Modern Life Writing Studies,* 17(2022). **E-mail:** qlynette8829@126.com.

一、自传叙事新动向：还原体验自我的情感

2007 年诺贝尔文学奖得主多丽丝·莱辛共创作了两部自传,《刻骨铭心》是其成就更高的一部。这部自传主要讲述她 30 岁前在南罗得西亚（今津巴布韦）的生活，此后她回到英国开启新生活。情感叙事是该自传极其重要的内容，这主要体现在两方面。一方面，感受是莱辛记忆的重点。"我……丢失了一整段时间内的记忆……然而我对外部事件的记忆却十分清楚"（莱辛 58）。莱辛分明强调自己对外部事件的记忆十分了然，却说丢失了一整段时间内的记忆。这前后矛盾的说法表明，她更注重记忆内部事件。何为内部事件？她在后文给出了答案："'我并不知该如何描述自己的生活，我所知道的不过是自己的感受。'"（240）内部事件是感受，并且在她心中占据更重要的位置。

另一方面，主观体验是莱辛自传的重点。"自传之所以无法完全真实，主要原因——也是真正的原因——就在于作者对时间的主观体验……即便使用倒叙……或是《项狄传》的写法，也无法用言语来传达童年时光和成人时光的不同"（108）。她认为写作自传最重要的是重现不同阶段的主观体验，而这种再现也是自传难以真实的痛点和难点；提及《项狄传》——这部以事件进入叙述人脑海的先后顺序为叙述顺序的小说——也间接地说明，她认可这部小说在重现过去主观体验时所做的努力。

不过，传统自传是记忆的阐释学，并不重视再现过去的主观体验。"自

传不是记忆的考古学，也不是记忆的现象学，而是记忆的阐释学"（杨国政，《走》15）。意即重要的不是过去的体验如何，而是写作当下的自我观如何。自传叙事有两个层面，一为叙述自我，二为体验自我，叙述自我的世界观、人生观和价值观决定了记忆如何被阐释。"自传作家往往从特定的身份出发来再现自我。身份认同是他们组织以自传事实为主、传记事实和历史事实为辅的一个基本原则"（赵白生 83）。为了让过去符合自传作家的身份观，无关的经历会被删减。行文前后口径的一致便构成线性叙事，其核心在于形成稳定的意义。埃根研究欧美 19 世纪的自传时发现，它们都是"将随机的现实写成文本中的大事件，将本质上不成形的生活变成具有形状和意义的生活。"（Egan 7）

由于叙述自我观念占主导地位，已有研究认为，外聚焦（external focalization）是自传的唯一视角。"由于叙述者比主人公知道得多，但是在参与过去的程度上相比主人公要浅……所以自传只能采用外聚焦叙事"（Edmiston 743）。外聚焦指的是故事外（extradiegetic）视角，即叙述过往时，叙述者的视角始终与主人公的亲历视角保持着时间和地理上的距离，而非与主人公同一的故事内（diegetic）视角，即内聚焦视角。那么，在这一自传观的关照下，自传的最终目的是调用过去构建符合作者当前身份观的叙事，过往是材料，体验本身无足轻重。"自传记录的是作者认为的真的事实、行为和感情……自传从某种意义上说是一场新'我'对旧'我'的末日审判"（杨国政，《走》15）。杨国政认为，自传表达的只是作者的情感，也就是说新"我"的情感凌驾于旧"我"的情感之上，旧"我"不符合新"我"观念的行为语言等都会被抹除。比如，萨特自传《文字生涯》（Words）虽然描述的是作者十岁前的经历，但是"所表达的绝非一个儿童的所思所想，而是成年萨特的存在主义哲学观"（15）。儿童萨特的情感被抹除了，成年萨特的哲学观凌驾于其上。

然而，不少作家和批评家表达了对线性叙事与稳定意义的不满。波伏瓦（Simone de Beauvoir）就曾"因自传不可避免的线性叙事令复杂的亲历贫乏和简化而深感遗憾"（勒热讷 79）。玛丽·梅森认为线性蜕变模式是大多数男性自传的结构原则，一旦遵从线性原则，某种程度意味着牺牲自己或丢失了灵魂（Mason 207–235）。玛丽·斯坦格则发现："女性试图在个性中定义自己，而不是沿袭已有之不太符合甚至毫不符合她们内在经验的男性自传模式。"（Stange 17）虽然将线性结构归结为男性自传形式特征过于片面，不甚可取，但是她们对线性结构的批判和对超越这一结构的呼唤表明，自传形式的革新已变得紧要。

以弗吉尼亚·伍尔夫（Virginia Woolf）为代表的诸多作家早已提出了新的自传观，还原体验自我情感便是重点。她在《普通读者Ⅱ》（*Common Reader Ⅱ*）中说到："要讲述一生的全部故事，自传作家一定得有所创新，保证两个层面都能够记录下来——转瞬即逝的事件和行为；强烈情感渐渐激发的庄严时刻"（125）。她认为事件行为和强烈情感的瞬间是自传不可或缺的部分，这将注意力指向了体验自我的情感。她还在《往事札记》（*Sketch of the Past*）中写到，"我真希望能够不惜花费时间、花费笔墨向你描述当时的情景，还原它本来的面貌，向你传递到现在还澎湃在我内心深处的激情"（73）。法国著名日记小说家阿娜伊斯·宁（Anaïs Nin）在日记中提到，"人类就要登上月球……这一天不再遥远，而人类内心之旅则遥远得多"（转引自斯塔曼 6）。其日记进行了大量心理描写，目的就是展示转瞬即逝的即时情感；娜萨丽·萨洛特（Natalie Sarraute）的自传《童年》（*Enfance*）也以童年情感状态为主，重点叙述幼年之事"在幼小的心灵所引起的、并没有随时光流逝而消失、虽被岁月尘封但仍保存完好的瞬间心理活动"（杨国政，《怀疑》85）。可见，多位自传作家已不约而同地尝试了还原体验自我情感，只是这一现象尚未被学界充分认识。本文选取莱辛自传《刻骨铭心》中童年的不愉快和成年后对南罗得西亚的厌倦及对外界的憧憬，以管窥其运用内聚焦视角表达体验自我情感的匠心独运。

二、儿童的不满：拉长的时距

糟糕的母女关系是莱辛自传的重要主题，正是这一关系使得无助和愤怒成为贯穿莱辛童年的主要情感。她出生时，由于不是男孩而被母亲嫌弃，"母亲的双手不耐烦地抱着我……她说自己想要一个男孩，而不是女孩"（莱辛 25）。莱辛早就感受到母亲的厌烦，所以她是愤怒的。成长过程中她又不得不在大人们所构建的污浊世界中小心求生，"作为一个小家伙，你跌跌撞撞闯进庞然大物之间……你得时刻小心，既要留神他们跟你的个头一样大的脚，还得警惕其他可能的危险"（18）。身处这样的世界，她处处受到威胁、感到无助。"再度把自己放进某个场景时，我感觉到了赤裸裸的寂寞孤独以及焦虑"（146）。孤独寂寞与焦虑是她的情绪常态。再现这样的常态，自传作家需要选择典型的时刻进行描述，被母亲强迫睡觉的经历便是一段典型经历。为了让读者真切体会到她作为女儿的不满与无助，莱辛以拉长的时距（extended duration）浓墨重彩地描述了自己这段经历。

叙述自我幻化成体验自我的亲历视角，以呈现小莱辛主观世界里午休时间的漫长。一方面，她将小莱辛的琐碎动作化为文字细节，通过动作的进展和身体的感知铺垫心理空间时间的漫长："感受心脏和脉搏的跳动，感受血液……""手指……残留着胡萝卜和烤牛肉的味道"，包括身体各部位的活动："我的肚子发出咯咯的声音""将两条腿弯向自己，用食指在踝骨附近按来按去"。另一方面，叙述自我赋予了自己儿时观察外界的眼光。"一只鸽子叫了起来，又有另一只回应了它……整个世界都充满了鸽子的叫声……有只黑鸟从我的窗前快速地飞过去"（74-75）。叙述自我完全使用了儿童话语，以颇为丰富的细节再现了午休时毫无睡意的百无聊赖。

叙述者转换为主人公视角即由故事外转换为故事内，由外聚集转换为内聚焦，这在虚构作品中十分常见。申丹和王丽亚将其命名为"第一人称主人公叙述中的体验视角"，"（它）将读者直接引入'我'正在经历事件时的内心世界。它具有直接生活、主观片面、较易激发同情心……特点。"（103-104）埃德米斯顿也认为，内聚焦在第一人称虚构叙事中是可能的（Edmiston 742）。然而，莱辛将这一手法应用于第一人称非虚构叙事，可谓别出心裁。

转换为内聚焦视角后，莱辛使用了拉长的时距将漫长的心理时间具化为行文的长篇幅，以便读者身临其境地感受小莱辛被迫午睡时的度日如年。时距，指的是"一则事件或一系列事件的发生所需要的时间值与阅读那一事件所需要的时间值两者之间的关系"（斯科尔斯等 316）。也就是文字篇幅与故事发生时长存在一定的对应关系。英文原版自传共 419 页，对应 30 年的生活，平均 1 页叙述时间对应 26.1 天的故事时间。但是关于这段午睡的经历，3 分钟故事时间作者写了 1 页，5 分钟的故事时间写了 1 页半，1 小时故事时间写了 4 页。马登斯也认为，"莱辛使用（的）……第一人称回溯叙事让位给了历史当下的叙事，时间的缓慢蠕动变得触手可及。"（Martens 331）体验自我午休的难熬心情也以一般现在时的自由间接引语形式穿插其中："半个小时怎么也快到了吧？我躺在这儿已经够久的了。我悄悄地瞄了一眼表——不，这绝不可能！它的指针一定是卡住了……不，指针是走动的……时间真的才过了三分钟！"（莱辛 75）"表盘上显示，刚刚才过去五分钟，我被痛苦扼住了咽喉……令我感到恐惧。"（76）因此，更长的阅读时间和小莱辛的直白话语双管齐下，读者身临其境地感受到了她的度日如年。

然而，压缩的时距是自传的普遍现象。在后视性叙事中，一方面作者要谨守真实的契约，需要对过去保持故事外的视角，另一方面不可靠记忆会导致许多过往的大小事被遗忘，所以缩短的时距成为自传的属性。勒热纳（Philippe Lejeune）早就发现，"自卢梭或夏多布里昂以来，自传叙事尤其在追述童年回忆时比虚构叙事更多地求助于反复叙事"（转引自热奈特 214）。根据热奈特的定义，反复叙事指讲述一次发生过几次的经历（75），这样的标志词有"经常""总是"等频率副词。非洲第一位女总统瑟利夫（Ellen Johnson Sirleaf）在自传中描述自己的悲伤情绪时便常用概述性文字："在学校……同学们会取笑我相对白皙一些的肤色，并给我起外号'红南瓜'……这个外号深深伤害了我，我经常在放学回家路上哭，经常在晚上睡觉前祈求上帝让我第二天早上醒来变成纯正的黑人"（22-23）。叙述者以"经常"总结了自己受伤害的心理，而不是将体验自我的所思所想细细道来。萨义德（Edward W. Said）在《格格不入》（*Out of Place*）中回顾在耶路撒冷的情感体验时说到："回忆之中，当时我认为在耶路撒冷是愉快的，带有一种令人心痒的开放性，是一时的，我还认为那是个过渡，后来果然就是"（23），也是以一句话总结了在耶路撒冷居住十余年的愉快经历。反复叙事是压缩叙事时距的重要方式。那么，小莱辛却被母亲强制午休的痛苦也可以概述之："我当时真的不困，但也只能躺在床上，感到时间过得极其缓慢，以为过了半小时但实际才三分钟"。莱辛没有略写而是以拉长的时距突出之，正是要表征体验自我情感。

情感源于身体对环境的感知，莱辛书写儿童自我的身体便是在抒发儿童自我的情感。斯宾诺莎（Baruch de Spinoza）指出，"人体自身，在许多情形下是为外界物体所激动"（61）。"多样的情感形式诞生于身体的经验"（98）。德勒兹（Gilles Deleuze）肯定了斯宾诺莎所认识到的身体在情动中的作用，认为身体感触产生不同情绪（11）。可见，身体是情感的感知基础。然而，女权运动前，西苏（Hélène Cixous）发现，女性身体常被社会压抑和异化："这身体曾经被从她身上收缴去，而且更糟的是这身体曾经被变成陈列的神秘怪异的病态或死亡的陌生形象，这身体常常成了她的讨厌的同伴，成了她被压制的原因和场所。身体被压制的同时，呼吸和言论也就被抑制了"（193-194）。"我们一直被摈拒于自己的身体之外，一直羞辱地被告诫要抹煞它，用愚蠢的性恭谦去打击它"（201）。女性的身体被收缴、抗拒、抹煞和打击，成为病态或死亡的陌生形象，这意味着身体的触动不能被自己正确地认识，真实的情感被排挤忽略。

莱辛书写童年的身体，是回到童年情动的现场，是女性主义的抗争。西苏呼吁："写你自己，必须让别人听见你的身体。"（194）身体是女性写作的核心内容，无论是作者笔下的腿、手指、肚子等的活动、她用眼睛所观察到的世界，还是直接呈现小莱辛心理的自由间接引语，都是她在被迫午休、辗转难眠时的情动现场。"我们的社会让我们远离我们的情感……我们必须要了解我们自己……加强与我们情感间的联系。"（Allen 94）外聚焦视角与压缩的时距意味着远观、简写，无法呈现身体感知的细节和情感的全貌；内聚焦视角与拉长的时距则恰好相反，它们能不分巨细地呈现身体感知，因此成为莱辛情感书写的恰当选择。

三、成年的期待：直接引语、自由间接引语与单一叙事

成年以后，面对糟糕的婚姻关系、母女关系和南罗得西亚社会环境，莱辛离开非洲去往英国的情绪越发强烈。所以在第一次生发渴望长大和自由的心情到最终到达伦敦怀揣拥抱新生活的希望情绪之间，不满和畅想交替萌生。她一

边以叙述者的口吻议论过去的生活，一边以体验自我的视角表达对当下的失望厌倦和对去往欧洲的渴求。这样的情绪记录了8次：

> 我别无他法，必须长大，快快长大……然而成熟和自由的日子似乎遥遥无期，因为对现在的我来说，日出时无法预见日落时的事。（莱辛 108）
>
> "我不要被那些东西传染——疾病、忧郁症、糖尿病、带着伤疤的可怜兮兮的残肢，还有战争，战争，……战壕战，我不要！"（169）
>
> 我只是在梦想着一种生活，如同巴黎和伦敦一样，那里也有类似的自由精神。我并不属于这里。（230）
>
> 我期盼着、渴望着自己能够离开索尔兹伯里去往外面的广阔世界。（343）
>
> 从开普敦回来时，我想，过不了多久，我就会离开……（355）
>
> 我站在大树下，抬眼望着月光漏过了叶子……日日夜夜，我没有一刻不想你……我会将自己发射到太空，发射到伦敦，但要依靠我自己的翅膀。（371）
>
> 我将带着孩子先去伦敦。（399）
>
> 我注视着前方，再没有回头看过一眼。我在期待着我的未来，我真正生活的开始。……我没有打算要回到自己的家里去，我要逃离它。（413）

叙述内容上，这些语言透露着对家庭和南罗得西亚的强烈不满和对更广阔世界的憧憬，它们以主人公"我"的话语穿插在叙述者对过去生活的议论中。第1条表达了对眼下生活的厌恶、对长大和自由的向往；第2条表达了对当下生活环境的厌恶；第3条再次表达了对自由生活的憧憬；第4条第三次表达对外面广阔世界的向往；第5条第四次表达离开，并明确了逃离的时间；第6条第五次提到离开，表明了离开的决心并强调了方式；第7条第六次提到离开，并更细化了去往的地点；第8条第七次提到离开，逃离的动作已完成，外面的世界已打开。

　　叙述话语上，叙述者内聚焦于体验自我的视角，表达了对当下生活的不满和想要离开的心情。内聚焦体现为直接引语与自由间接引语，它们是体验自我情感的表达。直接引语是对当时所说的话的记录，第 2 句是体验自我的直接引语。自由间接引语则不易辨认。热奈特（Gérard Genette）认为自由间接叙述体中，"从属关系的省略允许话语充分展开……需转换时态……没有陈述动词，可能引起双重混乱"（116）。由于没有陈述动词引导，且时态与前后文本一致，所以这些反映逃离与厌倦情绪的话语与叙述自我的回顾语言杂糅在一起，不易辨认。一方面我们可以通过诸如"现在""这里"等词认出它们指体验自我的当下，另一方面则是直抒胸臆的表达，如"我不要被那些东西传染""过不了多久，我就会离开""我会将自己发射到太空"，它们是体验自我当时的心情写照。安妮·埃尔诺（Annie Ernaux）的三部私密写作《占据》（*L'Occupation*）、《事件》（*L'Événement*）和《单纯的激情》（*Passion Simple*）也使用了自由间接引语表达体验自我心境（张璐 44）。因此，自由间接话语是女性书写情绪的常用方式。

　　叙述频率上，尽管自传常用反复叙事，但是莱辛使用单一叙事以表达成年自我对南罗得西亚的厌倦和对外面世界的期待心理。热奈特将频率分为三类，分别是单一叙事（le récit singulatif，讲述一次发生过一次的事或讲述几次发生过几次的事）、重复叙事（le récit répétitif，讲述几次发生过一次的事，répétitif 英文即 repetitive，指叙述行为的重复）以及反复叙事（le récit itératif，讲述一次发生过几次的经历，itératif 英文为 iterative，指以语言修辞表达重复）。（74-75）成长过程中，莱辛至少 8 次想要逃离（打点引文），并且讲述了 8 次，因此属于单一叙事。

　　单一叙事无论是在小说还是传记中都不常见。热奈特介绍单一叙事的篇幅很短，并且认为，即使在虚构小说中，重头戏也是重复叙事与反复叙事。小说乃虚构，以单一叙事呈现细节，无可厚非。自传为非虚构，记忆不可能还原诸多细节，因此单一叙事有虚构之嫌。"在传统叙事中，倒叙往往采取概要叙事形式，概要一般寻求反复的帮助"（103）。"普鲁斯特作品中反复的重要与对自传样板的模仿和自传的真实性有关……我们应当记得……在根本不是'童年回忆'的《新斯万的爱情》中反复都有重要的地位"（214）。也就是说，反复叙事因为符合叙述自我的回顾性视角，所以成为自传的一种常用手段，它某种程度上是自传叙事真实性的标志。瑟利夫在回忆一位老人对自己的评价时如此叙述："'哦，玛莎，'他说，'这个孩子将来会很伟大。她会成为领导人。'过去，每当母亲讲这个故事的时候，她、姐姐和我都会大笑不止"（1）。叙述者只是以"每当……都"概括母女三人的大笑不止，而无瑕细说每次大笑的具体场合和心理细节。莱辛也可以如此表述："那时候，我很早就有了离开南罗得西亚去英国生活的想法，这种想法一直徘徊在我心中，最终我实现了愿望"。反复叙事符合后视性视角特点，但是因为占用更小的叙事空间，所以主人公的情感浓度大打折扣。

情感是触发人行动的动机。德勒兹认为"愉悦与悲苦，是人的两种基本情绪，悲苦就是所有那些包含着我行动之力减弱的情绪，愉悦就是所有那些包含着我行动之力增强的情绪"（11）。莱辛对南罗得西亚的厌倦情绪处在悲苦一端，对更广阔世界的向往之情位于愉悦一端。直接引语、自由间接引语与单一叙事再现了她情感的真实历程，形式的重复清晰呈现了她心中悲苦与愉悦此消彼长的过程。从"成熟和自由的日子似乎遥遥无期"时的迷茫无助到"我注视着前方，再没有回头看过一眼。我在期待着我的未来"的信心满满，每离外面的世界近一步，她悲苦的情感便少一分、愉悦的情感便多一分。结尾处，她说到，"在本书中，我从始至终所展现出来的自己不过就是一个产物……令人满意的英国、苏格兰和爱尔兰混合体。我被镶嵌在了一个地方，成了家谱中的一个条目"（413）。也就是说，她的自传主要展现的是自己被他者化的自我。然而，"我将自己90%的心灵和灵魂都保留了下来"（261），最后她更是感叹："我当时的亲身感受却是另外一回事——'终于结束了，'我心想，'终于就此完结了。'这指的是我与家庭的联系。'我是由自己创造出来的。'（413）"逃离南罗得西亚、来到更广阔的世界意味着她切断了与家庭的联系，也表明她在自我保卫战中取得了胜利。回顾全书，只有在直接引语和反复出现的自由间接引语中她成长中的情动瞬间才得以展现，因此直接引语、自由间接引语与单一叙事所体现的正是她真实自我建构的过程，是还原生命情动现场的有效手段。

自传在技术上能否再现体验自我的视角，曾引起激烈的讨论。尽管莱辛的尝试在叙事学上存在争议，但米克·巴尔（Mieke Bal）和詹姆斯·费伦（James Phelan）的情感一致论提供了有效支撑。摩·查特曼（Seymour Chatman）等经典叙事学家特别关注故事与话语之间的严格区分，曾断言回顾性的同故事叙述者与虚构性的异故事叙述者一样，不可能成为聚焦者。意即，由于回顾性同故事叙述者在时间和空间上已经区别于故事体验者，叙述者不再是故事世界的组成部分，所以他们的叙述类别不可能与人物的认识相同（转引自斯科尔斯等 335）。对此，巴尔和费伦等叙事学家提出了相反意见。米克认为，任何叙述都不仅意味着说话或书写，也意味着从特定视角去说话或书写，换言之，聚焦对于任何语言叙述者来说必不可少（335）。费伦在他的基础上评论到，"对于读者而言，要理解声音与视野之间的差异，不能仅局限于那种对故事与话语一刀切的划分原则，而更要关注叙述者和人物在认识活动方面的相似性"（335）。巴尔和费伦关注的是情感事实，情感真实优于一切。他们认为只要叙述自我依然保有和体验自我一致的情感认识，那么就能够呈现体验自我的视角。尽管这或许意味着一些细节的添补，但是只要人物的情感传达到位，这些细枝末节便无可厚非。莱辛自传中，由于叙述自我和体验自我对母亲以及母女关系相似的怨恨情感、对家庭和南罗得西亚的厌倦和对广阔世界的向往，所以即使存在一定细节误差，这些情感再现也是可靠的。

女性主义思潮呼吁女性写自己的身体、加强与自己情感的联系，因此，表达情感体验是 20 世纪多部女性自传的共性。莱辛的《刻骨铭心》以拉长的时距、直接引语、自由间接引语与单一叙事表达童年和成年的情感，带领读者回到体验自我的情动现场。拉长时距所呈现的身体感知是儿童自我被母亲忽视时不满情绪的直接表达，单一叙事、直接引语和自由间接引语一方面反映了自己被糟糕环境束缚时的悲苦情绪，另一方面体现了其对未来英国生活的憧憬，悲苦与愉悦情感的多次表征展现了莱辛夺回情动流变方向和人生掌控权的真实过程。莱辛频繁穿插内聚焦视角，是对以外聚焦视角为传统的自传叙事的创新，她为自传书写真实自我提供了重要方法。

致谢【Acknowledgement】

本文为"当代英语世界女性自传情感叙事研究"的阶段性成果，获首都经济贸易大学新入职青年教师科研启动基金（XRZ2025022）资助，同时受益于《现代传记研究》匿名评审人提出的修改意见，作者谨致谢忱！

This paper is supported by the Research Start-up Fund for New Facutty Members of Capital University of Economics and Business (XRZ2025022). I am also grateful to the editors of *Journal of Modern Life Writing Studies* and anonymous reviewers for their suggestions and comments.

参考文献【Works Cited】

Allen, Chude Pamela. "Free Space." *Notes from the Third Year: Women's Liberation*. Ed. Anne Koedt. New York: Notes from the Second Year, Inc., 1971. 93–98.

埃莱娜·西苏：《美杜莎的笑声》，《当代女性主义批评》，张京媛编。北京：北京大学出版社，1980 年，第 188–211 页。

[Cixous, Hélène. "The Laugh of the Medusa." *Contemporary Feminist Criticism*. Ed. Zhang Jingyuan. Beijing: Peking University Press, 1980. 188–211.]

德勒兹：《德勒兹在万塞讷的斯宾诺莎课程（1978 年—1981 年）记录—1978 年 1 月 24 日情动与观念》，《生产第 11 辑：德勒兹与情动》，汪民安、郭晓彦主编。南京：江苏人民出版社，2016 年，第 3–22 页。

[Deleuze, Gilles. "Spinoza Courses at Vincennes (1978–1981)-January 24, 1978 Affects and Concepts." *Production No. 11: Deleuze and Affect*. Eds. Wang Min'an and Guo Xiaoyan. Nanjing: Jiangsu People's Publishing House, 2016. 3–22.]

Egan, Susanna. *Patterns of Experience in Autobiography.* Chapel Hill: University of North Carolina Press, 1984.

Edmiston, William F. "Focalization and First-Person Narrator: A Revision of the Theory." *Poetics Today,* 10.4(1989): 729–744.

热拉尔·热奈特：《叙事话语与新叙事话语》，王文融译。北京：中国社会科学出版社，1990 年。

[Genette, Gérard. *Narrative Discourse and New Narrative Discourse*. Trans. Wang Wenrong. Beijing: China Social Sciences Publishing House, 1990.]

菲力浦·勒热讷：《自传契约》，杨国政译。北京：北京大学出版社，2013 年。

[Lejeune, Philippe. *Le Pacte Autobiographique ; L'Autobiographie en France*. Trans. Yang Guozheng. Beijing: Peking University Press, 2013.]

Lessing, Doris. *Under My Skin: Volume One of My Autobiography, to 1949*. New York: HarperCollins Publishers, 1994.

多丽丝·莱辛：《刻骨铭心》，宝静雅译。北京：北京联合出版公司，2016 年。

[Lessing, Doris. *Under My Skin*. Trans. Bao Jingya. Beijing: Beijing United Publishing Company, 2016.]

Martens, Lorna. "The Truth Criteria of Autobiography: Doris Lessing and Telling the Truth." *a/b: Auto/ Biography Studies* 29.2(2014). 319–340.

Mason, Mary G. "The Other Voice: Autobiographies of Women Writers." *Autobiography: Essays Theoretical and Critical*. Ed. James Olney. Princeton: Princeton University Press, 1980. 207–235.

爱德华·W. 萨义德：《格格不入：萨义德回忆录》，彭淮栋译。北京：生活·读书·新知三联书店，2004 年。

[Said, Edward W. *Out of Place: A Memoir*. Trans. Peng Huaidong. Beijing: SDX Joint Publishing Company, 2004.]

埃伦·约翰逊·瑟利夫:《前途无量的孩子:非洲首位女总统自传》,李兰杰、张秀文译。上海:上海译文出版社,2014 年。

[Sirleaf, Ellen Johnson. *This Child Will Be Great: Memoir of Africa's First Woman President*. Trans. Li Lanjie and Zhang Xiuweng. Shanghai: Shanghai Translation Publishing House, 2014.]

罗伯特·斯科尔斯,詹姆斯·费伦,罗伯特·凯洛格:《叙事的本质》,于雷译。南京:南京大学出版社,2015 年。

[Scholes, Robert, James Phelan, and Robert Kellogg. *The Nature of Narrative*. Trans. Yu Lei. Nanjing: Nanjing University Press, 2015.]

申丹、王丽亚:《西方叙事学:经典与后经典叙事》。北京:北京大学出版社,2010 年。

[Shen, Dan and Wang Liya. *Western Narrative Studies: Classical and Postclassical Narrative*. Beijing: Peking University Press, 2010.]

斯宾诺莎:《伦理学》,贺麟译。北京:商务印书馆,1997 年。

[Spinoza, Baruch. *Ethics*. Trans. He Lin. Beijing: The Commercial Press, 1997.]

冈瑟·斯塔曼:《前言》,《阿娜伊斯·宁日记》,祝吉芳等译。南京:江苏人民出版社,2007 年,第 1–6 页。

[Stahlmann, Gunther. "Preface." *The Diaries of Anais Nin*. Trans. Zhu Jifang et al., Nanjing: Jiangsu People's Publishing House, 2007. 1–6.]

Stange, Mary Zeiss. "Treading the Narrative Way between Myth and Madness: Maxine Hong Kingston and Contemporary Women's Autobiography." *Journal of Feminist Studies in Religion* 3.1(1987). 15–28.

弗吉尼亚·吴尔夫:《普通读者 II》,文楚安译。北京:人民文学出版社,2003 年。

[Woolf, Virginia. *The Second Common Reader*. Trans. Wen Chu'an. Beijing: People's Literature Publishing House, 2003.]

弗吉尼亚·伍尔芙:《存在的瞬间》,刘春芳等译。广州:花城出版社,2016 年。

[—. *Moments of Being*. Trans. Liu Chunfang et al. Guangzhou: Huacheng Publishing House, 2016.]

杨国政:《走在人生边 / 上》,《自传契约》,菲利浦·勒热纳著。北京:北京大学出版社,2013 年,第 7–22 页。

[Yang, Guozheng. "Walking on the Edge of Life". *The Autobiographical Pact*, Philippe Lejeune. Beijing: Peking University Press, 2013. 7–22.]

——:《怀疑时代的自传》,《外国文学评论》2002 年第 2 期,第 81–90 页。

[—. "Autobiography in an Age of Skepticism". *Foreign Literature Review* 2(2002). 81–90.]

张璐:《埃尔诺私人写作中的女性话语》,《外国文学》2023 年第 3 期,第 38–45 页。

[Zhang, Lu. "Female Discourse in Annie Ernaux's Private Writing". *Foreign Literature* 3(2023). 38–45.]

赵白生:《传记文学理论》,北京:北京大学出版社,2003 年。

[Zhao, Baisheng. *A Theory of Auto/biography Literature*. Beijing: Peking University Press, 2003.]

争取承认与重构规范：安妮·埃尔诺的介入写作

丁文俊　郑宁宁

内容提要：安妮·埃尔诺的作品具有鲜明的布尔迪厄社会学的风格，以自传体写作和个人回忆作为文本特征，包含了跨阶层交往的主体间性向度。在情感交往范畴，个体之间通过克服共生依赖的关系，走向相互认可和自我克制的友爱交往；在职业发展范畴，劳工阶层的贡献和牺牲理应获得尊重和认可，克服阶层区隔而构建跨阶层平等的社会团结关系。总之，埃尔诺的介入写作并没有局限在性别平等的主题，而是致力于重构社会交往的规范性基础。

关键词：安妮·埃尔诺　承认　友爱　社会团结

作者简介：丁文俊，中山大学中文系副教授，主要从事文艺社会学研究。邮箱：dingwj7@mail.sysu.edu.cn。

郑宁宁，华东师范大学思勉人文高等研究院博士生，主要从事现代性与西方思想、当代法国哲学研究。邮箱：znn_933@163.com。

Title: An Endeavor for Recognition and Reconstruction of Norms: Annie Ernaux's Intervening Writing

Abstract: Annie Ernaux's works bear a distinctive style influenced by Bourdieu's sociological mode, characterized by autobiographical writing and personal reminiscences, and incorporate an inter-subjective dimension of cross-class interaction. In the realm of affective interaction, individuals overcome symbiotic dependency to move towards friendly interactions of mutual recognition and self-restraint. In the realm of career development, the contributions and sacrifices of the working class should merit respect and recognition, overcoming the class divisions and constructing social solidarity based on cross-class equality. In conclusion, Annie Ernaux's intervening writing is not limited to the theme of gender equality, but is committed to reconstructing the normative foundations of social interaction.

Keywords: Annie Ernaux, recognition, friendship, social solidarity

Ding Wenjun is Associate Professor in the Department of Chinese Language and Literature at Sun Yat-sen University. His research focuses on the sociological theory of literature and art. **E-mail:** dingwj7@mail.sysu.edu.cn.

Zheng Ningning is a PhD candidate of Si-Mian Institute for Advanced Studies in Humanities, East China Normal University. Her research focuses on modernity and western thought and contemporary French philosophy. **E-mail:** znn_933@163.com.

法国作家安妮·埃尔诺（Annie Ernaux, 1940— ）获得了 2022 年度诺贝尔文学奖，如果使用关键词定位她的作品，回忆、自传体和女性主义可分别标示作品的叙事手法、文体形式和价值立场。当前学界正是聚焦于这几个范畴，西沃恩·麦尔文妮（Siobhán McIlvanney）关注埃尔诺作品如何通过自传体写作介入社会议题，"这些领域包括体裁的分类，特别是其在自传范畴的多变性表现；少数群体所诉求的主体地位和语言在身份构成中的角色；压迫性的解构策略；以及女权主义意识形态持续以来的重要性。"（McIlvanney 3）詹妮弗·维勒吉（Jennifer Willging）关注埃尔诺作品的记忆叙述和社会图景之间的关系，"在叙述者的个人时间线中，这个时间点拒绝被置入一个固定的位置，它总是沿着时间线滑动，总是追赶上现在，并继续影响叙述者对当下经验的阐释（似乎通常是负面的）。"（Willging 93）他们的阐述包含进一步拓展埃尔诺研究视野的可能性，一方面结合埃尔诺在诺贝尔奖颁奖仪式的讲演所言——"为我的族类复仇和为我的性别复仇合而为一"（埃尔诺 15），她对于经济和文化先天不平等状况的刻画，超越了女性群体的立场，试图通过写作在更广泛的社会交往领域追求性别平等和阶级平等。另一方面，正如丽莎·康奈尔的阐述，"对埃尔诺来说，自传体写作所支持的不仅仅是对私人记忆的追寻；自传体写作使集体生存的纽带更加紧密。"（Connell 147）埃尔诺借助照片作为载体，通过回忆重建法国不同时代的社会图景，而照片所包含的不同人物和场景则是表征社会交往的重要符号。

因此，埃尔诺作品中的回忆叙事和自我写作均不能理解为作者局限于以自身或女性角色的独白，而是包含了建基于社会交往的主体间性视角。埃尔诺所言的"族类复仇"，正是不同阶层的主体在社会交往中为承认而斗争的实践行动，她尝试通过作品探索构筑一个相互平等和相互尊重的社会秩序的可行性。

一、阶层斗争与主体间性的视角

埃尔诺作品的一个重要关键词是女性主义，创作主题包括"非法堕胎""婚姻与母亲身份""母女关系""女性在异性恋—父权制语境下表述性爱的困难"（Thomas 201）埃尔诺从自己的视角出发，通过回忆阐述自己的家庭生活、事业抉择和情爱经历，以及母亲经营杂货店的波折、养育女儿产生的冲突以及面对女婿家庭的手足无措等，这是一段涵盖从少年到老年的女性生活史。正如罗兰·尚帕涅的评述，埃尔诺致力于将女性从男性主导的线性时间中解放，"她的全部作品指向将世俗与神秘救赎的愿景联系起来，促使女性发掘社会对其所施加的时间性限制的世俗结构。"（Champagne 147）

相比于其他女性主义作家，埃尔诺的写作具有何种特质？《一个女孩的记忆》（*Mémoire de Fille*）讲述了十八岁的埃尔诺首次离开家庭从事夏令营辅导员的经历，以这段历程为例：

> 她扑向他的怀抱，而他却将双臂垂于身侧。他什么也不说，继续微笑着。于是，他转身走回自己的房间。（Ernaux, *Mémoire de Fille* 51）
>
> 她给室友珍妮写了一封言辞深情的怀旧信，又给住在鲁昂那个脸上有酒红色雀斑的女孩克劳迪娜写了一封，希望能再见到她。她俩都没有回信。（84-85）
>
> ……这种拒绝是异常的，因为好几个辅导员连续两三年都来了，并且这一拒绝使我明显看清：无论以何种方式，甚至在最大程度上，他们都不愿再提及这个女孩。（108）

埃尔诺将夏令营的工作视为摆脱父母约束的机会，对工作期间收获爱情和体验性爱充满美好的憧憬，她与辅导员领队 H 在舞会期间中途离开随即发生性关系，但是这段感情却很快在第二天因为言语误会而破裂。埃尔诺在作品中表达了女性理应获得享受爱欲快感的自由，她并不赞同父母以及就读的教会学校对爱欲情感和异性社交的严苛限制。从这个角度来说，埃尔诺的女性主义叙事所表达的诉求包括女性理应获得平等不受限制地参与社会交往的权利，以及女性理应获得对自我身体和欲望的主导权。

埃尔诺作品的独到之处在于，她并没有局限在性别区隔的视域，而是将女性平等参与社会交往的问题置于社会的总体情境中予以反思，尤其通过回忆的方式刻画自身遭受地域、性别和阶层的多重歧视境遇之下的心理变化历程。埃尔诺的夏令营工作之旅不仅没有收获理想的情感伴侣和爱欲体验，而且没有得到同事和机构的尊重和认可。在埃尔诺与男性的关系上，H 仅仅将埃尔诺视为用于发泄自身欲望的猎物，不仅没有珍视她的情感诉求，并且在她面临同事们联合戏弄的情况下拒绝其求援的请求，埃尔诺将原因归结于自己的语言表达习惯和行事方式。在埃尔诺与女同事的关系上，埃尔诺因为坦承与 H 的关系而受到集体的敌视，埃尔诺和其他男性的情感交往同样被她们广泛传播，并且在夏令营结束之后断绝了和埃尔诺的联系，埃尔诺认为问题出在自身的生活方式和他人格格不入，以及自身在性爱上的放纵。在埃尔诺与夏令营主办机构的关系上，尽管续聘是惯例，然而埃尔诺在第二年申请职位的时候被拒绝，埃尔诺的工作能力和生活风格没有得到机构认可，埃尔诺推测原因是夏令营期间的性爱经历损害了自己的名誉。

埃尔诺在社会学层面将夏令营的失败经历归咎于生活习性的冲突。首先，埃尔诺就读于一所教会学校，并成长在一个信奉天主教并以经营杂货铺为生的庶民家庭，她长期缺乏和异性交往并进入多元文化的社会空间的机会，由此她不仅在夏令营期间极度渴望情爱但又缺乏和伴侣相处的能力，而且没找到在群体生活中妥善公开情感关系并维护自身尊严的合理方式。其次，埃尔诺当时不仅在学历上逊色于诸多就读于师范学校的同事，而且即使在其生活的小镇，她的文化生活和家庭条件也无法和教会学校的富有同学相提并论——"她还未曾前往过一百四十公里开外的巴黎，也没去过任何自发派对，她没有电唱机"

（Ernaux，*Les Années* 55），因此当置身于夏令营的工作和日常生活，埃尔诺在语言交流和情感表达上均无法和同事们取得共鸣，这是一种由生活习性所延伸的阶层歧视行为。

从这里可以看出鲜明的布尔迪厄社会学的解释架构，《区分》（*La Distinction*）写到，"纯粹构形上的差异通过姿态、身体姿势、衣着打扮以及行为方式的不同，被进一步加强和象征性地突显，而与社会世界的整个关系都体现在这一方式之中。"（Bourdieu，*La Distinction* 214）埃尔诺在语言表达的习惯和交往方式等多个方面，在社会空间中和同事形成了阶层区隔，因此沦为被蔑视的对象。埃尔诺不仅推崇布尔迪厄的价值取向——"我所认为在过去五十年里最伟大的知识分子，也是一位真正的介入型知识分子"（Ernaux，*L'Écriture Comme un Couteau* 68），而且将布尔迪厄社会学的理论立场贯彻到文学创作，而对阶层区隔的揭示正是布尔迪厄社会学的重要主题。埃尔诺在访谈中表示，"作为一个生存于被统治阶层环境中的孩子，我过早地持续经历着阶级斗争的现实。"（64）因此，埃尔诺作品诉求不能仅仅被局限在性别平等的视域，她通过对情感纠葛和日常交往的回忆，揭示隐藏在个人和环境格格不入的现象背后的阶层歧视根源。如何克服阶层歧视通向社会平等，构成埃尔诺创作的关键主题。

类似的情节见诸埃尔诺对父母日常生活的叙述。《一个女人》（*Une Femme*）记载了埃尔诺邀请母亲和自己家庭共同生活的情节——"母亲在我家里感受到的不自在，和我在青春期时在'比我们更上层圈子'中所经历的相同"（Ernaux，*Une Femme* 86）。埃尔诺的母亲十分不适应中产家庭的生活方式和交流习惯，她通过承担全部家务和照顾外孙的职责凸显自身的价值，以此弥补内心对于阶层差异的自卑感。《位置》（*La Place*）则讲述了埃尔诺的父亲对于语言口音的敏感，"对于我父亲来说，方言是某种老旧且丑陋的东西，它是低劣的标志。他对于能够部分摆脱方言而感到自豪，即使他的法语并不好，但那至少是法语。"（Ernaux，*La Place* 43）埃尔诺的父亲担心方言口音暴露自己的出身，在跨阶层的接触和交往中始终持有羡慕和自卑相交织的微妙心态。

综上，埃尔诺通过展现不同生活习性之间的冲突的方式呈现社会的阶层不平等的状况。玛丽琳·海克认为，"与社会学家通过对大量个案的研究得出普遍性结论不同，埃尔诺立足于自身案例进行问题化，并从自身案例引申出普遍性。"（Heck 27）无论是埃尔诺在年轻阶段面对情人和同事的欺辱，埃尔诺父母在生活或者旅行中面对中产家庭的自卑心态，埃尔诺对于记忆的书写并不是一种独白的意识流写作方式，而是始终在社会交往的进程中展现跨阶层群体之间在行动方式和精神世界等方面的冲突。因此，埃尔诺作品包含了主体间社会交往的重要视角，即通过介入式书写探讨跨阶层如何在家庭生活和工作中确立平等和相互尊重的交往规范。结合她在公共生活中一直秉持的左派立场，可以援引黑格尔和霍耐特的社会理论的核心主题"为承认而斗争"作为埃尔诺作品的介入指向，即霍耐特的阐释——"'承认'——为了他者的利益，对自身的、以自我为中心的欲望进行各自相互限制"（Honneth, *The I in We* 17）。

二、家庭关系：从共生到友爱

由于埃尔诺以自传体作为写作方式，个人的家庭相处和情爱生活是作品的常用题材，首先从家庭关系展开对于社会交往模式的分析。霍耐特的承认理论将家庭作为争取相互承认的第一个场域，他从精神分析的视角刻画了家庭关系如何通过克服共生关系而走向相互承认的发展路径，为理解埃尔诺作品的家庭关系提供了社会批判理论的阐释视角。

参考霍耐特的论述——

共生一体的内在状态非常彻底地塑造了完全满足的体验性方案，和另一个体相融合的欲望始终存在，这种欲望存在于主体的背后以及贯穿于主体的生命。当然，这种融合的欲望只有在经历不可避免的分离经验而失望之后，才能变成一种爱的感觉，此后纳入将他者承认为一个独立的个体。（Honneth, *The Struggle for Recognition* 105）

在霍耐特看来，母亲与孩子早期处于相互依赖的共生一体的关系，两者不仅依赖于对方而存在，同时将完全占有对方作为目标，这是一种病态的相处模式。母子关系的双方只有通过重建双方各自的主体性边界，克制依赖他者并占有他者的欲望，才能走向建基于主体间性的相爱关系，这是霍耐特所设想的家庭关系范畴的相互承认模式，双方由此确立新的自我认同的形态——自信（self-confidence）。

在埃尔诺的作品中，家庭关系是为承认而斗争的重要场域之一。《一个女孩的记忆》讲述了她在首次独立参与社会交往过程中的情感挫败，这是一段摆脱父母管控并发展爱情关系的历程，然而，这段追求人生独立的经历却演变成遭到对方羞辱但依然念念不忘的吊诡式结局。原因可以在埃尔诺的另一部小说《一个女人》找到答案，埃尔诺在这部回忆母亲一生的作品中刻画了母女之间早年的冲突和分歧，这种并不成熟的共生关系对埃尔诺参与社会交往的能力造成了严重的负面影响。参看埃尔诺关于母女冲突的记述：

> 毫无疑问，拥有乳房和臀部意味着某种风险，即我会追求男孩子，并不再对学习有兴致。……我们两个都清楚地知道：她知道我想要追求男孩子，而我知道她担心我'遭遇不幸'，也就是随便与人发生关系并怀孕。（Ernaux，*Une Femme* 63-64）

埃尔诺和母亲的早期交往模式，正是霍耐特所批判的共生关系模式，这是一种发生在家庭关系的病态交往模式。

对埃尔诺的母亲而言，她对埃尔诺的衣着、交往和异地求学施加了诸多限制，意图保护埃尔诺免遭异性的侵犯，不仅有助于确保其专注于学业并进而实现阶层上升，更紧要的是保护女儿的人身安全和身体健康，这是由于长女早逝而促发的过度保护。埃尔诺母亲的行为正是共生一体关系的病态表现，一方面她将女儿视为自己的所有物，担心情爱关系会破坏母女关系的紧密纽带，削弱自己作为人生导师对于女儿的影响和控制；另一方面，正如埃尔诺所言，"我的母亲希望她的女儿去做她所没有做的所有事情"（Tondeur and Ernaux 39），埃尔诺的母亲将自己的人生使命几乎完全寄托于女儿的培养，致力于通过学历教育和品行培养，为女儿打造一条阶层上升的通道，她缺乏对自我主体性的价值认同。

　　而对埃尔诺而言，她自以为的反抗实际上并没有真正走出共生一体的病态模式。对埃尔诺精神世界的进一步分析，需要结合她对亡姐的复杂情感——"成年后，每当我不得不承认你在他们心中是坚不可摧的这一事实时，我都会深感一种难以言喻的不安"（Ernaux, *L'Autre Fille* 46）。埃尔诺认为自己只是亡姐的替代品，埃尔诺注定无法在母亲的比较中超越亡姐的地位，由此导致埃尔诺在共生关系中产生对母亲的怨恨。因此，她为了表现自身在学识和品位的提升，热衷于就享乐活动、时事政治和文学等话题和母亲交流并激发争吵，目的是表明自己已经超越了母亲和亡姐所处的生活世界的层次，从而破除母亲在共生关系中的权威地位。但是，埃尔诺的反抗仅仅是一种应激反应，尽管埃尔诺以寻求爱情和欲望解放的名义解释夏令营期间的情爱交往，然而这一方面是对母亲处处控制自己的逆反和报复，另一方面，即便受到情感伤害和人格羞辱，她依然沉迷于对 H 的崇拜和幻想，因此夏令营经历并不是埃尔诺的女性意识的觉醒和反抗，她在潜意识里只希望寻求一个更优秀的新权威角色，作为对母亲的替代和复仇。简言之，埃尔诺依然将自我封闭在共生一体的关系，并没有生成建基于理性反思和主体自信的自我认同。

　　如何走出共生关系而构筑主体的自我认同？埃尔诺在经历了在多个地方的求学岁月和情感波折之后，对母亲的情感从怨愤转为谅解与认同：

　　　　作为一名文学院的学生，我对母亲有着一种纯洁的印象，从未有过吵闹，也不曾有过暴力。我确信她对我的爱，也深觉这是一种不公平：她从早到晚都在售卖土豆和牛奶，只是为了让我坐在阶梯教室里听老师谈论柏拉图。（Ernaux, *Une Femme* 66）

　　埃尔诺将自身在学识和阶层的提升归因于母亲的经济支持，正是受益于母亲从早到晚辛苦经营杂货店的买卖生意，才获得足够坚实的经济基础支持其从事哲学和文学的学习，免于和父母以及其他亲戚一样早早从事生产劳动。埃尔诺意识到这种状况是"一种不公平"，自己在学习和交往过程中获得的文化资本恰恰来源于母亲长年缺乏文化和时尚品位的劳作，这不仅是双方走向谅解的开端，也是双方突破共生一体的病态关系的契机。

这源于埃尔诺将理性反思引入相处过程，通过还原学识和审美趣味的经济来源，重构母女之间的交往模式。其一，埃尔诺意识到，自己不能因为母亲无法在文化学识和生活习性等方面与自己相统一，而错误地将母亲贬低为粗鄙的对象以及需要予以驱逐和替换的角色。由此，她意识到尽管母亲的价值理念和表达方式与自己的期待存在距离，然而母亲多年来对自己成长的关心和经济支持，理应得到承认。其二，对埃尔诺自身的主体性建构而言，由于母亲的角色从一个需要反叛和驱逐的权威，成了一个和自身在价值理念和知识品位上存在共通和差异的他者，埃尔诺由此不仅无须渴求母亲的绝对认同，自然也无须寻求新的权威来代替母亲的角色，由此在母女关系和延伸的社会交往中确立以平等和自主为特质的自信品格。而对于埃尔诺的母亲而言，她在抱有疑虑的情况下尊重女儿对于异地求学、就业方向和婚姻的选择，她逐步认同埃尔诺作为独立主体的选择自主性，不再强求女儿遵循自己的价值理念和人生规划。简言之，这是一种建基于主体间性的相互承认关系，埃尔诺和母亲的关系走出共生一体的病态模式，寻求在共识和差异共存的状况下进行对话和交流，取代了共生模式中的控制和叛逆的常态。

埃尔诺对于家庭关系的思考并不仅仅局限在代际交往，同样见诸其对于情爱关系的探索。埃尔诺在《年轻男人》（*Le Jeune Homme*）讲述了自己和贫穷大学生之间的恋爱经历，"我们的关系可以视为是互惠互利……这对我而言似乎是一场公平的买卖，一桩划算的交易，当然，也更因为我是规则的制定人。"（Ernaux，*Le Jeune Homme* 23-24）埃尔诺对于情爱关系的看法和对于母女关系的经济分析相似，在结合双方的经济条件和人生阅历的差异的前提下，她试图将这段相差三十年的情感关系发展为相互拓宽视野和启发思考的自由交往关系，拒绝了伴侣为这段情感关系做未来规划的打算，她忧虑爱情的永恒理念将导致这段关系在之后演化为控制和占有的共生关系。

总之，埃尔诺主张将理性反思引入家庭关系的交往模式，反思亲密交往的深度和界限，将家庭关系呈现为不同主体之间围绕共识和分歧展开交往和协商。由此，代际关系和情爱关系表现为友邻之爱，不同主体之间在交往过程中克制占有对方的欲望，并承认对方的独立性和差异性。

三、社会关系：从位置区隔到价值共享

相比于在和母亲的交往中充满丰富的情感纠葛，埃尔诺与父亲的相处模式则包含相对更多的理性色彩，"我的父亲在塑造我的人格方面发挥了非常重要的作用，他是一个温情形象的人。"（Tondeur and Ernaux 39）埃尔诺在作品《位置》重述父亲的一生，相比于母亲将个人对于理想生活的向往和遗憾施加于埃尔诺身上，她的父亲则更多从理性和利益的角度，结合国家政策建议埃尔诺选择相对保守但稳妥的职业发展方向，并且对和埃尔诺丈夫之间的阶层差异持相对平和的心态。

埃尔诺认为《位置》和《一个女人》具有"社会自传（auto-socio-biographique）"的性质，"总的来说，在第二阶段创作的文本首先是'探索性'的，其目的不是为了表达'自我'或是'再发现''自我'，而是让自我迷失在某种更为广阔的现实之中，迷失在一种文化、一种境况、一种痛苦等等之中。"（Ernaux, L'Écriture Comme un Couteau 23）由于社会自传淡化了叙述者的主观情感参与，《位置》意图将父亲的故事视为一个群体样本，埃尔诺在更多情况下将自身视为父亲故事的旁观者，为从更广阔的社会总体结构中反思劳工群体的命运创造了可能性。

埃尔诺使用"位置"作为父亲传记的书名，运用了布尔迪厄社会学的理论词汇和分析方法，这是一种对个体予以编码的策略——"分类操作"（布尔迪厄 36）。具体参见《位置》关于父亲生平和形象的两段论述：

> 咖啡杂货店从不关门。他在带薪假期时还继续服务。家里的亲戚们总是来这里好吃好喝。我父母也乐得给从事锅炉工或铁路员工的弟兄们提供飨宴。（Ernaux, La Place 31）
>
> 一个出身于中产阶级并受过高等教育的人，总是嘲讽的样子，他

要如何在与"老实人"交好中获得乐趣呢？这些人的善良永远无法弥
补他所认为的重要缺失：一种精神上的对话。（66）

埃尔诺的父亲是一个积极进取而又保持自我克制的劳动者形象。他具备了
社会底层奋斗者的基本美德，为了改善家庭生活和更好地培养后代，他从事工
人和运营咖啡杂货店两份工作，在生活中奉行禁欲主义的消费观，同时他又慷
慨对待亲戚和工友。然而，他的经济条件虽然相比于父辈取得了提升，但是依
然无法步入中产阶层的行列。此外，他并没有得到中产阶层的认同，尽管他热
情而慷慨地招待埃尔诺的丈夫，特别通过展示日常维护的花园和车库，彰显自
身的勤劳美德和手工技艺，然而对方更看重的是以"精神上的对话"为名的文
化品位和审美趣味，这种中产阶层的品位则由博物馆、诗歌和标准法语等文化
要素所构筑，这是埃尔诺父亲所无法弥补的生活习性。

一个讽刺的情况是，根据埃尔诺的描述，"我丈夫和我有着同等的学历水
平，我们一起讨论萨特和自由，一起去看了安东尼奥尼的《奇遇》，我们有着
共同的左派政治观点，但我们的出身并不同。"（Ernaux, *Une Femme* 69）虽然
埃尔诺的丈夫在政治立场上持左翼立场，然而他在现实生活中对劳工阶层不自
觉地持有蔑视的态度，婚后更是没有兴趣展开具有跨阶层性质的对话和交往。
埃尔诺丈夫的例子说明，即使在法国左翼知识群体依然存在深刻的阶层区隔观
念，由此霍耐特关于在社会价值层面为群体之间相互尊重而斗争的阐述具有重
要的现实价值。霍耐特指出，"有些有组织或非正式的群体的存在专门致力于
实践某些方面的价值，并允许成员之间获得对于他们自己的技能和天赋的相互
认可，我们目前几乎无法掌握这些群体的数量。"（Honneth, *The I in We* 207）
以埃尔诺父亲为代表的劳工阶层在创造社会价值方面也做出自己的贡献，理应
得到承认和尊重，但是他们的贡献在不公正的价值层级和趣味等级体系中被归
于下等的位置，由此他们被社会主流所蔑视和忽略。而霍耐特、布尔迪厄和埃
尔诺正是要努力打破根据阶层等级的位置开展社会交往的不平等规范，法国社
会的价值并不仅仅是由高雅艺术、博物馆和大都市等要素所配置，如果放任社
会阶层的蔑视传统的延续，社会将缺乏共同的价值基础和平等正义的规范性

法则。

埃尔诺意图通过将父亲作为代表为劳工阶层撰写传记，重现沉默世代的历史。《位置》补充叙述了父亲的早年经历：

> 我的祖父让他从学校退学，并将他安排进自己所在的同一间农场。他再也不能无所事事靠家里供养了。（Ernaux, *La Place* 21）
>
> 在蓬托德美尔镇，父亲的脸曾遭到几块弹片击中，他在当时唯一营业的一家药店接受了治疗……杂货店已经被那些没能够离开的人彻底抢夺干净。（34）

埃尔诺的父亲在文化素养、标准语言和艺术品位等方面和中产阶层存在差距，原因是他受到家庭环境的制约和战争的影响。在十二岁的时候，由于家庭的经济拮据，他被迫放弃学业从事生产劳动；到了青年阶段，尽管他勤劳地从事两份工作，然而二战的发生导致了危险情况和社会混乱，他不仅受伤而且并不丰厚的经营收入尽数被抢夺；到了中年阶段，由于缺乏广泛覆盖的医疗保险，他拖延多时才施行胃部手术，耗资不菲但是依然无法恢复健康。这种状况在劳工阶层中具有普遍性，尤其是二战广泛影响了法国社会的生存状态和经济发展，成了埃尔诺父亲的同代人长期无法忘怀的创伤——"每次在家庭和朋友的聚会上，人们总是会唤起对战败、占领以及轰炸这类事的回忆，每个人都参与到这段重大历史的重建中去，描述着自己的恐怖或恐慌场景，回忆起 1942年冬天的寒冷、芜菁、警报，并模仿 V2 火箭在空中的声音"（Ernaux, *La Honte* 60）。总而言之，埃尔诺的父亲的世代经历了法国在 20 世纪前中期的战争动乱和经济发展不充分的年月，他们在基础教育、财富积累和医疗保障等方面均为国家和社会承担了重大牺牲，而他们长年以来从事体力劳动和商品经营则为国家的生产发展和社区生活的稳定便捷做出了不可否定的贡献，他们的能力和品行理应获得社会的承认，他们的贡献和牺牲理应被纳入历史脉络和价值体系。

埃尔诺自诩为阶层的背叛者，"……'赎罪'的方式之一是不从写作中获得任何享乐，我将自己献身于其中，我是这样一个从未从事体力劳动的人。'赎罪'的另一种方式便是用我的写作来推动颠覆支配性的世界观。"（Ernaux, *L'Écriture Comme un Couteau* 49）埃尔诺以社会自传的方式讲述父亲的人生历程，立足于自身跨阶层的身份为劳工阶层争取获得能力和价值的承认，致力于打破围绕等级机制的位置而构建的社会蔑视关系。相似的例子还体现在埃尔诺对超市员工的职业素养的认同，"他和屠夫、面包师和奶酪制造师一样，凭借他们的技艺，从而享有自主性和责任感，这使得他们与众不同。"（Ernaux, *Regarde les Lumières Mon Amour* 35）正如霍耐特所言，"在这个意义上，对等地尊重彼此意味着根据对方的价值相互审视，这将允许他者的能力和个性在共同参与的实践中显现重要性。这种类型的关系可以说是'团结'的案例，因为这种关系不仅唤起了被动的宽容，而且还激发了对其他人的个体性和特殊性的关心。"（Honneth, *The Struggle for Recognition* 129）埃尔诺致力于构建以相互承认和相互尊重为根基的价值共同体，对于不同社会群体为社会发展做出的成就以及承受的苦难给予尊重，中止阶层区隔体系中的蔑视形式，由此通向社会团结的跨阶层交往模式。

四、余　　论

如何评价埃尔诺作品的独特性？埃尔诺一方面在社会总体经济结构和社群关系中讲述女性的成长史，主张在家庭关系中培育友邻之爱，走出依赖共生的相互控制关系，确立主体交往的边界；另一方面，埃尔诺不仅在反对阶层区隔的视野讲述女性成长受到的蔑视和压迫，而且将争取承认的主体拓展至整个劳工阶层。正如阿兰·哈巴特勒的阐述，"因此她的'非个人自传'，在风格上是逾越性的，在政治上也是颠覆性的，因为其激进地挑战了狂热的个人主义，而这种个人主义正是流行的新自由主义的核心所在。"（Rabatel 121）埃尔诺写作的另一个突出特点是将故事置于不同时代的日常生活情境，探讨不同阶层在社会交往的进程中如何打破由经济利益和文化积累的差异引发的区隔和蔑视，通过回溯历史重申承认劳工阶层的价值贡献并赋予其社会荣誉的必要性，这是一种致力于在日常生活中重构社会交往的规范性基础的政治介入。

总而言之，埃尔诺以个人自传和社会自传的文体形式，展现了劳工家庭如何在情感交往和职业发展范畴从事为承认而斗争的实践，时刻扰乱并挑战建基于阶层区隔的共识，从而通过重构社会交往的规范性基础，介入并构筑建基于主体间性和价值共享的共同体。

致谢【Acknowledgment】

本文为国家社科后期资助项目"记忆的政治：'阿本之争'的历史境域与当代延伸"（23FZWB089）的阶段性研究成果，得到全国哲学社会科学规划办公室的经费支持，作者谨致谢忱。

My acknowledgement and gratitude go to the research project "The Politics of Memory: Historical Situations and Contemporary Extensions of the Adorno and Benjamin Debate" (23FZWB089) sponsored by the National Planning Office of Philosophy and Social Science.

引用文献【Works Cited】

Bourdieu, Pierre. *La Distinction: Critique Sociale du Jugement*. Paris: Les Éditions de Minuit, 1979.

布尔迪厄：《普通社会学（第一卷）：分类斗争》，刘晖译。上海：上海人民出版社，2023 年。

[—. *Sociologie Générale, Volume.1: Cours au Collège de France 1981–1983*. Trans. Liu Hui. Shanghai: Shanghai People's Press, 2023.]

Champagne, Roland A. "A Woman and Her Own Time: Annie Ernaux's Creative Writing as a Crucible for the Temporal Salvation of Womanhood." *Dalhousie French Studies* 1(2010): 147–58.

Connell, Lisa. "Picturing Pain and Pleasure in Annie Ernaux's 'L'Usage de la Photo'." *French Forum* 2/3(2014): 145–60.

安妮·埃尔诺：《为我的族类复仇而写作——埃尔诺获奖演说》，杨国政译，《世界文学》2023 年第 2 期，第 12–18 页。

[Ernaux, Annie. "I Will Write to Avenge My People: Nobel Lecture by Annie Ernaux." Trans. Yang Guozheng, *World Literature* 2(2023): 12–18.]

Ernaux, Annie. *La Honte*. Paris: Gallimard, 1997.

—. *La Place*. Paris: Gallimard, 2011.

—. *L'Autre Fille*. Paris: Nil, 2022.

—. *Le Jeune Homme*. Paris: Gallimard, 2022.

—. *L'Écriture Comme un Couteau: Entretien avec Frédéric-Yves Jeannet*. Paris: Gallimard, 2011.

—. *Les Années*. Paris: Gallimard, 2008.

—. *Mémoire de Fille*. Paris: Gallimard, 2016.

—. *Regarde les Lumières Mon Amour*. Paris: Seuil, 2014.

—. *Une Femme*. Paris: Gallimard, 2007.

Heck, Maryline. "La *Politique de la Littérature* chez Annie Ernaux: le Cas des Ethnotextes." *Littérature* 2(2022): 18–31.

Honneth, Axel. *The I in We: Studies in the Theory of Recognition*. Trans. Joseph Ganahl. Cambridge, UK and Malden, USA: Polity Press, 2012.

—. *The Struggle for Recognition: The Moral Grammar of Social Conflicts*. Trans. Joel Anderson. Cambridge, Massachusetts: The MIT Press, 1995.

McIlvanney, Siobhán. *Annie Ernaux: The Return to Origins*. Liverpool: Liverpool University Press, 2001.

Rabatel, Alain. "La Fictionnalisation des Paroles et des Gestes: *Les Années* d'Annie Ernaux." *Poétique* 1(2013): 105–123.

Thomas, Lyn. "Voix Blanche? Annie Ernaux, French Feminisms and the Challenge of Intersectionality." in Margaret Atack, Alison S. Fell, Diana Holmes, and Imogen Long eds., *Making Waves: French Feminisms and Their Legacies 1975–2015*. Liverpool: Liverpool University Press, 2019. 201–214.

Tondeur, Claire-Lise and Annie Ernaux. "Entretien avec Annie Ernaux: par Claire-Lise Tondeur." *The French Review* 1(1995): 37–44.

Willging, Jennifer. *Telling Anxiety: Anxious Narration in the Work of Marguerite Duras, Annie Ernaux, Nathalie Sarraute, and Anne Hébert*. Toronto, Buffalo and London: University of Toronto Press, 2007.

返乡旅行书写中的自我民族志建构
——析牙买加·金凯德《一处小地方》

陈鹏宇

内容提要： 返乡旅行书写带有鲜明的自我民族志的特征。安提瓜和巴布达作家牙买加·金凯德重返家乡并见识到后殖民余毒后，发表非虚构作品《一处小地方》。该著作融合后殖民话语与自传性书写特质，是金凯德写作思想之浓缩，也是理解其系列作品之关键。金凯德在返乡旅行书写中将自我经验充分问题化，结合社会文化与历史语境以充满愤怒与批判的唤起式叙事揭示了后殖民时代加勒比地区的社会问题，展现了自我民族志的建构，也为重估自我民族志的价值提供了重要镜鉴。

关键词： 自我民族志　返乡旅行书写　牙买加·金凯德　《一处小地方》后殖民话语

作者： 陈鹏宇，四川大学外国语学院博士研究生，主要从事翻译史研究。邮箱：cccpyscu@163.com。

Title: Return Migration Narrative as Auto-ethnography: An Analysis of Jamaica Kincaid's *A Small Place*

Abstract: The return migration narrative is distinctly characterized by auto-ethnography. Antiguan and Barbudan author Jamaica Kincaid published the non-fiction work *A Small Place* after returning to her homeland and witnessing the residual effects of postcolonialism. This work, which interweaves postcolonial discourse with autobiographical elements, serves as the epitome of Kincaid's literary thought and a key to understanding her broader oeuvre. In her return migration narrative, Kincaid meticulously interrogates her personal experiences and situates them within socio-cultural and historical contexts. Through a narrative marked by anger and criticism, she reveals the social issues plaguing the post-colonial Caribbean, thereby constructing a form of auto-ethnography. This work also provides a significant perspective for reassessing the value of auto-ethnography.

Keywords: auto-ethnography, return migration narrative, Jamaica Kincaid, *A Small Place*, post-colonial discourse

Chen Pengyu is a PhD candidate at the College of Foreign Languages and Cultures, Sichuan University, Chengdu, China (610207), whose research focuses on translation history. **E-mail:** cccpyscu@163.com.

返乡旅行书写作为一种独特的旅行叙事，具有重新审视自我身份与族群历史的特质，展现出鲜明的自我民族志（auto-ethnography）特征。20 世纪 60 至 80 年代，诸多加勒比作家重返家乡，或定居或周游，并创作了大量的返乡旅行书写。安提瓜和巴布达作家牙买加·金凯德（Jamaica Kincaid，1949— ）1988 年发表的非虚构作品《一处小地方》（*A Small Place*）正是此类作品的典型代表。金凯德通过返乡游客独特的"局内人"视角，结合自身经验与历史事实，控诉安提瓜政府与英国殖民余毒，为后殖民时代的安提瓜提供了一幅肖像。此书展现了金凯德对殖民主义及其影响的极大愤怒（Byerman 91），是"一部真正具有清晰度和力量的哀歌"①。然而，尽管金凯德因后殖民话语以及自传性书写两大标签被国内学界所熟知，但研究大都聚焦《安妮·约翰》（*Annie John*）、《露西》（*Lucy*）、《我母亲的自传》（*The Autobiography of My Mother*）三部作品，集后殖民与自传性书写特质于一体的非虚构作品《一处小地方》反而并未引起足够关注。截至 2024 年 11 月 4 日，中国知网（CNKI）数据库中仅有 4 篇期刊文章、4 篇学位论文以此为主要研究对象。鉴于此，本文将《一处小地方》定位于后殖民时代加勒比返乡旅行书写的背景下，旨在探查金凯德的自我民族志建构方法，并重新评估文学研究中的自我民族志文本与自我民族志方法的价值。

一、返乡旅行书写：加勒比作家的独特写作

旅行书写是一种将跨空间迁移经验文本化的文学表现形式。《剑桥旅行书

写史》(*The Cambridge History of Travel Writing*)的编者指出,"只要人们旅行就会讲述旅行的故事"(Das and Youngs 1)。这一论断在加勒比地区得到印证:该地区的形象长期以来通过旅行书写得以建构和传播。而旅行本就带有鲜明的人类学特质,如田俊武所言,"旅行的人类学意义之一在于它是人类文明形成的决定性条件"(155)。旅行书写作为文本化的旅行经验也因此天然融入了民族志的特质。克利福德与马库斯进一步提出,传统旅行书写"与当代民族志有着相似之处",且"民族志开篇的叙述明显呈现出与游记写作之间的延续性"(Clifford and Marcus 66)。

1492年,哥伦布在所谓"发现新大陆"时首次到访加勒比海地区,并在巴哈马群岛登陆,随即宣布西班牙在此地的权益主张。自此,加勒比地区就成为西方殖民者眼中的香饽饽。19世纪下半叶,帝国旅行家对异域世界的探索欲望达到顶峰,这一时期涌现了大量关于加勒比地区的旅行记述,如特罗洛普(Anthony Trollope)的《西印度群岛与西班牙大陆》(*The West Indies and the Spanish Main*)、金斯莱(Charles Kingsley)的《最后:西印度群岛的一个圣诞节》(*At Last: A Christmas in the West Indies*)、弗劳德(James Anthony Froude)的《西印度群岛的英国人》(*The English in the West Indies; Or, The Bow of Ulysses*)。正如西班牙人类学家卢比埃斯(Joan-Pau Rubiés)所言,旅行写作是早期欧洲民族志的"基本形式"之一,"在欧洲扩张早期的几个世纪里,旅行写作自然而然地生成了民族志"(Rubiés 243)。这类帝国加勒比旅行书写以细腻的描述和对殖民地社会的敏锐观察,对当时欧洲人的加勒比认知产生了极大的影响,在不同程度上彰显了当时欧洲对加勒比地区的想象。可以说,长久以来,加勒比地区的形象经由帝国旅行者的凝视而建构。然而,经由帝国之眼建构的加勒比形象无可避免地受到欧洲帝国意识形态的影响,这为日后加勒比知识分子开展自主的民族志书写埋下伏笔。

第二次世界大战后,大量加勒比海岛国在去殖民化运动中实现民族独立或高度自治。20世纪60至80年代,许多加勒比作家从宗主国或旅居国重返家乡,而这种返乡旅行催生了一种独特的写作方式——返乡旅行书写。作家们在重访故土的过程中,通过内部视角重新构建了加勒比形象,并揭示了后殖民时代的社会问题。出生于特立尼达岛的印度裔英国作家奈保尔（V. S. Naipaul）曾于 1961 年开展为期一年的中美洲海岛旅行，途经家乡特立尼达岛、英属圭亚那、苏里南、马提尼克岛和牙买加等国家和地区。次年，奈保尔发表首部长篇非文学著作《重返加勒比》（*The Middle Passage: The Caribbean Revisited*），深入探讨了加勒比地区的历史、文化和社会问题，特别是奴隶贸易时期的影响以及其遗产在当代社会中的延续和转变。无独有偶，法属马提尼克作家格里桑（Édouard Glissant）也于 1965 年重返家乡。返乡定居的 15 年间，格里桑直接参与和观察加勒比社会，最终孕育出《加勒比话语》（*Caribbean Discourse*），为加勒比地区的文化和身份研究做出了重要贡献。从人类学的意义上看，此类返乡旅行书写也说明"加勒比当地的民族志可以由当地人'主动'挖掘，而不必被殖民者'被动'编撰"（石蕾 161）。

在一系列加勒比返乡旅行书写中，安提瓜和巴布达作家金凯德的《一处小地方》（*A Small Place*）尤其值得关注。金凯德 16 岁时离开安提瓜旅居美国，后于 1984 年重返家乡。返乡旅行使金凯德深刻感受到后殖民余毒对安提瓜的影响，也催生了《一处小地方》。她以第一人称写作，与游客"你"互动，结合自身经验与历史事实，揭示了旅游业和后殖民主义对安提瓜的双重侵蚀，控诉了腐败政府和前殖民宗主国的持续影响，为后殖民时代的安提瓜提供了一幅自画像。作品发表当年即收获大量好评，《纽约时报》称赞该书为"由爱、乡愁以及斯威夫特式愤怒共同驱动的一幅肖像"（Kakutani 16），《费城问询报》称其在 80 页篇幅内讲述了比所有旅行指南都更丰富的加勒比地区信息[2]。

近年来，越来越多学者关注加勒比作家独特的返乡旅行书写。文类研究方面，有学者探讨加勒比文学中作为身份诗学的返乡行为，提出归家之旅实际上是通过质疑他者走向自我认知的过程（Ravizza 4）。亦有学者关注加勒比女性移民写作，认为返乡旅程在重构个人身份方面与离家之旅同等重要（Hoving 64）。作家研究方面，有学者从返乡之旅切入沃尔科特（Derek Walcott）的作品，指出作家背井离乡期间，故土发生巨变，而这种"缺席的压力"（the strain of absence）在作家与其试图歌颂的群岛之间形成一道鸿沟（Tynan xv）。还有学者聚焦奈保尔重返加勒比时面临的"无根"身份认同困境：一方面，他是从欧洲出发的都市旅行者；另一方面，他曾是殖民地居民，不知如何在"扮演"欧洲人角色时调和这两重身份（赵飒飒 67）。当前学界讨论表明，加勒比作家的返乡之旅促成对自我身份的追问，为其文学创作注入了显著的张力。

总体来看，大量加勒比海殖民地作家在宗主国或发达国家旅居、接受教育后，重返中美洲并撰写返乡见闻。这种后殖民母题下的返乡旅行书写已成为二战后，尤其是 20 世纪 60 至 80 年代加勒比作家的独特创作方式。这一带有对自我身份、历史再审视的故土重访，不仅超越了帝国之眼的局限，揭示了后殖民社会的问题，还丰富了加勒比文学的内容和形式，为世界文学提供了重要的思考维度。

二、自我民族志：基于"局内人"的自叙

民族志"把对异地人群的所见所闻写给和自己一样的人阅读"（高丙中 59）。传统的民族志基于一种易地而观的文化书写范式，即研究者作为"他者"介入他族文化，并将观察与记录所得呈现给本族读者。由于追求客观、中立，尽管研究者享有高度的叙述主权，但在民族志书写中仍多扮演冷峻的旁观者，避免过度的主观影响。在早期的帝国加勒比旅行书写中，传统民族志属性明显，类似于对加勒比地区的"文化翻译"。然而，随着加勒比作家返乡旅行书写的兴起，一种更具主体性的自我民族志（auto-ethnography）逐渐成形。自我民族志不仅将本族文化推介给他族读者，还将个人经历与社会文化、历史语境相结合，强调主体性的表达。这种民族志"主动从自身文化内在角度亲口表述"（Radin 1），也被称作"局内人（insider）"民族志（Hayano 100）。金凯德的《一处小地方》并非"类民族志"的传统旅行书写，而是将自我经验与民族志叙述相结合，利用唤起式写作强调个性叙述的主体性，带有鲜明的自我民族志特征。

（一）以自我经验揭示后殖民余毒

金凯德在访谈中坦言，她的写作"一直是自传性的"，也"必须是自传性的"（Ferguson 176）。其作品大都具有取材现实社会、折射自我经验的特质。在

《一处小地方》中，重返安提瓜的金凯德以局内人的视角书写旅行见闻，通过描写地理景观、物质文化并揭露模拟生活，以自我经验揭示了家乡的后殖民余毒。

深描地理景观是地方性意识强烈的作家之共同特征。正如韦尔蒂（Eudora Welty）和奥康纳（Flannery O'Connor）大费笔墨描摹密西西比荒漠，李劼人悬搁故事主线带读者游览文殊院与青羊宫，金凯德也十分重视建构安提瓜的景观。《一处小地方》以游客入境安提瓜并乘车前往酒店的游览线路为脉络，描绘当地自然美景与标志性建筑。但金凯德的导游词并非简单的景观概览，还试图还原安提瓜后殖民苦难之地的本貌：基础教育不受重视，学校看起来像是"给碰巧路过之人准备的厕所"（Kincaid 7）；医疗条件糟糕，医院里只有三个被本地人嫌弃的庸医，以至于卫生部长都得去纽约看"真正的医生"（8）；图书馆被1974年的大地震摧毁，但十余年间都未能重建（9）；岛上有大量豪华别墅，但都是贪官或毒贩的资产（11）。通过局内人揭秘式的景观描写，金凯德展现了安提瓜后殖民社会的糟糕境况，进而打破了第一世界游客的安提瓜幻象。

物质文化书写也体现了金凯德的局内人声音，其中汽车及相关产业是其着墨重点。安提瓜的汽车几乎都是崭新或准新的日系豪华车，其高昂价格让相对富裕的游客都望而却步，显然与当地的经济发展和收入水平极不匹配。金凯德随即道出缘由——腐败政府对汽车进口与销售的操纵。一方面，当局实施宽松的车贷与严苛的房贷政策，且纵容无证驾驶，引导民众消费远超收入水平的豪华车（7）。另一方面，高官在日本车企持股，不仅使用该品牌豪车贿赂海关缉私人员，还将其投放于公务车换新（58）。然而安提瓜在全球化进程中被边缘化，缺乏无铅汽油供应，导致这些精密的日系豪车因加注落后的含铅汽油而"发出一种可怕的声音，像一辆老车——一辆非常老旧、破败的车"（6）。作者以此揭露安提瓜的怪相：昂贵的进口汽车随处可见，但无铅汽油却成为奢望。"加错了油的崭新汽车"（brand-new car filled with the wrong gas）（7）也成为金凯德对家乡后殖民时代处境的隐喻——独立后的安提瓜看似光鲜亮丽，实则缺乏优质的社会内驱力。

金凯德还抨击了安提瓜政府对殖民时代行政运作的"模拟（mimicry）"。模拟亦称模仿、拟仿、戏仿，初见于法农（Frantz Fanon）《全世界受苦的人》

（*Les Damnés de la Terre*）一书对欠发达国家资产阶级生活的描述，后因巴巴（Homi Bhabha）"关于模拟与人：殖民话语的矛盾心态（Of Mimicry and Man: the Ambivalence of Colonial Discourse）"而成为后殖民文化研究关键术语。模拟一方面指殖民地行政制度上对宗主国的模拟，另一方面还指殖民地百姓对殖民者文化的模拟（翟晶 50）。加勒比海国家独立或自治后的境况正印证了模拟的影响——政府腐败、社会不平等、经济畸形发展，显示出当地后殖民时代的艰难处境。在《一处小地方》中，金凯德批评了当地政府对殖民时代行政运作的戏仿。例如当局大兴酒店管理学校，教授年轻人"如何成为更好的佣人，如何成为更好的无名之卒"（Kincaid 55）。金凯德借此说明其族人正经历无意识的奴化，对殖民权力结构和殖民价值观念的无意识复制浑然不知。基于自我经验的揭示，金凯德尖锐地指出安提瓜的社会结构与经济形态仍在延续殖民时代的余毒，为其他类似的后殖民社会提供了自我反思镜鉴。

（二）唤起式叙事引发观光客反思

自我民族志分为"分析式（analytical）"与"唤起式（evocative）"两种典型模式（Anderson and Austin 132）。唤起式叙事（evocative narrative），亦译作"激发回忆的叙事"（艾利丝、博克钠 791），是自我民族志的重要表现形式。此概念最早由美国人类学者爱丽丝（Carolyn Ellis）提出，强调自我民族志应当通过情感和叙事来表达个人经历，并使读者能够与文本产生共鸣（Ellis 115）。爱丽丝与博克钠（Arthur Bochner）进一步指出，这种叙事方式"能开阔读者们的视野，批判地反映他们自己的个体经历，使读者们移情般地进入自己没有体验过的别人的经验世界，并积极投身于不同的社会和道德的隐喻之间的对话中去"（艾利丝、博克钠 797）。相较于传统的科学民族志而言，唤起式自我民族志是交流式辩论，而非规训式论断，强调个人叙事"唤起读者情感共鸣、启发读者心灵转变和转变读者生活方式的作用"（卢崴诩 222）。

金凯德的《一处小地方》具有鲜明的唤起式自我民族志的特征，这主要体现在她对旅游行为殖民性以及游客丑陋心态的大胆揭示。第二次世界大战后，大量加勒比海岛国在去殖民化运动中实现民族独立或高度自治。安提瓜与巴布达于 1967 年实现自治，并于 1981 年完全脱离英国实现独立。然而，脱离欧洲宗主国的加勒比海地区，又在冷战格局下成为美苏争霸棋盘。古巴导弹危机之后，在意识形态站队的威逼与经济援助的利诱之下，加勒比地区普遍倒向美国，导致该地区沦为实质上的"美国湖"。在这种后殖民历史语境下，旅游业成为"帝国主义的一种形式"（纳什 34）。加勒比作家敏锐观察到旅行逐渐演变为新的殖民游戏。奈保尔在《重访加勒比》中提出了旅游业即"新的奴隶制"的著名论断，指出西印度群岛"正在以旅游的名义将自身出卖给新的奴隶制"（Naipaul 210）。格里桑也留意到法属马提尼克旅游业的殖民性，在《加勒比话语》中笑称，"许多人因为它（马提尼克岛）的名声，愿意前往那里寻求乐趣"，"到了 2100 年，游客会经卫星广告的邀请到访这个岛屿，亲身了解'过去几个世纪中殖民地是什么样子'"（Glissant 1）。

《一处小地方》同样以旅游话题开篇："如果你以游客的身份到访安提瓜，你将会看到这些。如果你是坐飞机来的，你将会降落在 V. C. Bird 国际机场……"（Kincaid 3）金凯德全篇以第一人称写作，并且对读者，即游客"你"，表现出强烈厌恶。她声讨游客为"一个丑陋的人"，是"空洞的东西、愚蠢的东西"，称旅游就是"一堆垃圾在这里和那里逗留，凝视着这个，品尝着那个"（14-17）。此外，金凯德还在行文中插入大量括号，强调游客丑陋的旅行心态：

> 这可能会让你感到害怕（你正在度假；你是游客）；这也可能会让你感到兴奋（你正在度假；你是游客）。不过，如果你来自纽约并且经常坐出租车，你可能已经习惯了这种驾驶风格：大多数纽约的出租车司机都来自类似的地方。你望向窗外（因为你想让自己的钱花得值）……（6）

这种通过文内夹注直击读者的唤起式叙事，揭示了游客的心理状态和行为动机：对岛上的落后感到心安理得，甚至对此感到兴奋。这种批判性唤起叙事促使读者反思自身在后殖民权力结构中的位置。

尽管奈保尔等加勒比作家也留意到旅游是殖民的延伸，但因其对待前宗主国的态度较为暧昧，对游客行为的批判也显得较为温和。相反，金凯德"对于殖民主义的政治压迫与文化，从来都是毫不妥协的"（路文彬 21）。她以"怒骂"的方式揭示欧美游客作为殖民者的后代，正以观光的形式延续着先人的掠夺行为。这种对游客精致利己主义心态的揭示正是为了唤起读者对旅游后殖民特质的反思。因《一处小地方》的唤起式叙事言辞激烈，有学者曾形容这是金凯德"愤怒的'她'声"，称"愤怒的金凯德不愿让这些游客心安理得"（金慎 76）。

总体来看，金凯德通过对游客"你"的唤起式叙事，揭示了旅游行为暗含的殖民性。游客被赋予"观看"的权利，而观看行为并非中立或无害，其在某种程度上延续了殖民者的凝视与支配。这种具有"反旅行（anti-travel）"（Crane 546）意味的写作，将安提瓜作为后殖民时代的浓缩呈现给读者，引发读者反思旅游业背后复杂的后殖民权力关系。

三、自我民族志的价值重估

源于人类学研究的民族志，既作为研究方法，也作为研究对象，早已渗透到文学、语言学、翻译学等诸多领域。20 世纪 80 年代民族志"主体转向"以来，研究者的主观经验、自我反思、个体叙事的价值愈发重要。诸多作家都在写作中主动或无意地运用民族志方法，尤其是在返乡旅行书写中。这种极具自反性的文体与自我民族志所强调的"把自己作为方法"（项飙、吴琦 13）产生强烈的共鸣。在此背景下，有必要重新评估自我民族志作为文本和方法的价值。

金凯德的《一处小地方》深刻揭示了亲历西方殖民历史且仍受后殖民贻害影响的加勒比作家的自我民族志建构策略，同时为重估其他具有同类文学特质的加勒比作品提供了线索。事实上，目前仍有大量加勒比文学的自我民族志价值亟待发掘：非虚构自我民族志著作包括如巴巴多斯诗人、历史学家布拉斯维特（Kamau Brathwaite）的加勒比三部曲——《通行权》（*Rights of Passage*）、《面具》（*Masks*）和《群岛》（*Islands*）以及法属马提尼克诗人、剧作家塞泽尔（Aimé Césaire）的《还乡手记》（*Cahier d'un Retour au Pays Natal*）等；虚构著作包括圣卢西亚诗人、剧作家沃尔科特的《奥麦罗斯》

（*Omeros*）与《又一生》（*Another Life*）、多米尼加作家里斯（Jean Rhys）的《藻海无边》（*Wide Sargasso Sea*）和特立尼达小说家、剧作家洛夫莱斯（Earl Lovelace）的《惊愕之酒》（*The Wine of Astonishment*）等。

　　近年来，已有学者从自我民族志视角重估加勒比经典文本。石蕾的"加勒比海民族共同体书写——论沃尔科特《又一生》中的民族志叙事"一文大胆颠覆了学界对《又一生》"缺少主体叙事"的评价，并将该小说定位于自我民族志，论述了沃尔科特如何建构加勒比海地区的"整体自我"与"想象的共同体"（153-164）。该研究引出重估自我民族志文本的双重意义：个案研究价值，即探讨自我民族志写作技法对单一著作文学张力的加持；区域文学群像描绘价值，即挖掘自我民族志作家共建加勒比共同体的文化贡献。总之，自我民族志应当成为加勒比文学乃至世界文学研究中的一门显学。进一步挖掘并重新定义那些具有自我民族志特质的作品，将为理解后殖民身份、杂糅文化、群岛意识等议题提供更为丰富的视角。

　　然而，如何有效地重估自我民族志仍是一个复杂的问题。首先，需明确界定自我书写与自我民族志书写之差异，这包括评估作者在何种程度上运用个体经验、如何运用个体经验、是否将个体经验问题化。一方面，有必要验证作家是否采取有别于一般自我书写的人类学技法。在《一处小地方》中，金凯德将返乡之旅的个体经验与安提瓜的后殖民社会现实紧密结合，其对自然景观、物质文化和模拟生活的刻画展现了民族志深度描写；其与读者的交互则体现了自我民族志的唤起式叙事。这些特点使得《一处小地方》成为重估自我民族志写作的典型范例。另一方面，还有必要检视作家是否明确使用"民族志""自我民族志"等人类学术语彰显主体性。因自我书写闻名的法国作家埃尔诺在《外部日记》中明确提及"民族志"（Ernaux, *Journal du Dehors* 65），并在《羞耻》中坦言："我也不会仅仅满足于提取和记录回忆中的影像，而是要将它们当作文献，通过不同的方式来分析它们。总之，要成为自我的民族志学者"（Ernaux, *La Honte* 38）。这使得埃尔诺的小说"有别于传统的自传和自我虚构"（黄荭 59），"带有明显人类学民族志特征的叙事模式"（62）。可见，从传统自我书写中挖掘自我民族志这条隐藏脉络，或为世界文学研究重估自我民族志提供新思考。

　　总之，相较于传统民族志与自我书写，自我民族志更加强调作者"我"在文化深描与知识生产中的主体性，其核心是问题化的个体经验。随着更多学者的参与，自我民族志作为一种独特的文本与方法，其价值将得到进一步发掘。

结　　语

　　金凯德在《一处小地方》中将自我经验充分问题化，展示了自我民族志在返乡旅行书写中的独特建构方式。作品基于局内人视角，深刻揭示加勒比地区的后殖民余毒，并通过唤起式叙事引发读者对旅游业殖民性的思考，赋予文本深刻的情感共鸣和文化反思。金凯德独特的自我民族志建构使《一处小地方》在加勒比文学乃至世界文学中都独树一帜，不仅为理解加勒比文化提供了独特的视角，还为研究后殖民文学贡献了极具代表性的样本。随着"全球南方"研究的逐步深入，金凯德的自我民族志建构路径提供了有力的文学回应，或成为世界文学研究的重要参考坐标。展望未来，如何在"构建人类命运共同体"的时代命题下，响应"重写文明史"（曹顺庆、刘诗诗 5）的号召，在文学研究中进一步挖掘、应用自我民族志的文本与方法，无疑是值得深入、持续探讨的重要学术议题。

致谢【Acknowledgement】

　　本文选题受段峰教授民族志翻译研究的启发，得到石坚教授、熊辉教授的写作建议，同时受益于《现代传记研究》编辑部与匿名评审人提出的修改意见，作者谨致谢忱！

I extend my gratitude to Professor Duan Feng for his pioneering work in ethnographic translation, which inspired this study, and to Professors Shi Jian and Xiong Hui for their insightful comments on the earlier draft of this paper. I am also grateful to the editors of *Journal of Modern Life Writing Studies* and anonymous reviewers for their suggestions and comments.

注解【Notes】

① 英国作家萨尔曼·鲁西迪（Salman Rushdie）的评论，原文为"a jeremaid of great clarity and force"，详见 1988 年版《一处小地方》封底。
② 《费城问询报》（*Philadelphia Inquirer*）的评论，原文为"…tells more about the Caribbean in 80 pages than all the guide books"，详见 1988 年版《一处小地方》内封。

引用文献【Works Cited】

Anderson, Leon, and Mathew Austin. "Auto-Ethnography in Leisure Studies." *Leisure Studies* 31.2 (2012): 131–146.

Byerman, Keith. "Anger in *A Small Place*: Jamaica Kincaid's Cultural Critique of Antigua." *College Literature* 22.1(1995): 91–102.

曹顺庆、刘诗诗：《重写文明史》，《四川大学学报（哲学社会科学版）》2023 年第 1 期，第 5–17+186–187 页。

[Cao, Shunqing, and Liu Shishi. "Re-writing the History of Civilizations." *Journal of Sichuan University* (Philosophy and Social Science Edition) 01(2023): 5–17+186–187.]

詹姆斯·克利福德、乔治·马库斯：《写文化：民族志的诗学与政治学》，高丙中等译。北京：商务印书馆，2006 年。

[Clifford, James, and George Marcus. *Writing Culture: The Poetics and Politics of Ethnography*. Trans. Gao Bingzhong, et al. Beijing: The Commercial Press, 2006.]

Crane, Kylie. "Ecocriticism and Travel." *The Cambridge History of Travel Writing*. Ed. Das, Nandini, and Tim Youngs. Cambridge: Cambridge University Press, 2019. 535–549.

Das, Nandini, and Tim Youngs. "Introduction." *The Cambridge History of Travel Writing*. Ed. Das, Nandini, and Tim Youngs. Cambridge: Cambridge University Press, 2019. 1–16.

Ellis, Carolyn. "Evocative Autoethnography: Writing Emotionally about Our Lives." *Representation and the Text: Re-framing the Narrative Voice*. Eds. Tierney, William, and Yvonna Lincoln. Albany: State University of New York Press, 1997. 115–142.

卡洛琳·艾莉丝、亚瑟·博克纳：《作为主体的研究者：自我的民族志、个体叙事、自反性》，风天笑等译，《定性研究（第三卷）：经验资料收集与分析的方法》，诺曼·邓津、伊冯娜·林肯选编。重庆：重庆大学出版社，2007 年，第 777–822 页。

[Ellis, Carolyn, and Arthur Bochner. "Autoethnography, Personal Narrative, Reflexivity: Research as Subject." Trans. Feng Tianxiao, et al. *Handbook of Qualitative Research*. Vol. 3. Eds. Tenzin, Norman, and Yvonna Lincoln. Chongqing: Chongqing University Press, 2007. 777–822.]

Ernaux, Annie. *Journal du Dehors*. Paris: Gallimard, 1993.

—. *La Honte*. Paris: Gallimard, 1997.

Ferguson, Moira. "A Lot of Memory: An Interview with Jamaica Kincaid." *The Kenyon Review* 16.1(1994): 163–188.

高丙中：《民族志发展的三个时代》，《广西民族学院学报（哲学社会科学版）》2006 年第 3 期，第 58–63 页。

[Gao, Bingzhong. "The Three Periods in the Development of Ethnography: Translator's Preface to *Writing Culture*." *Journal of Guangxi University for Nationalities* (Philosophy and Social Science Edition) 3(2006): 58–63.]

Glissant, Édouard. *Caribbean Discourse: Selected Essays*. Trans. Michael Dash. Charlottesville: University Press of Virginia, 1989.

Hayano, David M. "Auto-Ethnography: Paradigms, Problems, and Prospects." *Human Organization* 38.1(1979): 99–104.

Hoving, Isabel. *In Praise of New Travelers: Reading Caribbean Migrant Women's Writing*. Stanford: Stanford University Press, 2001.

黄荭：《女性·社会性·互文性——安妮·埃尔诺的自我书写》，《西北工业大学学报（社会科学版）》2024 年第 1 期，第 59–67 页。

[Huang, Hong. "Feminine, Social, and Intertextual: Annie Ernaux's Self-writing." *Journal of Northwestern*

Polytechnical University (Social Sciences) 1(2024): 59-67.]

金慎:《愤怒的"她"声——解读金凯德作品〈弹丸之地〉》,《苏州大学学报（哲学社会科学版）》2004年第 4 期, 第 75-78 页。

[Jin, Shen. "Her Voice of Anger: Analysis of Kincaid's *A Small Place*." *Journal of Soochow University* (Philosophy & Social Science Edition) 04(2004): 75-78.]

Kakutani, Michiko. "Portrait of Antigua, Warts and All." *The New York Times*, 16 Jul. 1988, A16.

Kincaid, Jamaica. *A Small Place*. New York: A Plume Book, 1988.

卢崴诩:《以安顿生命为目标的研究方法——卡洛琳·艾理斯的情感唤起式自传民族志》,《社会学研究》2014 年第 6 期, 第 221-237+246 页。

[Lu, Weixu. "Carolyn Ellis' Evocative Auto-ethnography: A Research Method Aiming at Living a Better Life." *Sociological Studies* 6(2014): 221-237+246.]

路文彬:《愤怒之外一无所有——美国作家金凯德及其新作〈我母亲的自传〉》,《外国文学动态》2004年第 3 期, 第 21-24 页。

[Lu, Wenbin. "Nothing But Anger: American Writer Jamaica Kincaid and Her New Work *The Autobiography of My Mother.*" *New Perspectives on World Literature* 3(2004): 21-24.]

McLeod, Corinna. "Constructing a Nation: Jamaica Kincaid's *A Small Place*." *Small Axe: A Caribbean Journal of Criticism* 12.1(2008): 77-92.

Naipaul, Vidiadhar S. *The Middle Passage: Impressions of Five Societies—British, French, and Dutch—In the West Indies and South America*. New York: Penguin Books, 1969.

丹尼森·纳什:《作为一种帝国主义形式的旅游》, 张晓萍等译,《道主与游客：旅游人类学研究（中译本修订版）》, 瓦伦·史密斯选编。昆明：云南大学出版社, 2007 年, 第 34-48 页。

[Nash, Dennison. "Tourism as a Form of Imperialism." Trans. Zhang Xiaoping, et al. *Hosts and Guests: The Anthropology of Tourism*. Ed. Valene L. Smith. Kunming: Yunnan University Press, 2007. 34-48.]

Radin, Paul. *Autobiography of a Winnebago Indian*. New York: Dover, 1963.

Ravizza, Natalia. *Exile and Return as Poetics of Identity in Contemporary Anglo-Caribbean Literature: Becoming Home*. Newcastle: Cambridge Scholars Publishing, 2019.

Rubiés, Joan-Pau. "Travel Writing and Ethnography." *The Cambridge Companion to Travel Writing*. Eds. Hulme, Peter, and Tim Youngs. Cambridge: Cambridge University Press, 2002.

石蕾:《加勒比海民族共同体书写——论沃尔科特〈又一生〉中的民族志叙事》,《外国文学研究》2020年第 3 期, 第 153-164 页。

[Shi, Lei. "The Writing of the Caribbean Community: Ethnographic Narrative in Walcott's *Another Life*." *Literature Studies* 3(2020): 153-164.]

田俊武:《西方旅行文学研究：从湮没到勃兴》,《外国文学研究》2024 年第 2 期, 第 150-164 页。

[Tian, Junwu. "Western Travel Literature Studies: From Obscurity to Prosperity." *Foreign Literature Studies* 02(2024): 150-164.]

Tynan, Maeve. *Postcolonial Odysseys: Derek Walcott's Voyages of Homecoming*. Newcastle: Cambridge Scholars Publishing, 2011.

项飙、吴琦:《把自己作为方法——与项飙对话》。上海：上海文艺出版社, 2020 年。

[Xiang, Biao, and Wu Qi. *The Self as a Method: Conversations with Biao Xiang*. Shanghai: Shanghai Literature & Art Publishing House, 2020.]

翟晶:《边缘世界：霍米·巴巴的后殖民理论研究》。北京：文化艺术出版社, 2013 年。

[Zhai, Jing. *A Liminal World: On Homi Bhabha's Postcolonial Theory*. Beijing: Culture and Art Publishing House, 2013.]

赵飒飒:《V.S. 奈保尔旅行写作研究》, 西北大学博士学位论文, 2018 年。

[Zhao, Sasa. *A Study on V. S. Naipaul's Travel Writing*. Diss. Northwest University, 2018.]

蒲柏书信中的矫情与真情

刘 灿 孙勇彬

内容提要：亚历山大·蒲柏是 18 世纪英国伟大的诗人，也是英国最早公开出版自己私信的人，其动机一直备受争议。在蒲柏的书信中，一方面，为了在公众面前塑造自己完美形象，他在给年长者的书信中表露出了矫揉造作的一面，具体来说：有对自己诗歌天赋的过分得意，有意识突显自身道德高尚，以及极力维护自身名声和掩饰自己的虚荣心；另一方面，在写给好友和亲人的书信中，蒲柏也会流露真情实感与责任担当。

关键词：亚历山大·蒲柏 书信 矫情 真情

作者简介：刘灿，南京财经大学硕士研究生，研究方向为英美文学。

孙勇彬，通讯作者，文学博士，南京财经大学外国语学院教授，主要研究领域为英国文学，近期代表性成果是《约翰生在〈谢思顿传〉中的选材艺术》（《现代传记研究》）。邮箱：syongbin@nufe.edu.cn。

Title: Affectation and Sincerity in Alexander Pope's Letters

Abstract: Alexander Pope, an illustrious 18th century English poet, is regarded as the pioneering author to edit and publish his private correspondence. The impetus for this act has been a subject of debate. Pope's letters to the elderly, for instance, were crafted to cultivate an impeccable public persona, revealing a calculated display of pride in his poetic prowess, a conscious emphasis on his virtuous character, and a diligent effort to preserve his reputation, all while masking his vanity. Conversely, in his interactions with friends and family, the poet unveiled his true sentiments and sense of duty.

Keywords: Alexander Pope, letter, affectation, sincerity

Liu Can is a MA candidate at Nanjing University of Finance and Economics, with a research focus on English and American literature.

Sun Yongbin is Professor of English in the School of Foreign Languages at

Nanjing University of Finance and Economics. His research focuses on English literature. His recent article "Samuel Johnson's Art of Choosing Biographical Materials in *Life of Shenstone*" was published in *Journal of Modern Life Writing Studies*. He is the corresponding author. **E-mail:** syongbin@nufe.edu.cn.

18 世纪在西方被称为"书信的世纪",18 世纪早期在英国文学史上被称为"蒲柏时代"。诗人亚历山大·蒲柏(Alexander Pope)从 16 岁开始写信,直到他 56 岁去世前为止,四十年间共计写了几千封书信,其中有 1612 封信得以留存。蒲柏与他人通信频繁,而且也是英国最早编辑并公开发表自己私人信件的作家,使得不少研究者对其书信产生了浓厚的兴趣,文学界对此也褒贬不一。蒲柏于 1737 年以匿名形式出版的《书信集》(*Letters of Mr. Alexander Pope, and Several of His Friends*)被一些人视为书信写作的范本并加以模仿。如本杰明·富兰克林(Benjamin Franklin)称它们是"用我们自己的语言出版的最好的书信"(376)。乔纳森·斯威夫特(Jonathan Swift)也给予高度评价,认为蒲柏的书信为人们提供"有史以来最好的范例"(Sherburn, 4: 77)。然而,更多的研究者对其书信持谨慎态度。约瑟夫·沃顿(Joseph Warton)是最早为蒲柏作传的人之一,他在 1797 年整理并公开了蒲柏有意隐藏并精心编辑过的部分书信的原稿,且表示这可能会对他的声誉"带来不利的影响",但同时也认为通过这些书信才可以"看到诗人真实的样子",才能进入"他心灵深处探究其秘密"(Warton 1: 5-8)。这里,沃顿认识到蒲柏书信的价值,同时,他也对其书信中流露的情感或态度表示了担忧。塞缪尔·约翰生(Samuel Johnson)也为蒲柏写了传记,在传中,他直言蒲柏的书信是"有预谋的和做作的",他甚至怀疑蒲柏"可能一开始就有发表它们的想法"(416)。约翰生还提供了例证并指出,蒲柏写信时很在意自己的声誉,对于权势之人极尽奉承之意。如他写给博林布鲁克勋爵(Lord Bolingbroke)的一封长信,"就是用一个职业作家所拥有的全部技巧和勤奋写成的"(Johnson 401)。

事实上,蒲柏的书信呈现出一种复杂状态,"矫情"与"真情"相互交织,并存其中。一方面,为了在公众面前树立完美无缺的个人形象,他在给年长者的书信中，时常展现出矫揉造作的一面，具体表现为：有对自己诗歌天赋的过分炫耀，刻意突显自身道德的高尚，极力维护自身名声以及小心翼翼地掩饰自己的虚荣心；另一方面，在与好友和亲人的通信中，蒲柏也会自然流露出真情实感，展现出责任担当的一面。

一、蒲柏书信中的矫情

蒲柏曾坦言，"自己早期的书信被'矫情和野心'所沾染，表现出轻浮与愠怒"（Johnson 416）。蒲柏的好友，也是其文学遗产执行人威廉·沃伯顿（William Warburton）也察觉到，蒲柏与威廉·威彻利（William Wycherley）的通信，始终透着"清醒的头脑"与"严肃的态度"，读来让人觉得蒲柏有着超越年龄的成熟，颇有"少年老成"之感；反观威彻利的回信，却满是"孩子气的羡慕""幼稚的装模作样"且行文"完全不讲规矩"（Brown 35）。威彻利作为一名颇有名气的剧作家，比蒲柏年长近50岁。不过在诗歌创作领域，他却稍显逊色。尤其到了晚年，由于记忆力衰退，他在新创作的诗歌中常常不自觉地重复前人或自己以往的语句。在两人交往初期，年近古稀的威彻利对青年蒲柏在诗歌方面展露出的天赋惊叹不已，欣赏之情溢于言表，二人由此结下忘年之交。在书信往来中，威彻利对蒲柏极为尊重，赞誉有加："在信的前半部分，你通过举例阐明了智慧的含义，后半部分又对其本质特征进行了精准表述，这让我比以往任何时候都更深刻地感到自己的不足，明白自己难以企及你的文字功底"（Sherburn 1: 3）。或许正是诸如此类的恭维，使得蒲柏渐渐滋生出骄傲情绪。蒲柏曾坦言："说实话，每次收到你的信，那些称赞我的话语都会让我的虚荣心作祟"（1: 9）。这种得意的虚荣心不仅体现在言语之中，还逐渐外化于他的行为举止。

威廉·沃尔什（William Walsh）是英国的一位诗人和批评家，比蒲柏年长26岁，也是蒲柏的朋友之一。在与沃尔什的通信中，当时在英国文坛尚无名气的蒲柏，就已大胆抨击文坛的一些著名批评家。他认为"他们只是机械地依据某些规则来评判诗歌，根本无法领会诗人真正的创意与天才之处"；他还批评一些诗人"盲目听从所谓的著名评论家们的建议，把诗写成对句……这样的诗歌毫无新意、缺乏方法，更不见自然与正义的元素"（1：21）。此外，蒲柏还大胆地对威彻利的诗歌进行大刀阔斧的修改。在给威彻利这位长者的回信中，蒲柏将自己比作"园艺师""画家"和"助产士"，说道："我删除了一些诗句，就如同为了让果实更加饱满，我们会剪掉果树上多余的枝丫；还有一些诗句，我采用了全新的表达方式，让它们更具诗意。"（1：16）然而，蒲柏的这些做法最终还是触怒了威彻利。1710年，在给威彻利的最后一封书信里，蒲柏做出了让步："请相信我，以后我定会尊重你的意愿，不再在你的诗稿上随意涂改，只在页边空白处标注出重复的地方"（1：86）。即便做出让步，蒲柏依旧坚称自己的修改是正确的，"若不进行删减、增补和润色，就无法消除那些毫无意义的重复，更无法让诗歌在语言表达和节奏韵律上达到完美"（1：86）。由此可见，蒲柏其实早已意识到自己行为可能引发的问题，但在当时，内心的满足与得意让他更愿意相信自己的诗歌天赋；对文坛前辈诗作的修改，不仅是他独立个性的彰显，更被他视作跻身文坛的"通行证"。于是，蒲柏任由自己的傲气肆意蔓延，在给亨利·克伦威尔（Henry Cromwell）的书信中，这种傲气更是演变成了"愠怒"。他抱怨道："到现在我也不清楚他疏远我的原因。但我明白，无论他再怎么邀请我，我都不会像从前一样毫无顾忌地和他相处了。真难以想象，他竟然如此多疑，连朋友的经验都不信任"（1：102）。在这里，蒲柏指责威彻利性格多疑，埋怨他不相信朋友的才能。不难看出，早期的蒲柏因得意自己的诗歌才能，表现出骄傲的姿态，然而一旦这种才能受到质疑，他便立刻怒形于色，转而指责朋友的品行。

蒲柏书信中的"矫情"还体现于他佯装对名声、指责以及批评都毫不在乎，可实际上，他不但极为在意自己的名声，时刻密切留意着公众舆论的动向，而且还会有意识地采取各种办法去规避批评。对待批评家的指责更是睚眦必报。甚至有时候，即便明知自己犯了错，他也会绞尽脑汁地百般辩解，试图为自己开脱，有时还会呈现出一种"求饶逃跑"的姿态。蒲柏曾在书信里多次宣称自己对名声并不看重。然而，他在匿名出版《人论》（*An Essay on Human*）这部作品后，却接连给多位朋友写信，询问他们对于该作品的评价以及公众对此的看法。比如在 1732 年 11 月 2 日写给乔纳森·理查森（Jonathan Richardson）的信中，他便有意试探理查森对这部作品的评价，说道："还有《人论》，我多次听闻它的消息。我想问问，你对它有何见解呢？我听到有人为它喝彩欢呼；也有人觉得它晦涩难懂；还有人（我相信你并不在此列）称那是我写的。我能指出它的一些不足之处，我相信你能指出更多，但总体而言，我觉得它还是优点居多"（3: 351）。同样，在 1732 年 3 月 8 日致威廉·福蒂斯丘（William Fortescue）的信中，蒲柏故意采用正话反说的方式来探听消息："自从你离开之后，镇上的人们对《人论》赞誉有加，在许多地方，大家都将它奉为一部杰作，认为其艺术造诣远在我以往的作品之上。我寻思着，与其说人们对它的赞扬是出自真心，倒不如说是对我其他诗作的一种贬抑呢"（3: 355）。此外，蒲柏还写信给约翰·卡莱尔（John Caryll），向其询问他对这首诗的看法："如今人们都在热议一首新诗《人论》，我感觉这首诗称得上是神来之笔。……待你仔细研读两三遍之后，我很想知道你是怎么想的"（3: 354）。显然，蒲柏十分担忧那些曾在《群愚史诗》（The Dunciad）中被他猛烈批评过的作家们会联合起来向他发难，况且当时的他也不确定读者对于《人论》的接受程度究竟如何。基于这样的顾虑，他选择匿名发表《人论》，企图以此来规避被众人联合声讨的风险。即便如此，他仍旧怀揣着忐忑不安的心情，不断给朋友们写信，四处打听消息，竭尽全力地隐瞒自己的作者身份，只为能从朋友那里获取到坦诚且公正的评价。这般精心的策划与举动，无疑充分彰显出蒲柏其实相当看重自己作为诗人的名声和地位。

除此之外，当遭遇其他评论家和诗人的批评时，蒲柏并未选择虚心接纳，反而流露出颇为强烈的"复仇"心态，可在书信之中，他却又竭力营造出一种对这些批评与指责毫不在意的表象。1711 年 6 月 18 日，在写给卡莱尔的信里，蒲柏宣称"倘若他们乖张的脾气发展到对我个人进行恶意诽谤的地步，我向你保证，无论他们怎样刺激我，我都不会有任何举动，也不会吐露只言片语。我要树立伟大的榜样，即便身处诽谤的漩涡之中，也能凭借纯朴平静的内心以及基督徒式的牺牲精神，泰然处之"（1: 118）。到了 1723 年 8 月，在致斯威夫特的信中，蒲柏更是直言不讳地说道："我从来未曾动过报复他人的念头……我心底最强烈的愿望，便是能与你以及像你这般的少数几位朋友一起安度余生"（2: 186）。而在 1732 年 11 月 2 日给理查森的信中，蒲柏再次表明态度："我决意不去理会那些来自男男女女的闲言碎语，我心中秉持着美德，口中诉说着真理"（3: 327）。尽管蒲柏在写给朋友们的信件里，屡屡表明自己能够坦然正视外界的批评，可实际行动却与之截然相反。面对那些有损自己声誉的对手，蒲柏可谓是竭尽所能地对他们展开攻击与报复。1726 年，诗人刘易斯·西奥博尔德（Lewis Theobald）曾以胜利者的姿态指出蒲柏修订的《莎士比亚作品集》（*The Works of Shakespeare*）中存在的不足之处，这使得蒲柏瞬间陷入了评论家们的口诛笔伐之中。面对质疑，蒲柏极力为自己辩解，称"自己思想过于繁杂，并不适合从事这类琐碎的编辑工作"（Johnson 395）。1728 年，蒲柏出版其讽刺诗集《群愚史诗》之时，他将所有批评过自己及其诗作的人一一罗列出来，并对他们发起了攻击。他把"西奥博尔德放在愚人之首，斥责其忘恩负义"（397）。此外，桂冠诗人科利·西伯（Colley Cibber）为了追求演出效果，曾拿蒲柏、诗人约翰·盖伊（John Gay）和阿布斯诺特博士（Dr. Arbuthnot）合作完成的那部算不上成功的戏剧《婚后三小时》（*Three Hours after Marriage*）来打趣戏谑。1729 年 11 月 1 日，在给马利特（Mallet）的信中，蒲柏暗中流露出心中的不悦："你会发现，创作一部好剧本要远比将它搬上舞台容易得多。你自然而然会断定，我们这些写剧本的人，对像西伯这样负责表演的人并不会产生太大的影响"（Sherburn 3: 66）。而且，在《群愚史诗》中，蒲柏还以"一种颇为隐蔽的方式向西伯挑起事端，企图以此来满足自己嘲讽他人的欲望"（Johnson 409）。作为回击，西伯写了一本小册子，在镇上的酒馆里四处散发。在这本小册子里，他嘲笑蒲柏身体上的残疾以及性无能，甚至还污蔑他有嫖娼的恶习。这无疑是直击蒲柏最想在大众面前隐藏的弱点，同时也让人们对蒲柏最在意的品德产生了怀疑，深深地刺痛了蒲柏。据约翰生描述："理查森曾跟我讲过，有一次他随父亲去拜访蒲柏时，发现蒲柏手里正拿着西伯的那本小册子在阅读，他嘴上说着'这是我的消遣'，可周围的人都明显察觉到，他在细读之时，面容因愤怒而变得扭曲"（410）。于是，在 1742 年新版的《群愚史诗》中，他把为西奥博尔德准备的那些犀利言辞，全都用在了西伯身上，对其展开了猛烈的批评，事后还深感得意。由此可见，蒲柏全然不像他书信以及作品中所宣称的那般超脱、淡然，哪怕是些许程度的攻击与批评，都足以打破他内心的平静，让其方寸大乱。

不仅如此，蒲柏偶尔还会仗着深受群众喜爱这一资本，肆意地去讥讽他人。而当遭到大众的一致谴责时，他不仅缺乏承认错误的勇气，反而再三地进行辩解，甚至急切地渴求朋友们能够出面替他说情，自己则显露出一副"求饶"且试图逃跑的姿态。在 1731 年 4 月 4 日写给伯灵顿伯爵理查德·博伊尔（Richard Boyle, Earl of Burlington）的那封探讨品位的信中，蒲柏借助丁满（Timon）的名字暗指钱多斯公爵（Duke of Chandos），对其虽富甲一方却缺乏品位这一点加以讽刺。结果，蒲柏却因此遭到了公众的指责，被斥为恩将仇报之人。起初，面对这样的指责，蒲柏在信中回应称："这样的批评足以把他吓倒，不，几乎都让他没办法继续写作了"（Johnson 399）。然而，他这种试图以言语威胁大众的方式并未起到什么作用，见此情形，他便转而向朋友们寻求帮助，一边继续为自己辩解，一边又不得不有所承认，寄希望于朋友们的解释能够平息舆论所引发的波澜。于是，就在同年 12 月 22 日，他写信给希尔（Hill）说道："不过，如果能有一位朋友站出来为我辩护，去揭穿这个最为恶毒的谎言，那对我来说可真是一件令人欣慰的事啊。二十年来的亲身经历让我深知，每当有人遭受诽谤时，我总是会挺身而出捍卫他们的声誉。倘若我曾让公爵有过哪怕片刻的不安，那么即便全世界的人都对我的诗歌赞赏有加，我也会觉得自己难辞其咎"（Sherburn 3: 260）。从这番话语中可以看出，蒲柏在辩解无果之后，退而求其次，勉强承认了自己对公爵确实存在冒犯之意。而且在 1731 年 12 月 16 日，蒲柏还用假名"William Cleland"给诗人盖伊写信，试图为自己开脱，信中写道："我觉得作家是拥有充分的自由去指出他人的某个缺点，或者去赞美某个朋友与众不同的品质的"（3: 255）。

二、蒲柏书信中的真情

尽管在蒲柏的书信里，确实存在不少为彰显其天才禀赋以及掩饰虚荣心而展现出的"矫情"之处，然而一旦涉及友情和亲情，他便会抛却所有的伪装和刻意修饰，将内心深处真实的情感自然地流露出来。诗人盖伊是蒲柏的挚友，他的才情算不上出类拔萃，也没有什么宏大的追求，但其为人极为天真率直、坦诚相待。在蒲柏以及其他朋友的悉心帮助与照料下，盖伊一生过得闲散惬意且颇为体面。蒲柏对盖伊的感情可以说是真挚深厚，发自肺腑的。1714 年 9月，当蒲柏得知盖伊在汉诺威的竞选活动中铩羽而归时，他即刻写信去安慰盖伊，还主动承诺会在经济方面给予援助，信中写道："不管归来的你是一位凯旋的辉格党人，还是一位失意沮丧的托利党人，我都会一视同仁地对待你……你的归来对我而言，就是这世间最大的快乐。你无需为将来的生活费用而忧心，我翻译荷马作品所获得的稿酬，足以维持我们的生活"（1: 254）。1732 年12 月，蒲柏收到玛莎·布朗特（Martha Brount）的来信，获悉盖伊离世的噩耗后，他悲痛到了极点，在回复的信件中写道："我实在无法用文字去描绘我此刻的心情，也没办法通过推理或者思考来抚平或者缓解我内心的悲痛"（3:336）。斯威夫特是蒲柏和盖伊共同的朋友，蒲柏写给他的信里同样流露出对盖伊那份深厚的情感，以及他对友情的珍视，信中如此表述："死亡着实令人心生恐惧，它残忍地迫使我们与所爱之人分离。盖伊先生的不幸离世，给我们带来了难以言表的痛苦"（3: 365）。

蒲柏对待父母极为孝顺，这份孝心也获得了斯威夫特的充分认可。在1733 年 7 月 8 日给蒲柏的回信中，斯威夫特这般写道："据我所知道，她在天底下最孝顺的儿子的悉心照料下，因年老体衰而安然离世，未曾遭受一丝痛苦。这无疑是人世间最大的幸福了"（3: 378）。母亲的离去，给蒲柏带来了沉重的打击。同年 9 月 1 日，在与斯威夫特的通信里，蒲柏更是毫不掩饰地倾诉道："今年我什么都没能写成。毫不夸张地讲，母亲的去世彻底改变了我的生活习性。……我满心沮丧，仿佛被一种无形的束缚所禁锢，我的全部心思都沉浸在回忆与母亲共同生活的那些点点滴滴之中，根本无心去规划自己的未来呀"（3: 384）。在写给好友斯威夫特的这些书信里，蒲柏于悲伤之中袒露了自己最为真实的内心情感。

而当面对异性知己玛莎时，蒲柏同样能够放下男子汉的那份尊严，直白地倾诉内心深处的悲观与绝望情绪。9月7日，蒲柏在给玛莎的回信中坦诚相告："母亲去世后，我几乎陷入了绝望的境地。失去了母爱，往后的人生仿佛就只剩下了下坡路啊"（3: 385）。接连痛失盖伊和母亲，这无疑给蒲柏造成了沉痛且双重的打击。由此可见，友情和亲情在他心中所占的分量不言而喻，正如他所言："我对这个世界感到无比厌倦，丝毫体会不到快乐，无论是与我相伴多年的朋友的离去，还是我一直为之拼搏、悉心照料的母亲的离世，都给我带来了同样刻骨铭心的伤痛"（3: 336）。从这些书信中，都能深切地感受到蒲柏对母爱以及真挚友谊的内心渴望。在悲痛的笼罩之下，他已然顾不上再去伪装自己，而是选择敞开心扉，将真情实感毫无保留地流露出来，把自己的脆弱，内心深处的孤独与恐惧，一一展现于世人眼前。

蒲柏这一生虽未曾组建属于自己的家庭，然而在对待同父异母的姐姐莫得琳·蒲柏（Magdalen Pope）一家时，他几乎是倾尽全力，且从未想过要寻求任何回报。1728年，姐夫查尔斯·雷克特（Charles Rackett）因病离世，这使得姐姐一家陷入了长达十年之久的遗产纠纷以及债务危机的泥沼之中。毫不夸张地讲，姐姐家这一系列棘手的官司，全仰仗蒲柏不辞辛劳地四处写信，拜托他人帮忙处理。例如，在1736年6月16日蒲柏写给休·伯特利（Hugh Bethel）的信中就提到："我由衷地感激您针对我姐姐的情况所给出的建议。我给了她一笔钱用于打官司，可最终她败诉了，确切地说，是我损失了这笔钱呀"（4: 21）。不仅如此，蒲柏还主动出面为姐姐家作担保，帮助姐姐家流通房产，以此帮助他们顺利度过债务危机。在1731年9月2日，他写信委托当时的副检察长威廉·福蒂斯丘（William Fortescue），并且郑重承诺道："我敢向您保证，倘若房产无法顺利兑现，那么所有由此产生的损失以及其他相关费用，都将由我来负责赔偿"（3: 224）。除此之外，蒲柏还积极地给朋友们写信，推荐外甥们去谋求合适的岗位，以便他们能够成家立业。外甥约翰·雷克特（John Rackett）当时在英国一艘私船上担任水手。1724年8月1日，蒲柏特意写信给德拉蒙德（Drummond），恳请他提拔约翰担任东印度公司商船的二副。有人曾这样评价："想要进入东印度公司，通常的办法就是成为富商的外甥；约翰虽并非富商外甥，可他的舅舅蒲柏最近刚出版了《伊利亚特》

（*Iliad*），作为文学界风头正劲的人物，蒲柏有着比其他人更大的可能性去请求德拉蒙德给予其外甥这一特权"（Pritchard 582）。要知道，蒲柏与德拉蒙德之间原本并不熟悉，可为了能帮助外甥谋求到更好的出路，"他在信中采用了委婉的第三人称表述方式，这是一种体现尊重与感激之情的句法，充分彰显了收件人的重要性。即便在给贵族好友写信时，蒲柏在书信中也鲜少这般正式"（Pritchard 582）。而另一位外甥亨利·雷克特（Henry Rackett）一心想成为一名律师，蒲柏同样不遗余力，写信给杜普林伯爵（Lord Duplin）寻求帮助。由此不难看出，在对待友情和亲情上，蒲柏可谓是至真至纯、真诚至极，他默默奉献，从不计较回报。其书信中那些最质朴、未经雕琢的叙述，恰如点点星光，闪耀出令人肃然起敬的人性光辉。诚如乔治·卢梭（George Rousseau）所言，"倘若维多利亚时代的人真的认真读过蒲柏的书信，他们就会发觉，蒲柏身上所具备的个人特质，远比他们想象中的更为伟大。"（Rousseau 40）

结　　语

总体来看，在蒲柏的书信里，"矫情"与"真情"相互交织、并存其间。蒲柏身处的时代，宗教迫害盛行，受此影响，他的仕途被无情截断，只能长久地游离于社会边缘。不仅如此，他身体还存在残疾，这些因素相互叠加，共同塑造了蒲柏早熟、自卑且敏感的性格特点。也正因如此，在与人交往时，他常常不自觉地将阴谋和谎言当作护身的武器，由此展现出虚伪、做作的一面。然而，剥开这层表象，我们会发现，蒲柏的内心深处其实始终渴望着能与他人建立起深厚的情感联系。本质上，他是一个心地善良、充满爱心，且极为真诚的人，只是复杂的经历和自身的性格缺陷，让他在人际交往中呈现出了矛盾的状态。

致谢【Acknowledgement】

本文系教育部人文社科项目"塞缪尔·约翰生的文学批评研究"（编号：21YJA752009）和江苏省研究生科研与实践创新计划项目（No. KYCX24_1949）的阶段性成果，得到项目经费支持，作者谨致谢忱！

Our acknowledgement and gratitude go to Department of Social Sciences, Ministry of Education for the sponsorship of the project, "On Samuel Johnson's Literary Criticism" (No. 21YJA752009) and "Postgraduate Research & Practice Innovation Program of Jiangsu Province." (No. KYCX24_1949).

引用文献【Works Cited】

Brown, H. *"I Could Publish My Own Heart": The Correspondence of Alexander Pope in Manuscript and Print*. Oxford: University of Oxford, 2022.

Franklin, Benjamin. *The Works of Benjamin Franklin*, Vol. Ⅶ. Ed, John Bigelow. New York: The Knickerbocker Press, 1904.

Johnson, Samuel. *The Lives of the Most Eminent English Poets: With Critical Observations on Their Works*. London: Frederick Warne and Co. and New York, 1783.

Pope, Alexander. *Letters of Mr. Alexander Pope, and Several of His Friends*. London: J. Wright, 1737.

Pritchard, Jonathan. "Pope, John Rackett, and the Slave Trade." *Studies in English Literature* (2005): 579−601.

Rousseau, G. S. "On Reading Pope." *Writers and their Background: Alexander Pope*. Ed. Peter Dixon. London: G. Bell & Sons, 1972.

Sherburn, George, ed. *The Correspondence of Alexander Pope*, 5 vols. Oxford: Oxford University Press, 1956.

Warton, Joseph, ed. *The Works of Alexander Pope, Esq. In Nine Volumes*. London: B. Law, et al., 1797.

域外写作与中国性的生成：
《张爱玲往来书信集》释读

李贵成

内容提要：《张爱玲往来书信集》具有"生命写作"的特质，实现了"信"与"史"的互通。通过书信，张爱玲向宋淇夫妇讲述异乡"风景"和"日常"生活，两者的结合生成了张爱玲域外写作的中国性。其中，关于异乡"风景"的讲述，在时间和空间的延宕中生成了稳固的中国情韵；关于"日常"生活的讲述连构起张爱玲的离散生活史，也在一定程度上复现了张爱玲文学与人生的中国履痕，透露出张爱玲在中国经验影响下的价值立场和处世哲学。

关键词：张爱玲　书信　风景　日常　中国性

作者简介：李贵成，文学博士，集美大学海洋文化与法律学院讲师，研究方向为中国现当代文学，邮箱：liguicheng2008@126.com。

Title: Writing Beyond Borders and the Formation of Chineseness: On *Letters of Eileen Chang, Stephen Soong & Mae Fong Soong*

Abstract: *Letters of Eileen Chang, Stephen Soong & Mae Fong Soong* features "life writing", realizing an interconnection between "letters" and "history". Through her correspondence, Eileen Chang shared with the *Stephen C. Soong* couple the "scenery" and "daily" life in a foreign country. The combination of these two aspects creates the Chineseness in Chang's overseas writing. Specifically, the description of the "scenery" in a foreign land creates a solid Chinese charm amidst the extension of time and space. Meanwhile, the narration of "daily" life even constructs Chang's life history of diaspora and, to a certain extent, reflects the traces of China in both her literature and life, revealing her value stance and life philosophy under the influence of Chinese experience.

Keywords: Eileen Chang, correspondence, scenery, daily life, Chineseness

Li Guicheng, PhD in Literature, is a lecturer at the College of Marine Culture and Law, Jimei University, China. Her research focuses on modern and contemporary Chinese literature. **E-mail:** liguicheng2008@126.com

1955 年 10 月，张爱玲从香港经海路转道日本远赴美国。此后，她的个人行旅地图在北美大陆不断更新，而文学版图却始终流连于"过去"的故事和"中国"的味道，未能在"新大陆"开天辟地。《张爱玲往来书信集》（2020年）出版之前，学界仅能从张爱玲的部分散文和小说中窥探其对异域文化和异族形象的想象方式，而对赴美后的张爱玲如何看待周遭环境以及如何经营日常生活所知甚少。《张爱玲往来书信集》以"非虚构"的形式记录了张爱玲经日本 / 东亚抵达美国 / 北美的异乡见闻和离散心境。其中，"风景"描写的部分既显现了张爱玲的美学观念，又透露出张爱玲的文化取向；"日常"记录的部分既呈现了张爱玲别样的"私"生活，又彰显了张爱玲独特的生存哲学。

一、作为"生命写作"的书信

"生命写作（Life Writing）"是 20 世纪 80 年代末兴起于西方的研究术语，通常和"自传式话语"[①]相关。埃莱娜·西苏格外看重女性写作权利的获得，无论是主张女性书写"自我"而又不固守"自我"，还是提倡女性通过书写"身体"（欲望 / 疾病 / 生育）而进入历史，她始终将对生命之爱的不懈追求作为女性写作的终极意义（西苏，《美杜莎的笑声》188-210）。西苏眼中的写作是"一个生命与拯救的问题"，她认为"写作像影子一样追随着生命，延伸着生命，倾听着生命、铭记着生命"（西苏，《从潜意识场景到历史场景》219），并在《根迹：记忆和生命写作》（*Rootprints: Memory and Life Writing*, 1997）中以自传的形式讲述写作的价值，以实际行动理解并实践"生命写作"。另一位女性主义批评家莎里·本斯托克则在《授权的自传》（*Authorizing the Autobiographical*, 1988）中提出将回忆录、日记、信件、札记，以及成长小说和其他个人化的虚构文本都称为"生命写作"（Benstock 10-33）。中国学界对"生命写作"的理论发端看法不一，但对这一概念的基本内涵和使用范畴的认识和莎里·本斯托克较为一致，既承认"生命写作"的"传记"元素和"生命"特质，也不否认"生命写作"的"创造性"或"虚构性"。在这一共识下，我们熟知的自传／传记、回忆录、日记、书信等写作形式都可纳入"生命写作"的范畴，而那些关注生命存在、探问生命本质的虚构小说、散文，亦可冠以"生命写作"之名。甚至，在当前多种媒介融合互生的背景下，短视频、电影、电视、微信、微博等讲述自我生命样态的多元形式也逐渐进入研究者的视野，为"生命写作"的内涵延展和跨学科研究提供了无限可能。鉴于此，"生命写作"作为一种理论视角和研究方法，为我们研究张爱玲尤其是张爱玲的书信写作打开了新的面向。

散文和小说之外，书信是张爱玲文字世界的另一大宗，也是她真情流露的私领域。《张爱玲往来书信集》在形式和内容上都具有"生命写作"的特质，其颠覆性不仅意味着此前众多版本的张爱玲传记可能重写，还意味着相关研究结论的修正和补充。王德威将张爱玲和夏志清之间的通信行为理解为一种"互信"的伦理。通览《张爱玲往来书信集》，我们发现张爱玲对夏志清的"信"其实是有限度的。1979 年，张爱玲曾在给宋淇夫妇的信中说"志清我早已发现他'事无不可对人言'，所以我信上永远一套板问候等等，一句话也不敢多说……我人缘还不够坏，还要他替我结怨。"（张爱玲等 1: 422）如此，读者自然无法从张爱玲给夏志清的信件中找到"秘辛八卦"。而在《张爱玲往来书信集》中，八卦绯闻、臧否人物竟都毫不避讳。张爱玲向宋淇夫妇吐槽殷允芃采访她的稿子（《访张爱玲女士》1968 年）"写得极坏而 harmless（无害）"（1: 170），水晶的《色，戒》书评"看得我龇牙咧嘴，真是宁可没有"（I: 387）；直言水晶"是我所有认识的最多疑的人"（2: 175），评价鹿桥"pretentious（自命不凡）而极有限，不过蒙得住有些人"（1: 329）……只有面对宋淇夫妇，张爱玲才真正做到了敞开心扉，就连受赖雅拖累而闪现的离婚念头也不讳言："听说附近有一州只要住一星期就可以离婚，但现在已改为住一年，否则我可以去住一个礼拜，以后好照旧帮他的忙，只不管他的无限制的医药费。"（1: 117）这是她对姑姑都不曾吐露的隐秘心事。可见，从"信"的角度而言，张爱玲和宋淇夫妇之间的通信达到了至高的"互信"境界。此外，从"史"的角度而言，书信不仅建构了张爱玲的个人生活史和文学史，也见证了世界史的发展轨迹。从书信到"抒情"，既有友情的抒发，又有知识分子离散海外以写作求生存的信念传递。

人们往往很容易从书信中看到张爱玲的外在生活路径，却对渗透其中的生命意识挖掘不够。比如，书信中多处提到张爱玲的"病"，于是就有了"病的隐喻"和"身体美学"的讨论，而"病后"的生命观却鲜有人关注。张爱玲如何看待生病和命运之间的关系？如何调适病中的心态？如何抚慰患病的朋友？若细心爬梳，这些问题都能在书信集中得到回应。对张爱玲而言，生病虽是身体上的磨难，却也在精神上因重新审视生命而拥有豁达和谦卑的心境。她对邝文美说："病后的世界像水洗过了似的，看事情也特别清楚，有许多必要的事物也都还是不太要紧。任何深的关系都使人 vulnerable（容易受伤），在命运之前感到自己完全渺小无助。我觉得没有宗教或其他 system 的凭藉而能够禁受这个，才是人的伟大。"（1: 85）张爱玲感叹生命受累于深情，感叹人的渺小与伟大，骨子里是一个十分坚韧顽强的作家，珍惜生命而又不惧死亡。这份坦然与超脱与她在精神上的道家倾向不无关系，她在信中自白："我多少是个道家信徒，将'道'理解为事物的走向而泰然处之。"（1: 404）然而，对自己的病痛和生死如此淡然的张爱玲却在朋友病重时表现出尖锐的时空焦虑感："我想起那次听见 Stephen 病得很危险，我在一条特别宽阔的马路上走，满地小方格式的斜阳树影，想着香港不知道是几点钟，你们那里怎样，中间相隔一天半天，恍如隔世，从来没有那样尖锐地感到时间空间的关系，寒凛凛的，连我都永远不能忘记。"（1: 203）此时，宋淇夫妇早已成为张爱玲生命中的一部分，仅想象挚友不在人间便已"震动悲哀"，遑论现实中若果真如此，正所谓"任何深的关系都使人 vulnerable（容易受伤）"（2: 259）。

以上种种迹象表明，张爱玲的书信实现了将"可验证的事实和美学的虚构情节融为一体"（Zhang 120），形成了独具特色的书信散文美学风格。除了交代写作进展和身体状况，张爱玲还在信中大量描绘了美国的风土人情和日常趣事，这部分内容尚未得到足够的关注。尽管《张爱玲往来书信集》在文体上属于"非虚构"的书信写作，但其流畅平实而又佳句频出的语言风格以及真挚热忱而又充满哲思的情感流露，亦可视为张爱玲早期散文集《流言》的另一种续写。在书信中，张爱玲描绘的美国"风景"始终伴随"中国"味道的映衬，而她的"日常"讲述则在公开出版的文学作品之外建构了海外四十年的离散生活史和精神史。

二、"风景"与中国情韵的生成

1955 年 10 月 22 日，张爱玲抵达火奴鲁鲁（Honolulu）②，正式踏上美洲大陆。她看到"各色人种"融洽相处的景象，将其视为萧伯纳"大同世界的预演"，感叹改良的民族服装"难看"的同时，表明对未来生活的淡然："我对于自己和美国都没有 illusions（幻想）"（张爱玲等 1: 21-22）。轮船离开火奴鲁鲁到达三藩市后，张爱玲当晚就搭乘飞机抵达纽约，以纽约为原点开启了离散生涯。《张爱玲往来书信集》忠实记录了张爱玲在美国的完整生存样貌，既可视为张爱玲旅美时期域外写作（小说和散文）的"前文本"，又可作为研究者修补张爱玲美国年谱的"考古"依据，其文学价值和文献价值都不容忽视。本文在细致爬梳张爱玲和宋淇夫妇往来信件的基础上，结合张爱玲和夏志清、庄信正等人之间的通信，以书信"考古"的形式厘清了张爱玲赴美后的迁移足迹。张爱玲的活动轨迹主要在美国东西海岸，涉及美东的纽约、彼得堡、华盛顿、波士顿和美西的旧金山、洛杉矶等地。作为"外来者"，张爱玲以"中国"之眼观看西方，在自然景观和人文景观中都投射了"中国"经验，异域"风景"通常成为"中国"幻象。

"风景"描写在书信文体中具有特殊意义。一方面，风景描写使得书信具有散文化的倾向，在文体上靠近书信散文，这就使得"非虚构"有了"虚构"的可能，修辞化的语言使得"风景"超越单纯的"事实"而具有了审美含量；另一方面，风景描写使得书信在事务性交流的功能之外增加了抒情面向，具有了精神交流和情感传递的可能，进而透露出写信人在凝视异域"风景"时的心理活动和精神世界。因此，作家书信中的"风景"既有作家审美表达的文学性，又有作家情感／理念表达的思想性。"风景"作为一种视角和方法，有助于我们由"景"及"情",最终抵达作家丰富而敏感的心灵世界。

《张爱玲往来书信集》里的美国"风景"随着张爱玲的空间迁移而"流动",却始终难以摆脱审美主体中西对照的审视目光。于是,"流动"的"风景"在时间和空间的延宕中生成了稳固的"中国性"。张爱玲信中所写美国"风景"不仅包含传统意义上的自然景观,还涉及大量文化景观乃至风土人情。在自然景观方面,张爱玲着墨不多,她从乡村"纯然的风景"中发现了"中国"韵味,也被市郊特有的人与动物/自然和谐共处的场景吸引。美东新英格兰乡镇"像中国画卷"(1:41)的雪景给张爱玲留下了深刻印象,她以异乡人的眼光发现了风景和人情的"中国"味道,集中体现在她的散文遗稿 *New England is China*[③]中(李贵成 132-136)。美西洛杉矶近郊的"山"和"浣熊"也给张爱玲留下了深刻印象,她写道:"我尤其喜欢到处都是大玻璃窗,望出去是葱郁的近山与远山,晚上有 racoon(浣熊)来爬在窗上讨东西吃,一只只小脸像戴着黑面具,前爪像猴子,会站着捧着东西吃"(张爱玲等1:83),兴奋和喜悦之情溢于笔端。相比自然风景,张爱玲的关注点更多体现在人文景观方面,尤其是美国的都市文化景观。

张爱玲在信中描述的人文景观主要有街道、街灯、店铺、商品等具有"现代"意义的都市文化景观,以"像上海"的纽约最为典型。在给邝文美的信中,张爱玲说"纽约真像上海,不过一切都加强。同时又比较 mellow(温和)。上海较 flashy(浮华),大概因为那种都市文化是外来的,不是本土的。"(1:27)在回忆胡适的散文中,张爱玲又说"满街灯火橱窗,新寒暴冷,深灰色的街道特别干净,霓虹灯也特别晶莹可爱,完全像上海。我非常快乐……"(张爱玲,《全集7》101)和众多游记中的纽约相比,张爱玲笔下的纽约没有象征民主与政治的自由女神、帝国大厦等地理坐标,更倾向于一种"泛化"的都市文化景观描述。"橱窗""街道""霓虹灯"和"花店里的枯枝""玻璃窗上的大蝴蝶""女人的发型衣饰"等"赏心悦目的东西"共同构成了"可爱"的纽约,它们的"现代性"符合张爱玲青睐都市文化的审美倾向,它们的"中国性"又抵消了张爱玲身在异国可能产生的"文化乡愁"。除了纽约,张爱玲在书信中还写到"又像香港又像上海"的三藩(旧金山)。旧金山的"风景"仅用"美丽"一词带过，中国城也并没有引起张爱玲的兴趣，而"一爿杂货店在店堂后面吃晚饭"的普通场景却让张爱玲"恍如身在中国"。（张爱玲等 1: 26）写信人在凝视异国"风景"时，时空的错落感和岁月的飘忽感纷至沓来，"中国"/"故国"是始终不变的参照物。由于书信文体的特殊性，《张爱玲往来书信集》中的"风景"描写放弃了华丽的修辞，既没有繁复的意象也没有艰深的隐喻，而只关乎写信人所处的具体"情境"和微妙复杂的"即时"情感以及与之对应的过往"记忆"，正如英国人文地理学者大卫·罗温索所说："所有的地方和风景都是由个人经历的，因为我们是通过由我们的态度、经历、意图、和我们独特的个人情况而组成的透镜来观看这些地方和风景的。"（David 1-36）

三、"日常"与中国经验的复现

长期以来，美国时期的张爱玲被塑造成一个文坛落魄者的形象。事实上，张爱玲在和宋淇夫妇的通信中亲述了真实的日常生活细节，疾病缠身和写作焦虑之外，亦不乏生动的日常生活描述和自足心态展露。若以上海时期的创作为参照，我们不难发现，旅美时期张爱玲关于衣食住行等日常生活的讲述在复现中国经验的同时亦有"变"的迹象。

"衣"的方面，张爱玲在上海时期的散文《更衣记》（1943）中大谈古今中外时装的演变；而在《张爱玲往来书信集》中，张爱玲不仅亲手设计旗袍还自己动手做衣服。书信留存的张爱玲手绘旗袍图片标有详细尺寸和解语，可见其设计才华和穿衣喜好："我花了几个钟头自己做了件家常的袋式夏衣，全部简化，只消缝右边一道笔直的缝子，也只有右边开叉。棕色花布，橙黄的大玫瑰。我恰巧有一条鸡皮窄带子颜色相配，穿上觉得比一般店里卖的满意得多。"（张爱玲等 1: 85）虽然对自己做的衣服较为满意，但张爱玲的主要精力仍在写作和谋生，穿衣方面逐渐走向"极简"化："我自己做了一套赭色夹黑人字呢长衫加上短大衣。无论怎样简化、省事，我也不打算多做，一年一两件，能对付过去就算了，反正我成天在家里穿着浴衣。"（1: 88）上海时期的张爱玲在穿衣方面特立独行，常给人"触目"的印象。到美国后，受经济所限，她的日

常穿衣其实大部分是便宜的"二手",但她却沉浸于"试验"的乐趣中:

> "我因为家常衣服全部由 rummage sales(义卖)供给,所以各种绝对不买的颜色也可以尝试,淡橙色的衬衫,大红绒线衫,淡绿等等,试验得很有趣,也有时候比特别买来的还要趁(称)心。最近花五毛钱买到一件很新的淡湖色 angora(安哥拉)绒线衫,有一个小小的撕破的地方,但是毛长看不出来。"(1: 72)

"食"的方面,张爱玲上海时期的散文里吃食活色生香,烟火气十足;而美国时期的散文《谈吃与画饼充饥》(1980)和《草炉饼》(1989)则借食物而"怀旧",属于味觉上的返乡。此外,张爱玲还在给邝文美的信中写到做中国菜的细节:"近来我因为胃口不好,常常自己做些中国菜,例如青椒炒蘑菇,用 bacon(熏肉)油代替火腿油。希望有一天能够做给你吃,同时听你讲点烦恼的事给我听。"(1: 81)张爱玲虽写过许多关于"吃"的文章,却是在移居美国后才开始不怕麻烦地自己做饭,她曾在信中提到用十几种香料做汤的经历,被夏志清誉为"中西合璧的烹饪艺术":"我越是胃口坏,越是肯费事,加上十几种香料——不辣,很淡,因为这里的肉、鸡有膻味——虾、番茄、厚奶油做的汤,都是当饭的,饭只点缀点缀。"(夏志清 97-99)

"住"的方面,张爱玲曾在散文《公寓生活记趣》(1943)中讲述上海时期公寓生活的乐趣。而《张爱玲往来书信集》中,找房子、搬家成为张爱玲美国生活的常态,自己装扮房间也变成她的喜好:"我最喜欢自己动手添家具,现在我把那糊着刺目花纸的一面墙漆成了极深的灰蓝色,配上其他的墙上原有的淡灰色芦席纹花纸。蓝墙前的书桌与椅子也漆成蓝色,地板也是蓝色。此外虽然另有别的色素,至少有了些统一性。"(张爱玲等 1: 67)和赖雅结婚后,张爱玲在美国有了漂泊中的"家",布置和装扮属于自己的家或许是她长久的渴望。

"行"的方面,张爱玲上海时期的散文《道路以目》(1944 年)赋予"行万里路"新的内涵,主张不必远行而从习见的生活中发现诗意。《张爱玲往来书信集》里不会开车的张爱玲只能依靠公共交通出行,公车上被扒、行路中被撞的情形下已难有《道路以目》里的"诗心",晚年为"抗虱"频繁更换汽车旅馆更是苦不堪言。李欧梵注意到张爱玲笔下以上海为中心的"日常"所承载的"人情味",并指出张爱玲在写上海的日常生活时,充满稳定和平安的"归宿感"。(李欧梵 6)相比而言,我们在《张爱玲往来书信集》中读到的张爱玲对美国"日常"生活的讲述,却充满了离散作家在美国东西海岸努力求生存的"疏离感"。

衣食住行这类日常基本生活之外,张爱玲还在书信中记录了休闲娱乐等精神生活,以看电影为主。从上海到纽约,地理空间的转换让张爱玲拥有了双重视角,美国时期的观影心得亦复现了上海时期的观影经验。上海时期的张爱玲观影经历十分丰富,她不仅将电影当作一种娱乐和消遣方式,还从电影中汲取营养,将电影作为文学创作的资源,留下了《借银灯》(1944 年)、《银宫就学记》(1944 年)、《年画风格的太平春》(1950 年)等多篇经典影评。移居美国后,张爱玲保留了看电影的爱好,不管住在城市还是乡镇,她一有机会就去看电影。1955 年 12 月 17 日,她向邝文美讲述了在纽约的初次观影经历:"昨天我第一次去看电影,看了 The Rose Tattoo(《玫瑰纹身》/《寡妇春情》,1955 年公映,获第 28 届奥斯卡最佳女演员、最佳摄影和最艺术指导三项大奖),很新鲜大胆,但是不完全成功。"(张爱玲等 1: 31)有意思的是,张爱玲曾在上海以"本土"眼光审视美国电影改编后的中国意义,借电影《桃李争春》(1943 年)反思中西方文化中的"妇德"问题;而到了美国,张爱玲又以"外来人"的眼光审视美国的电影行业,在比较的视野中发现美国社会的保守:"因为我究竟是外来的人,比较 detached(能从外边观察)。他们和中国比起来简直是 unbroken tradition(难以打破的传统),大概因为近百年来没有什么大动荡的局面,所以有一种新礼教渐渐形成了,人都一致化。"(1: 39)张爱玲不仅能从宏观角度借电影省思中西文明差异,亦能从微观角度与电影角色共情。1957 年 6 月 5 日,张爱玲写信给邝文美:"最近我看了不少'大片子',只有 Anastasia & Fear Strikes Out 觉得非常好,尤其是后者……"(1: 65)这里提到的"后者"Fear Strikes Out(《孺子雄心》),是一部关于美国传奇棒球手吉米·皮尔索(James A. Piersall)的传记片,这部电影给张爱玲留下了深刻印象，在《小团圆》中亦有体现。张爱玲从电影中紧张的亲子关系联想到自己和母亲之间渐行渐远的状态，悲从中来，委屈不平都化作银幕前"几乎嚎啕"的哭泣。（张爱玲，《小团圆》254）

尽管张爱玲最终未能在美国实现文学事业的再度腾飞，她本人亦对"想写的美国背景的故事没写"而"耿耿于心"（张爱玲等 2: 423），我们依然能从她的"日常"讲述中看到她发现和创造美的匠心，以及化繁为简、自得其乐、享受孤独的处世哲学。

结　语

《张爱玲往来书信集》始于张爱玲从香港赴美的轮船，终于张爱玲在洛杉矶的公寓，以文字的形式绘制了一幅张爱玲个人行旅的空间位移图，完整呈现了张爱玲旅居美国四十年的日常生活，构成一部离散作家的"小历史"。书信中，描写"风景"的内容时时与"中国"尤其是"古中国"相对照，折射出张爱玲试图在异域"风景"中找寻和重建中国文化的心理；描写"日常"生活的内容则在复现中国经验的同时，透露出离散作家为了适应异国生活而做出的调整和改变。

对张爱玲而言，写信是与友人的对话，更是与自我的对话，其自传性和面向生命存在的探讨具有"生命写作"的意味。书信既完整呈现了张爱玲作为东方主体融入西方世界的波折，又忠实记录了张爱玲在异域他乡为人为文始终秉持的"信""史"之风。作为散文和小说的补充，张爱玲书信中的异域书写既是倾诉，又是独白；既面向过去，又正视现在；既记录漂泊的现实境遇，又见证个体对离散命运的挣扎。借助书信，张爱玲不仅完成了与友人沟通情感、交流事务的诉求，还以生命写作的形式实现了离散者精神上的自我救赎。

致谢【Acknowledgement】

本文受益于《现代传记研究》编辑部及匿名评审专家提出的修改意见，在此谨致谢忱！

I am grateful to the editors of the *Journal of Modern Life Writing Studies* and the anonymous reviewers for their valuable suggestions.

注释【Notes】

① 关于"生命写作"的概念阐释和理论梳理参见贺秀明:《西方文论关键词:生命写作》,《外国文学》2021 年第 2 期。

② 火奴鲁鲁(Honolulu)在 1959 年成为美国夏威夷州首府,因早期盛产檀香木并且大量运往中国而被华人称为檀香山。1955 年 10 月 25 日,张爱玲在给邝文美的信中提到"廿二日到火奴鲁鲁。我上岸去随便走走"。参见张爱玲、宋淇、宋邝文美:《纸短情长:张爱玲往来书信集 I》,皇冠出版社 2020 年版,第 21-22 页。

③ 笔者在《张爱玲遗稿〈纽英伦……中国〉考释》一文中考证出张爱玲美国时期关于新英格兰的英文散文遗稿题名为 *New England is China*。参见李贵成:《张爱玲遗稿〈纽英伦……中国〉考释》,《新文学史料》,2024 年第 2 期,第 132-136 页。

引用文献【Works Cited】

埃莱娜·西苏:《美杜莎的笑声》,《当代女性主义文学批评》,张京媛主编。北京:北京大学出版社,1992 年,第 188-211 页。

[Cixous, Hélène. "The Laugh of the Medusa." Ed. Zhang Jingyuan. *Feminist Literary Criticism*. Beijing: Peking University Press, 1992. 188-211.]

——《从潜意识场景到历史场景》,张京媛主编:《当代女性主义文学批评》。北京:北京大学出版社,1992 年,第 212-237 页。

[一. Cixous, Hélène. "From the Scene of the Unconscious to the Scene of History." Ed. Zhang Jingyuan. *Feminist Literary Criticism*. Beijing: Peking University Press, 1992. 212-237.]

Benstock, Shari. "Authorizing the Autobiographical." *The Private Self: Theory and Practice of Women's Autobiographical Writings*. Ed. Shari Benstock. Chapel Hill, NC: University of North Carolina Press, 1988. 10-33.

Calle-Gruber, Mireille, and Hélène Cixous. *Rootprints: Memory and Life Writing*. New York: Routledge, 1997.

张爱玲、宋淇、宋邝文美:《纸短情长:张爱玲往来书信集》(1—2),台北:皇冠文化出版有限公司,2020 年。

[Chang, Eileen, Stephen C. Soong, and Mae Fong Soong. *Paper Short, Love Long: Letters of Eileen Chang, Stephen Soong & Mae Fong Soong* . 2 vols. Taipei: Crown Publishing, 2020.]

张爱玲:《小团圆》,北京:北京十月文艺出版社,2009 年。

[Chang, Eileen. *Little Reunion*. Beijing: Beijing October Literature & Art Publishing House, 2009.]

——:《张爱玲全集》(七),止庵编。北京:北京十月文艺出版社,2019 年。

[一. *The Complete Works of Eileen Chang* Vol. 7. Ed. Zhi An. Beijing: Beijing October Literature & Art Publishing House, 2019.]

夏志清:《张爱玲给我的信件》,天津:天津人民出版社,2020 年。

[Hsia, C. T. *Letters from Eileen Chang to Me*. Tianjin: Tianjin People's Publishing House, 2020.]

李欧梵:《苍凉与世故》,北京:人民文学出版社,2010 年。

[Leo Ou-fan Lee. *Desolation and Sophistication*. Beijing: People's Literature Publishing House, 2010.]

李贵成:《张爱玲遗稿〈纽英伦……中国〉考释》,《新文学史料》,2024 年第 2 期,第 132-136 页。

[Li Guicheng. "Interpretation of Eileen Chang's Posthumous Manuscript *New England... China*." *Historical Data of New Literature* 2 (2024): 132-136.]

Lowenthal, David. "Past Time, Present Place: Landscape and Memory." *Geographical Review* 65.1(1975): 1-36.

Zhang, Enhua. *Space, Politics, and Cultural Representation in Modern China: Cartographies of Revolution*. Abingdon, Oxon, and New York: Routledge, 2017.

辩诬与新释：论李叔同对韩偓传记的编撰及其情感

钟书林　柯佳玮

内容提要：李叔同（弘一法师）晚年移居闽南，发现晚唐文人韩偓墓道，由此开始长达八年的《韩偓传》编撰。其前后四次破戒，两易其稿，其特殊与艰辛的编撰过程体现了李叔同对韩偓的深厚情感。第一稿着意为《香奁集》辨伪、为韩偓辩污，第二稿着意表彰韩偓的"孤忠奇节"，其立意点的前后变化，折射出李叔同对韩偓品格认识与情感体现的前后升华。第二稿的修订，时值日本全面侵华战争，《韩偓传》编撰成为李叔同在国难中忠贞报国的情感凝聚。

关键词：李叔同　韩偓　高文显　韩偓传　《香奁集》

作者简介：钟书林，上海师范大学人文学院教授，主要从事史传文学研究、中国传统文化研究等。近期发表《李叔同和他的侄辈们》（《书屋》2021年第5期）等。邮箱：zhongshulin1997@163.com。

柯佳玮，上海师范大学博士生，近期发表《情爱与政治——历朝李杨故事叙事立场研究》（《闽南师范大学学报》2019年第3期）等。

Title: Authenticating Falsehood and New Interpretation: On Li Shutong's Compilation of a Biography of Han Wo and His Sentiments

Abstract: Li Shutong (Master Hongyi) relocated to southern Fujian in his later years and discovered the tomb passage of Han Wo, a literati of the late Tang Dynasty. The discovery prompted him to spend eight years compiling the biography of Han Wo. Throughout this process, he broke his fast four times in total and changed his draft twice. The special and arduous compilation process was a testament to his deep affection for Han Wo. The first draft was intended to authenticate the forgery of the *Xiang Lian Collection* and to clear Han Wo's name. The second draft was intended to commend

Han Wo's "solitary loyalty and extraordinary virtue". The changes in emphasis in the two drafts reflect the sublimation of Li Shutong's understanding of the character and his emotional attachment to Han Wo. The second draft was revised at the outbreak of Japan's full-scale war of aggression against China, and the compilation of Han Wo's biography became the emotional condensation of Li Shutong's loyalty to his country in the national disaster.

Keywords: Li Shutong, Han Wo, Gao Wenxian, *the Biography of Han Wo, the Xiang Lian Collection*

Zhong Shulin is Professor of School of Humanities, Shanghai Normal University. His research focuses on historical and literary Studies, Chinese traditional culture studies, etc. He is the author of "Li Shutong and His Nephews" *(Book House, 2021, No. 5)*. **E-mail:** zhongshulin1997@163.com.

Ke Jiawei is a PhD candidate at School of Humanities, Shanghai Normal University. He is the author of "Love and Politics: A Study of the Narrative Position of Li and Yang Stories Throughout the Dynasties" (*Journal of Minnan Normal University, Vol. 3, No. 3, 2019*).

李叔同（弘一法师）晚年移居闽南，他与晚唐文人韩偓的一段学术往事，一直以来都是李叔同研究中的热门话题之一。但由于研究者的关注点不同，形成的看法也多有不同。本文以李叔同《韩偓传》编撰为中心，将前贤成果中的一些未尽之处加以发掘，以期有所深入。

一、《韩偓传》的撰写背景与不惜"破戒"

李叔同《韩偓传》撰写起因，源自对韩偓墓道的发现。1933 年 10 月，李叔同在福建泉州开元寺讲授期间，驱车前往泉州西郊，途经潘山时，偶然间发现了晚唐文人韩偓的墓道。这一发现，开始了他长达八年的《韩偓传》编撰。他在一封致高文显的书信中，交代《韩偓传》缘起：

> 卷头列摄影一幅，后面乞记此因缘。大略云："二十二年岁次癸酉十月，讲律于泉州大开元寺既竟，下旬与广洽诸上人等，偕往西门外净觉寺，于中途获见此墓道碑，为之惊喜。二十四年乙亥二月，复往墓道碑后山麓，寻觅基地，卒不可得。是年十一月九日，偕广洽上

人往彼摄影，摄者艺轩陈祝信也。"(《弘一大师全集》8：405）

1933 年到 1935 年间，他三次前往韩偓墓道。第一次是 1935 年 10 月下旬，途中偶遇，意外惊喜；第二次是 1935 年 2 月，从韩偓墓道寻访其墓茔，未果而返；第三次是 1935 年 11 月 9 日，前往韩偓墓道摄影，为留下珍贵的影像资料。从时间上看，这封给高文显的书信，距离其第三次前往韩偓墓道的时间，前后相差不过仅四日，应该记忆真切。后来的一些研究论著或传记回忆中，常将这三次寻访韩偓墓道的活动混为一谈，并由此衍生出一些分歧来。其实在这封书信中已经明确告知：他是先后三次前往，而且每次情形，各不一致。据当时随行者黄柏龄回忆说："大师惊喜地发现韩偓墓道碑后，即搜集许多有关韩偓的资料交给高文显，嘱他为韩偓立传。""高先生书成后寄上海开明书局印刷，不幸因沪上战事而毁于战火。而后又费了好大功夫重新编撰成书。"（黄柏龄 208）

李叔同发现韩偓墓道的情形，在第一稿《韩偓传》序言也有交代：

> 癸酉小春，驱车晋水西郊，有碑蠹路旁，题曰"唐学士韩偓墓道"。因忆儿时居南燕，尝诵偓诗，喜其名字，乃五十年后，七千里外，遂获展彼坟墓，因缘会遇，岂偶然耶？余于晚岁遁居南闽，偓以避地亦依闽王而终其身，俯仰古今，能无感怆？
>
> 尔者高子胜进，摭偓遗事，辑为一卷，余览而善之，略述所见，弁其端云。（7：643）

其后他一再登临，并收集整理韩偓文集，撰写韩偓传。在此过程中，李叔同不惜一再"破戒"，足见其对传主的崇敬与深厚情感。

一是在韩偓墓道前留影纪念。上引书信他特别提到第三次前往韩偓墓道的情形："是年十一月九日，偕广洽上人往彼摄影，摄者艺轩陈祝信也。"墓前留影这在他人生中是第一次，也是唯一的一次。他为此专门请了艺轩的摄影师，并将相片分赠好友。广洽法师回忆说："他在南安葵山发见'唐学士韩偓墓道'，后来也命人摄影赠我。"（《弘一大师全集》10：294）所有这些，足见他的郑重其事。

二是以世俗礼节为韩偓举行追荐仪式。1937 年，当《韩偓传》完成时，他作为"一代南山律宗泰斗，竟然以世俗仪式追荐韩偓，足见大师对韩偓之尊崇，实堪称道"（黄柏龄 209）。此事可堪称道有三：一是为千年前的人举行追荐仪式，确实为千古奇闻；二是李叔同以佛教一代南山律宗泰斗的身份，为韩偓亲自操办世俗追荐仪式，亦可谓奇特；三是在追荐仪式中，他亲自担任"维那"（佛寺中一种僧职，管理僧众事务，位次于上座、寺主），也一反他自出家后住寺从不打理任何僧众事务的修行常态。

三是重拾俗世文学之意趣。他自发现韩偓墓道以来，研读韩偓文集，在指点高文显完成《韩偓传》同时，自撰《香奁集辨伪》一章，林子青先生据此推断说："可见其文学意趣仍未丧失"（《弘一大师全集》10: 108）。这一"未丧失"，实即他为《韩偓传》不惜又一次"破戒"。高文显撰写《韩偓传》时，他还只是一个低年级的大学生，所学专业是心理学，毫无学术功底。所以《韩偓传》一书，名义上是高文显执笔，但实际完成者是李叔同。从资料收集，到全书结构章法，甚至篇幅字数长短，李叔同都亲自参与。徐正纶先生说："尽管该书作者署名高文显，其实他只是执笔者；弘一法师倾注在书中的心血，并不比高文显少，只是由于他出家以后，十分警惕名闻利养的干扰，不愿署名，也不便署名。"（徐正纶 110）因此，徐先生称李叔同"不是作者，胜似作者"。

四是在世俗人家歇脚用斋。李叔同出家后，持律精严，很少与世俗人家往来。他在世俗人家歇脚用斋的，也仅有丰子恺家，而丰子恺是位居士，所以从严格意义上来讲，他家也算不得世俗人家。但他这次为了寻访韩偓墓道，不惜"破戒"。黄柏龄说："弘一大师与闽南特别有缘，先后住了十多年，走了不少地方，在许多寺院挂锡，但在世俗人家歇脚饮茶用斋，却是很罕有的事。"（黄柏龄 205-206）以上所有这些，都体现出李叔同对韩偓的非同寻常的情感。

二、发掘资料与两稿《韩偓传》撰写的艰辛历程

从 1933 年发现韩偓墓道，到 1941 年去世，李叔同将不少精力投入到

《韩偓传》中。其中艰辛，难以尽说。非有特殊情感，很难坚持到最后。其主要源于以下三个方面。

一是韩偓墓道的偶然发现，激发李叔同少时与韩偓的"宿缘"。李叔同给高文显书信说："'十岁裁诗走马成，冷灰残烛动离情。桐花万里丹山路，雏凤清于老凤声。'余于八九岁时已读此诗。今虽记忆，而忘其题及作者人名，似与韩偓有关系。乞询诸他人，当可知之。"（《弘一大师全集》8:405）唐末朱温叛乱，韩偓客居闽南，抗日战争期间，李叔同客居闽南，"同是天涯沦落人"，他的巧遇韩偓墓道，成就了他与韩偓的古今对话。

二是为韩偓辩污，重塑韩偓形象。以往研究，将《香奁集》都归入韩偓名下，为此李叔同亲自执笔《香奁集辨伪》一章。他致书高文显说："近代《香奁集》流通甚广，以此污偓，实为恨事。偓乃刚正之人，岂是作香奁诗者？"（8:405）这是他撰《韩偓传》的直接动因。

三是提倡气节，借表彰韩偓，廉顽立懦，以振奋抗日军民士气。1934年1月7日，李叔同致信蔡丏因说："唐诗人韩偓墓，在泉州城外里许，晚年居闽不仕，为唐末完人。"1936年，致信夏丏尊说："附寄《韩偓》草稿一包，为余请高君编者。其原委，乞阅此稿《后记》中，即可知之。是事甚有趣味。想仁者必甚欢赞，乐为出版流布也。此书乍观之，似为文学书。但其提倡气节，屏斥淫靡，亦且倡导佛法，实为益世之佳作。"在这两封书信中，他将《韩偓传》与提倡气节、匡正人心结合起来，充分彰显其时代价值和现实意义。

然而，由于他毕竟已经出家，需要一位世俗之人辅助。经思忖再三，他选定高文显作为他的助手。据统计，《弘一大师全集》收入他给高文显的书信35封中，直接指导《韩偓传》就有11封。其中以1935年11月13日他在鼓浪屿给高文显的书信最为典型。他在信中集中指导高文显"编辑之法"：

> 《韩内翰别集》或名韩翰林学士等。已托蔡丏因寻觅寄奉。倘不可得，乞向唐诗丛刻中（此类之书甚多，余忘其名。）寻觅。又厦大藏书甚富，当易觅求。并乞向厦大国学教师（词章家）询问，请彼指示一切应参考之书，尤善。

《内庭集》《金銮密记遗稿》等，恐不可得，亦乞向他学者询之。

余久荒文事，不能详举参考诸书，乞向厦大教师询问。及自于图书馆中目录内寻求，当尚有甚多可资参考者。（《弘一大师全集》8: 405）

李叔同以其做事认真的一贯风格，详尽地指导高文显查阅何种书籍，请教何人，如何查阅，如何请教，一一交代。

如何编辑出版，1935 年 11 月 13 日，他给高文显的书信中，也有较为详尽的说明：

编辑之法，大致如下：

卷头列摄影一幅，后面乞记此因缘。大略云……

参考诸书：《新唐书·韩偓传》；《辞源》另有《香奁集》；《历代名人字典》；《泉州府志》；《韩内翰别集》（或名韩翰林学士等）、《内庭集》《金銮密记遗稿》等，恐不可得，亦乞向他学者询之。

书仅一卷，页数不宜多。所主要者，即是辨正《香奁集》与偓在南安时诸遗事耳。（《新唐书》）中所载诸事，唯择其有兴味者，略记一二。其他皆仅举大纲。（8: 405）

后来高文显编辑出版的《韩偓》一书，大体按照这一思路，分为六章：韩偓的生平、韩偓与王审知、《香奁集》辨伪、韩偓诗的艺术、南安寓止、韩偓的佛教思想，末附韩偓年谱，着重突出韩偓的晚年遗事、《香奁集》辨证。

与此同时，他还嘱咐、转托友人、学生对韩偓文集、事迹等，细加留意、搜寻、代抄，为《韩偓传》搜集资料。编撰伊始，他即有通盘谋划，集群力分头并进，再现他的做事"认真"精神。1934 年 1 月 7 日，他致信蔡丏因说："乞仁者托人代为抄写《韩内翰别集》（每半页十行，每行二十四字）及《韩偓传》（拟刊于卷首），以备付印。倘有旧刊本可得，则不须抄写矣。"同年 11 月，他在厦门万寿岩致信刘质平说："乞烦尊校国文教师，检寻晚唐诗人韩偓传，抄写寄下为祷。"在 1935 年 11 月 13 日致信高文显，交代其分工：

《韩内翰别集》或名韩翰林学士等，已托蔡丙因寻觅寄奉。

《新唐书·韩偓传》，别纸录写，四纸。为黄寄慈手写者。

《辞源》别纸录写。

另有《香奁集》一条，未录。乞检寻之。

《历代名人字典》别纸录写。

《泉州府志》余录写，三纸。（8: 405）

由书信不难看出，蔡丙因、黄寄慈、高文显、李叔同本人，分别承担资料找寻、录写工作。

1938 年，他们在《螺阳文献》中发现了一首韩偓游惠安松洋洞的诗，弘一大师致书高文显说："前交下之稿，俟稍暇为之修改，奉上。"他抄录韩偓《松洋洞》诗，并交代说："戊寅春残，与胜进居士游慧水，获此诗为书之。"

同年 12 月 14 日，他给高文显书信说："近闻永春乡某寺，有韩偓所写对联等之石刻。俟到永春后，当托人以墨拓之，可以缩印于评传中也。"

1939 年 2 月 25 日，他到达永春城，开始进一步寻访韩偓遗迹。在永春，他见到"博闻强记，尤长于史学，当代之名儒"郑翘松，知其所撰新编《永春县志》之《流寓传补遗》有韩偓传，他托人录出，并嘱李芳远去陈山岩寻觅韩偓所撰对联，并同时给李芳远书信说："韩偓诗及彼居永春之事迹，亦乞写示。"进一步丰富和完善了此前韩偓事迹及诗文资料。

初稿完成后，他又投入较多精力加以完善。初稿大致完成于 1936 年 5 月。当时他给高文显书信说："原稿乞交下对阅，俟明春奉还。"（8: 406）据此推断初稿甫成，进入"对阅"阶段。到 1936 年 9 月 1 日信中说："前交来之稿，已改就。"前后耗时四个月。与此同时，他还邀请好友夏丏尊帮忙把关。

校正完成后，又联系夏丏尊出版、发行。1937 年 1 月 4 日，他给夏丏尊书信说："丏尊居士道鉴：惠一书诵悉，至为欢忭。偓没后千载，无有人为之表彰者，今仁者以此稿出版，广为流布，偓若有知，当深感谢。俟出版后，并希以若干册赠与朽人，以分致诸道侣也。……《韩偓》书端，乞请仁者及叶居士撰序冠之，尤善。"其中"叶居士"即叶圣陶。《韩偓》一书，拟请夏丏尊、叶圣陶作序，并与夏丏尊商洽出版、发行之事。

他对该书发行后的社会反响，充满着期待。1936 年 9 月 1 日，他写信给高文显说："诸篇皆佳。近年以来，诸青年读《香奁集》者甚多。此书名《韩偓》，彼等必争先购买也。"（8: 407）可惜该书第一稿不幸为战火所毁，未及出版问世。当时"《韩偓》一书即寄沪上开明书店夏丏尊先生"，"不久因上海《八一三事变》突发，开明总厂被毁，遂告焚如"（10: 292）。

不过，高文显很快完成第二稿，他在《弘一大师逸闻》中说："'八一三'后一年，余抵菲京，因执教侨校，遂重整旧稿，托信愿寺住持性愿老人寄回温陵。时厦、鼓已沦陷，大师常居晋水一带，复为校阅删改"，并重撰序言。

二稿初成后，李叔同并没有交付出版，而是再次完善。1938 年 3 月，他给高文显回信说："前交下之稿，俟稍暇为之修改奉上。"并同时告知他发现的韩偓《松洋洞》佚诗。继而又关注到韩偓署款的永春陈山岩楹联石刻、新编《永春县志》中的韩偓逸事遗文、寻访到吴挚甫《韩翰林集评注》等，都反映出他对二稿的精益求精以及出版的慎重。

一直到李叔同去世前夕，他还在披阅二稿。1941 年 7 月 1 日，他给高文显书信说："前获性老人书，悉尊辑偓传草稿已就，至用欢喜赞叹。泉地时局未靖，飞机之声常闻，或恐不免兵火之灾，故尊稿以缓寄下为妥。俟时事稍定，再奉闻也。"（8: 412）同年 8 月 2 日，他又致信高文显说："偓传稿，批诵数四，欢慰无已。考据精详，论断正确。虽曰表彰忠节，实亦阐扬佛法。功在万世，利及群生，岂唯偓一人受其赐耶？昨今已略为删改，未审当否，还乞仁者裁酌之。书中尚有数事，乞仁者暇时自加补校。标志记号有脱落处。～～～～ 等。『「记号有不统一处。人名上有未写时代者。与佛法之关系一章，乞暇时先起草撰述交下。余愿先为校订此章，因此章甚重要也。"（8: 413）这是现存他与高文显之间的最后一通书信。翌年，李叔同圆寂，生前未能目睹他晚年耗力甚多的《韩偓传》的出版，殊为遗憾。

1947 年，高文显从菲律宾回国，从遗物中捡出该书旧稿，投寄开明书店；之后，开明书店机构调整，人事变动，该书的出版计划随即被长期搁浅。直到1958 年，高文显与中国台北新文丰出版公司联系，才使该书得以出版、发行。

而新文丰公司影响有限，印数又不多，大陆读者大多没有机会读到它[①]。这又是极大的遗憾。

三、从《香奁集》辨伪到力彰"孤忠奇节"：
《韩偓传》前后稿的情感升华

伴随晚年思想与时局变迁的影响，李叔同对韩偓其人其传的认识，也经历了一定的变化。简单说来，即从《香奁集》辨伪到力彰"孤忠奇节"的变化。以往研究者，多将两者混为一谈。倘若细加甄辨，两者其实体现了他对韩偓品格认识与情感凝聚的前后升华。这个变化，以 1937 年"八一三事变"中《韩偓》一稿毁于战火为分水岭，分前后期。前期，重在为《香奁集》辨伪、为韩偓辩污；后期，重在表彰韩偓的"孤忠奇节"。虽然这两者之间，仍有一定内在关系，但他关注的侧重点却有了不同的变化。

1933 年发现墓道后，他便有意为韩偓立传，为其辩诬正名。1935 年 11 月 13 日他给高文显书信说：

> 近往韩偓墓道碑前，摄影一叶。仁者暇时，宜编辑《韩偓评传》一卷（或仅题名曰《韩偓》，或用他名，乞酌之）。最要者，力辨《香奁集》决非偓作（《辞源·香奁集》一条，已为考据辨正，乞检阅之）。卷首即须标明此事，以后再详论之。（书中须前后二处辨正此事。所以再说不嫌重复者，恐阅者于此事不注意也。）
>
> 近代《香奁集》流通甚广，以此污偓，实为恨事。偓乃刚正之人，岂是作香奁诗者？……所主要者，即是辨正《香奁集》，与偓在南安时诸遗事耳。《新唐书》中所载诸事，唯择其有兴味者略记一二，其他皆仅举大纲。（8: 405）

从这封书信可以看出，他编撰《韩偓传》的初衷。一篇之中，他反复用"最要者""所主要者"，一再叮咛强调这个初衷，不在于求全、求深，其他"仅举大

纲""略记一二"。

香奁，借指闺阁。香奁集，即闺阁集，顾名思义，一般格调都不高。韩偓是否作《香奁集》，是文学史的一桩公案。宋代沈括《梦溪笔谈》卷十六《艺文三》"和凝艳词嫁名于韩偓"条说："和鲁公凝有艳词一编，名《香奁集》。凝后贵，乃嫁其名为韩偓，今传韩偓《香奁集》，乃凝所为也。凝生平著述，分为《演纶》《游艺》《孝悌》《疑狱》《香奁》《籯金》六集。自为《游艺集》序云：'予有《香奁》《籯金》二集，不行于世。'凝在政府，避议论，讳其名，又欲后人知，故于《游艺集》序实之，此凝之意也。"（157）沈氏认为《香奁集》乃和凝嫁名之作，并非出自韩偓。明代胡应麟《诗薮·近体中》："至吴融、韩偓香奁脂粉，杜荀鹤、李山甫委巷丛谈，否道斯极，唐亦以亡矣。"（85）将唐朝的覆亡与韩偓的香奁脂粉相关联起来，暗含讥讽和批评。为此，李叔同颇为反感胡应麟等将韩偓《香奁集》与唐朝覆亡相联系在一起。因此，他强调说："以此污偓，实为恨事。"（8: 405）这成为他编撰《韩偓传》，力为辨伪的直接动因。

他为《韩偓传》设计框架思路，并执笔《香奁集辨伪》一章。高文显回忆说："他在韩偓的传中曾有一章《〈香奁集〉辨伪》，用十二分的考古癖把《香奁集》证明是伪作，而说韩偓决不是作香奁的诗人，因此把韩偓在文学史上做着唯美派的总代表的地位推翻了。"（10: 190）

可惜后人研究李叔同时，从各自的角度出发，从学理的层面，对他的《〈香奁集〉辨伪》多有商榷，甚或批判，罕有人抱"了解之同情"能够设身处地体味他当时为韩偓《香奁集》辩污的初衷，由此更凸显出李叔同上述研究的独特价值。

众所熟知，如果从学理的角度来判断，《香奁集》是否为韩偓所作，确实言人人殊，仁智互见。近年来李叔同研究中，对这一话题的讨论较为热烈。从徐正纶先生的《一本不该被冷落的著作——关于弘一法师和〈韩偓〉三题》（徐正纶 101），到金梅先生的《〈香奁集〉辨伪》（金梅 385），再到陈笃彬、苏黎明的《难舍韩偓 重为立传》（苏黎明 163），都展现了对这一问题的深入探讨。不过，或囿于视角的局限，一些名家研究成果，未被及时汲取，也造成一些遗憾。如大学者徐复观作《韩偓诗与〈香奁集〉论考》，根据韩集著录经过及各种版本的情况，广搜资料，详密推勘，得出以下结论：

（1）韩偓晚年在福建自编手写的诗稿百余篇，沈括曾在韩偓四世孙韩奕处见之，《新唐书·艺文志》著录的"韩偓诗一卷"，盖即此本，也就是今日流行的《韩翰林集》的底子。

（2）在韩偓自编集中，收入一部分绮丽的诗，但并未另编一集。现行《香奁集》中虽有韩偓的诗，但《香奁集》本身，非韩偓所编，韩偓本人对《香奁集》未曾知晓。

（3）沈括亲眼看到和凝《游艺集序》中自称"余有《香奁集》"的话，是可信的。但此所谓《香奁集》，不一定都是和凝自己所作，可能是编辑而成。和凝曾编辑过《游艺》《孝悌》《疑狱》诸集，因此，他选集韩偓一部分较为绮丽的诗，再加上自己的少作，编为《香奁集》，从当时编选的风气来看，是合乎情理的。至于所传韩偓《香奁集自序》，是后人伪造的。自南宋以来，有不少人以《香奁集》韩偓诗的代表，甚至加以非议，这是不符合事实的，也是不公平的。（253）

值得关注的是，大学者缪钺先生对徐复观先生的看法，非常认可。他列举上述徐氏观点后，下判语说："我觉得，徐复观君的论断是可信的。"（缪钺 22）

因此，综观徐复观、缪钺两位大家的观点，与李叔同的看法，却较为接近，如果有不同的话，那就是他们在李叔同的基础上，对韩偓与《香奁集》的关系加以进一步修正。

而这种修正，也大体源于李叔同晚年对韩偓与《香奁集》关系认识的自我修正。1937 年"八一三事变"，《韩偓》书稿毁于战火。这一突然灾厄，也促发了李叔同对韩偓与《香奁集》关系的重新思考。据高文显回忆：

> 法师说，也许因为对着韩偓的赞美太过了，所以遭着不幸呢！因为他在韩偓的传中曾有一章《〈香奁集〉辨伪》，用十二分的考古癖把《香奁集》证明是伪作，而说韩偓决不是作香奁的诗人，因此把韩偓在文学史上做着唯美派的总代表的地位推翻了。难道韩偓不起来反

对吗？所以，嘱我从新编纂，再谋出版，以慰忠魂。（《弘一大师全集》10: 190）

当《韩偓》第一稿毁于战事后，李叔同意识到可能自己对于韩偓的赞美太过。所以，他嘱咐高文显重新编撰第二稿。如前所述，第二稿前后耗时较长，这体现李叔同做事认真、精益求精的同时，也反映出他编撰《韩偓》意图的前后变化。此前他为的是力辨《香奁集》之伪，而此后他力图彰显的是韩偓的"孤忠奇节"。他似乎意识到《香奁集》虽然在一定程度上有损于韩偓的"完人"形象，但相较之下，他的"孤忠奇节"更值得彰显，其历史与现实意义也更高。清代四库馆臣评论说：

> （韩）偓为学士时，内预秘谋，外争国是，屡触逆臣之锋，死生患难，百折不渝。晚节亦管宁之流亚，实为唐末完人。其诗虽局于风气，浑厚不及前人，而忠愤之气，时时溢于语外。性情既挚，风骨自道，慷慨激昂，迥异当时靡靡之响。其在晚唐，亦可谓文笔之鸣凤矣。（永瑢等 1302）

清末民初，吴汝纶、吴闿生《韩翰林集评注》跋语说："韩致尧（编者按：韩偓号致尧）为晚唐大家，其忠亮大节亡国悲愤，具在篇章。而含意悱恻，词旨幽眇，有美人香草之遗？……世之称翰林者，徒以其香奁诗耳，或谓香奁为和凝之作嫁名于韩，方虚谷已辨其非，夫志节皦皦如韩致尧，即香奁何足为累，此固不必为讳。然世之知致尧者，惟此则不幸。苟无香奁之作，不且湮没而无闻矣乎！名之显晦有时，或显矣，而其孤怀所寄，乃益以汩丧而莫彰。此尤秉笔者所不自料也。李长吉好言身后事，世辄目为鬼才；韩翰林作《香奁集》，世遂赏其艳体，此皆浅识炫于目前，与作者之意相去绝远。譬之相马者，徒颠倒于牝牡骊黄之间，而不复知有千里也。岂不哀哉！"相较于《香奁集》，韩偓的"忠愤之气""忠亮大节亡国悲愤"，才是其一生光辉之处，即便有《香奁集》的毫末艳光，也不足以"一眚掩大德"。

現
现代传记研究 | *JOURNAL OF MODERN LIFE WRITING STUDIES*

从力辨《香奁集》之伪，到力彰"孤忠奇节"，李叔同编撰《韩偓》意图的前后变化，其触发点在于日本发动的全面侵华战争，致中华民族于亡国灭种的灾难深渊。

因为避乱，李叔同与韩偓相隔千载却奇遇于闽南，他"很佩服诗人的忠烈"，慨叹韩偓"那种遭着亡国的惨痛，耿耿孤忠，可与日月争光"，"更想要替他立传，以旌其忠烈"（《弘一大师全集》10: 190）。其第二稿序言曰：

> 唐季变乱，中原士族徙闽者众，偓以孤忠奇节，抗忤权奸。既遭贬谪，因隐南闽，蔬食修禅，冥心至道，求诸季世，亦稀有矣。胜进居士为撰（偓）传，以示青年学子，俾闻其风者励节操，祛卑污，堪为世间完人，渐次熏修佛法，则是书流布，循循善诱，非无益矣。夫岂世俗文学典籍所可同日语耶？（7: 643）

相较于第一篇序言，这篇序言特别强调韩偓的"孤忠奇节"。在第二稿的修订中，他开始注重韩偓闽南遗迹的发掘。譬如在惠安发现韩偓在松洋洞留下的摩崖石刻诗时，他反复披诵，证明说是韩偓所作无疑，"因为诗格的高超与忠愤，都可断定是孤臣亡国后的悲歌"（10: 190）。韩偓的这首松洋洞诗，抒发了对唐朝的忠诚，亡国者的哀痛。其诗句云："微茫烟水碧云间，挂杖南来渡远山。冠履莫教亲紫阁，袖衣且上傍禅关。青丘有地②榛苓茂，故国无阶麦黍繁。午夜钟声闻北阙，六龙绕殿几时攀？"身陷日寇入侵苦境的李叔同，为韩偓的爱国忠贞深深打动。

1937年，卢沟桥事变起，日本发动全面侵华战争，他激于民族大义，勉励僧众说："吾人所吃的是中华之粟，所饮的是温陵之水，身为佛子，于此之时，不能共纾国难于万一，为释迦如来张点体面，自揣不如一只狗子。狗子尚能为主子顾门，吾人一无所能，而犹靦颜受食，能无愧于心乎！"（《弘一大师永怀录》8）同年12月23日，他给李芳远书信说："近日厦市虽风声稍紧，但朽人为护法故，不避炮弹，誓与厦市共存亡。古诗云：'莫嫌老圃秋容淡，犹有黄花晚节香。'乃斯意也。吾人一生之中，晚节为最要。愿与仁等共勉

218

之！"（8：416）《弘一大师全集》1939 年 12 月 4 日，他在永春普济寺写信给高文显说："近日闻《灵峰宗记》（蕅益大师撰）有诗云：'日轮挽作镜，海水挹作盆。照我忠义胆，浴我法灵魂。九死心不悔，尘劫愿犹存。为橄虚空界，何人共此轮。'第三句与第一句相应，第四句与第二句相应。激昂雄健，为高僧诗中所罕见者。"（8：412）一直到辞世，他在给朋友们的许多书信中都再三致意，表达"对付敌难，舍身殉教"的忠贞。

总而言之，《韩偓传》前后历经两稿，其艰辛的编撰过程成了解晚年李叔同心路历程的历史缩影。从某种意义上说，通过重新编撰《韩偓传》，李叔同深刻表达出自己晚年的志向与贞节，在日寇全面侵华的苦难岁月中，他不屈不挠，不避艰险，誓死护法，同时也生动地传达出"照我忠义胆，浴我法灵魂"的强烈忠贞爱国情怀。与千年前的韩偓，灵犀相通，留下一段学术佳话，辉映古今。

致谢【Acknowledgement】

本文受益于《现代传记研究》编辑部及匿名评审专家提出的修改意见，在此谨致谢忱！

I am grateful to the editors of the *Journal of Modern Life Writing Studies* and the anonymous reviewers for their valuable suggestions.

注释【Notes】

① 中国大陆研究李叔同的学者，不少人误以为该书没有出版；同时，大陆学者对于该书的出版时间也有 1958 年、1984 年、1985 年等不同说法。

② 地，高文显《弘一大师的生平》作"路"（《弘一大师全集》修订版，第十册，第 190 页），此据高文显书信（《弘一大师全集》修订版，第八册，第 409 页）。这首诗歌的文字，在一些研究论著中，多有歧义。

引用文献【Works Cited】

陈笃彬、苏黎明：《弘一大师在泉州》。济南：齐鲁书社，2015 年。

[Chen Dubin and Su Liming. *Master Hongyi in Quanzhou*. Jinan: Qilu Press, 2015.]

弘一大师纪念会：《弘一大师永怀录》。上海：上海科学技术文献出版社，2014 年。

[Commemorative Meeting for Master Hongyi, ed. *Memorial Record of Master Hongyi*. Shanghai: Shanghai Scientific and Technological Literature Press, 2014.]

《弘一大师全集》（修订版）编辑委员会：《弘一大师全集》（修订版 1—10 卷）。福州：福建人民出版社，2010 年。

[The Editorial Board of *The Complete Works of Master Hongyi (Revised Edition)*. *The Complete Works of*

Master Hongyi (Revised Edition).10 Vols. Fuzhou: Fujian People's Publishing House, 2010.]

高文显:《弘一大师逸闻》,《弘一大师全集》(修订版)。福州:福建人民出版社,2010 年。

[Gao Wenxian. "The Anecdotes of Master Hongyi." *The Complete Works of Master Hongyi (Revised Edition)*. Fuzhou: Fujian People's Publishing House, 2010.]

——:《弘一法师的生平》,《弘一大师全集》(修订版)。

[Gao Wenxian. "Master Hongyi's Life Stories." *The Complete Works of Master Hongyi (Revised Edition)*.]

胡应麟:《诗薮》。上海:上海古籍出版社,1979 年。

[Hu Yinglin. "*Shi Sou (Poems Gathering)*." Shanghai: Shanghai Chinese Classics Publishing House, 1979.]

黄柏龄:《弘一大师登九日山与韩偓》,陈珍珍、陈祥耀主编:《弘一大师纪念文集》。福州:海风出版社,2005 年。

[Huang Bailing. "Master Hongyi Climbing Jiu Ri Mountain with Han Wo." *Master Hongyi Memorial Anthology*. Eds. Chen Zhenzhen and Chen Xiangyao. Fuzhou: Haifeng Publishing House, 2005.]

金梅:《悲欣交集:弘一法师传》。福州:福建教育出版社,2014 年。

[Jin Mei. *Mixed Sorrow and Joy: Biography of Maser Hongyi*. Fuzhou: Fujian Education Press, 2014.]

林子青:《弘一大师新谱》,《弘一大师全集》(修订版)

[Lin Ziqing. "The New Chronology about Master Hongyi." *The Complete Works of Master Hongyi (revised edition)*. Fuzhou: Fujian People's Publishing House, 2010.]

缪钺:《论韩偓词》,《缪钺全集》第三卷《冰茧庵词说》。石家庄:河北教育出版社,2004 年。

[Miao Yue. "*Remark on the Han Wo's Ci*." in "*Comment About Ci in Bingjian-an*." The Complete Works of Miao Yue. Vol.3. Shijiazhuang: Hebei Education Publishing House, 2004.]

沈括:《梦溪笔谈》。北京:中华书局,2015 年。

[Shen Kuo. Mengxi Bitan. Beijing: Zhonghua Book Company, 2015.]

Wang Erkang, "Remembering Mr. Gao Wenxian, a Lifelong Devotee of Master Hongyi." *Minnan Buddhist Doctrine* 1(1998).

徐正纶:《弘一大师散论》。杭州:浙江文艺出版社,2011 年。

[Xu Zhenglun. *Essays by Master Hongyi*. Hangzhou: Zhejiang Literature and Art Publishing House, 2011.]

徐复观:《中国文学论集》。北京:九州出版社,2014 年。

[Xu Fuguan. *Collected Essays on Chinese Literature*. Beijing: Jiuzhou Press, 2014.

永瑢等撰:《四库全书总目·集部四》(卷 151)。北京:中华书局,1965 年版。

[Yongrong, et al., eds. *A General Catalogue of the Complete Library of the Four Treasures*. Vol.151. Beijing: Zhonghua Book Company, 1965.]

熊佛西与周作人交往考论（1922—1934）

杨　炀

内容提要：熊佛西与周作人的交往始于《燕大周刊》的创办，终结于各自思想转变后对不同文艺道路的实践。以《周作人日记》为依托，梳理熊佛西与周作人的日常交往，不仅能考察周作人对燕大学生群体文学教育的裨益，亦可呈现其思想图示下凡社集会的始末过程。更重要的是，从日记细微处入手，揭示周作人对于熊佛西及其主持的定县农民戏剧实验隐而未现的影响。

关键词：熊佛西　周作人　《周作人日记》　凡社

作者简介：杨炀，上海戏剧学院导演系博士后。主要从事抗战戏剧研究。邮箱：736827258@qq.com。

Title: An Analysis of Xiong Foxi's Interactions with Zhou Zuoren (1922–1934)

Abstract: The interactions between Xiong Foxi and Zhou Zuoren began with the founding of the *Yenching University Weekly* and ended with the pursuit of different literary paths after their respective ideological shifts. Based on *Zhou Zuoren's Diary*, this research examines the daily interactions between Xiong Foxi and Zhou Zuoren, which not only highlight Zhou Zuoren's contributions to the literary education of the Yenching University student community, but also reveal the whole process of his ideological illustrations of the Fan she's gatherings. More importantly, the diary reveals Zhou's implicit influence on Xiong Foxi and the latter's experiments in peasant theatre in Ding County.

Keywords: Xiong Foxi, Zhou Zuoren, *Zhou Zuoren's Diary*, Van Society

Yang Yang is a postdoctoral fellow at the Directing Department of Shanghai Theatre Academy, whose research interests include anti-war theatre research. **E-mail:** 736827258@qq.com.

《周作人日记》因其传主生平之复杂、跨越年限之长、涉及社会面向之广、交游人物之多，而具有多重史料价值。日记甫一问世，便受到广大文史爱好者与研究者的推崇，也因不同的解读角度与立场而不断生发新的阐释空间。相比于《知堂回想录》所蕴"诗"与"真"的杂糅性，已经披露出版的周氏日记以其记事之实而更为可信，因之成为研究周氏文学交往的重要文本。就周作人涉猎的诸种文学体裁而言，戏剧恰恰是其研究薄弱之处，其与戏剧家的交游也常常为研究者所忽略。据周氏日记记载，周作人与戏剧家熊佛西在1922年至1934年间见面达32次，书信往来达34次。从传记研究角度出发，挖掘两人这一时间段的密集往来史实，可以发现他们的交往由最初的师生关系进阶至凡社时期的同道友人，而1934年后联系的渐趋杳无也表明了在文艺大众化思潮影响下，文艺思想的背离是导致两人渐行渐远的根本原因。

一、《燕大周刊》的约稿往来

熊佛西与周作人的因缘要从后者赴燕京大学任教说起。1922年3月4日，经胡适介绍，周作人敲定燕大任教一事（张菊香、张铁荣 197）。这一举不仅预示着"'中国新文学'第一次作为独立的系部在大学获得学科建制"（王翠艳 38），并且也对1920年代燕京大学新文学创作风气的养成起了关键作用。许地山、瞿世英、熊佛西、冰心、焦菊隐、凌叔华等一批燕大作家都与周作人建立起联系。之于周作人而言，他曾说："我觉得在燕大初期所认识的学生中间有好些不能忘记的，过于北大出身的人。"（周作人，《知堂回想录》3: 686）1920年，熊佛西考取燕京大学，主修教育，副修西洋文学。后经学长许地山介绍，熊佛西加入了文学研究会。1924年，熊佛西的第一部戏剧集《青春底悲哀》出版，他在序中自白："我很感激瞿菊农周作人教授及陈大悲先生，因为他们在各方面辅助我甚多。"如果说熊佛西走上戏剧道路受瞿菊农、陈大悲影响颇深，那么周作人则是在文学观念上给予"新青年"熊佛西最初的指引。

熊佛西与周作人建立起联系与《燕大周刊》的创办密不可分。1922年4月22日，周作人记有燕大学生"吴天放熊佛西二君来访"（《日记》2: 236）。

这是他在日记中首次提到熊佛西。周作人即将任教燕大的消息传出后，燕大爱好文艺的学生诸如熊佛西等人为之雀跃，提前登门拜访。1923 年初，刘谦初、熊佛西、董秋斯发起成立燕大文学会，提倡艺术为人生的新文学。在学会倡导下，燕大师生积极创作新文学作品。1923 年 2 月 26 日，学生刊物《燕大周刊》①创刊，熊佛西成为第一任总编辑。创刊十天前，也就是 2 月 16 日，周作人将《文艺批评杂话》一文寄给熊佛西，这篇文章随之成为《燕大周刊》创刊号上的重头戏（296）。据统计，熊佛西主编的第 1 至 15 期中，周作人便贡献了四篇文章，分别是《文艺批评杂话》《日本的小诗》《新文学的意义》《日本的讽刺诗》，尽管后三篇文章乃是周作人在燕大及他校的演讲稿，但仍可见其对学生刊物的扶持。而熊佛西对老师的文章也总是加按语以示尊敬和重视。

《燕大周刊》并非燕大历史上仅有的学生刊物。早在 1919 年，许地山、瞿菊农等响应校长司徒雷登的号召创办了《燕京大学季刊》（简称季刊），该刊为学术性刊物，刊发类别包括宗教、哲学、教育等，也发表小说、游记等新文学作品，作者以燕大学生为主。《季刊》1920 年第 4 期曾刊登周作人在燕大的演讲稿《圣书与中国文学》一文，后出版 7 期无疾而终。几年后，《燕大周刊》创办，承继了《季刊》的学术风格，在"创刊词"中虽明确刊物"以科学的精神讨论学术"（《宣言》），但在具体办刊实践中，却渐趋向文艺风格靠拢。这种现象源于首任编辑熊佛西对于新文学的偏爱。可以说，熊佛西受了新文学的滋养，敏锐抓住周作人任教燕大的契机，在学生刊物与新文学作家间缔结了文学关联，又在后者的支持下，为《燕大周刊》定下创作新文学的基调。张采真在《燕大周刊》创刊百期时回顾："在第一年熊君任期内，……社员据说只有三十几位，他们这些人是本着共同的志趣，根于学校生活底需要而组成了这个团体。因为他们中间嗜好文艺者诸多，所以办起来无形中偏向了文艺，即是说，所登底稿子，以文艺底居多。"（《燕大周刊过去底小史及其他的闲话》）接任编辑的董秋斯、焦菊隐、姜允长均是文艺爱好者。诉诸学术的理性难以战胜爱好文学的丰沛情感，《燕大周刊》也就成了"对文学上在过去一时代中有过一点贡献的文学刊物"（沈从文 25）。

主编熊佛西秉持中正平和的态度探讨新文艺，这种精神气质，"与周作人这一时期从'十字街头'的'斗士'（躁急的'流氓鬼'）到'象牙塔中'闭户读书的'隐士'的（沉静的'绅士鬼'）转型恰好一致。"（王翠艳 73）周作人用实际创作扶持《燕大周刊》大抵是因此原因。当然，周作人在燕大任教十年之久，"造成很奇妙的一段因缘"（周作人，《知堂回想录》2: 530），这里指周氏与燕大学生形成的亦师亦友关系。他撰文回忆燕大授课之初："学校里派毕业生许地山来帮忙做助教，我便规定国语文学四小时，我和许君各任一半，另外我又设立了三门功课，自己担任，仿佛是文学通论，习作和讨论等类，每星期里分出四个下午来，到燕大去上课。"（531）关于周作人、许地山合教课程，冰心回忆时仍历历在目（冰心 100）。作为冰心的同级同学，爱好文艺的熊佛西想必听过周氏的大部分课程，并在师生融洽氛围中受到鼓励。这或许是他在处女作《青春底悲哀》序言中特别感谢周作人的原因所在。

1923年夏，熊佛西从燕大毕业。1923年8月2日，周作人曾致信熊佛西。8月14日，周作人收到熊氏复函，具体内容不得而知。此时的熊佛西已在汉口辅德中学教书。一年后，熊佛西受到辅德中学校长刘子敬的资助赴美学习戏剧，暂停了与周作人的书信往来。1926年暑期，熊佛西学成归国后不久即前往拜访周作人（周作人，《日记》2: 520）。至此，师生间断三年的音讯得以连接。此后一年间，熊佛西在北平艺专戏剧系任教，同时兼任母校燕京大学讲师，教授"戏剧"课程。燕京校友陈礼颂回忆："熊佛西教授乃并时毕业母校之三大文学家之一，其余二人即许地山与谢婉莹（冰心）二位教授也。熊教授，赣人，专攻戏剧，配深近视镜，顶微秃。讲解戏剧理论时手舞足蹈，甚富戏剧意味，能深入浅出。"（287）有意思的是，这"三大文学家"均与周作人有着密切关联。新文学的种子经由周作人播下后，从此生根发芽。熊佛西日后以戏剧家名世，而他一直认为"周作人先生在文学方面是一位可以使我尊敬的学者"（《纽约通信：致焦菊隐》）。

二、凡社时期的聚会唱和

熊佛西留美归国后，出于共同志趣与文化心态，再度与周作人联系密切，两人突破了师生之限，发展出亦师亦友之谊。1928 年《周作人日记》缺失，此年度熊、周二人的交往情形并不明了。自 1929 年起，熊佛西除了登门拜访、向周作人求字外（周作人，《日记》2: 594），最频繁参与的便是以燕大教授为主体的凡社聚会，经由日记提供的颇为详实的结社史料，凡社的面貌逐渐清晰。1929 年 1 月 6 日，周作人记有"上午十二时凡社集会并招地山、绍虞、叔存、凤举等人，废名亦来，下午均去"（576）。"并招"二字说明许地山、郭绍虞、邓以蛰、张凤举等人均是由周作人邀请后加入凡社。那么凡社何时成立，性质又是如何？

首先，从时间上看，凡社的成立筹备有时。现今可见凡社资料最显豁的当为北平朴社出版的"凡社"丛书，共有熊佛西《佛西论剧》（1928 年 11 月出版）、许仕廉《文化与政治：中国社会建设泛论之一》（1929 年 1 月出版）、《国内几个社会问题讨论：中国社会建设泛论之二》（1929 年 5 月出版）三本书。由此可知，凡社成立时间约在 1928 年下半年。熊佛西、许仕廉两人应是最早加入者。其次，从同人身份来看，凡社成员基本在燕大任教或者兼课，彼此相见交集较多。不同于回忆录的记忆选择与书写顾忌，日记作为周作人的社会活动原始记录，原原本本展现了凡社成员的交往过程。比如，凡社成员平时也会三三两两小集。但若是凡社聚餐，周作人会在日记中特别标识。再次，从性质上看，凡社是个松散的组织，成员来去自由，每次集会既有新成员经人介绍加入，也有成员因事务繁忙而退出。1929 年 5 月 5 日，顾颉刚参加了郭绍虞做东的凡社聚餐，他在日记中写下："今午同席：援庵先生、金岳霖、许仕廉、芝生、熊佛西、黄子通、徐祖正、予（以上客），绍虞（主）；此'凡社'之会也。"（280）顾颉刚、陈垣（援庵）、冯友兰（芝生）均是此次新加入的成员。对于顾颉刚来说，这也是唯一一次参加凡社聚餐。

1930 年 1 月 4 日，周作人致信徐祖正（耀辰）拟共同发起阴历年凡社小集，并拟介绍新成员陈逵（弼猷）加入："客除原来之许黄熊外，有许地山、郭绍虞、冯芝生，此外拟再招陈弼猷（因子通说要见他）及俞平伯。"（《致徐祖正》）这验证了"许黄熊"（即许仕廉、黄子通、熊佛西）皆为凡社最早成员。1930 年 1 月 19 日，聚会如期进行（张菊香、张铁荣 221–222）。同人们轮流发起小集以增强沟通交流，或小酌商谈，或坐庄聚餐。除了在做东者家中聚会，东兴楼、同和居、会贤堂、北海仿膳均是同人们常常宴请之处。周作人、熊佛西、许仕廉、黄子通、郭绍虞、许地山、俞平伯是凡社小集的稳定阵容。熊佛西几乎每聚必到。1931 年 8 月 11 日，周作人致俞平伯信中说："熊公布告星期五集会，想兄可以到。如能顺便来敝斋闲谈，则更好了。"（周作人、俞平伯 178）"熊公"即是热情好客的熊佛西。这是同人们以"凡社"之名的最后一次集会。仅据《周作人日记》记载，凡社自 1928 年下半年成立至 1931 年间，大小集会便有 15 次之多。同人们术业有专攻，横跨不同学科领域，聚会话题多样，但毫无疑问，他们都与凡社主心骨周作人精神同调、旨趣相似。

至于凡社成立动因及熊佛西参与凡社缘由，观照这一时期熊佛西与周作人的思想生活可知一二。1927 年夏，张作霖在北京就任"中华民国陆海军大元帅"，随之对教育界进行严酷的高压统治，以"戏剧系都是共产党"之名解散熊佛西任教的北京艺术专门学校戏剧系（刘静源 112）。熊佛西有感时事写作《蟋蟀》一剧。1927 年冬，《蟋蟀》在北平公演，其中"胡图将军"一角被臆测为讽刺少将张学良，当局立刻决定通缉剧作者。熊佛西听闻消息后随即逃走，在挚友许地山的帮助下，躲过一劫（熊性淑、朱君允 172）。据熊佛西的妻子朱君允回忆："寒假期中，我们约了几位燕京的朋友来家吃饭，记得有老先生吴雷川，有黄子通、许仕廉他们，地山当然也是其中的一位。"（172）这恰是 1928 年年初的事。可见，对局势的愤慨不平是熊佛西及其燕大好友这一时期共同的精神面貌，相通的情绪共鸣也成为凡社成立的内在动因。

1929 年下半年至 1930 年间，周作人频繁参与凡社小集，行动的外显乃是其思想转变驱动所致，这既是他在时代风口上的自愿调适，也是他借雅集纾解情绪之道。1929 年 11 月下旬，周作人爱女若子因医生误诊去世。他致信俞平伯谈到此事，表示自己虽"睹物思人"，但"颇愿不因此而使思想与工作有所变动，日夕以此自警惕"（周作人、俞平伯 123）。周作人将悲伤隐匿于日常，借此拓延死生无常的哲学命题。未及多时，"左联"成立，周作人在文章中借"言志"与"载道"两种文学潮流意在言外："两者之中，则载道易而言志难……我虽未敢自附于文学之末，但自己觉得颇有时新的意味，故附记于此，以志作风之转变云耳。"（《金鱼》）在变化之中，周作人选择恒守生活之常，宣布文学店关门而藏学问于文章。作为思想转变的自白，周作人在谈"河水鬼"时借外论之："我们平常只会梦想，所见的或是天堂，或是地狱，但总不大愿意来望一望这凡俗的人世。"（《水里的东西》）可见，"凡俗的人世"是1930年代周作人思想落地的土壤，由此对应之"凡人"也有相应阐释："凡过火的事物我都不以为好，而不宽容也就算作其中之一……大约像我这样的本来也只有十八世纪人才略有相像，只是没有那样乐观，因为究竟生在达尔文、莱来则之后，哲人的思想从空中落到地上，变为凡人了。"（《谈虎集后记》）"凡人"生活在"凡俗的人世"，周作人自觉自愿选择了与当下氛围格格不入的生存状态。当"过火"与"不宽容"被尊为"进步"，"凡社"的存在暗示了一种不被时代裹挟的自由，抑或是一种无声的日常抵抗方式。

推而论之，凡社作为周作人倡导下成立的同人组织，依凭成员之间相似的自由主义思想和聚餐漫谈的交流形式，于时代热潮中寻觅一方话语静地。熊佛西也因着与周作人相似的现实遭遇和艺术追求，作为其朋友圈的积极建构者，师生之谊得以在动荡中存续。然而相较于周作人渐趋转向内面世界的安定，熊佛西在短暂的思想休整后却更倾向于向外探寻戏剧运动持续发展的路径。

三、围绕平教会的交游

如果说凡社时期是熊佛西与周作人因思想观念投合而造就的"蜜月期"，那么两人围绕中华平民教育促进会（下文简称平教会）的活动及探讨却日益显示出思想转轨带来的观念对立。作为周氏兄弟的学生及友人，孙伏园较早加入平教会，担任平民文学部主任，负责《平民千字课》的编写。孙伏园在定县期间与周作人保持通信联系，回到北平后则会前往探望周作人，1933年2月21日，周作人记有："下午伏园来访，赠善酿酒两瓶。六时同往佛西处饭。"（《日记》3: 386）随着熊佛西前往定县实验区，平教会相关也顺理成章成了两人的共同话题。熊佛西回到北平后，除却登门拜访，也会在平教会设宴招待周作人

（619）。可见，因为孙伏园、熊佛西的关系，周作人对于平教会并不陌生。

受 1920 年代后期文艺大众化思潮影响，熊佛西开始思考"戏剧如何为大众"的问题。1932 年初，熊佛西举家迁往定县开展农民戏剧实验，试图从城市突围，转而为中国最大多数的民众——农民而创作。定县元旦公演后不久，熊佛西回到北平，携带一张齐白石虾蟹横幅画及定县特产桂圆烧酒拜访周作人（178、588）。随后一整年的时间，熊佛西都在定县耕耘，再一次返平看望周作人已是年末（344）。据《周作人日记》记载，1933、1934 两年时间里熊、周两人共有 15 次信件往来，9 次见面。爬罗剔抉日记的鳞爪，其中有两件事值得注意。

首先是熊佛西与周作人一同前往天津讲演一事。此时凡社已无形解体，熊佛西本人在定县不常回北平，但其仍与凡社同人保持友好往来。1933 年 8 月，许地山再度前往印度问学。8 月 24 日中午，熊佛西在家设宴为老友送别，朱自清在日记中记录下了熊氏宴请的活泼氛围（朱自清 243）。这种宾主皆欢之趣也是周作人与熊佛西能保持长期交往的重要原因之一。1933 年 11 月 2 日，熊佛西拜访周作人，邀其第二天一同前往天津扶轮中学、河北省立女子师范学校讲演（周作人，《日记》3: 514）。这次天津之行很可能是出自董秋芳的邀约。1922 年，绍兴人董秋芳在北大英文系读书时，曾与许钦文、何植三等组织文艺团体春光社，鲁迅、周作人、郁达夫等应邀担任导师。1932 年暑期，董秋芳来到天津扶轮中学任国文教员。除了正常的教学外，董秋芳还是《天津扶中旬刊》的重要撰稿人，他积极邀请创作者来校演讲。这次周、熊两人讲演，天津《庸报》给予了报道，虽未记录下演讲原文，但仍可借报道梗概一观演讲主旨所在。周作人演讲时间不长，主要讲述自己学外国语的"硬读"经过，"如读英文，第一句看不懂，看第二句，再不懂，还继续下去，硬看的结果，全文居然能明了了。无论读那国书籍都是这样；中国古书更须如此"，又提及自身对于英文文法的兴趣"比英文小说更为热烈"（《周作人·熊佛西来津讲演》上）。考虑到董秋芳热心翻译事业，周作人应是由学外语谈至文学翻译问题。

熊佛西的讲演围绕编剧与表演展开，"表演戏剧要抓住观众，让他们感有兴趣，心中有所动，不让他们溜出去，那才算是成功。在舞台上若只用语言去表演，那便是最末流的了"，"戏剧的表现，是作者心中实有所感而写作，以动作为原则，再以言语辅助，这都是戏剧研究者应该注意的"（《周作人·熊佛西来津讲演》下）。由动作入手，抓住观众的兴趣，这是熊氏编剧坚持"可读可演"原则的体现。另外，熊佛西还强调了自己对于戏剧的主张，不仅要求"多读多作多看"，更紧迫的是去实践，适时开展的定县农民戏剧实验便是此说的注脚。

其次，周作人对熊佛西主持的定县农民戏剧实验提供了实质性建议，并前往定县对平教会的活动进行考察。1933 年 5 月，周作人收到了平教会出版的《定县秧歌选》（《日记》3: 423）。此书以社会学方法整理定县秧歌，契合周作人一直以来对于俗文学的兴趣。需重点提及的是，1933 年 11 月 17 日，周作人记有"见以英文近松借给佛西"（521）。周氏日记向来简略，但这条关键信息证实了熊佛西就戏剧实验问题与周作人有过深入交流。"英文近松"是"英文版近松门左卫门"之简写，具体何书不得而知。近松门左卫门是日本江户时代净琉璃（木偶戏）代表作家，周作人称赞他为"日本最伟大的古剧家"，"他的著作由我看来似乎比中国元曲还有趣味"（《心中》）。周氏留学东京时就读过庚子年版《近松评释》与近松的世话物《天之网岛》（社会剧），后又陆续购入《近松研究の序篇》《近松世话物十选》《近松物二篇》等书。在周氏看来，近松作品中"人情与义理的纠葛""以优美形式包裹悲苦"的美学特质，与定县秧歌的民间性、悲剧性形成跨时空呼应（《我的杂学》）。

虽周氏自述不懂戏剧，"但是也常涉猎戏剧史"，"看了日本戏曲发达的径路也很感兴趣"（36）。周作人对于日本戏剧史发展的了解，为熊佛西等人的定县农民戏剧实验提供了可资借鉴的理论支持。熊佛西等人来到定县后即开展对当地傀儡戏的调查，并公开征集相关材料，拟择取其精华以服务于农民戏剧的创造。陈豫源对此有过说明，在定县除游行公演等工作外，"最要紧的工作是皮影戏和傀儡戏之研究。是想以傀儡戏的方法表现话剧。不过这仅仅是一件新的计划，还未见诸试验"（《定县的戏剧》）。而"关于傀儡剧的材料日本收集最多，他们玩弄的手法亦非常巧妙"（《短评》）。熊佛西是留美学生，擅英文而不通日文，英文版近松剧作显然是周作人在交流过程中为方便熊氏阅读而主动推荐的。以往研究早已揭示戈登·克雷、梅耶荷德等以动作结构戏剧的剧场艺术之于农民戏剧实验的形式影响，而经由《周作人日记》可发现，戏剧实验并非单向度的创造，而是熊佛西等人撷取众家之长，多方借镜后，选择用崭新的话剧形式表达农民所思所想，这是理论资源的在地化转换与创造。至于以近松为代表的日本平民艺术对于定县农民戏剧的具体影响则有待进一步开掘阐释。

任何影响都是在双向互动中生成的。按照布迪厄的社会实践理论，场域本身就是开放的社会空间网络，是各种位置主体社会关系的组合。孙伏园、熊佛西均是平教会成员，所以周作人也曾表示很想去定县看一看。1934 年 11 月，周作人和俞平伯因受邀演讲之故，顺路前往定县参观。在定县期间，周作人全面浏览了当地文艺、生计、卫生、教育等发展情况，而观感很是复杂。虽然牛村之行"甚可记念也"，但周作人亲见农民的寒苦后认为，农民的衣食住行尚是问题，定县实验"亦是何不食肉糜之类"（《保定定县之游》）。此外，周作人强调了创造文艺的对象问题，"民间文学，是要从民间生活里产生的，他们喜欢甚么，便做甚么，不能用另外的人想象造意"，"如果一个在北平或其他都市里生活的人，替农民想，作出有关农民的文章，那一定是假的……"（《学人访问记》）。相较于早年对日本新村运动的热心引介，此时的周作人显然已复归书斋中知识分子的平静。俞平伯亦有相近的参观感受，他向叶圣陶吐露："弟日前去定县一次，非但没有什么话可说，并感觉有些话实在不必说也。又岂可不沉寂乎！"（俞平伯 350）相较于周作人、俞平伯的顾虑重重，此时的熊佛西正从实践维度出发，全身心投入农民戏剧实验。在他看来，农民戏剧不仅能作为教育手段培养现代国民，更代表了当下戏剧运动的前进方向。他坚信以"实验的精神""科学的逻辑"能创造"一种新的农民戏剧"，而戏剧大众化作为一种新兴文化运动，绝无可能一蹴而就，但几十年后必然深入民间，普遍全国（熊佛西 2）。自然，熊佛西是过于乐观了，但他的历史发展眼光至少使得"戏剧大众化"突破了左翼既定视域而得以丰富其路径，变革其形式，召唤其实践精神。

与其说熊佛西与周作人在改善民生、创造文艺的先后次序见解上有了罅隙，不如说他们主动选择了文艺实践的不同道路。曾作为新文化旗手的周作人经由五四落潮、生活转向后，甘愿于"苦雨斋中吃苦茶"以求"凡俗的人世"，徘徊在"失落了的古典庙堂意识"与"虚拟的现代广场意识"之间（陈思和169）。对于熊佛西而言，"戏剧大众化"的命题论证恰恰要从书斋中走出，到现实世界中实践一番。尽管定县农民戏剧实验最终并未完成农民写剧的宏愿，但农民戏剧理论的建设体现了现代中国独特的戏剧美学见解，农民演剧的成功也昭示了戏剧大众化运动的可能。从这一点看，实验成功与否也就没那么重要了。

致谢【Acknowledgment】

本文为中国博士后科学基金第 76 批面上项目"洪深与 20 世纪中国戏剧"（2024M762103）阶段性研究成果，作者谨致谢忱！

This paper is the research result of the 76th batch of China Postdoctoral Science Foundation's top project "Hong Shen and 20th Century Chinese Drama" (2024M762103). The author would like to thank the researchers for their efforts!

注释【Notes】

① 燕京大学历史上曾有过两份题名"燕大周刊"的刊物，分别创刊于 1923 年和 1930 年。前者由"燕大周刊社"编辑出版，以登载同人创作、评论与研究为主，文艺色彩浓重，一直出刊至 1927 年 6 月 8 日第 120、121 合刊后终了；后者由燕大学生会周刊部编辑出版，以登载政论、校务为主，文艺性淡薄。两者内容、风格、装帧、版式、编辑方针均不同，后者对前者无承继关系。此处讨论对象，乃是 1923 年的第一份《燕大周刊》。参见王翠艳：《燕京大学与"五四"新文学》（北京：文化艺术出版社，2015 年），第 91 页。

引用文献【Work Cited】

皑：《周作人・熊佛西来津讲演》上、下，《庸报・另外一页》1933 年 11 月 8、9 日：第 9 版。

[Ai. "Speech by Zhou Zuoren and Xiong Foxi in Tianjin." 2 Vols. *Yong Bao: Another Page* 8–9 Nov. 1933: 9.]

冰心：《忆许地山先生》，《冰心全集》第 7 册。福州：海峡文艺出版社，2012 年。

[Bing Xin. "Memory of Mr Xu Dishan." *Complete Works of Bing Xin*. Vol. 7. Fuzhou: Strait Literature and Art Publishing House, 2012.]

陈礼颂：《燕京梦痕忆录》，《燕大文史资料》第 6 辑，燕大文史资料编委会编。北京：北京大学出版社，1992 年，第 287 页。

[Chen Lisong. "Memories of Yenching Dream Traces." *Yenching University Literature and History Materials*, Vol. 6. Ed. Yenching University Literature and History Materials Editorial Committee. Beijing: Peking University Press, 1992. 287.]

陈思和:《论知识分子转型期的三种价值取向》,《陈思和自选集》。桂林:广西师范大学出版社,1997年,第 169 页。

[Chen Sihe. "On the Three Value Orientations of Intellectuals during the Transformation Period." *Chen Sihe's Selected Collection*. Guilin: Guangxi Normal University Press, 1997. 169.]

陈豫源:《定县的戏剧》,《北平晨报·剧刊》1933 年 1 月 1 日:第 12 版。

[Chen Yuyuan. "Drama in Dingxian County." *Beijing Morning Post Drama Magazine* 1 Jan. 1933: 12.]

《短评》,《北平晨报·剧刊》1932 年 12 月 18 日:第 12 版。

["Short Review." *Beijing Morning Post Drama Magazine* 18 Dec. 1932: 12]

顾颉刚:《顾颉刚日记(1927—1932)》第 2 卷。台北:联经出版事业公司,2007 年。

[Gu Jiegang. *Gu Jiegang's Diary (1927–1937)*, Vol. 2. Taipei: Linking Publishing Co. Ltd, 2007.]

刘静源:《回忆北平大学艺术学院戏剧系》,《戏剧艺术》1981 年第 1 期,第 110–114 页。

[Liu Jingyuan. "Memories of the Drama Department at the School of Arts, Beiping University." *Theatrical Arts* 1(1981): 110–114.]

沈从文:《北京之文艺刊物及作者》,《沈从文全集》第 17 卷。太原:北岳文艺出版社,2002 年。

[Shen Congwen. "Literary and Artistic Publications and Authors in Beijing." *Complete Works of Shen Congwen*,Vol.17. Taiyuan: Beiyue Literature and Art Publishing House, 2002.]

王翠艳:《燕京大学与"五四"新文学》。北京:文化艺术出版社,2015 年。

[Wang Cuiyan. *Yenching University and May Fourth New Literature*. Beijing: Culture and Art Publishing House, 2015.]

熊佛西:《纽约通信:致焦菊隐》,《燕大周刊》1926 年第 91 期。

[Xiong Foxi. "New York Communications: To Jiao Juyin." *Yenching University Weekly* 91(1926).]

——:《戏剧大众化之实验》。南京:正中书局,1937 年。

[—. *The Experiment of Popularizing Drama*. Nanjing: Zhengzhong Bookstore, 1937.]

熊性淑、朱君允:《灯光,永远的灯光》。北京:生活·读书·新知三联书店,2015 年。

[Xiong Xingshu, and Zhu Junyun. *Light, Eternal Light*. Beijing: SDX Joint Publishing Company, 2015.]

茜频:《学人访问记:小品散文家周作人(八)》,《世界日报》1935 年 10 月 26 日:第 7 版。

[Xi Pin. "Scholar Interview Notes: Essays by Zhou Zuoren (8)." *World Daily* 26 Oct. 1935: 7.]

《宣言》,《燕大周刊》1923 年第 1 期,第 1 页。

["Declaration." *Yenching University Weekly* 1(1923): 1.]

俞平伯:《俞平伯书信集》,孙玉蓉编。郑州:河南教育出版社,1991 年。

[Yu Pingbo. *Collection of Letters by Yu Pingbo*. Ed. Sun Yurong. Zhengzhou: Henan Education Press, 1991.]

张采真:《燕大周刊过去底小史及其他的闲话》,《燕大周刊》1926 年第 100 期,第 1 页。

[Zhang Caizhen. "A Brief History of Yenching University Weekly's Past and Other Gossips." *Yenching University Weekly* 100(1926): 1.]

张菊香、张铁荣:《周作人年谱(1885-1967)》。天津:天津人民出版社,2000 年。

[Zhang Juxiang, and Zhang Tierong. *Chronology of Zhou Zuoren (1885-1967)*. Tianjin: Tianjin People's Publishing House, 2000.]

朱自清:《朱自清全集》第 9 卷。南京:江苏教育出版社,1998 年。

[Zhu Ziqing. *Complete Works of Zhu Ziqing*, Vol. 9. Nanjing: Jiangsu Education Press, 1998.]

周作人、俞平伯:《周作人俞平伯往来通信集》,孙玉蓉编。上海:上海译文出版社,2014 年。

[Zhou Zuoren, and Yu Pingbo. *Collection of Correspondence between Zhou Zuoren and Yu Pingbo*. Ed. Sun Yurong. Shanghai: Shanghai Translation Publishing House, 2014.]

周作人:《我的杂学》,张丽华编。北京:北京出版社,2005 年,第 36 页。

[Zhou Zuoren. *My Miscellaneous Studies*. Ed. Zhang Lihua. Beijing: Beijing Publishing House, 2005. 36.]

——:《保定定县之游》,《国闻周报》1935 年第 1 期,第 1-4 页。

[一. "Tour of Dingxian County, Baoding." *Guowen Weekly* 1(1935): 1–4.]

——:《知堂回想录》(1–3 册)。南京：江苏人民出版社，2018 年。

[一. *Memories of Zhitang*. 3 Vols. Nanjing: Jiangsu People's Publishing House, 2018.]

——:《金鱼》,《周作人散文全集》第 5 卷。桂林：广西师范大学出版社，2008 年，第 632 页。

[一. "Goldfish." *Complete Works of Zhou Zuoren's Prose*, Vol. 5. Guilin: Guangxi Normal University Press, 2008. 632.]

——:《水里的东西》,《周作人文类编 6》。长沙：湖南文艺出版社，1998 年，第 373 页。

[一. "Things in the Water." *Zhou Zuoren's Literary Compilation 6*. Changsha: Hunan Literature and Art Publishing House, 1998. 373.]

——:《谈虎集后记》,《北新》1928 年第 6 期，第 105–107 页。

[一. "Afterword to the Collection of Talking Tigers." *Northern News* 6(1928): 105–107.]

——:《周作人日记》(1—3 册), 郑州：大象出版社，1996 年。

[一. *Zhou Zuoren's Diary*. 3 Vols. Zhengzhou: Elephant Press, 1996.]

——:《心中》,《泽泻集》, 上海：上海三联书店，2019 年，第 80 页。

[一. "In the Heart." *The Collected Works of Alisma*. Shanghai: Shanghai Joint Publishing Company, 2019. 80.]

——:《致徐祖正》, 北京保利 2014 秋季拍卖会专场。

[一. "Letter from Zhou Zuoren to Xu Zuzheng." Beijing Poly 2014 Autumn Auction Special Session. Web. 3 Jan. 2025.]

巴金的"两重人格"和写作难题

王亚惠

内容提要：巴金多次重申摆脱黑暗，追求光明是写作动力所在。可以说，巴金的成就不独是文学创作上的成就，更在其人格，在其处于历史浮沉时敢于说真话的勇气，在其不断反抗黑暗追求光明的呼声。如果说巴金的许多作品是历史的见证，那对巴金心路历程的研究，则能知晓其书写彼时死寂"黑夜"之时的挣扎和痛苦，理解 20 世纪知识分子所走道路的艰巨性，以及内心横亘着的复杂性。

关键词：巴金　黑夜　反抗

作者简介：王亚惠，文学博士，西安文理学院副教授，从事中国现当代文学研究。

Title: Ba Jin's Dual Personality and Writing Challenges

Abstract: Ba Jin has repeatedly stated that breaking free from darkness and pursuing light is the driving force behind his writing. Ba Jin's achievements are arguably not only in literary creation, but also in his personality, his courage to speak the truth amidst historical ups and downs, and his unwavering resistance to darkness and continuous pursuit of light. If Ba Jin's works are witnesses of history, then the study of Ba Jin's inner journey can reveal the struggles and pains he has experienced during the "night" of silence in his writing, enabling us to understand the arduous path taken by intellectuals in the 20th century and the complexity that lies within him.

Keywords: Ba Jin, night, rebellion

Wang Yahui is associate professor of literature at Xi'an University, China. Her research focuses on modern and contemporary Chinese literature.

1960 年，巴金在中国作家协会第二次理事会议上作《文学要跑在时代的前头》的发言，他对自己以往创作进行反思，他反思道：为什么内心追求着光明的自己，笔下却充满着黑暗，流露出的调子是忧郁而痛苦的。巴金把自己的创作归结为是"发霉、发黑的东西"，并将这些都归结于"是从我的生活里来的。虽然我并不想把任何病菌或渣滓放进我的作品里面，而且我本人也受不了它们，可是它们自己却钻到我的书里面来了"（巴金 19: 147）。巴金创作的内心矛盾昭然若揭，他向往的写作始终是光明式的写作，但其内心又横亘着对黑暗的绝望感，如何将两者进行调和书写，成为巴金面对的写作难题。还有一点不应该忽略，那就是巴金始终执着于真实的、无束缚式的创作信条，既如此，如何在不自欺、不欺人，直面表露内心的前提条件下，将自己内心的黑暗和绝望，在写作中转变为光明和希望，这也是巴金研究中颇为值得关注的因素。

一、创作动力：由外在的"夜"到内心的"暗影"

巴金整个创作历程都横亘着对黑暗和光明的书写，这基本涵盖在他的全部生活和小说作品中，他的所有文字几乎都是有关"光明的呼声"。1980 年，巴金在朝日讲堂讲演会上回忆自己的创作历程，"有一夜在北碚一个旅馆里续写《憩园》，电灯不亮，我找到一小段蜡烛，我的文思未尽，烛油却流光了。我多么希望得到一支蜡烛，或者一盏油灯，让我从容地写下去"（20: 463），由此可见，巴金的创作时间虽未都发生在真实的黑夜中[①]，但融汇着血和火的文字背后，几乎都带有浓郁的黑色影子，他的创作总拖着这层暗影，他是少有的将黑暗、黑夜当成具象之物去看待和阐述的作家。当巴金经历着，抑或说经历过一个又一个的黑夜后，黑夜早已由外在环境的"夜"，内化为内心深处的"暗影"。但要注意的是，巴金作品中笼罩着的黑色暗影，都在被光亮吸引，其内在底色则是关于光明的书写，如巴金所言："光明，这就是许多年来我在暗夜里叫喊的目标"（9: 293）。身处暗夜的巴金，时时、处处都怀揣对光明的祈求，于是，暗夜与光明之间的巨大张力，构成了巴金作品的巨大裂隙，如何对此进行修补和转化，涉及巴金对黑夜的不断审视和反思的历程。

在巴金看来，"破坏和建设并不是可分离的东西"（6: 467），在光明和黑暗、毁坏和建设之间，并不必然存在明显的分界线，甚至很多时候，都是直接相联系的，破坏之目的就是更好的建设，毁坏和建设具有同义性。这和诺瓦利斯所言的"浪漫化"原则同出一辙，即各种相对事物在一定条件下，也可以称为同一之物，没有什么是绝对的，去蔽之后，方才能发现万事万物的本真意义，更细化地来说是："当我给卑贱物一种崇高的意义，给寻常物一副神秘的模样，给已知物以未知物的庄重，给有限物一种无限的表象，我就将它们浪漫化了"（刘小枫，《夜颂中的革命与宗教》134）。黑夜也正是在这种意义上，被赋予多维含义，它不再是单义的光亮的消失，视线的受阻，反过来，它也可以成为光亮和视线本身。问题的关键落在了转化的过程和媒介之上，如何克服这些显而易见的二元对立，如何在内心对之调适，成为巴金彷徨、犹疑、难以取舍的核心原因所在。巴金多次在文章中表明着自己完全相悖的两种创作 / 生活的心理状态：

> 许久以来我就过着两重人格的生活。在白天我忙碌，我挣扎，我象（像）一个战士那样摇着旗帜呐喊前进，我诅骂别人，我攻击敌人，我象（像）一件武器，所以有人批评我是一架机器。在夜里我却躺下来，打开了我的灵魂的一隅，抚着我的创痕哀伤地哭起来，我绝望，我就象（像）一个弱者。（6: 43-44）
>
> 在白天里我忙碌，我奔波，我笑，我忘掉了一切地大笑，因为我戴了假面具。在黑夜里我卸下了我的假面具，我看见了这个世界的真面目。我躺下来。我哭，为了我的无助而哭，为了人类的受苦而哭，也为了自己的痛苦而哭。（9: 3）

巴金爱写作，更爱笔下创作的一个个人物。他将自己内心深处的血与泪、爱与恨、悲哀与渴望，全部都投注在了作品中，他的作品更像是对自我的全方位剖析和呈现。他循着那些"可怕的黑影"写作，以逃离阴影对自身的吞噬；但又在具体书写中，不可避免地走进这些阴影，其中的悖论和张力，一度让巴金感到无所适从。这既成为巴金作品的独特魅力，充满激情而摄人心魄，又成为缺憾的源头，作家自身都无法调和的矛盾，再加上直抒胸臆的书写方式，势必导致了作品的分散和芜杂。虽然巴金以"爱"之名，似乎找到了由黑暗过渡到光明的路径，他不断地重申"我的爱已经把那个黑影征服了"（6：19），但他对"爱"的阐释稍显简单直接，未能深化和升华，这就使得过渡突兀了许多，也很难让读者信服。说到底，巴金终究是一个以激情取胜的作家，虽然他与诺瓦利斯一样，都在黑夜与白昼、黑暗与光明之间追寻相互转化甚至替代的可能性，但诺瓦利斯的神学思想支撑着他的体系构建，将"上帝作为综合、反命题与命题，在他自身中包含着有限与无限两极"（刘小枫，《大革命与诗化小说》295）。巴金对此的思考则是缺乏的，他更多表现为情感上必须如此的果断，缺乏内在逻辑上的自洽性，这就使得巴金始终无法逃脱开冰与火相交叠的矛盾状态，他挣扎在光明完全死灭的黑夜中，又寄希望于突然放射出光芒的黑夜。突围成为困局，"深夜之思"的无法安眠让人"热泪横流"，巴金写作就处于这样的状态之中，既在黑夜中写作，又写作黑夜，黑夜是巴金生活及创作的基点，也是努力突围的方向。

二、创作姿态：战士的决绝，以及真实的人的痛苦

在有关革命话语的叙述中，常常会出现黑暗和光明之间的对立。这种对立并不带有哲学意义上的辩证统一，而往往有着非黑即白的政治正确性。它们也极易形成鲜明反差，进而构成某种对立、抗争的紧张关系。彼时，战乱之下人的流离失所、社会各种矛盾的极速加剧、落后封建文化的精神遗留……这些都束缚着人们，让人们昏睡，让人们彻底地"生活在围墙之中"（阿尔都塞 10）。巴金作为底层代言人，他要做的是帮助人们认识到这些所谓黑暗，去寻找光明的所在。以此，文学已经不是单纯抒情的、哲理的，而与时代、政治共呼吸着，对黑暗的抵抗便成为时代的共鸣主题。

巴金将写作看成是对礼教监牢的逃避，是对缠缚在身体中可怕阴影的摆脱，他在面向时代弊病发轫时，也面向了自己的存在。巴金极爱借助自然意

象表达感情，有的直接形之于标题，如雾、雨、电；有的则在小说中反复用到，如夜、月、风。在这些意象之中，能看到二元对立的隐秘存在，即意象各自充当着光明和黑暗的指称。这涵盖起各种复杂对立的思想系统，巴金努力摧毁的是黑暗混乱的时代，进而找到那"光明的将来的美景"（6：18）。和那些斗志昂扬的战士不同，巴金内心深处常带有痛苦而绝望的气息，但他惯有的忧郁气息并没有让"光明"的呼声黯淡下去，反而使其变得更激烈了些。他对此描述渗透着自我浓烈的感情，这就使得黑夜显得如此之暗。《家》中的老公馆黑漆漆的，藏匿了许多秘密，细看却又空无一物，它将所有有生命的、有活力的东西都拒之门外，它是腐朽没落的黑暗王国的代称；《憩园》中的杨家公馆死气沉沉的，没有一丝生息，就连那象征着希望的山茶花也逐渐干枯了，甚至不见了；《第四病室》自始至终都笼罩着一层阴郁而沉闷的氛围，比如随处可见的便盆、吐痰杯、腐肉等，伴随这些死亡象征的还有人们痛苦的哀呼声，死亡的脚步声。巴金对黑暗的叙述从来都不惜笔墨，他写小人物的悲欢也都深入灵魂深处，他怀着多少的"爱"，内心就有多少的"恨"，他带着强烈的矛盾生活着、写作着。巴金执意于破除"铁的笼"的沉重枷锁，这已然成为他人生和写作的核心目标。所以当无奈写下："我好像一只在笼子里长大的鸟，要飞也飞不起来。现在更不想飞了"（8：140），他的心该是多痛多绝望；当小说最后的落笔是："夜的确太冷了。她需要温暖"（8：702），他的心怕也是彻底凉透了。但就算这样，巴金依旧直视和书写着黑夜。巴金是立在黑暗靶心的，他知道"有良心的作家们不会睁起眼睛，把'灾难'当作'幸福'，把'痛苦'写成'快乐'，把'黑暗'描写为'光明'"（19：79）。他是英勇而无畏的战士，"战士是永远追求光明的。他并不躺在晴空下享受阳光，却在暗夜里燃起火炬，给人们照亮道路，使他们走向黎明。驱散黑暗，这是战士的任务"（李存光155）。巴金的一生可以称作是反抗的一生，他反抗极权，反抗封建残余，反抗束缚……他在各种反抗中持续、有力，而又痛苦地斗争着。

巴金永远在追求光明，渴望用自己的声音喊醒这沉沉的暗夜。然而，在无比沉闷的黑夜里，反抗变得不切实际，光明变得遥不可及，巴金陷入少有的阴郁和绝望之中，他说道："在我底短促的一生里已经有过无数的黑夜了。然而这一个黑夜却和一切别的不同。这是一个光明完全死灭了的黑夜。我什么也看不见，又听不到一点声音，甚至连我躺在什么地方也不知道了。"（9: 278）巴金否定的、拒斥的并不是黑夜本身，而是死寂的、没有任何变化的黑夜，于是在这闷热的、窒息的，快要闭气的日子里，他寄希望于"起一阵大风，或者下一阵大雨"（13: 351）。对巴金来说，风变成光明与黑暗之间的一种介质，风能吹散黑暗的氤氲，风也能掠走黑沉沉的无光状态；或者说，就算风无法将这一切都吹散，但风至少代表着流动、变化的可能。只要有风存在，有反抗的力量，光明才能从黑暗中脱胎而出。

斗争代表着的是一种姿态，这种姿态有着"战士"的决绝，但也不可忽略其内在作为一个真实的人的痛苦。这不是简单地追求"对立面"的问题，不是到达光明的这个结果，毕竟所谓光明，其实质也只是一个虚设的目标而已。这些都不重要，重要的是这个过程，是作家为了反抗而"穿透自己"（林贤治99）的过程。巴金穿透了自己，识得了自己的眼泪，以及无梦的处境。正所谓"一座无形的围墙，藩篱着这群有形的生命"（尹青 106），巴金在极速激化的社会变革面前，试图用自己手中的笔，从时代的洪流中跳脱出来，为着活的意义。他与时代相抗衡着，也在时代的洪流中看到了那个微弱抑或绝望的自己。

三、文本世界：洞悉、反抗"死寂"的黑夜

巴金靠着激情写作，他憎恨着黑暗，热爱着光明，他在小说中呐喊着要把黑暗变为光明，或者说能在暗夜里散发出些许的光芒来。威廉·巴雷特将柏拉图创作的冲动归结为"对世界的邪恶和对时间的灾难中挣脱出来的强烈追求"（72），巴金的创作亦是如此，以《第四病室》这篇来源于亲身经历的小说为例，他在后记中写道："这些都是真的事实。只有那个'善良、热情的年轻女医生'的形象是我凭空造出来的。这是病人们的希望。"（8: 416）这是想象中可能存在的挣脱方式。具体到小说文本，则依赖于黑夜中各种灵敏的感官，以及碎片式的时间。《第四病室》在表达形式上下了一番功夫，先是以叙述主体陆怀民和巴金本人的往来书信作为引子，陆怀民在信中提及自己的"病

中日记"，巴金的复信表明日记已交由出版社印付；其后则是以日记作为叙述主体，按照日记写作时间拼装起来的医院故事。这种体例颇适宜主观而零碎的家常记叙，时间变成一个个当下，变成睡不着的、忍受不了便壶刺激味道的夜晚。所有这些被忽略的时间，被遗忘的声音，都容纳进了陆怀民的日记中。在小说中，巴金自第一篇日记始便奠定了整个故事沉闷压抑的基调。

> 夜来了。接着是一段沉闷的时间。好像有什么东西重重地压在我们的头上。谈话的声音压低了，甚至停止了。代替它的是一片仿佛被压抑住的呼吸声。
>
> 我旁边第六床呼呼地在打鼾，第四床没有声音。我也有一点儿睡意了。……（8: 232）

这是"我"在病室的第一夜，这也预示着"我"此后也将陷入一个又一个黑沉沉的，充斥着呼吸声、念书声、呻吟声、鼾声、哭声的夜。在夜里，这些声音如此刺耳，让人难以接受，它们影响着"我"的睡眠，"我"陷入其中怎样也无法抽离。但幸好，"我"能生活在自己的时间里，有着自己的时间系统，"我"可以连着每天都记录，也可以突然地中断或接续，时间因记述才得以存在，不被记述的时间早已都被掠过。"我"叙述的时间显然是私密性、闭环状的，它不再是彼时常见的历史的、向着光明未来的线性时间，而是专注于"阴暗面"的真实再现，依循着个人情感流动而变化的时间。"我"所承受的和生活在第四病室的人们一样，是身体上的百般病痛，各种难闻的气味，各种影响人入睡的声音……在此之上，"我"还备受心灵摧残，这些实在的感觉仍无法抵消"我"内心的虚无之感。于是"我"通过写作的方式进行宣泄，其最终呈现出来的模样是："一种似乎被世界所湮没的、揭示世界的荒诞的、只能用病态来表现自己的作品，它实际上是在自身内部与世界的时间打交道，驾驭时间和引导时间"（福柯 271-272）。最终，和"我"一样，巴金也困顿在这无力摆脱却又无比真实的阴暗世界里，仿佛是一个死局，很难有解决的途径。小说最后，随着日记越来越短，"我"的心情似乎也敞亮了一些，"我"出院了，也逃离了这个世界，"我跨出了医院门，漫天的阳光在迎接我"（8: 411）。通篇的黑暗在此时终于以阳光收场，这突然升起的阳光是不是意味着自我时间的最终胜利？巴金的微弱希望，以及对光明声嘶力竭的呼喊也都体现在此。但时代话语显然无法全然化解掉个人的悲苦和绝望，时间的碎片没有那么容易反抗，最后的"一线光明"也不能全然覆盖掉黑沉沉的夜晚。

巴金是爱做梦的。他"是一个爱做'梦'的人。他的小说的主人公常常做梦，他的散文也常常写'梦'"（李存光 108）。现实生活里的梦境和小说作品中的梦境两相辉映，构成巴金激情式的写作范式。巴金内心深处的矛盾，不仅表现为黑暗与光明的分裂，更表现在梦境与现实之间的巨大差异及所造成的不知所"在"状态。《寒夜》中的汪文宣始终生活在梦魇中，小说开始部分便是汪文宣长长的梦境，梦中的他面临着妻子与母亲的决裂，以及妻子决然离开的困境。这梦境是荒唐的，又是真实的。小说之后的叙事，也基本围绕此走向展开。此后，文宣梦到的同学柏青之死，与树生的不断争吵，以及树生离开自己去兰州等，基本上投射的正是现实。我们不禁想问：这真的只是梦吗？梦与现实之间的距离是什么？叙述者如此评价文宣的梦，"他做着连续的梦。他自然不知道自己是在梦中"（8: 429）。不仅文宣不知道何为梦，分不清梦与现实的距离，就连作为旁观的叙述者，也未能知晓两者之间的区别。米兰•昆德拉认为要将现实存在和疯狂想象结合起来，需要的是梦的炼丹术，梦的叙述让"想象从理性控制下解放出来，从担心雷同的压抑下解放出来，进入到理性思维所不可能进入的景色中"（78），梦和现实之间有了联系，梦也和现实混淆了起来，这种似梦非梦，似现实而非现实的处境，极能考验一个人的耐力，也极容易显露出人性的另一面。巴金有关梦的叙述，就是这样一种参差的带有复调对照式的写作手法，它将绝对性和相对性充分混合，使其有着"对现代世界最清醒的审视，又有最疯狂的想象"（昆德拉 79）。巴金是睿智的，他能清楚地看到现实中那些隐藏着的黑暗，他无法对之视而不见；巴金也是痛苦的，黑暗现实和光明梦境之间的割裂，每每让他对存在陷入深深的怀疑和质询当中。梦，成为他释放内心巨大压力的出口。

《家》中的高老太爷病前的梦，是具有象征意味的。高老太爷周旋于对儿孙的各种怨气中，他表面上拥有着无上威严，是家庭的主宰者；但实际上，家中儿孙已早早与自己"脱榫"，与传统信条相背离，他的权威只是架着的空壳罢了。当高老太爷意识到这一点，他立马跌入本雅明所言的"震惊体验"中：既回避又不得不接受，既防范又不得不直面，既保存又面临着必然消解的命运，在这种种的裂隙下，梦的出现显得及时极了。梦充当着过渡的作用，高老太爷竟也开始审视起自己的生活，并产生了悲凉之感，同时，也让之前那些不可解决，陷入僵局的难题有了缓冲的可能。在高老太爷的梦境里：

> 他一个人躺在沙发上，微微地喘着气。他的眼睛半睁开。他的眼前出现了许多暗影。一些人影在他的面前晃了过去。他看不见一张亲切的笑脸。他隐隐约约地看见他的儿子们怎样地饮酒作乐，说些嘲笑他和抱怨他的话。他又看见他的孙儿们骄傲地走在一条新的路上，觉民居然敢违抗他的命令，他却不能处罚这个年轻的叛逆。他自己衰老无力地躺在这里，孤零零的一个老人，没有人来照料他。（1: 361）

梦境让高老太爷体会到未曾有过的失望和孤独，让他开始对所信奉的一切产生怀疑，也让他被迫接受之前所不愿也不敢接受的现实——他所守护的时代已然落幕了，他也已经不复是之前的他了。在时代的变化面前，他似乎已经腐朽掉，他的威力也都渐逝了。梦预告了这一切的即将发生，以高老太爷为代表的守旧派所坚守的"牢的笼"，开始有了慢慢打开的征兆。于是高老太爷在被陈姨太唤醒之后，就病了，再没多久，就去世了。梦加速或者说直接预示了高老太爷的死亡，以及其背后代表着的黑暗旧社会、旧习俗等的破灭。巴金终究是不忍心的，他不忍高老太爷的狼狈退场，便借用梦的挽歌，让其自行退场，以此将历史发展的必然轨迹进行书写。这里的梦在充满预示意味之外，也是一种连接的规则。梦的发生，让两种生活模式、两个世界之间的对抗有了和解的可能。以高老太爷为代表的守旧派们不再是威风凛凛的，有了软弱的一面；以觉慧为代表的五四新青年们，也有了对其反对面的同情。两者先前所存在着的鸿沟，不再如此剑拔弩张，而有了人与人之间最深切的交流。梦触及人性赤裸的真实的一面，进入人性的深度，并在那里看到了被压制、被束缚的自我。

如果进一步对巴金小说进行论述的话，就会发现，凭借激情写作的巴金，实则常会摇摆于希望与绝望的两端，巴金自己也说："我不是一个冷静的作者。我在生活里有过爱和恨，悲哀和渴望；我在写作的时候也有我的爱和恨，悲哀和渴望的。倘使没有这些我就不会写小说。我并非为了要做作家才拿笔的。"（1: 445）以此，巴金对梦的书写有着两种完全对立的感情：一方面，梦是对绝望的黑暗生活的重新加工，那些让人想起就胆战心惊的事情，常在梦里就让其先行发生了，似乎这样，能稍微减弱些痛苦的程度和焦灼；另一方面，梦也是深刻的反思，是对另一种生活或者说是可能性的启示，在梦里，另一个隐匿着的自己显现了，另一种生活图景呈现了。这大概就是巴金一直所梦想的光明旅程了，梦境叙事亦是此种逻辑，从梦境到现实的过程，也即从死亡到新生，从黑暗到光明，从绝望到希望的过程。所以对巴金来说，最大的悲哀，不是世界的黑暗，不是生命的痛苦，不是寂寞的眼泪，而是无梦可做，当巴金写下"我没有梦，我也不能够有梦了。我害怕看见第二日的天明"（9: 270）时，他的心该是多么的死寂。希望的梦、绝望的梦是支撑巴金生活的动力，他渴望在梦中找到寄托和希望，梦是从黑暗走向光明的路径之一。巴金在梦境中找到了属于自己的"一个精神空间，一个象征意义上的人性意象符号"（赵思运 25）。这是他独处的时空，是他卸下所有精神重负自由呼吸的时刻，只有在此时，他才能获得反抗的动力，梦也恰好成为巴金"反抗"的外在表征。

在对"梦"意象的研究中，还要考虑到梦是怎么出现的？梦的出现造成了什么样的后果？梦最后是如何结束的？进入梦境、离开梦境的方式和反应，包含着小说家书写梦境的用意，高老太爷的梦是苦涩的，是他一直都不肯直面的却即将到来的生活本身，他由愤怒到跌入梦境，而后由梦到病，再到死亡，梦剥开了自身之外，也剥开了一切真实。巴金的写作是向着光明的写作，他所有对黑暗的批判、反思和审视，都是为了到达光明的渡口。他渴求着"心灵的灯"（13: 349），以指示他走向该走的路；他也坚信着"'黎明的将来'的信仰"（5: 272），以摆脱人们悲痛的哀诉和呻吟声；而在绝望的时候，黑夜里没有一丁点亮光的时候，他为了逃脱这沉寂得闷得死人的状态，依旧执拗地"无精打彩地站起来把电灯扭燃"（9：27）。虽然追求光明的旅程并不顺利，多有挫败发生，光明的易变与易逝，让巴金对追寻光明而不得，身处黑暗而不愿。巴金面临着理想和现实的割裂，使得对光明的追寻每每陷入窘境，有时费尽心力的追寻，换回的只是更深的黑暗和绝望，有时好不容易追寻得到，却发现只能维持一瞬间的光亮，"灯光并不曾照亮什么，反而增加了我心上的黑暗"（13：345）。巴金笔下的"光"意象，就变成了只可远观的虚幻之物，成为其内心承受的矛盾冲突的由来。"光"的久而不至，也让巴金在"绝望的云雾"中停留、咂摸的时间更久了些，然而，对"死寂"黑夜的反抗，"梦"的出现，以及光明的必将来临，是巴金心中不变的信仰。于巴金而言，黑暗中的"光"，并不一定要能真正看到，它是可以作为被感觉之物而存在的。

结　　语

巴金在"爱"的灌溉中长大，他的写作同样是关于"爱"的。用巴金自己的话来说，"爱"构成他生活、思想和作品的基石，也让他因爱而痛苦、诅咒和憎恨。这就使得，巴金对爱的追求虽屡屡中断，但他始终是从容的，这是爱中长大的人所独有的一种松弛。巴金因着爱的切身体悟，痛彻于恨对爱的摧残，希望能有一艘"万人坐的船"，让人们脱离各种生存的压迫。巴金书写黑夜的方式也是如此，他小说中的人物生活在黑夜里，又相信着这不是全然的黑夜，而是有着角落里散发出来的光芒。所谓光芒便是爱的旨意。然而，以光明对抗黑暗，以爱对抗恨的努力常陷入困窘态势，巴金疑惑了，因为痛苦是必然的，甚至死亡也是会降临的，爱的能量还不足以消灭黑暗。这些多重的情感体验，是巴金内心深处的问诘，于是从黑暗到光明的过渡路径，变成了一种试探，变成了意志的强加，光明被加诸了太多东西，光明的羽翼被深重的现实苦难、在暗夜点燃火炬的决心、不肯妥协的永无止息的战斗等紧紧抓住的同时，也被作者思想生活上的矛盾所纠缠。巴金的小说文本便冗杂了许多，形成了巴赫金所言的"复调"景观，各种声音（比如：时代的抑或个人的、积极的抑或消极的、绝望的抑或满怀希望的）不断游荡的同时，其笔下的主人公也难以形成直观且肯定的由黑夜步入光明的话语体系。巴金只能将内心所想、所疑惑的全都诉诸笔端，不下定义，不给答案，诚实地敞开一切，其所蕴含的矛盾、冲突、纠结等，既印证着巴金写作之难题，也让以"黑夜"之名的对话，充满了众声喧哗的多义属性。

致谢【Acknowledgment】

本文为陕西省科技厅软科学项目"陕西红色文化产业集群数字化构建研究"（2024ZC-YBXM-167）成果，得到陕西省科技厅的资助，作者谨致谢忱。

My acknowledgement and gratitude go to the research project "Research on the Digital Construction of Shaanxi Red Culture Industry Cluster" sponsored by the Research Center for Science and Technology Department, Shaanxi Province.

注释【Notes】

① 翻阅巴金日记，巴金的作息时间是较为规律的，五十年代入睡较早，多为晚上八点左右入睡；六十年代之后多为零点左右入睡，早上七点左右起床。他起作有时，日记中也偶有提及失眠的经历，但都不能称之为严格意义上的失眠。如："八时半睡，失眠，到十时半后才睡熟"（25: 10）。"昨夜十点钟后又醒过一次，失眠将近三小时"（25: 95）。

引用文献【Works Cited】

巴金:《巴金全集》（1-26 卷）。北京：人民文学出版社，1989 年。

[Ba Jin. *The Complete Works of Ba Jin,* 26 Vols. Beijing: People's Literature Publishing House, 1989.]

陈思和:《人格的发展——巴金传》。上海：上海人民出版社，1992 年。

[Chen Sihe. *Personality Development: Biography of Ba Jin.* Shanghai: Shanghai People's Literature Publishing House, 1992.]

李存光:《巴金传》。北京：团结出版社，2018 年。

[Li Cunguang. *Biography of Ba Jin.* Beijing: Tuanjie Publishing House, 2018.]

林贤治:《午夜的幽光 关于知识分子的札记》。桂林：漓江出版社，2011 年。

[Lin Xianzhi. *Midnight Glow: The Intelligentsia's Notes.* Guilin: Lijiang Publishing House, 2011.]

刘小枫编:《夜颂中的革命与宗教——诺瓦利斯选集一》。北京：华夏出版社，2008 年。

[Liu Xiaofeng, ed. *Novalis: Revolution and Religion in der Hymnen an die Nacht.* Trans. Linke, et al. Beijing: Huaxia Publishing House, 2008.]

刘小枫:《大革命与诗化小说——诺瓦利斯选集二》。北京：华夏出版社，2008 年。

[Liu Xiaofeng, ed. *Novalis: Revolution and Poetic Roman.* Trans. Linke, et al. Beijing: Huaxia Publishing House, 2008.]

路易·阿尔都塞:《黑格尔的幽灵——政治哲学论文集 Ⅰ》，唐正东、吴静译。南京：南京大学出版社，2005 年。

[Louis Althusser. *Ecrits Philosophiques et Politiques: Tome I.* Trans. Tang Zhengdong, and Wu Jing. Nanjing: Nanjing University Press, 2005.]

米兰·昆德拉:《小说的艺术》，孟湄译。北京：生活·读书·三联书店，1992 年。

[Milan Kundera. *L'art du roman.* Trans. Meng Mei. Beijing: SDX Joint Publishing Company, 1992.]

米歇尔·福柯:《疯癫与文明》,刘北成、杨远婴译。北京:生活·读书·新知三联书店,2012 年。

[Michel Foucault. *Madness and Civilization.* Trans. Liu Beicheng, and Yang Yuanying. Beijing: SDX Joint Publishing Company, 2012.]

威廉·巴雷特:《非理性的人》,杨照明、艾平译。北京:商务印书馆,2004 年。

[William Barrett. *Irrational Man. Trans.* Yang Zhaoming, and Ai Ping. Beijing: The Commercial Press, 2004.]

尹青:《狭的笼》,《青年界》,1935 年 8 卷 3 期,第 106–108 页。

[Yin Qing. "Narrow Cage". *Youth Sector* 8.3(1935): 106–108.]

赵思运:《一部知识分子自我改造的心灵文献——重读初版〈夜歌〉》(1945)[J]《西南大学学报(社会科学版)》,2009 年 2 期,23–29 页。

[Zhao Siyun. "A Study of He Qifang's Collection of *Songs at Night*". *Journal of Southwest University (Social Sciences Edition)* 2(2009): 23–29.]

论图像回忆录中复制性图像的叙事功能

潘巧英

内容提要：图像回忆录中的复制性图像指创作者运用多种复制手段，在作品中尽可能直接再现现实世界的图像，在风格上与其他漫画风格化的并置图像存在较大差异。此类图像虽然所占篇幅不多，却发挥着重要的叙事功能。本文从图像展示的叙事本质出发，分析创作者、现实世界、图像和读者之间的多重凝视关系，并重点探讨此类图像的历史叙事功能和权力叙事功能。

关键词：图像回忆录　复制性图像　图像叙事　记忆

作者简介：潘巧英，浙江越秀外国语学院西方语言学院副教授，主要从事自传文学研究和图像回忆录研究，近期发表论文《〈反回忆录〉：一部真正的现代回忆录》（《中国社会科学报》2022 年 4 月 18 日）。邮箱：qiaoyingpan@foxmail.com。

Title: On the Narrative Functions of Reproduced Images in Graphic Memoirs

Abstract: The author uses various methods to reproduce real-world images in graphic memoirs. These reproduced images are quite different in style from the other juxtaposed images in comics. Although such images occupy only a small proportion of space, they serve important narrative functions. Beginning with the nature of graphic representation, this paper analyzes the multiple gaze relationships between the author, the real world, the images and the readers, and focusing on the historical narrative function and the power narrative function of such images.

Keywords: graphic memoirs, reproduced images, graphic narrative, memory

Pan Qiaoying is Associate Professor at School of European Studies of Zhejiang Yuexiu University. Her research interests focus on autobiography and graphic memoirs. She is the author of "*Antimémoires*, a Real Modern Memoir" in *Chinese Social Sciences Today* (April 18, 2022). **E-mail:** qiaoyingpan@foxmail.com

　　图像回忆录（graphic memoir）是一种融合图像和文字的生命书写方式，有时也被称为图像自传（autographics）、自传漫画（autobiographical comics）和图像小说（graphic novel）。吉莉安・怀特洛克和安娜・伯莉提认为图像自传是"对生命叙事中的标记、符号和视觉艺术技巧进行解读的实践"（Whitlick and Poletti 5）。为展示生命叙事的各种标记，图像回忆录频繁使用照片、档案资料、真实场景等纪实图像。"自《鼠族》出版几十年来，将照片和其他类型的混合媒体编织到文本中已成为其他犹太图像小说的一大特色。"（Reingold 91）事实上，包括照片在内的纪实图像散见于几乎所有图像回忆录作品中。

　　此类图像发挥着特殊的叙事功用，开始引起学界关注。有学者将《欢乐之家：一个家庭的悲喜剧》（*Fun Home: A Family Tragicomic*，后称《欢乐之家》）中绘制的照片、日记、地图等称为"档案文献（archival documentation）"（Cvetkovich 114），并分析其证言功能。也有学者认为在图像回忆录中，"照片让读者将过去也视为一个真实的空间"（Reingold 91）。然而，目前研究中尚存在两个问题：其一，对此类纪实图像未有专门界定，而是根据不同语境以摄影照片、档案等混称之。在当下研究语境中，"纪实图像"主要指摄影或具有纪实风格的绘画，概念较为模糊。而作为社会生活记录的"档案"一词是否涵盖图像回忆录中复现的现实地标？因艺术加工而变形的材料可否视为档案？这都值得商榷。用"摄影照片"命名，其局限性则更为明显，排除了图像回忆录中手绘复现的物件和符号。因此，本文试用"复制性图像（reproduced image）"这一表述来界定此类图像。其二，当前研究侧重此类图像的历史证言功能，尚未深入挖掘其历史叙事的多重特征，也缺乏对其他叙事功能的考察。因此，本文将更为系统地分析"复制性图像"在图像回忆录中的叙事功能。

一、复制性图像的界定与分类

　　在数字化时代，"复制（reproduction/reproduce）"是一个高频且泛化的表达。图像学领域主要从复制对象和复制手段两个方面使用该词。例如，纳尔逊・古德曼（Nelson Goodman）就曾讨论过艺术中的复制问题："总之，对象是如在纯然的条件下由自由而童真的眼光所看见的那样被复制下来。"（9）他认为艺术复制的对象是现实。瓦尔特·本雅明（Walter Benjamin）则更重视对复制技术的探讨。他曾梳理复制技术的发展历程，认为印刷术、石印术、摄影大大加快了形象复制过程（6）。当然，本雅明也从复制对象的角度切入，提出艺术品复制和电影艺术是复制的两种不同功能（7）。电影理论家齐格弗里德·克拉考尔（Siegfried Kracauer）认为电影的本性是"必须记录和揭示物质的现实"（52），即电影是复制的技术，而复制的对象则是可见的物质世界。

可见，"复制"一词的应用语境可概括为：作为一种手段，它指向图像的生产制作或相关技术；复制的对象既可以是广义上可见的物质世界，也可以是狭义上的艺术作品。

厘清"复制"一词的使用语境，有助于我们进一步界定复制性图像，因为它是复制的结果，复制对象和手段的不同指向不同的复制结果。龙迪勇将图像分为"以绘画为代表的创作性图像与以照片为代表的复制性图像"（413），认为复制性图像是"以照相机为中介，主要致力于'物质现实的复原'（克拉考尔语），哪怕是再抽象的照片，也必须以再现世界、复制对象的影像为宗旨"（414）。该分法将摄影视为复制手段，现实世界视为复制对象，因此复制性图像最终指向照片。然而，此分类并不适用于印刷复制的语境。在现代图像的生产过程中，复制性图像也是复制技术、数字技术和印刷技术尽可能精准复制图像原件的产物。随着视觉艺术的发展，复制性图像又通过手工复制的方式重新纳入艺术创作中，波普艺术和漫画即为最好佐证。因此，图像回忆录中的复制性图像不是简单的摄影照片和印刷复制，而必须从复制对象和手段两个方面重新考量。

从复制对象看，图像回忆录中的复制性图像指涉现实物质世界，有别于对思想、概念、语言形象等内容的再现。有图像回忆录创作者提到，有时他笔下的画面和口述者笼统描述的场景分毫不差（吉贝尔 1: 2）。然而，尽管这些画面十分逼真，却不能称为复制性图像，因为绘制的依据是口述者表达的语言形象。根据复制对象，复制性图像可分为人物复制性图像、物件复制性图像和场景复制性图像。人物复制性图像是对现实世界真实人物形象的复制，多涉及忆者和公众人物的形象。绘制者根据人物自身、照片、录像等直观再现人物形象，虽然这种形象也会有部分艺术加工，但是漫画风格化的程度几乎可忽略，和作品中的其他人物形象形成鲜明对比。读者可通过复制性图像直接联想到现实中的人物，无需根据漫画风格进行转译。例如，《从小李到老李》就复制了雷锋和毛主席的形象，其现实主义风格与其他画面的漫画风格截然不同。物件复制性图像是对现实物件的直接复制，例如对照片、信件、日记、报刊、地图等材料的复制。此类图像就是前文所说的"档案文献"，在图像回忆录中最为常见。场景复制性图像则是对现实世界空间或场景的复制，多涉及标志性公共空间、根据档案资料绘制的生活场景或某个现实空间的符号标记。例如，《鼠族》（*Maus*）中多处复制纳粹符号，读者无需转译信息即可和真实的历史空间联系起来。

从复制手段看，图像回忆录借助手工绘制、计算机图像编辑、复制技术及印刷技术等多种方式进行模拟、缩放、修改或粘贴，生成复制性图像。可见，复制方式十分多样。根据复制方式的不同，可分为手绘复制性图像和扫描复制性图像。手绘复制性图像指创作者模拟现实世界而绘制的图像，在色彩、阴影上有较为明显的处理，在审美上更加融合漫画风格，但其漫画风格化程度不高，与其他并置漫画图像相比，现实主义风格十分明显，读者可直接联想到该图像是对现实世界的拷贝。例如，《欢乐之家》中手绘的复制性图像就十分丰富，这是作品取得成功的重要因素之一。扫描复制性图像主要涉及照片的扫描复制，画面比手绘复制性图像更为客观真实，也更容易辨识，在作品的前言、后记、章节转换处尤为常见。例如，《平如美棠》《战俘营回忆录》等国内外经典图像回忆录中都不乏此类图像。

综上，可对图像回忆录中的复制性图像做出如下界定：创作者在图像回忆录中通过扫描或手绘等方式复制图像，其复制对象为现实物质世界，既包括照片、信件、地图等现实物件，也包括现实中的人物形象和地理空间等。此类图像在风格上与其他漫画风格化的并置图像存在较大差异，具有极强的互文性和现实参照性，读者无需转译即可联想到图像指涉的现实世界。值得一提的是，复制性图像在色彩、线条、布局上可能出现一定改造，并非对现实世界的百分之百复原，但读者依然能够一眼就发现此类图像的互文和现实参照。复制性图像在图像回忆录中的占比不高，但几乎从不缺席。

二、图像叙事：图像展示与三种凝视关系

图像回忆录通过视觉手法展现记忆，形成图像展示（graphic showing）这一特殊叙事形式。然而，"到目前为止，展示的叙述功能在漫画理论中仍然是含蓄的或粗略的表达"（Mikkonen 74）。文学叙事学中，讲述（telling）和展示（showing）是两种重要的叙事方式。讲述指叙事者的主观叙述，在叙述的过程中，叙事者干预显性活跃；展示一般指场景的客观描写，叙事者干预隐蔽或缺席。而图像展示的定义有别于传统文学叙事中的展示。在图像叙事中，"展示可以等同于不断变化的表现、移动的图像或人们目睹一个事件的感觉"（75）。换言之，图像展示只是强调图像的视觉本质，可同时发挥传统文学叙事中所提出的讲述和展示功能，甚至完全超越两者的区分，因为除了图像内容、色彩、线条、布局、透视选择、语言与视觉的互动关系等都表达一定的叙事意义。那么，既然展示成为图像的叙事本质，凝视（gaze）就成为接受图像叙事的主要方式，凝视关系也成为创作者在生产图像的过程中不得不考虑的问题，复制性图像亦不例外。创作者在使用复制性图像时往往表达出强烈的目标性，而要抓取复制性图像的叙事意义，可以从三种凝视关系入手，即创作者[1]对物质世界的凝视，人物对复制性图像的凝视及读者对复制性图像的凝视。

图像回忆录中的复制性图像是创作者主观选择的结果。在图像产生过程中，创作者必须凝视想要复制的物质世界，取舍复制对象，对复制性图像进行预期，决定复制的方法。因此，这种凝视关系表现出创作者强烈的主观意愿、情感表达和价值判断，对解读复制性图像的叙事意义十分重要。探索记忆、提供事实、描画环境、表达情绪、评判价值、升华意义……这些叙事功能不一而足，不同作品有不同侧重，复制性图像因此成为传达意义的媒介。《欢乐之家》创作的初衷就来自一张照片。在创作者八岁时，父亲带着两个孩子和男保姆去海滩，拍摄了一张男保姆躺在床上的照片。在父亲去世一年之后，她看到这张

照片，发现父亲隐藏的性取向。她觉得这张照片是父亲和她分享的秘密，从此在记忆中萦绕多年，直至她决定创作一本关于父亲的图像回忆录（Chute and Bechdel 1006）。这张照片以最醒目的跨页方式出现在作品中，那只捏着照片的手让读者感受到创作者凝视照片时的千思万绪：震惊、好奇、共情……（见图1）。创作者在访谈中也说自己确实反复观察和模仿照片，她甚至扮演成父亲，试图用父亲的视角去观察周围（Ruddick 207）。通过凝视，她慢慢走进父亲的生活，借此寻找自己的身份，而读者也追随着她的目光，逐渐与其过世的父亲建立联系。

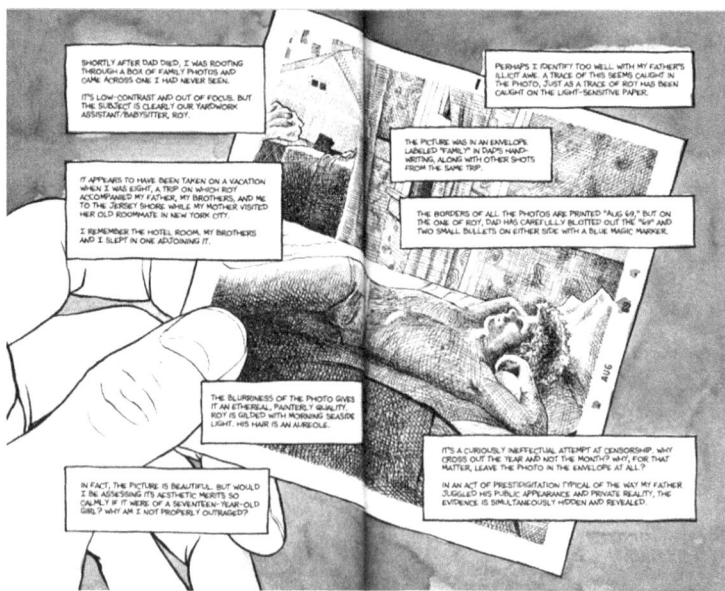

图 1　Bechdel 100–101

当复制性图像成为故事图像的一部分时，创作者常常又表现出人物对复制性图像的凝视。有时，身体部位和复制性图像同时出现，其中手捏照片、信件、日记等是最常见的画面。《鼠族I》中的"我"凝视着自己出版的漫画作品，作品上是一张母亲照片的复制性图像，手捏照片的姿势显示出人物和图像的凝视关系（见图2）。有时，创作者通过文字暗示人物与复制性图像的凝视关系。《阿兰的战争》（*La Guerre d'Alan*）展示了朋友寄给阿兰的照片和信件，虽然没有人物凝视图像的画面，但文字却提示阿兰经常凝视它们："要想重现我所认识的他们当年的容颜，那么年轻的容颜，就得抹去他们脸上一应风霜的痕迹。也许图画能够做到。"（吉贝尔 3: 97）此时，人物替代创作者和读者的眼睛，引领他们进入回忆和历史中，使之产生强烈的在场感。这对创作者来说是一种追寻、和解或疗愈，对读者来说是一种情感体验和价值判断。例如，《从小李到老李》中，小李仰视着雷锋形象的复制性图像，两者大小形成鲜明对比，让读者感受到小李对精神偶像的崇拜，也体会到时代的精神特质（见图 3）。

图 2　斯皮格曼 106　　　　　　　　　　　　图 3　李昆武，欧励行 74

　　"在传统回忆录中，人物只出现在读者的脑海里，还无法形成凝视关系，图像回忆录出现后，小说人物以图像的形式出现在读者的视界中，这样读者与人物之间就形成了一种凝视关系。"（覃琳 118）读者需在图像中寻找可说性。"图像不是事物本身，它只是事物的形象或影像，这就给图像带来了一个重要的特征——去语境化"（龙迪勇 421）。哪怕系列图像赋予了单幅图像一定的意义，去语境化和多义性依然是图像不可避免的叙事难题，读者需认识到图像叙事的这一困境。此时，对复制性图像的凝视变得至关重要。复制性图像既是历史的遗迹、现实的复现，也是创作者对世界的理解。因此，在凝视复制性图像的过程中，读者首先需接受复制性图像所传达的真实性设定，重在挖掘图像背后的真相，即创作者和读者共同达成的"主观"真相。其次，需审视图像的内

容和制作方式，内容取舍、方式选择、线条色彩变化等都反映出创作者的表达倾向和叙事目的。最后，将复制性图像融入整个故事，赋予图像语境，如此更能把握此类图像的丰富意蕴。

三、历史叙事：主观真实与路标功能

复制性图像具有重要的历史见证功能。有学者提出"见证的档案模式（archival mode of witness）"（Cvetkovich 114），就是将档案图像当作视觉证据，映射个人历史和集体历史。这里所指的档案图像即物件复制性图像。然而，图像回忆录中的复制性图像并非历史学家所说的史料证据，其历史见证的方式具有特殊性。

首先，创作者借复制性图像释放真实性的契约信号。自传文学研究中，自传契约（pacte autobiographique）强调文本之内作者、叙述者和人物的同一性（勒热纳 117）。归根结底，同一性的背后隐藏着文本的真实性问题。作者和读者之间必须达成一种真实性契约，回忆录的历史叙事功能才得以实现。图像回忆录创作者始终面临着如何让读者相信其真实性的考验。创作者往往处于两难境地：一方面，完全通过复制现实世界去展示回忆既无操作可能，更会失去漫画的魅力；另一方面，创作者必须利用图像去体现真实的历史细节，打消读者对作品真实性的质疑。为此，创作者需找到一种微妙的平衡。复制性图像的现实指涉正好帮助创作者释放出真实性的契约信号。《战俘营回忆录》创作者的妻子曾提到："他仔细研究，多方考证，为故事设置了现实主义的背景，并一如既往地注重以史书般严谨的态度，用图像形式准确还原场景。"（塔蒂 3）创作者复制了父亲和岳父的照片、信件、证件以及他们留下的关于战俘营的素描。此外，他还复制大量地理坐标，尽可能还原真实的历史空间，以强化回忆录的可靠性。读者一旦接受真实性契约，就不再将作品当成虚构的小说。

其次，复制性图像创造的是一种主观真实。图像回忆录和自传一样，"不是要揭示一种历史的真相，而是要呈现一种内在的真相，它所追求的是意义和统一性，而不是资料和详尽"（勒热纳 77）。创作者通过各种方式创造心理层面的真实，激发读者探索真相的热情，从而实现其历史叙事的最佳效果。复制性图像所复制的对象并非"史料（sources）"，它不是见证某一时刻的直接证据，因此读者需避免用考证的方式去观看、阅读和质疑。它所复制的对象其实是一些"遗迹（traces）"，"不仅指手稿、刊印的书籍、建筑物、家具、（因人类的利用而发生变化的）地貌、也指各种不同类型的图像，包括绘画、雕像、版画、摄影照片"（伯克 9-10）。这些遗迹是过去物质世界的再现，但在产生时并不是为了被后人当作历史证据，而且往往未被官方认证。因此，创作者复制这些遗迹是为了重现过去的物质和文化，将作品所设定的环境具体化，为读者提供心理上的真实感。1972 年，《鼠族》首次在《有趣的动物》（Funny animals）上发表。创作者当时复制了著名摄影师玛格丽特·伯克-怀特（Margaret Bourke-White）的一张照片，成就了读者念念不忘的经典画面（Pedri 245）。在题为《布痕瓦尔德集中营的解放》（The Liberation of Buchenwald）的照片中，被关押的犹太人穿着囚服，隔着铁丝网茫然地望着外面（见图 4）。虽然复制性图像中的人物已经变成高度漫画化的老鼠，现实中创作者的父亲也并不是出现在该集中营，但是如出一辙的铁丝网和眼神却成为有力的无声证言（见图 5）。读者愿意接受创作者提供的真实性契约，主观上承认其真实性，跟随创作者探讨人性和历史的真相。

图 4　伯克-怀特《布痕瓦尔德集中营的解放》
1945 年[2]

图 5　斯皮格曼《鼠族》局部
1972 年[3]

最后，复制性图像发挥着重要的"路标"功能，引领读者进入历史空间，激发深层的历史想象，为作品提供连贯的历史叙事。事实上，在图像回忆录中，复制性图像出现的篇幅不多，读者看到的主要还是其他漫画风格化的图像。这些风格化的图像如同一层迷雾，遮蔽了历史的真实面貌。读者需通过转译图像传达的信息，方能拨开迷雾，将抽象和夸张的图像与具体的历史背景相联系。复制性图像以其丰富且直接的信息，直观展示历史人物与场景空间。它们在作品中的巧妙布局，可以帮助读者锚定时空，快速破解其他漫画风格化的图像传递的历史信息。《从小李到老李》中，多张复制性图像出现在不同环节，充分发挥了其"路标"作用。该图像回忆录共三册，在每册的封面封底都出现极具时代特色的复制性图像，这些图像在色彩和风格上与漫画主体形成鲜明对比。根据这些图像，读者可清晰解读每册作品所定位的时代。此外，创作者依照时间线索叙述个人生平，在每章开篇呈现自己不同年龄段的肖像，使之成为各章节时间背景的直观索引。在这些图像的指引之下，读者得以跨越历史长河，与创作者共同构建起历史意义。

四、权力叙事：对他者凝视的消解与反抗

复制性图像还发挥着权力叙事功能。如前文所述，图像展示和凝视关系是复制性图像叙事达成的基础。事实上，凝视自带权力属性。

> "凝视"（Gaze），也有学者译为"注视""盯视"，是携带着权力运作或者欲望纠结的观看方法。它通常是视觉中心主义的产物，观者被权力赋予"看"的特权，通过"看"确立自己的主体位置，被观者在沦为"看"的对象的同时，体会到观者眼光带来的权力压力，通过内化观者的价值判断进行自我物化。（赵一凡等 349）。

这种权力关系在公共图像中尤为明显。"当某个特定群体为了集体的生存而需要遗忘时，个体记忆就会被残忍地擦去，包括对神、对圣像、对地点和时

间、对隐喻、符号和信号的记忆。"（李洋 56）在博物馆、教科书等官方载体上出现的公共图像一般都为集体记忆服务，个体图像几乎难以觅见，即使出现在公众面前也多为匿名。哪些图像应该被凝视？公众应该以何种方式去凝视？似乎都已被权力规训。然而，自 20 世纪 70 年代以来，图像回忆录的出现颠覆了公共图像的这种权力关系，因为这类作品往往是普通个体为自己的性别、创伤、文化发声。创作者用一种更加个人化的手段公开私密图像，通过自己的视角选取、复制和改造图像，拒绝集体的、官方的、习俗的规训，拒绝性别上的、种族上的他者凝视。因此，读者有必要解读复制性图像的权力叙事。

首先，图像回忆录的女性创作者在复制图像时对他者的凝视尤为敏感。"当今女性图像叙事所致力于的故事往往是创伤性的：漫画的交叉话语形式很容易表达这种困难的语域，这是其作为生命写作创新体裁的重要核心。"（Chute 2）女性创作者以观察者的目光凝视现实世界，通过高度个人化的方式筛选和组织复制对象，从而构建自己的话语。女性创作者对权力关系的关注和颠覆并非只是简单的情绪宣泄，而是试图恢复文本、现实世界本应该呈现的模样。她们利用复制性图像凸显被置于公共话题之外的细节，如对环境的呈现、对身体的感知等，从而找回主体性。琳达·巴里（Lynda Barry）的《一！百！个！魔！鬼！》（One! Hundred! Demons!）是一部独树一帜的女性主义图像回忆录。该作品分为十九个独立的故事，在每个故事的转场处都拼贴了大量复制性图像，皆为各种零碎的日常物品，如玩偶、照片、布头等（图 6）。和大胆激进的女性主义作品不同，她用这种破碎的生活叙事物化自己曾经的创伤，"通过证明她的创伤非常平凡而提出自己的政治、集体主张"（Chaney 289）。随着故事的推进，成年的"我"开始审视这些物件，并以叙述者的身份与过去的"我"展开对话。这种"自我的表征——儿童、青少年和成年——挑战了女性气质和美、种族和时间流逝、阶级和社会支配的概念"（Kirtley 148）。作品还有一特别之处：除了魔鬼，其他漫画人物形象的眼睛都是空白，仿佛拒绝和读者交流，而且这种对目光的回避也出现在复制性图像中。不管是在转场的拼接画（见图 6）还是在后记的照片中（见图 7），巴里通过添加或裁剪的方式遮蔽目光，过滤掉她对外部的凝视，也过滤他者凝视，表明她拒绝他

图 6　Barry "Resilience" 扉页

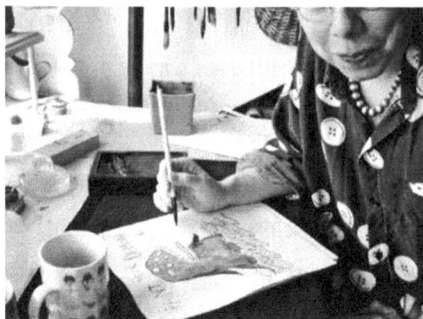

图 7　Barry 后记

人通过凝视固化她真实个体的身份。

　　其次，童年创伤是图像回忆录的又一重要创作主题。他者凝视对孩童主体意识的形成产生重要影响。在萨特看来，注视是我与他人确立关系的重要媒介："在任何注视中，都有一个对象-他人作为我的知觉领域中具体的和或然的在场的显现，而且，由于这个他人的某些态度，我决定我自己通过羞耻、焦虑等把握我的'被注视的存在'。"（萨特 352）孩童面对他者凝视，哪怕意识到权力失衡，也无力反抗，只好产生羞耻、焦虑等心理，直至成年以后，通过回忆弥合过去创伤。他们在选择复制性图像时，已经试图寻找对早期自我的认同。此外，他们通过对复制性图像的呈现、评价或修改，表达对过往权力失衡的反抗。《需要更多爱：一本图像回忆录》（*Need More Love: A Graphic Memoir*）中，创作者通过照片和漫画并行的结构回忆了自己的成长过程。照片中的"我"或可爱，或害羞，或端庄，与漫画中丑陋的"我"形成鲜明对比（见图 8、图 9）。在图 8 的照片下面，创作者配以文字："依然甜美、可爱和天真，摄于祖父母家。"（Kominsky Crumb 61）与此同时，她在作品中写道：童年的自己在别人眼里是个乖巧优秀的孩子，父母为此自鸣得意，并要求她绝对完美，而她的兄弟因为有阅读障碍却经受着母亲歇斯底里的指责（52）。为了避免指责，她只好一直循规蹈矩，接受规训。这带来严重的心理创伤。在他人眼中完美的自己其实内心早已破碎不堪，因此创作者希望能将自己的丑陋公之于众。创作者反复地将自己不同时期的照片和自己内心中的形象进行比较，以此颠覆他人的凝视和评判。

图 8　Kominsky Crumb 61

图 9　Kominsky Crumb 60

　　最后，代际图像回忆录亦是一种重要的图像回忆录类型，指后代通过父辈回忆、档案材料和个人想象，用图像回忆录的形式讲述父辈所经历的战争和灾难故事。《鼠族》《战俘营回忆录》《孟德尔的女儿》（ *Mendel's Daughter* ）等作品便是这一类型的典型代表。公共图像在描绘战争与灾难时，常展现出明显的暴力特征，以一种权威且震撼人心的方式塑造集体记忆。"通过这种看的行为所特有的相互反射和投射，我们进入了由某些现成的大屠杀公共图像介导的后记忆视觉空间。但是，这种熟悉感是不是太容易了，这些图像是不是太容易让我们认识到其严重性，让我们意识到应该和这一事件保持阻隔的距离。"（ Hirsch 161 ）因此，代际图像回忆录常常刻意避免使用公共图像，转而融入大量私人图像，一方面减轻公共暴力图像的冲击性和权威性，消解他者在凝视暴力公共图像时产生的不适，从而拉近作品和读者的距离。另一方面，创作者在复制私人图像时，往往代入个体情感的体验，将个体的伤痛融进家庭记忆。读者在凝视图像时，不再是疏离的或高高在上的审判者，而更能产生情感共鸣。此外，复制性图像成为创作者挖掘、拼凑父辈生活经历的重要线索，也是后代与父辈生命情感的重要联结点。创作者拒绝他者赋予的身份标签，从自己的内心需求出发，主动探寻家族故事。"我"何以成为"我"？"我"的家庭何以存在裂痕？"我"必须通过挖掘家族的记忆线索才能真正确定自己的身份。

结 语

综上，复制性图像是图像回忆录中不可或缺的一部分，通过创作者、现实世界、图像和读者之间的互动形成多重凝视关系，实现图像叙事的达成，在历史叙事和权力叙事中尤其发挥着重要作用。一方面，创作者通过复制性图像与读者达成真实性契约，并邀请读者放弃史实考证，在主观上承认故事的真实性设定。另一方面，创作者通过复制性图像的选取和制作反抗他者凝视中的权力失衡，个体图像的公开化和档案化使得个体记忆成为集体记忆的重要补充或重要反抗力量。当然，随着图像回忆录创作的蓬勃发展，此类图像的复制对象更为丰富，复制方式更为多样，其叙事价值更为凸显，尚值得更为深入的探讨，希望本研究能起到铺垫作用。

致谢【Acknowledgement】

本文受益于《现代传记研究》匿名评审人提出的修改意见，作者谨致谢忱！

I am grateful to the editors of *Journal of Modern Life Writing Studies* and anonymous reviewers for their suggestions and comments.

注释【Notes】

① 此处我们用创作者去替代隐含作者这一学术用语，原因在于隐含作者到底是创作阶段的作者，文本创造出来的作者形象还是读者反向推导出的作者形象，目前尚有分歧。本文的创作者既指图像的绘制者，不管他是否处于创作阶段，也指读者通过解读文本而掌握的创作者形象。
② 图像来自网络：https://www.life.com/history/behind-the-picture-the-liberation-of-buchenwald-april-1945/。
③ 图像转引自 *Factual Matters: Visual Evidence in Documentary Fiction* (Pedri 245)。

引用文献【Works Cited】

Barry, Lynda. *One! Hundred! Demons!*. Seattle: Sasquatch Books, 2002.

Bechdel, Alison. *Fun Home: A Family Tragicomic*. New York: Houghton Mifflin Company, 2006.

瓦尔特·本雅明：《机械复制时代的艺术作品》，王才勇译。北京：中国城市出版社，2002 年。

[Benjamin, Walter. *Das Kunstwerk im Zeitalter Seiner Technischen Reproduzierbarkit*. Trans. Wang Caiyong. Beijing: China City Press, 2002.]

彼得·伯克：《图像证史》，杨豫译。北京：北京大学出版社，2018年。

[Burke, Peter. *Eyewitnessing: The Uses of Images as Historical Evidence*. Trans. Yang Yu. Beijing: Peking University Press, 2018.]

Chaney, Michael A., ed. *Graphic Subjects: Critical Essays on Autobiography and Graphic Novels*. Madison: The University of Wisconsin Press, 2011.

Chute, Hillary L. *Graphic Women: Life Narrative and Contemporary Comics*. New York: Columbia University Press, 2010.

Chute, Hillary L. and Alison Bechdel. "An Interview with Alison Bechdel." *Modern Fiction Studies* 52.4(2006): 1004–1013.

Cvetkovich, Ann. "Drawing the Archive in Alison Bechdel's *Fun Home*." *Women's Studies Quarterly* 36.1&2(2008): 111–128.

纳尔逊·古德曼：《艺术的语言：通往符号理论的道路》，彭锋译。北京：北京大学出版社，2013年。

[Goodman, Nelson. *Languages of Art: An Approach to a Theory of Symbols*. Trans. Peng Feng. Beijing: Peking University Press, 2013.]

埃曼努埃尔·吉贝尔：《阿兰的战争》（1—3册），孟蕊译。北京：北京联合出版公司，2015年。

[Guibert, Emmanuel. *La Guerre d'Alan*. 3 Vols. Trans. Meng Rui. Beijing: Beijing United Publishing Co., Ltd., 2015.]

Hirsch, Marianne. *The Generation of Postmemory*. New York: Columbia University Press, 2012.

Kirtley, Susan E. *Lynda Barry: Girlhood through the Looking Glass*. Jackson: University Press of Mississippi, 2012.

Kominsky Crumb, Aline. *Need More love: A Graphic Memoir*. London: MQP, 2007.

齐格弗里德·克拉考尔：《电影的本性》，邵牧君译。南京：江苏教育出版社，2006年。

[Kracauer, Siegfried. *Theory of Film*. Trans. Shao Mujun. Nanjing: Jiangsu Education Publishing House, 2006.]

菲力浦·勒热纳：《自传契约》，杨国政译。北京：北京大学出版社，2013年。

[Lejeune, Philippe. *Le Pacte Autobiographique. L'Autobiographie en France*. Trans. Yang Guozheng. Beijing: Peking University Press, 2013.]

李昆武，欧励行：《从小李到老李：一个中国人的一生I》。北京：生活·读书·新知三联书店，2013年。

[Li Kunwu, and Philippe Ôtié. *Une Vie Chinoise I: Le Temps du Père*. Beijing: SDX Joint Publishing Company, 2013.]

李洋：《福柯与电影的记忆治理》，《文艺理论研究》2015年第6期，第52–60页。

[Li Yang. "Foucault and Damnatio Memoriae: An Introduction to the Mnemo-Government of Cinema." *Theoretical Studies in Literature and Art* 6(2015): 52–60.]

龙迪勇：《空间叙事学》。北京：生活·读书·新知三联书店，2015年。

[Long Diyong. A Study of *Spatial Narrative*. Beijing: SDX Joint Publishing Company, 2015.]

Mikkonen, Kai. *The Narratology of Comic Art*. New York: Routledge, 2017.

Pedri, Nancy. *Factual Matters: Visual Evidence in Documentary Fiction*. University of Toronto, 2001.

覃琳：《回忆录叙事研究》。北京：对外经济贸易大学出版社，2020年。

[Qin Lin. *A Study on the Narratology of Memoir*. Beijing: University of International Business and Economics Press, 2020.]

Reingold, Matt. *Jewish Comics and Graphic Narratives: A Critical Guide*. London: Bloomsbury, 2023.

Ruddick, Lisa. "Public Conversation: Alison Bechdel and Hillary Chute." *Critical Inquiry* 40.3(2014): 203–219.

萨特：《存在与虚无》，陈宣良等译。北京：生活·读书·新知三联书店，2014年。

[Sartre, Jean-Paul. *L'Être et le Néant*. Trans. Chen Xuanliang. Beijing: SDX Joint Publishing Company, 2014.]

阿特·斯皮格曼:《鼠族 I:我父亲的泣血史》,王之光等译。西安:陕西师范大学出版社,2009 年。

[Spiegelman, Art. *Maus I. My Father Bleeds History*. Trans. Wang Zhiguang. Xi'an: Shaanxi Normal University Press, 2009.]

塔蒂:《战俘营回忆录:1680 年》,申华明译。北京:北京联合出版公司,2012 年。

[Tardi, Jacques. *Moi René Tardi, Prisonnier de Guerre au Stalag IIB*. Trans. Shen Huaming. Beijing: Beijing United Publishing Co., Ltd., 2012.]

Whitlock, Gillian, and Anna Poletti. "Self-Regarding Art." *Biography* 31.1(2008): 5–23.

赵一凡、张中载、李德恩编:《西方文论关键词》。北京:外语教学与研究出版社,2006 年。

[Zhao Yifan, Zhang Zhongzai, and Li Deen, eds. *Keywords of Western Literary Theory*. Beijing: Foreign Language Teaching and Research Press, 2006.]

《鼠族》中的生命政治言说、共同体困境与幸存者记忆伦理

赵艺瞳

内容提要：在 1992 年荣获普利策奖的图像回忆录《鼠族》中，阿特·斯皮格曼以新颖的创作形式、独特的粗粝画风与冷凝的语言风格，对作为大屠杀幸存者的父亲弗拉德克有关纳粹屠犹的真实生命体验进行了细致刻画与深度还原。作品披露了纳粹极权统治下生命政治的残酷本质，即通过"例外状态"的设定，人为地将犹太受难者降格为被剥夺政治权力与伦理身份的"赤裸生命"的罪恶行径，同时也揭示了身心饱受摧残的受难者群体在极端生存境遇中所面临的信任感与羞耻感丧失的伦理困境，以及由此导致的对犹太共同体的致命摧毁。身为幸存者的弗拉德克对于历史事件的身体在场与记忆留存，不仅为再现被视作"不可见证之事"的大屠杀提供了重要的文学证言，也更是在对群体性创伤记忆的记取过程中强化了生命政治的"免疫"机制，并用以抵抗暴力灾难再度降临的风险。

关键词：阿特·斯皮格曼 《鼠族》 图像回忆录 生命政治 大屠杀幸存者

作者简介：赵艺瞳，南开大学文学院博士研究生。主要从事当代希伯来文学研究、美国犹太文学研究，近期发表论文《失落的民族认同：〈一匹马走进酒吧〉中的政治讽刺、大屠杀与集体记忆重构》（《复旦外国语言文学论丛》2024 年 2 期）。邮箱：1120210807@mail.nankai.edu.cn。

Title: Biopolitics Discourse, Community Dilemmas, and Survivor Memory Ethics in *Maus*

Abstract: In the 1992 Pulitzer Prize-winning graphic memoir *Maus*, Art Spiegelman uses a novel creative form, a uniquely rough painting style, and a dispassionate and condensed language style to meticulously portray and deeply restore the real-life experiences of his father Vladek, who survived the Nazi massacre of Jews. The work exposes the cruel nature of biopolitics under Nazi totalitarianism, i.e., the crime of artificially reducing Jewish victims to "bare life" deprived of political power and ethical identity through the establishment of "state of exception", and this graphic memoir also reveals the ethical dilemma of the persecuted Jewish victims, who suffered the loss of trust and the shame caused by the extreme survival conditions, and the fatal destruction of the Jewish community. As a Holocaust survivor, Vladek's physical presence and mental memory of historical events not only provides the important literary testimony to the Holocaust, which is regarded as "Unwitnessable", but also strengthenes the immune mechanism of biopolitics in the process of remembering collective traumatic memories, so as to resist the risk of re-emergence of catastrophes.

Keywords: Art Spiegelman, *Maus,* graphic memoir, biopolitics, Holocaust survivor

Zhao Yitong is a PhD candidate at the School of Literature, Nankai University. Her research interests include contemporary Hebrew literature and American Jewish literature. **E-mail:** 1120210807@mail.nankai.edu.cn.

1992 年，美国漫画家阿特·斯皮格曼以父亲弗拉德克·斯皮格曼作为大屠杀幸存者的真实人生经历为素材而创作的《鼠族》（*Maus*, 1991）成为历史上首部获得普利策奖的图像回忆录，这也是第一部被严肃文学奖项所认可的漫画作品。斯皮格曼从德国表现主义版画的极简风格中汲取灵感，创造性地采用了"动物拟人"的绘画策略，将书中的角色面孔依据种族与国别划分，以老鼠（犹太人）、猫（德国人）、猪（波兰人）等动物形象加以呈现，在平静简洁的纪实性叙述中不仅深度还原了父亲在第二次世界大战期间历经纳粹大屠杀的苦难生命体验，也真实地记录了当下时间线中自己采访父亲获取创作素材的经历，其中穿插着些许家庭琐事与亲子矛盾的场面，形成了双线并置的精巧叙事结构。在《鼠族》中，严肃沉重的故事题材与俚俗生动的漫画形象产生了奇妙的碰撞，在文字与图像的双重力量中探索出一条有关于大屠杀历史的新颖叙事维度。长久以来，学界内从《鼠族》的体裁风格、叙事策略及艺术特色等方面进行的研究不一而足，本文立足于弗拉德克在纳粹大屠杀期间的真实生命体验，并对作品中暗含的对纳粹极权统治的残酷本质的披露、犹太受难者在极端生存境遇中所遭遇的道德困境，以及以弗拉德克为代表的大屠杀幸存者群体所面临的见证悖论与记忆伦理加以解读，从而进一步明确这类受害者见证文学对再现被视为"不可见证之事"的大屠杀事件所具有的重要文化价值。

一、生命政治的死亡逻辑：极权政治构境下的赤裸生命

"生命政治（biopolitics）"是法国哲学家米歇尔·福柯在 20 世纪 70 年代中期格外关注的课题，福柯用这个词意在表明"从 18 世纪起，人们以某种方式试图使那些由健康、卫生、出生率、寿命、人种等这些在人口中构成的活人之特有现象向治理实践所提出的各种问题合理化"（福柯，《生命政治的诞生》280）。用福柯自己的术语讲，它是一种现代治理术，是一系列旨在对作为生物体的人口进行调节、干预、整合和提高的政治形式，同时也是一种利用现代生命权力（bio-power）来培育和拯救生命的力量。福柯认为，生命政治并非只是简单地颁布与实施法律，还要借助医学、生物学、精神病学、优生学等多种学科知识来改造环境、保障国民健康、消除国内外威胁人生命安全的因素。当现代国家所面临的安全威胁已不再主要来源于外部的敌人，更多是国家与社会之中的某些有害个体或侵扰正常社会秩序的不稳定因素时，生命政治也就意味着个体生命需要被国家权力加以估算，面对那些可能对社会产生威胁的有害生命，"处死"也就成为主权权力所对应提供的必要治理技术，并由此展现了现代治理体系对于威胁国家安全因素的警惕与拒斥。

那么，如果一类人尽管在法律上并无过错，却被至高权力认定为不洁的、低贱的、有害的，是否就意味着生命政治要出于珍爱、保护大多数生命的需要而正当合法地将其加以灭绝？——第二次世界大战期间纳粹集团对欧洲犹太人（以及罗姆人、残疾人与精神病患者等）进行大规模屠戮的死亡逻辑也正是由此生发而来。正如在《鼠族》的开篇，斯皮格曼所引用的纳粹极权领袖阿道夫·希特勒的著名反犹言论："毫无疑问犹太人是一个种族，但不是人族"（Spiegelman 10）。依据福柯对生命政治中的种族主义做出的说明，纳粹为对犹太人进行系统灭绝而施行的一系列国家政策，其本质依据来源于生物学而非

政治学，这种生物学的逻辑在于："劣等种族、低等种族的死亡，将使整体生命更加健康而纯粹"（福柯，《必须保卫社会》279-280）。纳粹极权统治下的种族灭绝成了生命政治的另一种维度，现代国家权力对于生命的鉴别与排斥以这种极端的形式得以显现。

可以说，福柯对于生命政治的定义与阐发可以用于揭示大屠杀事件发生之"合理性"，而对于解释纳粹如何在法律层面上获得使大屠杀成为可能的"合法性"因素时，意大利哲学家吉奥乔·阿甘本在深入延续了福柯的生命政治研究的基础上，以德国政治学家卡尔·施密特在《政治的神学》中指认的主权者所拥有的"例外状态（state of exception）"特权为切入点，对现代国家政治支配的存在范式进行了透视。施密特所指的"例外状态"，又称"紧急状态"，是指主权者可以在国家和事态处于特殊情形时（如战争、暴乱等突发事件），悬置在社会日常运转中起到治安作用的法律，从而令社会在特殊的"悬法"状态下运行——由此，一种暂时、局部、例外的场景构序也就在"具体处境中的法（Situationsrecht）"中被建立起来（施密特 12）。需要注意的是，主权者对于例外状态的判定拥有不可化约的决断权，而一旦主权者宣布进入例外状态，也就意味着其对于国家宪法与三权分立制度的破坏也拥有了相应的合法性，甚至潜藏着将"例外状态"与"主权独裁"刻意混淆的风险。一如在1933 年的德国，希特勒哄骗病重的总统兴登堡宣布德国进入"紧急状态"，颁布了"人民与国家保护法"以使得国家权力能够交由以他为首的内阁接管，后又以"元首（Führer，即主权者）"的身份与权力悬置了魏玛共和国宪法中有关于个人自由的条文，并制定《纽伦堡法案》以从法律层面剥夺德国犹太人的公民权，对犹太人实行日益严苛的生活限制与暴力迫害。随着 1942 年"最终解决方案"的政策落实，纳粹集团也将手中的屠刀伸向了整个欧洲大陆上的犹太群体。正如阿甘本对此表述道："现代极权主义可以被定义为，透过例外状态的手段对于一个合法内战的建制。这个合法内战不仅容许对于政治敌人、也容许对基于某种原因无法被整合进政治系统的一整个公民范畴的物理性消灭"（阿甘本，《例外状态》5）。由此可见，纳粹党统治下的十二年间就是持续不断地悬置法律的例外状态的常态化，而纳粹集团也得以在此期间建构起极权主义（totalitarianism），并营造出一个任由犹太人遭受种族屠戮，但施暴者却不会受到应有的法律惩罚的非法（而又合乎法律）的权力空间。

相较而言，福柯意义上的现代国家治理术是一种意在呵护、关爱、提升生命的政治构想，压抑与处置那些经法律裁定后的有害生命是为了"保卫社会"，而阿甘本则更进一步着眼于现代国家治理中至高权力凭借"例外状态"的主观设定，对赤裸生命（bare life）所进行的生产与捕获："进入集中营的任何人，都进入一个外部与内部、例外与常规、合法与不合法之间的一个无区分地带，在这个地带，主体性权利和司法保护的概念不再有任何意义。……由于集中营里的人被剥夺了所有的政治状态、完全被缩减为赤裸生命，所以，集中营也是迄今为止实现的最绝对的生命政治空间"（阿甘本，《神圣人》228-229）。亚里士多德曾以"人是政治的动物"揭示了人类本质上拥有两种形式的生命属性，即政治性生命（bios）与生物性生命（zoē），那么对于无数像《鼠族》中的主人公弗拉德克那样的犹太受难者而言，他们被迫降格成为一种已然丧失了政治性生命，又随时可能被剥夺生物性生命的存在范式：当被赋予了相同的"鼠族"面孔的犹太囚徒身穿同样的条纹囚服时，读者根本无法从中获知他们的姓名、身份、年龄，甚至是性别，作为个体的"人"而存在的辨识度与独特性被全部抹除。与此同时，在集中营这样一个作为生命政治的实在性表征空间之中，施暴者对赤裸生命实施的任何行动都不会再显现为犯罪，因为在纳粹分子看来，这些时刻暴露在死亡的绝对威胁下的"神圣人（homo sacer）"已然"不再以任何方式属于人类的世界"（247）。就像弗拉德克曾亲眼看到两三岁的犹太儿童因为抓捕过程中的哭闹而被党卫军狠狠摔死在墙壁上："有的孩子蹬踢尖叫着，怎么也制止不了。于是德国人一把拎起他们的小腿，猛地甩上墙去。就再也不尖叫了"（Spiegelman 110）。也目睹过犹太同胞在行军过程中因步伐迟缓而如动物一般被纳粹随意射杀："我小的时候，邻居家有只狗疯了，到处撕咬人。邻居拿步枪出来射死了它。那只狗也这样在地上滚来滚去，还不停地蹬踢，直到最后一动不动。那时我想：'真是奇怪啊，人竟然和邻居家的狗反应一样。'"（242）

一如阿甘本对于以"奥斯维辛"集中营为代表的纳粹极权统治构境下的

犹太赤裸生命的进一步诠释,"奥斯维辛标志着尊严之伦理和道德之遵循的终结与毁灭。人被降低为赤裸生命,既不要求也不遵照任何东西。赤裸生命本身就是唯一的规范,它是完全内在的"(Agamben 69)。在灭绝营内,没有"人"死去,但尸体却被大规模地生产了出来,无死亡的"尸体"与"非人"的死亡被降低成一个批量生产的问题,而斯皮格曼也正是在父亲弗拉德克对于奥斯维辛的真实生命体验之上,于精到的笔触与冷静的叙述之中披露了极权统治下生命政治的恐怖死亡逻辑。

二、被摧毁的犹太共同体:极端生存境遇中的伦理困境

美国文学批评家 J. 希利斯·米勒曾在其探讨如何以文学言说与见证大屠杀历史的著作《共同体的焚毁:奥斯维辛前后的小说》中化用了法国哲学家吕克·南希的经典表述:"现代世界最严峻、最痛苦的见证——或许聚集了这个时代本身依凭某种未知的法令和必然性所必须承担的所有其他见证——就是对共同体的崩解、错位和焚毁的见证"(米勒 3),来凸显大屠杀事件对启蒙时代以降的欧洲文明与理性传统的颠覆,同时以"焚毁"一词对纳粹屠犹的反人类行径加以指涉与批判,强调了以奥斯维辛为表征的极权灾难对犹太共同体的毁灭性打击。在《鼠族》中,弗拉德克除了讲述了犹太人在大屠杀期间所遭受的肉体上的迫害与消亡,同时也揭示了犹太受难者们身处死亡边缘,为了生存不得不摒弃道德尺度时所深陷的伦理困境——信任感与羞耻感的丧失。情感维系的断裂与人性道德的坍塌,将从内部给予濒临瓦解的犹太共同体以致命一击。

被誉为"大屠杀亚文化中的圣人",同为奥斯维辛幸存者的奥地利犹太哲学家让·埃默里曾在传记文集《罪与罚的彼岸》中写道:"凡受过酷刑的人,对这个世界都不再会有故乡的感觉。毁灭的屈辱无法根除。在挨了第一拳之后就部分丧失,最终在酷刑中彻底崩溃的人,对这个世界的信任再无法重新获得"(86)。如同埃默里震惊于犹太囚徒在集中营里遭受的暴力很多时候正是来源于曾经的"邻居"波兰人,甚至是犹太同胞,这种因共同体内部成员的背叛而导致的信任感丧失,在弗拉德克一家胆战心惊的逃亡生涯与饱受磨难的集

中营岁月中可谓屡见不鲜：比如 1942 年，弗拉德克一家在隔离区内躲避搜查时曾救助过一位犹太同胞，但也因其告密暴露了藏身之所而被纳粹逮捕，这也间接导致了弗拉德克的岳父母死亡；再如 1944 年，因相信了好友侄子亚伯拉罕谎称已经顺利出境的信件，弗拉德克与妻子安佳，以及好友曼德尔鲍姆落入了纳粹的陷阱，并被送进了奥斯维辛集中营。而在集中营内，由于"绝对权力把人们抛入了一个自然状态的社会，一个霍布斯式的偷窃和贿赂、不信任和敌意、所有人反对所有人的宇宙"（Sofsky 24），犹太囚徒们会因为被弄洒了一点食物而对同胞大打出手，或是偷偷拿走同胞遗落的勺子去交换半天份的面包。

其实在弗拉德克进入奥斯维辛集中营的初期，尽管他工于心计，迎合谄媚"卡波（kapo）"们以获得更多食物与工作机会，但从弗拉德克努力保护曼德尔鲍姆，用自己仅有的"特权"为饥寒交迫的好友争取到合身的衣物与果腹的食物来看，"善"在其自身伦理组成中仍占据着很大的比例。但在好友死后，弗拉德克愈发深入地感受到了集中营对人性的揭露与道德的侵蚀，残存的善意与信任也逐渐泯灭，当善良的妻子安佳想要把剩饭分给集中营里的朋友时，就遭到了他强烈的反对："别去！留着你的剩饭！别为朋友担心，相信我，他们才不在乎你，他们关心的只是从你手中得到更多的食物"（Spiegelman 216）。弗拉德克愈发适应并严格遵守着集中营内的生存原则，就如同埃拉·林根斯-雷娜在回忆录中写下："我怎么能在奥斯维辛活下来？我的原则是：第一考虑我，第二考虑我，第三考虑我，然后什么也不想，然后再考虑我，最后才是其他人"（转引自莱维 77）。在集中营内，受难的囚徒们不会因缺乏共同体内应有的信任感与团结精神而感到痛苦与自责，而这种刻骨铭心的原则教训也深刻地影响着弗拉德克的劫后余生，哪怕是对精心照顾他日常生活起居的继室玛拉，老年的弗拉德克也仍然会格外警惕，他经常会被害妄想症一般地提防玛拉，以避免她将家中的所有财产席卷一空。

而除了信任感的丧失，在极端的境遇中，人往往也会激发出一种自我保护的求生本能，这是一种实用的、不受任何道德约束的本能——压抑羞耻感便是出于这样的自我保护机制。不得不承认，羞耻感的消失能够对受难者们起到一定的保护作用，使他们不断调整自己的思维与行为，不再受到文明社会中的伦理道德的约束，在原来的世界里会令人羞愧不已的行为，在集中营世界中却成了一种赖以生存的规范。也正因如此，集中营内的囚徒们为了生存，往往不会因与同胞争夺食物资源、目睹同胞们的惨烈死亡，乃至与纳粹为伍欺压同胞等行为而感到羞愧与罪恶，这种被迫的冷漠"服从于一种情感上的自卫逻辑，因为过多地感知他人的死亡也会危及自身的生存意志"（Sofsky 89）。比如弗拉德克曾隐晦地提及了一类在毒气室与火葬场工作的"特殊囚犯"（特遣队），他们的工作是等到大批被送进"淋浴室"的囚徒们死亡后，"用吊钩把尸体分开，再堆成很大的一堆……用装卸机把尸体拉到焚烧炉那儿——很多焚尸炉——每个焚尸炉一次填两三具尸体"（Spiegelman 231）。令常人难以接受的是，这些被迫服务于纳粹的犹太特遣队员们是清醒而麻木地目睹着同胞（甚至亲友）一步步走向生命的终点，再亲手将他们的尸体送进焚尸炉化为灰烬——这种违背人伦道德、残害同胞的行为对于犹太共同体而言无异于毁灭性的冲击，一如党卫军们诛心的嘲讽："你们这些骄傲的人民——身上沾满了自己同胞的鲜血，就像我们，就像该隐，杀害了他的兄弟"（莱维 52）。

在集中营内，极权灾难使人们日常关涉到的伦理与道德成为一种奢侈的谈资，阿伦特在《极权主义的起源》中也对此回应道："当极权恐怖成功地切断了道德人格的个人退路，使良心的决定绝对成为问题和暧昧可疑时，它就取得了最令人可怕的胜利"（阿伦特 564）。战后曾有许多人谴责幸存者们是以"多少有点不光彩的手段"才能活着走出集中营，认为他们的幸存是篡夺了他人的生存权利而获得的——这种沉重的负罪感也让许多幸存者在解放后深感痛苦与愧疚："那些最糟的人幸存下来：自私者、施暴者、麻木者、'灰色地带'的合作者和密探们。……也就是说那些最适应环境的人，幸存下来；而那些最优秀的人都死了"（莱维 84）。但在理性层面而言，没有切身经历过集中营生活的人其实并没有足够的立场与权力来对幸存者群体加以道德审判，在纳粹主义这样具有强大腐蚀力量的恶魔秩序面前，深陷于制度化的"根本恶"之中的受难者们往往是无法独善其身的，正如德国社会学家沃夫冈·索夫斯基曾表示，当绝对的恶变成制度时，任何道德行为都无从谈起，因为"只有当人们有选择的时候，道德判断才能够存在"（转引自格雷夫 95-96）。

更为重要的是，面对被视为"不可再现之事"的大屠杀事件，许多幸存者身上都体现出了一种为"不可再现"作见证的决心与勇气，"作为创伤经验的身体化，同时也作为牺牲者，他们是自己所言说的罪行的活生生的证据"（阿斯曼，《创伤》177）。作为大屠杀暴力未经中介的直接受难者，幸存者们的见证将不仅能够赋予他们以生存的"特权"与慰藉，也更是为保罗·策兰笔下"无人／为这见证／作证"的历史哀思提供了至关重要的文学证言。

三、谁能"为这见证作证"：大屠杀幸存者的见证悖论与记忆伦理

阿甘本在《奥斯维辛的残余》中指出，驱使众多集中营幸存者继续生存下去的动力之一便是成为一名"见证者"。如作品中的弗拉德克一样，幸存者对于大屠杀暴力的身体经验与创伤记忆往往能够为见证大屠杀之历史真实提供重要的文学证词："这是为那些已经无可挽回地沉默的人发出的声音，是以他们被埋没的名字发出的声音。通过这种与死亡和死者的近距离关系，他／她的证词不仅作为一种指控，而且也是对于死者的哀悼"（176）。但由于职业历史学家对于大屠杀研究的积极介入，学界内始终存在着有关于"大屠杀幸存者是否有权书写历史"的激烈论争，并由此揭开了这一群体在作为见证者时所面临的困境，即幸存者们始终徘徊于"必须作证"与"无力见证"的伦理悖论，也就是阿甘本所说的："受害者承受着对某些事物的目睹，而对这些事物的目睹恰恰无法被承受"（Agamben 12）。

法国哲学家弗朗索瓦·利奥塔在其批判历史修正主义、强调个体叙事尊严的代表作《异识》中，一针见血地指出了人们之所以对毒气室之真实存在产生质疑的内在实证主义逻辑："对毒气室'真正地亲眼所见'，基于这个条件，一个人才有权说毒气室存在并说服其他不相信毒气室存在的人，并且仍有必要证明亲眼见到毒气室是用来杀人的。要证明它是用来杀人的，唯一可接受的证据是有人死于毒气室。可是如果人死了，他就不能证明自己死于毒气室"（Lyotard 3）。事实上，这种"无力见证"的徒劳感在幸存者群体中极

为常见，即便是极具影响力的幸存者作家普里莫·莱维也曾表示幸存者无法成为真正的证人，"而那些到达底层的人，无法回来讲述它的可怕……他们是'穆斯林'，是被吞没者，是彻底的见证人，他们的证言有着普遍而重大的意义。"（莱维 85）。再加之多数幸存者的回忆录与目击证词因过于肤浅粗糙，充斥着大量情绪化表达而不为史学界所接纳，被质疑的无奈与痛苦使得幸存者群体在书写文学证言时变得裹足不前，甚至一度保持缄默。一如在《鼠族》中，当自己至亲的儿子阿弟询问起有关于大屠杀的经历时，弗拉德克起初对于再现这段黑暗记忆也仍是报以抗拒的态度："反正也没有人想听这些老掉牙的故事"（Spiegelman 14）。

但正如利奥塔的愤怒指责，如果单纯用认知游戏规则来看待一切，以诉讼或实证的方式来解决毒气室是否存在的问题，只会让答案陷入悖论并一次次导致对受害者群体的不公正。对于幸存者是否有权书写大屠杀历史，而他们的文学证言又是否能够对历史真实进行再现与见证，以色列哲学家阿维夏伊·玛格利特也在《记忆的伦理》中对此做出了强有力的辩护："道德见证人发挥了揭露他/她遭遇的罪恶的特殊功能。邪恶政权尽其所能掩盖它们的暴行，而道德见证人则设法将之公布于众"（Avishai 165）。而作为奥斯维辛集中营的直接受害者与见证者的弗拉德克也曾对儿子阿弟讲述过："你听说过毒气，可我要告诉你的不是传闻，而是我真真切切的亲眼所见。对此，我是一个见证人（Eyewitness）"。1944 年盟军抵达之际，德国人在逃离奥斯维辛前需要囚徒来拆卸毒气室的机器设备以销毁犯罪事实，当时在奥斯维辛做铁匠的弗拉德克也因此来到其中一个火葬场，目睹了毒气室的内部结构乃至建筑细节，并成了能够证明毒气室这一恐怖杀戮工厂真实存在的见证者："他们到一个大房间里脱掉衣服，看起来很像是——啊，对，这地方确实跟那些人描述的一样，活像个浴室"（Spiegelman 230）。

德国文化记忆理论的代表性学者阿莱达·阿斯曼曾借用古罗马记忆术中的"能动意向（imagines agentes）"来阐释为何效果强烈的图像能通过其印象力使人难以忘怀，并认为由此带来的强烈的情感冲击也就成为对记忆最为重要的支撑。在《鼠族》中，斯皮格曼便选择了以改变画幅大小的方式来凸显父亲弗拉德克在记忆重现时，那种身历其境般的巨大情感波动：相较于日常叙述中多采用的形状规整、大小统一的画幅，斯皮格曼通常会让许多曾使弗拉德克产生过剧烈情感震荡的记忆画面占据更大的画幅，在给予读者以鲜明、强烈的视觉冲击的同时，也更能够使其对弗拉德克的情感与思想加以共鸣：比如 1938 年初，弗拉德克在陪同妻子安佳前往捷克斯洛伐克境内的疗养院的途中，第一次见到卐字旗飘扬时的震惊与不安（见图 1）；1942 年生活在隔离区，弗拉德克目睹曾经的好友被纳粹绞死示众时的恐惧与无助（见图 2）；1944 年弗拉德克被送进奥斯维辛集中营时，所见到的大门上悬挂着的醒目标语 "Arbeit Macht Frei"（"劳动带来自由"，见图 3）；还有被推进火葬坑里活活烧死的"鼠族"，惊恐的表情与痛苦的尖叫似乎能够穿透纸张令人不寒而栗（见图 4）。

　　在论及回忆的可靠性时，阿斯曼认为："回忆的可靠性依赖于它们的牢固性与纯洁性。……那些最少受到意志塑造，而是被它的强烈情感内容或者潜伏

图 1

图 2

图3

图4

状态加以稳定的回忆最为有用"（阿斯曼，《回忆空间》310）。作品中，弗拉德克在战后对于纳粹屠犹的生命体验始终保持着缄默与回避的态度，甚至烧光了亡妻安佳遗留下来的日记以避免触目伤情。但这也正是这份在此之前不曾被反复言说与塑造的记忆保留了相当程度上的牢固性与可靠性，而在犹太隔离区与死亡集中营里疾病与饥寒的折磨、家破人亡的痛苦，乃至见证种族灭绝的惨烈等种种极端境遇，也使得身心饱受摧残的弗拉德克始终"保持着愤怒与义愤的感觉，来抵制对于痛苦过去的扭曲、谎言和封存"（阿斯曼，《创伤》177）。以至于在战后三十余年，弗拉德克仍然能够在牢固的记忆与强烈的情感的驱动下，清晰而完整地陈说了这部独特的幸存者回忆录。

但需要注意的是，回忆并非过去的事实或感知的客观镜像，主体回忆仍具有不稳定性的存在，这也就意味着幸存者的口述历史与文学书写并不能完全忠于历史真实。比如在阿弟向父亲求证"集中营的管弦乐队演奏"的问题时，弗拉德克的主体记忆便与阿弟在资料中找到的确证性史实产生了出入，并被斯皮格曼巧妙地用两幅上下并置、仅有些微差别的画面加以对照（见图5）：在上方代表阿弟找到的资料画面中，右侧很明显地呈现了管弦乐队在囚徒列队行走时的演奏情形；而在下方代表弗拉德克的记忆画面中，列队的囚徒几乎占据了整个画面，仅有稍微露出的大提琴与指挥棒证明着管弦乐队或许曾出现在他的记忆里。但是时刻都在为生存而忧惧的弗拉德克显然无暇顾及于此，他只记得列队前进："卫队把我们从大门口带到工厂……怎么会有管弦乐队呢？"（Spiegelman 214）即使这是一段出现了误差与变形的记忆，却也揭示了彼时在集中营里艰难求生的弗拉德克最为真实的生存状态，这印证了阿斯曼所言："回忆的真实性也许产生于事实的变形之中，因为这种变形就像夸张一样，记录了气氛和情感，这些是无法进入任何客观描述的。因而即使回忆有明显的错误，但在另一个层面上却是真实的"（阿斯曼，《回忆空间》317）。

图 5

结　语

　　某种意义上而言，隐藏在"奥斯维辛"背后的这一通过理性管理手段来对数百万生命进行有序屠杀的现代性政治事件，俨然成为后世用以测定理性的限度以及承担文明为此背负的债务的深刻反思——在西方文明的摇篮中，人文主义的理性传统在历史的偏离中竟结出了纳粹主义与大屠杀的恶果。随着时间的推移，大屠杀幸存者群体终将离世，这是无法扭转的必然趋势，而后大屠杀文学书写时代的到来，也昭示着这一历史将面临无人见证的危机。但幸运的是，这种危机意识不仅让许多如弗拉德克一般沉默已久的大屠杀幸存者决定开口讲述、记录下大屠杀暴力直接作用于个体生命时的惨痛，也逐渐打破了以往从施害者视角进行介入的固化研究路径，让社会公众与学者们开始审视、反思这类受害者见证文学所具有的独特文化价值。在作为图像回忆录的《鼠族》中，弗拉德克的身体在场与记忆留存不仅将未来可能无人见证的历史真实定格为了经年不朽的文学真实，也更是将凝重的集体性创伤强化成了生命政治中的"免疫"机制，在以记忆警惕并抵抗极权暴力灾难再度降临的同时，激励着人们在治愈生命创痛的过程中坚定地负重前行。

致谢【Acknowledgement】

本文受益于《现代传记研究》编辑部及匿名评审专家所提出的修改意见，在此谨致谢忱！

I am grateful to the editors of *Journal of Modern Life Writing Studies* and anonymous reviewers for their suggestions and comments.

引用文献【Works Cited】

Agamben, Giorgio. *Remnants of Auschwitz: The Witness and the Archive*. New York: Zone Books, 2002.

吉奥乔·阿甘本：《神圣人：至高权力与赤裸生命》，吴冠军译，北京：中央编译出版社，2016 年。

[Agamben, Giorgio. *Homo Sacer: Sovereign Power and Bare Life*. Trans.Wu Guanjun. Beijing: Central Compilation & Translation Press, 2016.]

——：《例外状态：〈神圣之人〉二之一》，薛西平译，西安：西北大学出版社，2015 年。

[—. *Stato di eccezione*. Trans. Xue Xiping. Xi'an: Northwest University Press, 2015.]

让·埃默里：《罪与罚的彼岸：一个被施暴者的克难尝试》，杨小刚译，厦门：鹭江出版社，2018 年。

[Améry, Jean. *Jenseits von Schuld und Suhne*. Trans. Yang Xiaogang. Xiamen: Lujiang Publishing House, 2018.]

汉娜·阿伦特：《极权主义的起源》，林骧华译，北京：生活·读书·新知三联书店，2014 年。

[Arendt, Hannah. *The Origins of Totalitarianism*. Trans. Lin Xianghua. Beijing: SDX Joint Publishing Company, 2014.]

阿莱达·阿斯曼：《创伤，受害者，见证》，陶东风译，《当代文坛》2018 年第 4 期，第 175-183 页。

[Assmann, Aleida. "Trauma, Victims and Witness". Trans. Tao Dongfeng. *Contemporary Literary Criticism* 04(2018): 175-183.]

阿莱达·阿斯曼：《回忆空间：文化记忆的形式和变迁》，潘璐译，北京：北京大学出版社，2016 年。

[—. *Erinnerungsräume: Formen und Wandlungen des kulturellen Gedächtnisses*. Trans. Pan Lu. Beijing: Peking University Press, 2016.]

Avishai, Margalit. *The Ethics of Memory*. Cambridge, MA.: Harvard University Press, 2004.

米歇尔·福柯：《必须保卫社会》，钱翰译，上海：上海人民出版社，2018 年。

[Foucault, Michel. *Il Faut Défendre La Société*. Trans. Qian Han. Shanghai: Shanghai People's Publishing House, 2018.]

——：《生命政治的诞生》，莫伟民、赵伟译，上海：上海人民出版社，2018 年。

[—. *Naissance de la biopolitique*. Trans. Mo Weimin and Zhao Wei. Shanghai: Shanghai People's Publishing House, 2018.]

吉迪恩·格雷夫：《无泪而泣：奥斯维辛比克瑙集中营的"特别工作队"》，曾记译，广州：广东人民出版社，2020 年。

[Greif, Gideon. *We Wept Without Tears: Testimonies of the Jewish Sonderkommando from Auschwitz*. Trans. Zeng Ji. Guangzhou: Guangdong People's Publishing House, 2020.]

普里莫·莱维：《被淹没与被拯救的》，杨晨光译，北京：中信出版社，2017 年。

[Levi, Primo. *I Sommersi e I Salvati*. Trans.Yang Chenguang. Beijing: China CITIC Press, 2017.]

Lyotard, Jean-Francois. *The Differend: Phrases in Dispute*. Trans. George Van Den Abbeele. Minneapolis: University of Minnesota Press, 1988.

J. 希利斯·米勒：《共同体的焚毁：奥斯维辛前后的小说》，陈旭译，南京：南京大学出版社，2019 年。

[Miller, J. Hillis. *The Conflagration of Community: Fiction before and after Auschwitz*. Trans. Chen Xu. Nanjing: Nanjing University Press, 2019.]

卡尔·施密特：《政治的神学》，刘宗坤、吴增定译，上海：上海人民出版社，2014 年。

[Schmitt, Carl. *Politische Theologie*. Trans. Liu Zongkun and Wu Zengding. Shanghai: Shanghai People's Press, 2014.]

Sofsky, Wolfgang. *The Order of Terror: The Concentration Camp*. Trans. William Templer. Princeton: Princeton University Press, 1997.

Spiegelman, Art. *The Complete Maus*. New York: Pantheon, 1997.

关于吴佩孚溘逝原因三种主流说法的辨伪

于贵超　宋自腾

内容提要： 关于吴佩孚溘逝原因目前有三种说法较为流行："自然病亡说""日方谋害说"和"重庆方面毒杀说"。现有史料表明，三说均不能成立，吴之溘逝为多种原因导致。日、伪虽无暗害吴氏之谋，但有强施手术致其死亡之实。中、日对吴氏之死不同说法的宣传，正是抗战期间双方进行舆论战的缩影。

关键词： 吴佩孚　溘逝原因　"自然病亡说""日方谋害说""重庆方面毒杀说"

作者简介： 于贵超，南京大学历史学院博士研究生，研究方向：中华民国史。

宋自腾，宁波职业技术学院建筑与艺术学院助教，研究方向：中国美术史。

Title: Who Killed Wu Peifu?: A Reinvestigation into the Cause of His Sudden Death

Abstract: There are 3 prevailing versions regarding the cause of Wu Peifu's sudden death: "illness", "murdered by the Japanese" and "poisoned by the Chongqing Nationalist Government". However, the existing historical materials prove that none of these can be established and Wu's death was caused by many factors. Although the Japanese and the puppet forces had no intention of assassinating him, their forcible surgery ultimately resulted in Wu's death. The different versions of Wu Peifu's death were only a microcosm of the war of public opinion during the War of Resistance against Japanese Aggression.

Keywords: Wu Peifu, causes of sudden death, illness, murdered by the Japanese, poisoned by the Chongqing Nationalist government

Yu Guichao is a PhD candidate at School of History, Nanjing University. His research focuses on the history of the Republic of China.

Song Ziteng is a teacher at Ningbo Vocational and Technical College. His research focuses on the Chinese art history.

吴佩孚（1874—1939 年），字子玉，山东蓬莱人，北洋军阀直系将领，1927 年兵败下野，流亡四川；1932 年寓居北平，直至逝世。关于吴氏死因一直众说纷纭，目前流传较广的说法有"日方谋害说""自然病亡说"和"重庆方面毒杀说"。相关史料呈现的情况是，"谋害""病亡"之说分别为重庆国民政府和日、伪的宣传工具，实际均不能成立。重庆方面虽曾有制裁吴佩孚的计划，但并未实施。吴之逝世为医治不当及其性格使然，日医"施用手术之未诊察明确"与其猝死有直接关联。

本文依据台北"国史馆"、日本"亚洲历史资料中心"所藏原始档案及中、日、伪三方报刊（以下分别称"渝报"和"伪报"），对上述三种观点的形成过程进行考察，并尝试在分析三说破绽的基础上找出吴氏溘逝的真正原因。

一、从"自然病亡说"到"日方谋害说"的流变

"自然病亡说"是目前所见关于吴佩孚死因的最早说法，各伪报在吴逝世次日即纷纷以此为版面头条。这些新闻内容基本一致：先是梳理吴氏患病经过；继而介绍医生救治过程；最后强调吴为因病致死，其中最具代表性者为《晨报》的报道：

> （吴佩孚）上月二十四日左下牙忽痛，初不经意，悬以牙床浮肿，痛不可支，乃延日医伊东氏诊治，断由牙齿生脓，恐其蔓延，遂于二十七日将病牙拔去，是日复受外感，寒热交作，乃延中医杨浩如、郭眉臣医治，……乃请外科专家寺田博士，于昨日下午于腮旁施行小手术，终以年事已高，延至下午五时，与世长辞。（《老成凋谢国丧元勋》1）

与上文画线内容形成对比的是，最早关注吴氏病情的《新北京》报于 12 月 4 日刊文称："吴子玉将军……以病牙委某外医拔去，不意伤口进入细菌，以致发炎。"（《吴佩孚将军拔牙发炎》1）所谓"某外医"即日医伊东。12 月 5

日以后，包括《新北京》在内的绝大多数伪报对于伊东拔牙致吴感染的事基本不再提及，而是像《晨报》一样将吴氏病重归咎为"复受外感"。相关报道也并没有追究任何人责任的意图，对于医生的诊治只说"罔效"，并突出强调吴氏病情"致死率极高"（「呉佩孚将軍卒然と逝」3），甚至已沉重到不能转入医院治疗的程度。总之，伪报想要呈现的是医生们穷极所能而无力回天的遗憾景象。

伪报12月5日以后的相关报道是否故意略去了伊东拔牙致吴感染的情节？

1939年12月5日，专门负责运动吴佩孚出山的日本特务组织"竹机关"向东京发出专电，汇报吴佩孚逝世的相关情况（以下称"竹电"）。竹电首先强调："吴佩孚猝死纯系因病，并非日方或其他方面之阴谋"①，并将其死因归结为迷信中医、拒绝外医意见和病情发展迅速。

与新闻中的息事宁人态度不同，竹电在极力撇清日方嫌疑的同时也对吴氏及其家人的盲从固执予以指责。这说明日方对于吴氏死因的真实看法与其外宣之间存在巨大差距。再者，日人所办北平武德报社1940年出版的《吴佩孚》一书在收录《孚威上将军吴公哀启》时故意删掉了原文中"初误于拔牙之非时，继误于中医处方之失当，终误于施用手术之未诊察明确"一句（武德报社8）。可见，日方确实是在故意掩盖拔牙感染的情节及自身与吴氏之死的牵涉。

另据竹电称，在吴佩孚逝世数小时前，中、德医生都认为其病不会致死。寺田的术前诊断亦确定："施行小手术不会使病人立刻陷入危笃"①，吴氏却在手术中死亡。诊断结果与事实间的冲突使日本人感到无法解释，最后只能以"令人意外"四字搪塞①。可见，竹电结论自相矛盾，导致吴佩孚4日猝死的还应另有原因，"自然病亡说"存在明显破绽，但其支持者未给出有力解释，重庆国民政府因此获得建构"日方谋害说"的契机。

渝报在12月5日尚称吴氏病危，多数媒体援引国民党中央通讯社的消息称："日前吴氏仅略患牙痛，其后转为血毒症。今日上午虽由中、德、日三国医士施用手术，将病牙拔去，但仍未见效，病状已转险恶云。"（《吴佩孚病危》2）这类报道可称为"自然病危说"，其中尚无阴谋色彩。至12月6日，渝报才发布"吴佩孚病逝北平"的消息。而在此前一日，德医史蒂夫向外界提及，日本医生寺田来诊视，认为无问题，不料吴在施行手术中即行气绝的情节

（《吴佩孚将军死误于迟施手术》1），这就将"自然病亡说"的破绽公之于世。重庆方面敏锐地捕捉到这一信息并很快在宣传上转向"日方谋害说"。

12月6日，重庆《中央日报》指出："据日医昨日宣称，吴氏病象并无生命危险，但在实施手术时即行逝世。"（《吴佩孚逝世》2）该报道明显是将吴之猝死与日医手术相联系。联想到吴佩孚生前曾屡拒日方诱降的举动和寺田国籍的敏感性，重庆"政界方面一般认为，吴佩孚将军之死'情形可疑'"（《吴佩孚在平逝世》3）。有人在12月5日即指出："吴氏拒绝日本之拉拢，不肯出任伪组织首领，自必遭日人之忌。故日本医生为彼施行手术，实不无令人置疑。"（3）但重庆方面这时也仅止于"置疑"阶段，认为吴氏之死"情节迷离恍惚，真相尚难全瞭"（《吴佩孚氏逝世旧都》2）。此后，国民政府开始运用舆论放大"自然病亡说"的破绽，并逐渐将"日方谋害说"做成"定论"。

12月7日，重庆《中央日报》明确指出："吴氏死于敌医之手"。文章以"阴谋论"的视角回顾吴佩孚逝世过程，称伊东在敌酋坂西利八郎的授意下给吴拔牙，此后"吴氏即转入昏迷状态""四日午后稍清醒……日医此时复为之注射，吴氏即复入睡眠状态，延至下午六时五十分乃与世长辞。"报道还称，吴佩孚一直拒绝出任伪职，"而敌酋仍日往逼诱"。吴死前"欲招亲友及旧时僚属谈话，然终不可得，最后乃语其夫人曰：'死的好'"（《吴氏死于敌医之手》2）。这一描述将吴佩孚塑造成了遭敌围困而视死如归的"英雄"。吴在12月3日晚实际已不能说话（汪崇屏87），其于手术期间猝死也已成为定论，该报道所述情节为作者后期加工无疑。这说明重庆国民政府与日、伪之间已经展开了争夺吴佩孚死因解释权的博弈。

从现有资料看，"日方谋害说"定形于1946年1月出版的《吴佩孚之死》一书，书中描述日医手术的情形是："圭刀起处，令人魂飞魄散，只听'哇呀'唤了一声，血光跟着四射"（苏开来89）。该书作者苏开来系吴佩孚幕僚，其中有关吴氏之死的情节与重庆方面的宣传口径基本一致，因而获得官方认可。1946年12月22日，《中央日报》进一步解释吴氏大量失血的原因称："外科医士寺田幸夫并未得吴氏家属同意，即操刀盎然入室，对病人横加刃伟，以刀口过深，危及气管而告不治。"（《吴佩孚上将长眠地下》9）自此，构成"日方谋害说"的"吴拒诱降""伊东害吴""寺田杀吴"三个要素已全部具备。

国民政府虽在宣传层面不断坐实"日方谋害说"，但在正式文件内一直认为吴佩孚为自然病亡。1939年12月8日的《国民政府令》称吴氏"以微疾溘逝"②。1940年2月，中统在工作报告中指出："日医手术不佳，（吴氏）血液中毒，遂于十二月四日遽然溘逝。"③即认为吴氏之死为手术效果不好并发血毒症所致，而非日方蓄意谋害。"日方谋害说"的形成过程及国民政府关于吴氏死因的两种说法证明，重庆方面并未掌握日方蓄意害吴的确凿证据，该说具有明显的舆论工具性质。

此外竹电指出，"吴佩孚之溘逝致'竹机关'工作结束，这对于解决中国事变来说殊为遗憾"①。可见，日本人深知吴氏之死对他们并无益处。重庆《中央日报》也有关于"吴死后，日方之组府工作势将更趋困难"的观点（《吴氏死于敌医之手》2）；中统给蒋介石的报告也并未提及"日方谋害说"。《字林西报》（英）对此也有评论强调："日人绝不欲吴氏死"（《吴佩孚将军之死》50）。就上述三方关系而言，重庆方面不可能会为日方洗白，英国人也无须为日方开脱。况且中统如果确实掌握了日方害吴的证据，渝报就没有反复修补"日方谋害说"的必要了。立场不同的三方关于吴氏死因的结论却出奇一致，这恰可以证明"日方谋害说"与实际情况不符。

正如《字林西报》之论，日方在诱吴工作中耗费了大量资源，吴之溘逝使这些投入价值尽失。为满足吴佩孚的出山条件，"竹机关"特意在开封为其建立了一套汉奸政权班子"绥靖委员会"，吴之溘逝使"该机构已无存在意义"④。此外，日方还指使汉奸胡毓坤笼络豫、皖等地土匪，为吴组建伪和平救国军。至吴佩孚逝世前，该部伪军已招纳3万余人，吴之溘逝又迫使日方对其进行改编④。由此可见，日方一直在积极筹备吴氏出山事宜，"日人绝不欲吴氏死"的论断是经得起推敲的。

另据额田坦回忆，土肥原贤二在得知吴佩孚去世后的反应是"惊慌失措，慌忙进入大臣办公室"，并称这是他唯一一次见到土氏"大惊失色之状"（土肥原贤二刊行会64-65）。这说明作为"竹机关"创始人且在诱吴工作中屡次受挫的土肥原对吴氏之死事先也不知情。综上所述，正如日方自己所言："吴佩孚之死为日本之一种损失"（《北平德医谈吴佩孚之死》1），所谓日方因吴不就伪职而借机杀之的说法并不成立。

二、"重庆方面毒杀说"辨伪

使"重庆方面毒杀说"引起社会关注的是原军统官员李直峰的一篇短文，内称其曾收到过几份中统致北平情报站站长后大椿的密电，要求"如吴真要就任华中伪绥靖委员长职时，就秘密处死他"（马芳踪 24）。后大椿回电称："吴佩孚已发出《和平救国通电》，并就任了华中伪绥靖委员长职，当即遵命使其随从副官趁吴牙病时毒死。"（24）事后李氏又在中统本部听说，蒋介石因"唐绍仪、吴佩孚先后答应了（日本诱降条件），就把唐、吴先后干掉"（24）。

李说一出，"台湾与大陆均兴起一片历史翻案风"（刘泗英 36）。1995 年，《传记文学》第 11 期转载了李文。不久，该杂志又刊登刘泗英的旧文反驳李直峰的观点。张文若在按语中指出："吴身陷危城，对日均不能不虚与委蛇，态度时软时硬，甚至一日数变。军统密电必日有数起，何者可靠，史学家亦难断言。"（36）马振犊认为，吴佩孚在中日间待价而沽的时间过长，最终变成"双方都要'杀之而后快'的对象"（76），"中统奉命杀吴的可能性还是有的"（"国特史"203）。苏全有则指出，马振犊未提出关于吴佩孚死因"直接而有力的证据，因此上述观点总体上未被认可"（101）。

既有研究都未举出证明"重庆方面毒杀说"真伪的有力证据，既然这一说法由李直峰掀起波澜，就有必要对吴佩孚"附日通电"及接受伪职二事的来龙去脉进行考察。

"国史馆"藏档中确实有时任中统局长朱家骅就制裁吴佩孚问题发给后大椿的电报，但该电发出时间为 1938 年 11 月 18 日，起因也并非为通电事件，而是汉奸陈中孚对吴佩孚怂恿日迫，导致局势危急[③]。此事最终因吴的拒绝而化险为夷，却给朱家骅提了个醒。为使平、津中统人员对吴佩孚日后可能出现的变节情况有所应对，朱氏指示后大椿："务多方设计进行，使吴不变节附逆。万一确无挽回余地，则立刻布置予彼及其同谋最严厉对付，其本人并尽先处理为要。"③可见，当时中统对吴还是以争取为主，所谓"制裁"实为以防万一之举。

重庆方面是否曾因通电事件而感到非杀吴佩孚不可呢？

1939年1月27日，京、津伪报突然出现大量有关"吴佩孚和平通电"的报道。内有"佩孚无似，自当追随诸公之后，为国家，为友邦，勉尽绵薄也"的附日言论（《吴佩孚通电表示态度》2）。如果单从这些电报的内容来看，吴佩孚降日之事并非妄谈。但协助中统联络吴佩孚的蒋雁行在14日还称，吴氏表示："一不妨碍委座（指蒋介石，下同）抗战；二绝不出为倭贼傀儡。一本爱国热诚，愿与委座及中央（指国民党中央）诸公同赴国难。意志坚决，不容或爽。"③中统26日的情报亦称："吴佩孚近时聆中央广播对渠推崇褒赞，非常喜悦。"⑤朱家骅因此一时陷入迷茫，立刻指示徐恩曾对"吴子玉最近态度究竟如何，应即分电平、津查报"⑥。经北平情报站进一步调查发现，所谓"吴佩孚和平通电"是一个乌龙事件。

原来因诱吴工作毫无进展，杉山元等人便借机排挤土肥原。土肥原贤二自己也感到对国内无法交代，于是他一面以自杀逼迫吴佩孚出山；一面命汉奸张燕卿等收买吴身边之人，将吴氏此前复江天铎、邓孝先、江朝宗的三封电报骗出，大加修改。而吴夫人及部下因受土肥原重贿无法销账，故亦假称吴佩孚有一"公开表示"以搪塞之，由是便有了1月27日的"吴佩孚和平通电"。"郑氏（郑白，吴佩孚化名）见报后大为不满，垂头丧气。"⑥后大椿在1月28日的报告中虽认为"郑氏所以上此圈套"原因之一为"野心未死，颇思利用此时机而图造成个人势力"。但其在报告结尾仍表示："此间已请凌霄（蒋雁行化名）先生无庸灰心，继续努力，仍当竭力予以种种破坏。如能使郑觉悟固佳，否则亦必使郑高其条件，而使敌方拒绝接受也。"⑥后大椿不仅未以通电事件为杀吴的时机，反认为吴氏仍然可以争取。

1月29日，重庆《中央日报》发文揭露通电事件的真相指出："所谓吴氏之通电，亦系伪造。缘数日前吴氏曾电其友人，该电被日监察员扣留并擅加修改，作为吴氏致国人之通电。"（《吴佩孚晚节益坚》2）北平情报站在2月1日的续报中更认为，此事"殊属不值一笑，此种诡计，适足使吴氏增强其抗日态度。"⑦可见，重庆方面并未因通电事件与吴佩孚产生芥蒂。2月2日，吴佩孚派驻重庆的代表刘秉钧病逝。4日，何应钦向蒋介石报告："业用钧座名义，批发刘秉钧治丧费三千元，并拟新闻交'中央社'发表，一面由中央电台广播，以示中央对吴氏尊崇眷念之意。"⑧这进一步说明，通电事件发生后，渝方对吴仍坚持积极争取的方针。

综上所述，朱家骅所谓"无挽回余地"的情况并没有出现，重庆方面阻止吴佩孚投敌工作此后照常进行。况且通电事件发生于1939年1月底，这距吴佩孚逝世尚有10个月时间。中统如果真有制裁吴氏的行动，若拖到12月恐怕也为时已晚。李直峰所谓吴佩孚因通电事件被中统毒害的观点是不能成立的。

吴佩孚是否曾被中统视作"杀之而后快"的对象呢？这要看重庆方面对他的印象如何。在吴氏与日、伪间关系方面，有两件事最为人诟病：一是他向日方提出的三项出山条件；二是他与汪精卫通信中的"主和"言论。一些学者认为，这正是吴佩孚附日的表现。本文并无意纠缠于对该类事件的定性，而是以此为切入点考察重庆国民政府是否曾因此对吴印象变坏而动杀机。

吴佩孚出山条件形成于1939年1月25日。在此前一日，南、北汉奸在北平召开第三次联席会议，"推戴吴佩孚将军为绥靖委员长"（《绥靖委员长吴佩孚将军将向中外发表就职声明》2），会后由王克敏、梁鸿志等6人具函吴氏劝驾。土肥原恐吴拒绝，于24日派毕维垣谒吴，表示土之苦心。毕对吴言："倘此次再不接受，土氏将无颜面回国，恐必自裁。"⑨不料，吴佩孚仍坚拒。毕归告土，土肥原对此极为失望，即持一军刀自刎，被众人劝下，并再派毕维垣往谒吴氏，反复解释。加之部下亲日者亦极力怂恿，吴乃佯装首肯之意。25日下午2时，王揖唐、温宗尧持"劝驾书"谒吴，吴答以"廿六日答复"。王、温走后，吴佩孚即与蒋雁行商量应对办法。

> 凌："目前日方大势已去，……抗战前途，极为乐观，……倘于此时出来，身败名裂，必遗后悔。……土肥原以自杀恫吓，与你何干！"
>
> 郑："我并未忍不住，全是他们（指彼之亲日部下）鼓动。"
>
> 凌："凡事须自主，不可听人，庶免上当。"并问："明日将作何

答复？"

郑："如要我出去，我有三个条件：第一，须给我以下列各种职权，即（一）和平救国政府主政，（二）和平救国军总司令，（三）和平救国委员会总裁；第二，日本须撤兵；第三，允许我组织实力。"⑨

土肥原并无资格回应主权、撤兵问题，日本诱吴出山本就是为了加强其侵华活动。由吴佩孚出山条件的形成过程可知，其一开始就是拒绝日、伪诱降的缓兵之计。吴事后对蒋介石也曾多次有"我在此虎口中，只能刚柔并用"之类的表示⑩。蒋雁行在致朱家骅电中也称，吴佩孚"以环境所迫，对彼方又不得不从事委蛇，但无非技术而已。"③重庆方面在 1 月 28 日即已掌握上述情报，但由于 27 日通电事件的发生，中统对于吴佩孚出山与否仍持观望态度。通电事件真相大白后，渝方对吴佩孚的抗日决心表示信任。

此后，日方宣称吴佩孚已同意出任伪绥靖委员长，并邀 100 余名中外记者于 1 月 31 日在吴宅召开记者会。日方事前备妥书面谈话稿，当场分发，以图将出山之事强加于吴。"不料吴子玉接见时，所谈内容与敌方预定原稿完全相反。吴不但未表示接受之意，且提出三项条件。"（《吴佩孚不受敌方诱惑》2）以上内容出自国民党中央机关报重庆《中央日报》，字里行间不仅未对吴之出山条件加以指责，反而借此突出其"晚节益坚"。

在重庆《中央日报》披露相关实情后，中共中央华北局机关报《新华日报》（华北）也于 2 月 5 日进行了转载。渝报中的多家媒体更积极发表社论，赞扬"吴氏有一根硬骨头，真不愧是炎黄子孙"（《吴佩孚晚节益坚》1），"他不愧做当今的关公，第二武圣"（《吴佩孚将军的伟大》1）。此后，吴佩孚逐渐被抗日舆论塑造成"英雄"。直至其逝世前两日，贵阳《中央日报》还以"吴佩孚表示不降敌附逆"为题报道吴氏拒与汪精卫合作之事。

至于吴在致汪信函中的"主和"言论问题，重庆方面所持态度为"听其言"，但更"信其行"。从"国史馆"所藏档案看，重庆方面对吴、汪通信情况进行了密切追踪。二人往还的 7 封信件，中统都及时向蒋介石作了汇报。渝报不仅未抨击吴佩孚的所谓"主和言论"，反而常以"吴佩孚与汪逆""汪精卫和吴佩孚"等为社论标题，赞吴斥汪。

吴佩孚在致汪精卫的信中确实有诸如"共同迈进""二人同心"之语，但他同时也直白地告诉汪氏，实现"和平"的前提是"保全国土，恢复主权"（唐锡彤 270）。吴虽在信中有恭维之词，但其对汪精卫降日之举始终看不起。1939 年 6 月 25 日，吴佩孚在待客席间谓："汪自命为国民党元老，乃反违法无常，首先投敌，甘作汉奸，诚令人可叹。"⑪6 月 27 日，汪精卫专程由日本赴北平企图与吴商谈合作之事，吴佩孚坚决不见并讽刺道："国民党元老竟有此种行径！"⑫后来又在汪使者面前大骂："谁同汪合作，这人就是下贱！"（《吴佩孚大义凛然》2）实际上，吴对于汪的诱降一直虚与委蛇，常常是汪精卫答应了这一合作条件，吴佩孚又开出新的条件。汪氏对此无可奈何，只能愤愤地埋怨日本人："明知势不两立而相难，事宁有济！"⑬

综上所述，李直峰的回忆虽有据可查，但在时间、背景和情节方面皆有错乱；吴佩孚也并没有成为渝方"杀之而后快的对象"，双方关系一直较为融洽，因此"重庆方面毒杀说"也不能成立。

结　语

吴佩孚去世之初，北平街头曾出现"谁杀彼乎"之问（《吴佩孚将军之死》50）。综上可知，吴氏并非死于他杀，吴道时所谓拔牙非时、中医误病、手术不当才是致其死亡的根源⑭。前指伊东拔牙造成感染；中指中医误诊致病情扩散；末指寺田不顾吴佩孚的身体情况强施手术，又在术间未使用有效麻醉剂和预备强心针（《吴佩孚将军病逝前后记 上》3）。最终，吴以 65 之龄、病弱之躯、紧张之心理承受刀割之痛，这极易引发突发性心脏病等快速致死性疾病。于是，寺田一刀下去，吴佩孚"'嗳呀'一声以后便不再出声"（3）。

吴道时之论虽接近事实，但推卸了吴家的责任。吴病转重后，史蒂夫曾建议其到东郊民巷德国医院接受治疗。因此议违背吴氏"不入租界"之信条，遭到拒绝（《吴佩孚逝世》1）。吴佩孚的性格也是导致病情恶化的重要因素。另外，日方虽无加害之意，但寺田强施手术之举使其必须承担直接责任。

综上所述，吴佩孚之死并非如重庆方面宣传得那样壮烈，也不像伪报描述的那样顺理成章，两种结论正是抗战期间中日舆论战的缩影。抗战胜利后，"自然病亡说"逐渐销声匿迹，"日方谋害说"最终成为解释吴氏死因的主流观点并影响至今。"重庆方面毒杀说"虽未成主流，却也在学界引起轰动，并导致后世对吴佩孚评价的对立。在中国近现代史上，生前身后能够同时获得敌对双方高度赞誉，而后世评价又极端冲突之人物并不多见。盖棺不能论定，关于吴佩孚还有更多谜团等待解决。

致谢【Acknowledgement】

本文受益于《现代传记研究》编辑部及匿名评审专家提出的修改意见，在此谨致谢忱！

I am grateful to the editors of the *Journal of Modern Life Writing Studies* and the anonymous reviewers for their valuable suggestions.

注释【Notes】

① 「呉佩孚死亡の件」1939 年 12 月 23 日至 30 日、『陆支受大日记（密）』第 76 号、JACAR（アジア歴史资料センター）、Ref.C04121693900。

② 《国民政府令吴佩孚追赠陆军上将明令褒扬》（1939 年 12 月 8 日），"国史馆"（以下档号格式类似者出处相同，不再标注），国民政府档案（以下简称"府档"），001-036190-00010-047。

③ 《中央调查统计局呈送阻止吴佩孚出任傀儡工作经过专报》（1940 年 2 月 29 日），府档，001-016052-00009-004。

④ 「北支那方面军命令送付の件」1940 年 1 月 20 日、『陆支密大日记』第 5 号、JACAR（アジア歴史资料センター）、Ref.C04121786200

⑤ 《王芃生等电蒋中正日敌泊汉口大型兵舰动态等电》（1939 年 1 月 13 日），"蒋中正总统文物"（以下简称"蒋档"），002-080200-00521-019。

⑥ 《朱家骅电徐恩曾最近吴佩孚态度为何请即分电平津查报》（1939 年 1 月 28 日），蒋档，002-080103-00010-004。

⑦ 《毛庆祥呈蒋中正据闻中央对汪兆铭采宽大处置不再通缉等敌方情报》（1939 年 2 月 1 日），蒋档，002-080200-00513-030。

⑧ 《何应钦呈蒋中正以吴佩孚代表刘秉钧在重庆逝世已用钧座名义批发治丧费》（1939 年 2 月 4 日），蒋档，002-080200-00514-021。

⑨ 《北平情报称土肥原贤二到北平后暗中策动和平运动》（1939 年 1 月 28 日），蒋档，002-080103-00010-005。

⑩ 《杜月笙电蒋中正称日方属意吴佩孚主伪政权》（1939 年 2 月 6 日），蒋档，002-090200-00021-293。

⑪ 《日本再派员劝吴佩孚出山及吴佩孚对汪兆铭表示不满》（1939 年 6 月 25 日），府档，001-016052-00008-024。

⑫ 《吴佩孚拒见汪精卫经过情形》（1939 年 7 月 4 日），府档，001-016052-00008-027。

⑬ 《汪兆铭接吴佩孚复函及其表示》（1939 年 11 月 20 日），府档，001-016052-00008-037。

⑭ 《孚威上将军吴公哀启》（1939 年 12 月），中国第二历史档案馆，国史馆档案，三四-1587。

引用文献【Works Cited】

《吴佩孚将军之死》，史汀生译，《英华文摘》1940 年第 5 期，第 49–55 页。

["The Death of General Wu Peifu." Trans. Stinson. *English-Chinese Digest* 5 (1940): 49–55.]

土肥原贤二刊行会：《土肥原秘录》。北京：中华书局，1980 年。

[Doihara Kenji Publishing Committee. *Doihara's Secret Records.* Beijing: Zhonghua Book Company,1980.]

《北平德医谈吴佩孚之死》，《晶报》1939 年 12 月 6 日：第 1 版。

["A German Doctor in Beiping Introduced Wu Peifu's Death." *Ching Po Daily*, 6 Dec. 1939, 1.]

《绥靖委员长吴佩孚将军将向中外发表就职声明》，《晨报》1939 年 1 月 31 日：第 2 版。

["General Wu Peifu, Leader of the Appeasement Committee, will Issue an Inaugural Statement." *Morning Post*, 31 Jan. 1939, 2.]

《吴佩孚将军拔牙发炎》，《新北京》1939 年 12 月 4 日：第 1 版。

["General Wu Peifu's Tooth Extraction Caused Inflammation." *New Beijing* 4, Dec. 1939, 1.]

《吴佩孚将军死误于迟施手术》，《总汇报》1939 年 12 月 6 日：第 1 版。

["General Wu Peifu's Death Due to Delayed Surgery." *General Report News*, 6 Dec. 1939, 1.]

《吴佩孚将军再度拒绝日寇引诱》，《新华日报》（华北）1939 年 2 月 5 日：第 2 版。

["General Wu Peifu Rejected Japanese Temptation Again." *Xinhua Daily (North China)* , 5 Feb. 1939, 2.]

《吴佩孚上将长眠地下》，《中央日报》1946 年 12 月 22 日：第 9 版。

["General Wu Peifu Has Passed Away." *Central Daily News*, 22 Dec. 1946, 9.]

「呉佩孚將軍卒然と逝」、『新世界朝日新聞』1939 年 12 月 5 日、第 3 版。

["General Wu Peifu Passed Away." *New World Asahi Shimbun*, 5 Dec. 1939, 3.]

《吴佩孚将军的伟大》，《福建民报》（福州）1939 年 2 月 3 日：第 3 版。

["The Greatness of General Wu Peifu." *Fujian People's Daily (Fuzhou)*, 3 Feb. 1939, 3.]

刘泗英：《由重庆赴北平劝说吴佩孚经过》，《传记文学》1995 年 67 卷第 6 期，第 36–40 页。

[Liu Siying. "The Journey from Chongqing to Beiping to Persuade Wu Peifu." *Biography Literature* 67. 6(1995): 36–40.]

马芳踪：《吴佩孚死因又一说》，《传记文学》1995 年第 67 卷第 5 期，第 24 页。

[Ma Fangzong. A New Perspective about Wu Peifu's Death. *Biography Literature* 67. 5(1995): 24.]

马振犊：《国民党特务活动史》。北京：九州出版社，2008 年。

[Ma Zhendu. *A History of Kuomintang Espionage Activities.* Beijing: Jiuzhou Press, 2008.]

——：《吴佩孚盖棺不能论定》，《史学月刊》1997 年第 3 期，第 68–77 页。

[—. "Wu Peifu: It Remains Difficult to Assess Him." *History Monthly* 3(1997): 68–77.]

《老成凋谢国丧元勋》，《晨报》1939 年 12 月 5 日：第 1 版。

["The Passing of a Statesman: The Nation Has Lost a Heroic Figure." *Morning Post*, 5 Dec. 1939, 1.]

《吴佩孚将军病逝前后记 上》，《盛京时报》（晚刊）1939 年 12 月 12 日：第 3 版。

["Records of Wu Peifu's Passing, 1." *Shengjing Times (Evening Edition)*, 12 Dec. 1939, 3.]

苏开来：《吴佩孚之死》。北平：北平新报社，1946 年。

[Su Kailai. *The Death of Wu Peifu.* Beiping: Beiping Xinbao Press, 1946.]

苏全有：《论吴佩孚之死》，《历史档案》2010 年第 2 期，第 101–104 页。

[Su Quanyou. "Research on the Death of Wu Peifu." *Historical Archives* 2 (2010): 101–104.]

汪崇屏口述：《汪崇屏先生访问记录》。台北："中央研究院" 近代史研究所，1996 年。

[Wang Chongping (Oral Account). *Records of Interviews with Mr. Wang Chongping.* Taipei: Institute of Modern History of "Academia Sinica" , 1996.]

《汪精卫和吴佩孚》，《芷江日报》1939 年 8 月 28 日：第 2 版。

["Wang Jingwei and Wu Peifu." *Zhijiang Daily*, 28 Aug. 1939, 2.]

《吴佩孚病危》,《中央日报》（贵阳）1939 年 12 月 5 日：第 2 版。

["Wu Peifu Fell into Critically Ill." *Central Daily News (Guiyang)*, 5 Dec. 1939: 2.]

《吴佩孚不受敌方诱惑》,《中央日报》（重庆）1939 年 2 月 2 日：第 2 版。

["Wu Peifu Resists Enemy Temptation." *Central Daily News (Chongqing)*, 2 Feb. 1939: 2.]

《吴佩孚大义凛然》,《中央日报》（贵阳）1939 年 10 月 20 日：第 2 版。

["Wu Peifu Is Upright and Awe-Inspiring." *Central Daily News (Guiyang)*, 20 Oct. 1939: 2.]

《吴佩孚氏逝世旧都》,《前线日报》1939 年 12 月 6 日：第 2 版。

["Wu Peifu Passed Away in the Former Capital." *Frontline Daily*, 6 Dec. 1939: 2.]

《吴佩孚逝世》,《武汉日报》1939 年 12 月 6 日：第 1 版。

["Wu Peifu's Passing." *Wuhan Daily*, 6 Dec. 1939: 1.]

《吴佩孚逝世》,《中央日报》（重庆）1939 年 12 月 6 日：第 2 版。

["Wu Peifu's Passing." *Central Daily News (Chongqing)*, 6 Dec. 1939: 2.]

《吴佩孚通电表示态度》,《益世报》（北平）1939 年 1 月 27 日：第 2 版。

["Wu Peifu Issued a Telegram to Express His Stance." *Social Welfare (Beiping)*, 27 Jan. 1939: 2.]

《吴佩孚晚节益坚》,《中央日报》（重庆）1939 年 1 月 29 日：第 2 版。

["Wu Peifu Remained Firm in His Later Years." *Central Daily News (Chongqing)*, 29 Jan. 1939: 2.]

《吴佩孚已陷于危笃》,《天声报》1939 年 12 月 5 日：第 2 版。

["Wu Peifu Fell into Critical Ill." *Tiansheng News*, 5 Dec. 1939: 2.]

《吴佩孚与汪逆》,《中央日报》（贵阳）1939 年 7 月 5 日：第 3 版。

["Wu Peifu and Wang Jingwei." *Central Daily News (Guiyang)*, 5 Jul. 1939: 3.]

《吴氏死于敌医之手》,《中央日报》（重庆）1939 年 12 月 7 日：第 2 版。

["Mr. Wu Died at the Hands of an Enemy Doctor." *Central Daily News (Chongqing)*, 7 Dec. 1939: 2.]

《吴子玉先生复汪兆铭函》（1939 年 6 月 7 日）,《吴佩孚文存》, 唐锡彤主编。长春：吉林文史出版社,
    2004 年, 第 269–270 页。

["Mr. Wu Ziyu's Letter Replying to Wang Zhaoming." (7 June, 1939). *Collected Works of Wu Peifu*. Ed.
    Tang Xitong. Changchun: Jilin Literature and History Press, 2004. 269–270.]

《吴佩孚晚节益坚》,《西安晚报》1939 年 2 月 2 日：第 1 版。

["Wu Peifu Remained Firm in His Later Years." *Xi'an Evening News*, 2 Feb. 1939: 1.]

《吴佩孚在平逝世》,《大公报》（香港）1939 年 12 月 6 日：第 3 版。

["Wu Peifu Passed away in Beiping." *Ta Kung Pao (Hong Kong)*, 6 Dec. 1939: 3.]

比较传记视域下的卡夫卡形象研究

曲林芳

内容提要： 以马克斯·布罗德的《卡夫卡传》（1937年）为起点，卡夫卡传记不断呈现出视角各异的传主形象。运用比较传记的综合研究方法，不仅可以分析传记作者的多重视角，展开对传主形象的追踪，而且可以在传记视野中解释卡夫卡及其作品，有助于拓宽卡夫卡研究的广度和深度。卡夫卡传记研究也因此成为卡夫卡学的重要组成部分。本文以卡夫卡传记为研究对象，以卡夫卡的小说作品和日记、书信、谈话录为依托，通过基础性的传记比较和分析工作，探讨卡夫卡传记中的作家形象以及相关的思想意识、作品解读、传记解释等问题。

第一章基于现代传记理论，对卡夫卡传记文本进行分类。鉴于卡夫卡传记的传主身份、文本内容、篇幅和体例与现代传记类型基本一致，本章结合内容主旨、材料编排和解释方法，以标准传记、专题传记和评传对卡夫卡传记进行分类讨论。标准传记以篇幅优势，全面解释卡夫卡人格形成、发展和影响的全过程，也包括对作品的解释；专题传记旨在强调专题与卡夫卡作品之间的动态关系，还原卡夫卡"传记事实"到"文学事件"的发生逻辑；评传着重评述卡夫卡的思想和人格特点，解释特定历史语境中卡夫卡的犹太根基。

第二章考察卡夫卡传记形象从神圣化到人性化的变化过程。从1937年第一本卡夫卡传记面世，布罗德塑造了最早的神圣化传记形象。鉴于他是卡夫卡生前密友，并且卡夫卡的相关资料还有待完善，这一神圣化形象影响较深远。后随着德国学者的资料发掘和英美学者的译介传播，卡夫卡传记中的传主形象开始转变。传记作者以各自"合理"的解释，塑造了契合相关卡夫卡主题的传记形象，突出了彰显个性的细节，呈现人性化特征。

第三章从传记写作视角探讨卡夫卡形象的真实与虚构问题。真实和虚构是传记写作中两个重要基石，缺一不可。伴随着卡夫卡学术材料不断丰富、交流日益频繁，越来越多过去不为人知的真相到来，传记作者意识到必须打破卡夫卡神话，阅读复杂的人、隐秘的人，解释人性的真实；在文化转向理论思潮的冲击之下，卡夫卡形象被纳入"文化-历史"模型中，作为社会中的人，为存在而斗争；到了更近的时代，材料更为庞杂，传记作者面临挑选编排材料，要挑选合适的"卡夫卡碎石"来塑像，这里的"合适"即为人性真实。当然，传记作者也可以向虚构靠拢，这是他们有限的自由空间。卡夫卡传记的解释方法和语言，传递出对卡夫卡的一种外在框定，使其传记形象在真实与虚构之间滑动，甚至与卡夫卡对语言和真实的思考相悖。

第四章立足卡夫卡作品，解读卡夫卡传记作者建构的作品、卡夫卡式存在和传记形象之间的立体联系。多数传记都位于"人生-成就"这个独特点上，为作家立传，既不能远离作品，也要关注独特的视角。卡夫卡是通过作品来写自传，作品中的角色是他的自我镜像，作品叙事背后的语言困境。他身处生活和文学之间典型的共生关系中，从观察到书写，他做着和传记作者一样的事情。从这个角度看，他既是作家又是传记作者。他观察的是大小形态各异的空间，大到整个世界，小到地洞。同时他也存在于这些空间中，并且思考着存在。卡夫卡传记中的传主形象，既是一个优秀的观察者，观察他人和自我的存在；又是一个伟大的书写者，书写自我的存在，影响着他人。

综上，卡夫卡传记写作和研究的主要趋势是回归人性真实，也是本论文所聚焦的卡夫卡形象演变趋势。传记文本构筑了卡夫卡传记形象的连续性，卡夫卡以不在场的方式存在于他的作品和传记，甚至电影、音乐等其他媒介形式中，已经远超他作为一个孤独书写者的意义，这种块茎式的再生，赋予了卡夫卡传记合法性。从研究方法上来说，比较的本质是对综合研究能力进行考量。本论文研究的局限性也在于此，相关问题有待更多的卡夫卡研究者进一步探索。

关键词： 卡夫卡 传记形象 比较传记 存在 人性真实

授予学位时间、学校及导师： 2022 年 5 月 天津师范大学 曾艳兵教授

Title: A Comparative Study of Franz Kafka's Biographical Images

Keywords: Kafka; biographical image; comparative biography; existence; truth in human nature

Qu Linfang's PhD Degree was conferred in May, 2022 by Tianjin Normal University and her Supervisor is Professor Zeng Yanbing.

曲林芳，文学博士，山西医科大学外语系讲师，主要从事比较文学与跨文化研究，邮箱：qulinfang1977@126.com。

博士论文征稿启事

近年来，世界各大学中越来越多的博士和硕士研究生选择传记研究为论题，写作博士和硕士论文。其中出现不少优秀之作，扩展了传记研究的范围，提高了传记研究的水平。对此类学位论文，《现代传记研究》十分欢迎并已选发多篇，请作者继续按"稿约"赐稿。

为了进一步繁荣学术、推介成果、交流信息，《现代传记研究》决定新设"博士论文"专栏，收集2001年以来已通过答辩的传记研究博士论文，经审核后发表，以飨读者。

有意赐稿者，请按本启事所附模式填写后发回。全部内容请不超过1 500字（中文）。《现代传记研究》信箱：sclw209@sina.com。

附：博士论文信息模式

博士论文标题（中文和英文）：

作者（中文和英文）：

内容提要（中文或英文，任选）：

关键词（中文和英文）：

授予学位的时间、学校及导师（中文和英文）：

Call for PhD Dissertation Extracts

An increasing number of life writing related MA theses and Ph.D. dissertations have been witnessed in recent years, many of which are excellent for they expand the the scope of life writing studies and promote the research. We welcome this trend and have published many of the dissertations and theses, while more are welcome in accordance with the "Call for Papers".

For the purpose of further promoting and introducing academic achievements and sharing information, we have decided to set up a new column called "Ph.D. Dissertations" which briefs on the dissertations on life writing studies having passed the defense since 2001. These dissertations will be published after passing our review.

Anyone who would like to submit the dissertation abstract please fill out the form herewith and return it to our email address: sclw209@sina.com. Please do not exceed 500 English words.

Appendix: the Form of Information about the doctoral dissertation
Title of the dissertation:
Name of the author:
Abstract:
Keywords:
Date, University and Supervisor:

稿　　约

　　传记研究已进入当代人文社会科学研究的核心领域，为学术界日益重视。《现代传记研究》是中国第一个传记专业学术丛刊，出版目的是拓展和丰富传记研究的内容，开展学术讨论，为国内外学者提供发表和交流的园地，吸引和培养本领域的学术新秀。

　　《现代传记研究》立足学术前沿，以国际化为目标，发表中文和英文稿件。倡导以现代眼光和方法研究中外传记的各种问题，设立［名家访谈］、［比较传记］、［理论研究］、［传记史研究］、［作品研究］、［自传评论］、［日记评论］、［人物研究］、［传记影视］、［书评］、［史料考订］、［传记家言］等近20种栏目，以长篇论文为主，也欢迎言之有物、立意创新的短文。《现代传记研究》尊重老学者，依靠中年学者，欢迎青年学者。

　　自2013年出版以来，《现代传记研究》得到了国内外学者的大力支持，上海交通大学也给予稳定的出版经费资助，在国内外学界的影响不断扩大。2017年，《现代传记研究》入选"中文社会科学引文索引"（CSSCI）来源集刊，也被一些国际著名大学列入"国际学术刊物"或将所发论文收入传记"年度学术论著目录"。

　　为了进一步提升质量和推进国际化，来稿请遵照以下要求。

　　1. 中文稿请勿超过10 000字，英文稿控制在5 000词左右。《现代传记研究》聘请国内外同行专家匿名审稿，在接到来稿3个月内，回复作者处理结果。《现代传记研究》只接受原创性稿件，谢绝已发表过的文稿（包括网络等其他形式发表过）。作者应严守学术道德，文责自负。

2. 学术论文类稿件须遵循以下文本格式和规范：中（英）文标题、作者姓名、内容提要（200 字左右）、关键词（3—5 个）、作者简介（包括学位和学衔、工作单位、研究方向、近期代表性成果 1—2 种、电子邮箱等，不超过150 字），与以上相对应的英（中）译文。正文字体一律用宋体或 Times New Roman（5 号）、1.5 倍行距（提要与作者简介同此），引文超过 4 行应独立成段（整体左缩进两字符、上下各空一行，中文用楷体）。文中内容如另需注解、释义或补充说明性等文字应以注释（Notes）形式置于文末，即手动插入连续带圈、上标的阿拉伯数字编号，文末相应给出内容。文献的引注请参照 MLA格式，即采用文中括号夹注并文末列出相应引用文献（Works Cited）的方式。引用文献按作者姓氏首字母排序（无作者按文献名首字母），非西文文献须给出相应的英译信息。注释和引用文献字体为小 5 号。如作者在执行此格式中确实存在困难，请联系编辑部，编务人员将协助予以解决。论文如受到项目资助或他人和组织等具体帮助的，可在文末单列致谢（中英文）。

3.《现代传记研究》只接受电子 word 格式来稿，稿件请寄编辑部信箱：sclw209@sina.com，勿寄私人。

来稿出版后即付薄酬，并赠送样书 2 册。《现代传记研究》在上海交通大学传记中心设立编辑部，负责编辑、出版方面的具体工作。欢迎作者和读者就我们工作提出意见和建议。

Instructions to Contributors

Mission

Life writing studies have moved onto the central stage in the academia and gained ever more attention both in and outside China. As the first scholarly journal in the field of life writing in China, the biannual journal *Modern Life Writing Studies* intends to fill up the blank of life writing studies in China, provide a venue for scholars all over the world, attract and cultivate academic talents in the field.

Aiming to keep abreast of the cutting edge of life writing research, our journal seeks to, in modern views and perspectives, explore various topics of life writing in China and in the world, with almost 20 sections included, such as Interview, Comparative Biography, Theory Study, History of Life Writing, Text Study, Autobiography Study, Diary Study, Subject Study, Film Biography, Book Reviews, Life Writing Materials, From the Life Writer, etc.

Ever since its inception in 2013, our journal has been well-received by scholars at home and abroad and funded by a steady grant from Shanghai Jiao Tong University. It is exerting increasingly greater influence in academia with a due wide positive response. In 2017, our journal was included in CSSCI (Chinese Social Science Citation Index), and listed in the international academic journal or included in the annual annotated bibliography by world prestigious universities.

Our journal accepts both Chinese and English submissions. All articles will be subject to anonymous peer reviews.

Style

Submissions are welcome from both Chinese and international researchers. Simultaneous submissions are not accepted. English papers should be between 4,000 and 7,000 words of text in length (including notes), while English book reviews are about 2,500 words. Full-length articles are the main part of the journal, but short essays with originality and fresh ideas are also welcome.

Submission Guidelines

All written submissions should be formatted according to the eighth edition of *MLA Handbook for Writers of Research Papers*. All submissions should include a 100-word abstract , keywords (less than 5), a 70-word biographical statement, and works cited. Please adhere to the following requirements:

- Double spacing, Times New Roman, 12-point font
- One-inch margins
- Only Microsoft Word doc or docx files will be accepted
- Citations should be provided in parenthetical reference followed by "Works Cited".
- Endnotes are preferred if there are any.

Submissions should be emailed in Word format to the editor sclw209@sina.com. Each contributor will get two complimentary copies once his/her paper is published.

Our journal set up an editorial department at SJTU Center for Life Writing to be responsible for the specific work of editing and publishing. We welcome suggestions and proposals, from which we believe our journal will surely benefit.

编　后　记

杨正润

　　近二十年来，传记文化有长足的发展，一些新类型和新理论引起普遍的注意，本辑专稿《传记文化群的形成与传记学的使命》择其要者进行了简略的评述，包括"生命写作""自媒体传记""变易传记"和"传记真实"，并提出了"传记文化群"的概念。此文征求过上海交通大学传记中心和本刊编辑部同仁的意见，欢迎读者就其中的问题展开讨论。

　　"名家访谈"刊载了沈忧对澳大利亚学者波莱蒂的访谈，这个访谈很及时，其主题是生命写作，也涉及当代文化理论和实践中的一些前沿问题，如人工智能、小众杂志（zines）等。波莱蒂认为生命写作既是一种美学实践，也是一种社会和文化嵌入的实践，它是多种文化、社会和政治活动得以开展的核心，她特别关注生命叙事中媒介的物质性，因为它们影响着生命故事的形式。波莱蒂正在进行人工智能生命写作的试验，我们期待着她的成功。

　　"理论研究"发表的两篇论文都有实践价值。英美新批评及其对传记批评的质疑已过去，一些学者提出重建传记批评的建议，张慧芳梳理各家之说，提出新传记式批评是一种传记-文学阐释学，其要义在于揭示文学作品生成的奥秘及其中真实与虚构融合之美。当然，这种设想还有待实践来检验。

　　中国现代传记史上，翻译作品同本土作品几乎同时出现，并占有很大比重。唐岫敏发现了一个应当重视的问题：传记书名的翻译。她认为对译名的要求是以"信"至上，并用实例来说明这一主张。这里说的虽然是传记译名，但原创传记的取名也可以从中得到借鉴。

　　在"传记史研究"中，工作日益细化。"物传"古已有之，孙文起广搜中唐以降文化典籍中的物传，溯其源流、辨其体例、考其用心，并探析物传研究的当代意义。前者或有疏漏、后者较为简略，但也是有价值的一家之言。佟杨和李贺对中古时期郡书中的先贤传记进行专门论证，考察其传主身份、书写模式、写作目的和文化价值，对中国传记史也有所增补。

本刊上辑发表全展对 21 世纪第一个十年外国传记文学研究的述评，本辑发表他对第二个十年的述评。我们说过：中国学者在看到自己的成绩时，如果把所做的工作同外国传记文学的实际状况加以比较，会有更大的收益。

武则天作为中国第一个女皇帝，其传记引起众多作者和读者的兴趣，"比较传记"发表刘萍对两部武则天传记的比较：林语堂《武则天正传》新鲜生动、通俗易懂，雷家骥的《武则天传》详实严谨、注重学理，把处于两端的通俗传记同历史传记作比较，易于说明传记的文类特征。

本辑"作品评论"论及两位作家。奥尔丁顿的《英雄之死》包含了自传、小说、诗歌成分，李天鑫从体裁的角度考察其主题意义：自传叙事讽刺延续中的帝国文化，小说叙事批判帝国文化影响下的社会弊病，以诗歌作结，重审再现的文化记忆，意在人文主义式的改良。这一分析颇有深度，有助于理解这一复杂文本。

传记同戏剧的结合已有很长的历史，崔雪婷研究日本井上厦的"评传剧"，丰富了对传记剧的认识。这类戏剧除了传记成分外还加上评论的成分，且具有"反传记"的特征，通过重构历史话语对当下社会进行反思，具有社会批评的目的。

"自传与回忆录评论"发文 4 篇。约旦努尔王后的回忆录《信仰的飞跃》是部名著，王洋和邹兰芳的评论另辟蹊径，一方面借助流动性和身份理论，突出这位知识女性的政治担当，她跨越国界、促进东西方文化交流，拥抱多样性同时保持个性；另一方面考察其叙事方式：穿插多重视角，增强叙事话语的流动性，并跨越时间和地域，把个人情感与政治生活、私人叙事与公共议题融为一体。

本辑刊载对两位诺贝尔文学奖得主，即英国的莱辛和法国的埃尔诺的评论，两位女作家都是高度介入社会，不过两篇论文的研究方向不同。李琼璐对莱辛的自传《刻骨铭心》进行叙事学研究，发现其中的创新策略：频繁使用内聚焦视角通过各种手法体验情感。这是借助感情理论细读文本得到的发现。

埃尔诺在接受诺奖时说："为我的族类复仇和为我的性别复仇"，丁文俊和郑宁宁对她的作品进行社会学研究，发现了她的"复仇"方式：叙述女性的成长史，探索如何在社会交往和家庭生活中重构平等、尊重和友爱的规范。

民族志是从人类学发源的对特定民族或文化群体的研究方法，被自传研究所借用，称为"自我民族志"。陈鹏宇的论文对自我民族志的历史和理论进行了梳理，选取金凯德的返乡旅行书写《一处小地方》作为这类作品的代表作进行研究。他认为这是加勒比作家独创的写作方式：以自我经验揭示后殖民的余毒，以唤起式叙事引发观光客反思。此文读来颇有新鲜感。

"书信评论"多是评论名人书信，有趣的是可以看到名人的心理世界。刘灿和孙勇彬对蒲柏书信的分析，使我们看到这位矮小的残疾人，也是一位天才的大诗人，他把骄傲与自卑、真诚与矫揉、善良与虚荣等矛盾的性格结合于一身，我们也从中感受到18世纪英国人的文化生活。

李贵成释读中国名作家张爱玲客居美国时给友人的信，通过她笔下的日常生活和异乡风景，探析其心理：她的中国情韵、审美趣味、价值立场和生存哲学，既是她对友人的倾诉，也是内心的独白。这一分析对理解张爱玲及其小说都有启发。

本辑"传记家研究"的对象是李叔同，他是一位天才的艺术家，具有音乐、绘画、文学等多方面才华，钟书林、柯佳玮的论文考订了他还是一位传记家：他不辞辛劳，为晚唐诗人韩偓主持编写了一部传记，传记问世的经过和李叔同对传主的认同，展示了这位已入空门的大师的正义感和爱国精神。

本辑"人物研究"关系到几位现代文化名人。杨炀以《周作人日记》为对象，考察熊佛西与周作人的交往，发现他们由师生进而成为同道友人，其后又因为文艺思想的分歧而渐行渐远。依据一部日记进行这样动态的考察，需下细读功夫。

巴金痛恨黑暗、向往光明，说真话，这些是读者熟悉的，王亚惠的论文剖析巴金是怎么不自欺、不欺人，把内心的黑暗和绝望，在作品中转变为光明和希望，让读者看到巴金内心的挣扎和痛苦，理解现代知识分子所走道路的艰巨和内心的复杂。

本辑"图像传记"发文两篇。潘巧英把图像回忆录中的图像分为直接再现现实世界的"复制性图像"和漫画风格化的"并置图像"，着重论析在复制性图像中创作者、现实世界、图像和读者之间的多重"凝视"关系，具有历史叙事和权力叙事的功能。这一分析颇有创见。

美国漫画家斯皮格曼所作《鼠族》是图像传记中的经典，研究者很多，赵艺瞳的论文分析了这部作品包含的矛盾：受难者的信任感与羞耻感丧失的伦理困境，幸存者所面临的见证悖论，作品所再现的是"不可见证之事"。尽管如此，它所定格的文学真实具有重要的文化价值，激励着人们治愈生命的创痛。

本辑"史料考订"考证民国军阀吴佩孚的死因。吴佩孚在抗日战争中拒绝出任伪职，显示了民族气节颇得赞誉，他的死因却众说纷纭，日本特务的毒杀成为主流，于贵超和宋自腾详细考察吴佩孚从发病、就医到死亡的经过，得出手术不当而致死的结论，对现代史上的一段著名公案做了比较合理的解释。

卡夫卡是读者熟悉的作家，人们对他的传记也多有兴趣，曲林芳的博士论文是卡夫卡传记的比较研究，本辑发表的虽是其提要，但也包括大量信息。

From the Editor

Yang Zhengrun

Over the past two decades, biographical culture has experienced significant development, with new types and theories garnering widespread attention. This issue features "The Formation of the Cultural Clusters of Biography and the Mission of the Poetics of Biography", which briefly reviews such key aspects as "life writing", "we-media biography", "metabiography", and "biographical truth" while proposing the concept of "cultural cluster of biography". This paper has been reviewed by the staff of the Center for Life Writing at SJTU and the editorial committee of this journal. Readers are encouraged to engage in discussions on the issues presented herein.

A timely interview conducted by Shen Chen with Australian scholar Anna Poletti is included in the "Special Section: Interview." This discussion focuses on life writing and explores cutting-edge issues in contemporary cultural theory and practice, including artificial intelligence and zines. Poletti deems life writing as "a social and culturally-embedded practice as much as it is an aesthetic one" and it "has become central to how many cultural, social and political activities are conducted". She is particularly interested in the material foundations of the media used for life narratives, as they shape the form of life stories. Poletti is also experimenting with artificial intelligence in life writing, and we eagerly anticipate her contributions in this field.

Both papers, published in Theory Studies, possess practical significance. With the diminishing influence of the Anglo-American School of New Criticism and its impact on biographical criticism, some scholars have advocated for the reestablishment of biographical criticism. Zhang Huifang examines these arguments and posits that the essence of new biographical criticism lies in biographical-literary interpretation, especially in exploring and revealing the creation of literary works and the fusion of truth and fiction. However, this hypothesis requires further empirical verification.

In the history of modern Chinese biography, translated works and locally produced works emerged almost simultaneously, occupying a significant share of the literary landscape. Tang Xiumin has identified an issue meriting attention: the translation of biography titles. She suggests that the translation of such titles should adhere to "faithfulness as the paramount principle" and supports this proposition with illustrative examples. While her paper primarily delves into the translation of biography titles, her insights are equally pertinent to the titling of original biographies.

In the History of Life Writing section, research efforts are increasingly meticulous. The "biography of objects" has a long history, dating back to ancient times. Sun Wenqi has extensively searched for instances of "biography of objects" in cultural classics from the mid-Tang dynasty onwards, tracing the origins of this genre, distinguishing its various forms, examining the intentions behind its creation, and analyzing the contemporary significance of this research. There may be omissions in his efforts to trace, distinguish and examine, and the analysis is relatively concise, but this research still provides a valuable perspective. Additionally, Tong Yang and Li He offer specialized insights into the "biographies of sages" in prefecture chronicles from the medieval period, examining the identities of the subjects, the writing patterns employed, the purposes behind the writing, and the cultural values embodied, thereby contributing to supplementary research on the history of Chinese biography.

The previous issue featured Quan Zhan's review of studies on foreign biographical literature in the first decade of the 21st century, while this issue presents his review of the second decade. As previously emphasized, more insights into Chinese scholars' achievements will be gained by comparing their work with the actual state of foreign biographical literature.

Wu Zetian, China's first empress, has sparked the curiosity of countless authors and readers alike. The Comparative Biography section includes Liu Ping's comparative analysis of two biographies of Wu Zetian: Lin Yutang's *Lady Wu*, characterized by its vivid, exhilarating, and accessible prose, and Lei Jiaji's *Biography of Wu Zetian*, noted for its meticulousness, rigor, and academic focus. By juxtaposing a popular biography with a historical one, both at opposite ends of the spectrum, this comparison effectively highlights the generic characteristics of biography.

Two writers are discussed in the Text Studies section. Richard Aldington's *Death of a Hero* incorporates elements of autobiography, novel, and poetry. Li Tianxin examines its thematic significance from a generic perspective, observing how the autobiographical narrative satirizes the continuity of imperial culture, its novelistic elements critique social problems under imperial dominance, and its concluding poem is designed to reconsider and reform the cultural memory in a humanistic way. This in-depth analysis provides valuable insights into comprehending this complex text.

The fusion of biography and drama has a long history. Cui Xueting's research on the "critical biodrama" of the Japanese playwright Hisashi Inoue's contributes significantly to our understanding of biographical drama. In addition to biographical elements, these dramas also encompass critical facets and exhibit "anti-biographical" characteristics. By reconstructing historical discourse, they reflect on contemporary society and fulfill the purpose of social criticism.

Four papers are published in the section of Autobiography and Memoir Studies. Among them, Jordan's Queen Noor's memoir *Leap of Faith* stands out as a renowned work. Wang Yang and Zou Lanfang's review adopts a unique approach. On the one hand, they highlight the political responsibilities of this knowledgeable woman, who crosses national borders, promotes cultural exchanges between the East and the West, and embraces diversity while maintaining individuality through theories of mobility and identity. On the other hand, they examine the narrative style: which intersperses multiple perspectives to enhance the fluidity of narrative discourse and spans time and space to integrate personal emotions with political life and private narratives with public issues.

This issue also includes reviews of two Nobel laureates in literature, i.e. Doris Lessing from Britain and Annie Ernaux from France. Both female authors exhibit a profound commitment to societal engagement, albeit their research papers explore different aspects. Li Qionglu conducts a narratological research on Lessing's autobiography *Under My Skin*, discovering her novel strategy within the narrative: the frequent use of internal focalization to evoke emotions through various techniques. This discovery is derived from a meticulous close reading of the text, enhanced by the application of affect theory.

In her Nobel Prize acceptance speech, Ernaux declared her intent to avenge my race and gender. Ding Wenjun and Zheng Ningning conduct a sociological examination of her works, shedding light on her approach to this "revenge": by narrating the growth history of women and exploring the means to reconstruct norms of equality, respect, and love within social interactions and family life.

Ethnography, a research approach originating in anthropology for studying specific ethnic or cultural groups, has been borrowed for autobiographical research and termed "auto-ethnography". Chen Pengyu's paper reviews the history and theory of auto-ethnography, selecting Jamaica Kincaid's *A Small Place* as a representative example of this genre for analysis. Chen argues that it is an original writing style unique to Caribbean writers: employing personal experiences to reveal the residual effects of post-colonialism and utilizing evocative narratives to elicit reflection among tourists. This paper offers a novel perspective.

The section of Letter Study primarily focuses on the correspondence of renowned figures, providing a fascinating glimpse into the inner world of celebrities. Liu Can and Sun Yongbin's analysis of Pope's letters reveals the poet, despite his short stature and disability, as a genius who embodied a paradoxical blend of traits such as pride and inferiority, sincerity and affectation, kindness and vanity. These letters also provide valuable insights into the cultural landscape of 18th century Britain.

Li Guicheng interprets letters penned by the renowned Chinese author Eileen Chang to her friends during her residence in the United States. Through her descriptions of daily life and exotic landscapes, Li delves into her psychology, shedding light on her Chinese allure, aesthetic tastes, value orientations, and existential philosophy. These are not only confessions to her friends but also introspective monologues. This analysis provides insights into understanding Zhang Ailing and her novels.

The Biographer Studies section of this issue centers on Li Shutong, a prodigious artist whose talents spanned music, painting, literature, and beyond. Zhong Shulin and Ke Jiawei's paper attests to his lesser-known role as a biographer, diligently compiling a biography of the late Tang poet Han Wo. The publication journey of this biography and Li Shutong's identification with his biographical subject both demonstrate the monk-turned-artist's profound sense of justice and patriotism.

The Subject Studies section focuses on several contemporary cultural figures. Yang Yang examines the interactions between Xiong Foxi and Zhou Zuoren on the basis of *Zhou Zuoren's Diary*, revealing the intricate transition of their relationship from that of a teacher and student to like-minded friends, and ultimately their gradual estrangement due to diverging literary ideologies. Such a nuanced exploration, grounded in a diary, necessitates meticulous reading.

Ba Jin is well-known for his vehement hatred of darkness, his yearning for light, and his unwavering commitment to telling the truth. Wang Yahui's paper analyzes how the author transforms his inner darkness and despair into light and hope in his literary creations, all the while maintaining a steadfast commitment to honesty, neither deceiving himself nor others. Through his works, readers are granted a glimpse into his deep internal struggles and afflictions, thereby achieving a deeper appreciation for the arduous journey and complex inner world of contemporary intellectuals.

This issue features two papers in the Graphic Life Writing section . Pan Qiaoying categorizes the images found in graphic memoirs into "reproduced images" that directly represent the real world, and "juxtaposed images" presented in a comic style. In her analysis of reproduced images, she emphasizes the multiple "gazes" relationships among the author, the real world, the images and the readers. Reproduced images serve the functions of historical and power narratives. Her insights are particularly enlightening.

Maus, a graphic biography masterpiece by American cartoonist Art Spiegelman, has received extensive scholarly attention and stands as a classic in its genre. Zhao Yitong offers a nuanced analysis of the contradictions in this work: the ethical dilemma stemming from victims' loss of trust and shame, the paradox faced by survivors in their testimonies, and the reproduction of "unwitnessable events". Nevertheless, the literary truth captured in *Maus* holds immense cultural value, inspiring people to heal and mend life's wounds.

The Textual Research of Historical Materials section of this issue explores the cause of the death of Wu Peifu, a warlord from the Republic of China era. Wu refused to accept a spurious position during the War of Resistance against Japanese Invasion, demonstrating his unwavering national integrity and earning widespread praise. However, the circumstances surrounding his death have long been shrouded in controversy, with the prevalent theory being that he was poisoned by Japanese intelligence agents. In a meticulous examination of Wu's illness, medical treatment, and eventual demise, Yu Guichao and Song Ziteng conclude that it was improper surgery that ultimately led to his demise. Their findings offer a relatively plausible explanation for this celebrated yet enigmatic case in modern history.

Kafka is a well-known writer to readers, and his biographies have also captivated a wide audience. Qu Linfang's doctoral dissertation presents a comparative study of Kafka's biographies. Although only an abstract is published in this issue, it is packed with informative insights.